屹立东方

中华人民共和国的缔造

庞 松◎著

浙江人民出版社

图书在版编目（CIP）数据

屹立东方 ：中华人民共和国的缔造 / 庞松著. —
杭州 ：浙江人民出版社，2021.4
ISBN 978-7-213-10086-4

Ⅰ. ①屹… Ⅱ. ①庞… Ⅲ. ①中国历史-现代史-1945-1949-通俗读物 Ⅳ. ①K266.09

中国版本图书馆CIP数据核字(2021)第047655号

屹立东方

——中华人民共和国的缔造

庞 松 著

出版发行 浙江人民出版社（杭州市体育场路347号 邮编 310006）
市场部电话：(0571)85061682 85176516

责任编辑 徐 婷 傅 越

营销编辑 陈雯怡 陈芊如

责任校对 姚建国

责任印务 程 琳

封面设计 张合涛

电脑制版 杭州兴邦电子印务有限公司

印 刷 杭州钱江彩色印务有限公司

开 本 710毫米×1000毫米 1/16

印 张 30.25

字 数 428千字

插 页 2

版 次 2021年4月第1版

印 次 2021年4月第1次印刷

书 号 ISBN 978-7-213-10086-4

定 价 89.00元

如发现印装质量问题，影响阅读，请与市场部联系调换。

目 录

CONTENTS

绪章

公元1949年,是中国震撼世界的一年。

在20世纪40年代行将结束的最后一段岁月里,位于亚洲太平洋东岸幅员辽阔、人口众多、政局动荡、战火弥漫的中国大陆上,发生了一连串令世人瞠目的重大事变:

——当政的国民党政府及其数百万军队,无可挽回地陷于大倾覆、大瓦解、大溃败、大逃亡……

——中国共产党领导的解放区和人民解放军,胜利地走向大转折、大进军、大接收、大追剿……

——统治中国22年的南京国民政府一朝覆亡。

——中华人民共和国及其新的中央人民政府宣告成立。

中国多少代人历久不衰的强国梦,是以中国共产党领导新民主主义革命,成功地解决1840年鸦片战争以来国家重建、制度重建的危机,缔造中华人民共和国为基点,进而建立社会主义基本制度,一步步地加以实现的。

众所周知,1945年世界反法西斯战争暨中国人民抗日战争取得胜利以后,以蒋介石为首的中国国民党恢复了它在中国的统治地位。这个统治集团不仅掌握了全国政权和经济命脉,控制着几乎全部大中城市和铁路交通要道,拥有一支庞大而装备精良的军队,而且得到世界头号资本主义强国美国的扶植和援助。谁曾料想,这样一个似乎十分强大的统治集团,在其悍然发动中国内战后短短3年多时间里,竟会分崩离析,一败涂地!抗日战争结束后以“法统”自居而极度扩张权力的中国国民党及其国民政府,“忽喇喇似大厦倾”,落荒而逃离大陆,从此栖身于茫茫大海中的台湾孤岛。

国民党在中国大陆的统治失败之快,对于信誓旦旦要在3个月至6个月内“在军事上解决整个中共”的蒋介石来说,完全始料未及;而竭尽全力用美元和武器装备支持国民党政权的美国人，更是无法接受这个现实，一直在问责：是谁"丢掉"了中国。中共领导人毛泽东向来从战略高度藐视帝国主义和一切反动派，但他在战争发展到历史转折点的时候，对从根本上打倒国民党反动政府的时间表的估计，大约为5年，这仍然是很慎重的。总之，中国人民的革命力量，能够如此迅速地打倒蒋介石、解放全中国，彻底摧毁国民党的反动统治，的确超出了那个风云叱咤的年代所有人的想象。从那时起，中外人士都在关注这样的问题：

——旧中国是怎样灭亡的？
——新中国是怎样诞生的？

对于这个问题，19世纪下半叶至20世纪上半叶中国政治、经济、社会的演变，包括近现代国际上的风云际会及世界形势的复杂变化中，蕴含着厚重的历史回答。

近代中国国家重建的主题

自1840年鸦片战争以来，世界各资本主义国家侵略中国，除了赤裸裸地掠夺以外，还强加给中国一系列不平等条约，从政治上、经济上攫取在华的种种特权。在中国的领土上，有外国的殖民地——租界、租借地、割让地等"国中之国"；中国主权的行使和国家的内部事务，越来越受到外国的支配和操纵，使中国虽然形式上保持独立，实际上已经丧失了作为独立主权国家的相当一部分属性，而处于半殖民地的地位。

外国资本主义的入侵，一方面瓦解了封建社会自给自足的自然经济的基础，使中国不可能继续保持完整的封建经济形态；另一方面推动了中国城乡商品经济的发展，给封建社会内部已经萌芽的资本主义带来某些发展的便利，中国不可避免地被纳入世界经济体系。在近代中国，民族资本主义代表着一种比较进步的生产关系，对于促进生产的商品化、社会化和近代化具有积极作用。但是，在帝国主义和封建势力的双重压迫下，中国民族资本苦于在夹缝中求生存，虽有一定发展，但又发展很不足，力量非常薄弱，在产业结构和地区分布上也是畸形的。因而，资本主义没有也不可能成为中国社会经济的主要形式。封建生产关系的根基——封建土地所有制依然存在，地主对农民的剥削不但依旧保持着，而且同买办资本和高利贷资本的剥削结合在一起，在社会经济生活中占据优势地位。这些情况，反映了近代中国经济的半封建性质及其带有若干资本主义发展的基本特征。

近代中国经济严重依附于国际资本主义及其控制的世界市场，凡是关系国家经济命脉的事业，几乎均为资本帝国主义操纵或控制。近代工业在机器、设备、技术和重要原材料方面依赖外国，财政金融方面的依附性尤甚。西方国家通过所谓经济贷款和政治借款，掌握对中国铁路、电信等重要部门的财产和收入，并对政府关税、盐税、厘金等捐税实施监管，使中国财政很大一部分支配权落入外国人手中。经济上的对外依附性，又反映了半殖民地中国的经济特征。

从19世纪七八十年代开始，中国的有识之士、爱国团体和近代意义上的政党派别，都力求使中国摆脱贫穷落后和被动挨打的局面。多少仁人志士舍生取义，奔走呼号，力主“变法维新”“富国强兵”；倡洋务、办实业、兴新学等种种救国方案，逐一推行实验，试图按照西方国家的模式使中国走上资本主义道路。然而，这些努力统统失败了。这主要由于近代中国所处的历史时代，正逢世界资本主义的发展进入帝国主义的阶段，老牌和新兴的资本主义国家为抢夺世界市场份额，建立和扩大一己的垄断地位和势力范围，唯有不遗余力地掠夺殖民地、半殖民地国家的资源，自然不愿拥有广阔市场和丰富资源的中国成为独立的资本主义国家。近代中国之所以不能从封建制度发展到资本主义制度,其基本原因就在于帝国主义的侵略和压迫。帝国主义势力和封建买办势力的联合统治,既是近代中国贫穷、落后和衰弱的根源,也是中国民族灾难和人民灾难的根源。

外国帝国主义虎视鹰瞵,瓜分豆剖、亡国灭种的厄运撞击着当时中国先进分子的心灵。救亡图存、重建国家,无可置辩地成为压倒一切的主题。在近代资产阶级民主思潮的影响和推动下,中国民主革命的伟大先行者孙中山“适乎世界之潮流,合乎人群之需要”,以民族、民权、民生三民主义相号召,历经多年奋斗,终于1911年领导发动辛亥革命,推翻帝制,建立民国,在风雨如磐的中国树起民主共和国的旗帜。“敢有帝制自为者,天下共击之。”封建专制制度在中国从此不得人心,在漫漫长夜里苦苦挣扎的中国人民,开始有了新的觉醒。

废除封建专制统治,建立民主共和国,是近代以来改造中国、探求国家出路的种种努力所追求的最高境界。中国社会的现实条件最初将这个历史责任赋予资产阶级。孙中山领导资产阶级革命推翻帝制后,即把建立民国的理想付诸实践。1912年1月1日,中华民国南京临时政府宣告成立。3月1日,第一部资产阶级宪法性质的《临时约法》颁布。这部以“五权宪法”相称的《临时约法》,确立了中华民国的新政体。南京临时政府就其性质来说,是中国历史上第一个资产阶级共和国政府。

但是,在新旧势力的尖锐斗争中,帝制复辟派袁世凯打败了资产阶级革命派,窃夺了民国,南京临时政府仅存在91天。难能可贵的是孙中山为民主共和奋斗的锐气不减,他先后领导护国、护法运动,两度在广州建立政权,但政权寿命极短,且政令所及不过二三省,很快遭受失败。至此,资产阶级革命派建立资产阶级共和国的尝试终至完结。

1921年,中国共产党应运而生。这是中国开天辟地的大事变。共产党在创立时只有几十个人,却是近代先进生产力的代表——中国无产阶级的先锋队。它从成立的第一天起,就把“由劳动阶级重建国家”的任务写在自己的纲领和旗帜上。孙中山积40年的奋斗而致力实现的民族主义、民权主义、民生主义,终于找到了它的物质承担者和忠实践行者。1924年,历经护国、护法战争失败陷于苦闷彷徨的孙中山，下决心改组国民党，制定“联俄、联共、扶助农工”三大政策，促成中国国民党与中国共产党合作共同开创国民大革命的新局面。

在20世纪最初的20年，资产阶级革命建国实践的屡遭失败，昭示了在中国创建新国家只能另辟道路。孙中山贵在顺应时势，将他的旧三民主义发展为反帝反封建的新三民主义，丰富了国家重建理论，它留给先进中国人的启示和思想财富是宝贵的。以马克思列宁主义为指导的中国共产党人，正是继承孙中山的这份宝贵遗产，并在总结历史经验教训的基础上，进一步发展孙中山建国理论中进步和合理的因素，日益走向别开生面的创新，形成了一整套富有独创性的新民主主义建国理论。从实践来看，孙中山的建国尝试失败后，正是中国共产党把新民主主义制度从局部地方做起，渐次地扩展到全中国，最终实现近代以来国家重建的历史任务。

1924年至1927年，中国共产党同孙中山领导的中国国民党实行第一次国共合作，致力于唤起民众，组织民众大联合，迅速掀起反帝反封建的第一次大革命的高潮，使国民革命席卷大半个中国，极大地开拓了工农运动发展的新局面。大革命风暴所到之处，工农大众受到革命洗礼，奠定广泛的群众基础，中国共产党也积累了领导群众运动的经验。经过北伐战争，共产党逐步掌握一部分军队和一批军事干部。1927年4月，国民党右派蒋介石集团叛变革命，国共合作破裂，中国共产党奋起武装反抗，被迫离开孕育它生长的大城市，离开帝国主义与国民党反动统治的中心，到反动势力薄弱的偏远农村开辟革命根据地，开展土地革命，走上以农村包围城市、武装夺取政权的道路。

1927年，国民党在形式上统一全国后，成立了南京国民政府。蒋介石口口声声遵从“总理遗教”，实际上把孙中山的革命三民主义尽竭毁弃。民族主义的反帝内容被亲帝反苏的方针所取代；民权主义“主权在民”的思想被阉割，代之以国民党一党专政和蒋介石个人独裁；民生主义的“耕者有其田”和“节制资本”也名存实亡，代之以地主豪绅势力的强化和官僚资本的扩张。孙中山苦心孤诣改组的国民党，也被蒋介石窃据为反共、反人民的工具，本质上代表外国帝国主义和本国封建买办势力的利益。政权建设上的各项举措，都旨在建立和巩固大地主、大买办阶级专政的国家机器。同历届旧军阀政府一样，南京国民政府仍然是帝国主义统治中国的工具。这只能使中国社会继续陷于半殖民地半封建的地位，中国人民仍然处在帝国主义、封建主义压迫剥削下的悲惨境遇之中，根本不可能通过独立发展资本主义走向国家富强。

蒋介石历经与各派地方军阀的多次战争，很快把南京国民政府的统治扩展到全国。为巩固其反动统治，蒋介石对共产党和国内一切民主势力变本加厉进行清剿和镇压。从1927年至1937年，在长达10年的时间里，蒋介石相继调集数万、十几万、几十万乃至一百万军队，向共产党领导的工农红军和革命根据地进行大规模军事"围剿"；在国民党统治区对共产党组织和进步团体进行残酷的政治"围剿"和文化"围剿"。1931年，日本帝国主义侵占中国东北，蒋介石不仅采取不抵抗政策，而且提出并不遗余力地推行"攘外必先安内"的基本国策，对日本侵略势力一再忍让，颁布"敦睦邦交令"严禁人民的抗日行动；签订《塘沽协定》纵容日军染指华北。这与中国共产党坚持抗日救国的主张形成了鲜明的对照。

在五四运动后的30年里，中国政治、经济、文化、社会各个领域，无不交织着中国国民党和中国共产党两大力量的角逐和较量。其胜负成败，直接关系到中国的命运和未来发展方向。与国民党统治下的区域相对照，令人瞩目的是，在中国特定的历史环境下，代表社会现代化方向的许多新的因素，非常执着、非常现实地发展于一定区域内、向来与现代文明十分隔膜的农村。这便是中国共产党把马克思主义与中国革命的具体实际相结合，在农村革命根据地长期探索并实行的新民主主义的政权模式、经济制度和社会政策。

民主中国模型的锻造

中国共产党重建国家的实践，是从在农村革命根据地建立地方性的政权——工农民主政权开始的。在近代中国，共产党的奋斗目标在于建立真正的民主社会，率先在它领导的革命根据地和人民军队中实行一种中国历史上从未有过的民主制度，树立起崭新的民主意识和民主风气，并在民主集中制原则下，逐步摸索和总结出一套民主政权建设的基本经验。这种实行新民主主义制度的政权模式，最初分散在中南、中西部几省交界处的小块红色区域内。它们与全国其他地方的国民党政权相对立而存在，并在复杂曲折的斗争中不断得以发展。

1927年大革命失败以后，中国共产党就独立地担负起领导资产阶级民主主义革命的历史重任。随着毛泽东率领工农革命军转向反动统治力量薄弱的偏远乡村，中国革命进入以武装斗争为主要形式、以土地革命为中心内容、以建立工农民主政权为主要目标的土地革命战争时期。根据1928年中共六大决议中关于“建立工农兵代表会议（苏维埃）政权”的政纲，各红色区域在农村根据地普遍建立起工农兵代表会议制的苏维埃政权，并把它作为实行工农民主专政最好的政权组织形式。后来，这种从苏联借用过来的政权组织形式，统称为工农民主政权。

在这个基础上，1931年11月，中华苏维埃第一次全国代表大会在江西瑞金举行，会议通过《中华苏维埃共和国宪法大纲》和劳动法、土地法和经济政策等法令，宣布成立中华苏维埃共和国临时中央政府。这虽然远非完全意义上的全国政权，但它是中国共产党领导人民旨在建立全国性政权的最初尝试，是共产党人建国实践的重要里程碑。尽管当时距离夺取全国革命胜利还相当遥远，但苏维埃共和国的初步实践，为后来建立新民主主义共和国提供了宝贵经验和借鉴。

由于缺乏经验，尤其是处于反革命白色政权的包围和残酷的军事斗争环境中，没有相对稳定的社会政治条件，工农民主政权本身还存在许多缺憾，如政权组织形式、机构设置及职权划分等，基本上照搬苏联苏维埃制度的做法；由于地区分割的影响，各地在基层选举的程序、选举权范围、代表会议作用的发挥、政府工作的程序和内容，以及中央对地方各级政府的指导等方面，存在许多不足之处。特别是当时在党内占主导地位的"左"倾路线排斥民族资产阶级和上层小资产阶级，致使政权构成的政治基础过于狭小，在土地、劳动、经济等政策及对待中间派别方面，有许多脱离中国实际的"左"的做法，给革命根据地的巩固和发展带来不利影响。

尽管如此，从总体上看，中华苏维埃临时中央政府作为中国第一个工农大众的民主政府，实行代表人民根本利益的革命政策，建立起具有新民主主义属性的政治、经济、文化制度，组织和领导根据地人民参加和支援反帝反封建的革命战争，进行土地革命，锄奸反霸，保卫红色政权，从事根据地的经济建设、政权建设、文化建设和移风易俗，向全国扩大了革命的影响。这是人民革命建国史上光荣的一页。在国家命运起伏震荡，国家重建的主题交织着血与火的斗争的历史转型期，中国共产党在农村革命根据地创立的工农民主政府，成为将来建立新国家的政权雏形。

1931年九一八事变以后，日本帝国主义的铁蹄践踏中国东北地区。蒋介石不顾民族大义，仍孤注一掷地执行其"攘外必先安内"的政策，竭尽全力"围剿"工农红军和革命根据地。此项误国政策，导致日本帝国主义乘隙入关，进逼华北，终至1937年全面侵华战争爆发。在空前的民族危机面前，1935年1月，中国共产党在长征途中举行遵义会议，纠正了"左"倾机会主义错误，确立了毛泽东在全党的领导地位。急遽变化的国际国内形势，为中国共产党调整建国理论提供了历史契机。

1935年8月1日，中共驻共产国际代表团以中共中央、中华苏维埃中央政府的名义，发表《为抗日救国告全体同胞书》，呼吁国内各党派、各界同胞、各军队团结起来，停止内战，一致抗日。同年12月，中共中央政治局召开瓦窑堡会议，确定建立抗日民族统一战线的策略。这次会议的决议宣告：中华苏维埃共和国改变为苏维埃人民共和国，把工农民主共和国的政策的许多部分，“改变到更加适合反对日本帝国主义变中国为殖民地的情况”，以更充分地表明苏维埃人民共和国不但是代表工人、农民的，而且是代表中华民族的。

毛泽东在瓦窑堡党的活动分子会议上的报告中指出：“我们的政府不但是代表工农的，而且是代表民族的。”“如果说，我们过去的政府是工人、农民和城市小资产阶级联盟的政府，那末，从现在起，应当改变为除了工人、农民和城市小资产阶级以外，还要加上一切其他阶级中愿意参加民族革命的分子。”“人民共和国应当首先代表工人和农民的利益。但是人民共和国去掉帝国主义的压迫，使中国自由独立，去掉地主的压迫，使中国离开半封建制度，这些事情就不但使工农得了利益，也使其他人民得了利益。总括工农及其他人民的全部利益，就构成了中华民族的利益。”[①]这个论述，对苏维埃共和国社会基础的缺失作了历史总结，使中共的建国理论向前迈进了一大步。

考虑到国内时局的特点，也为了争取蒋介石合作抗日，1936年8月25日，中共中央发出致国民党书，进一步将“人民共和国”改变为各方面所接受的“民主共和国”，提出愿与国民党共同建立全国统一的民主共和国的主张。民主共和国是排除汉奸、卖国贼在外的一切抗日阶级互助联盟的国家和政府，由各党各派各武装力量代表组成国防会议，通过这个会议产生全国统一的国防政府，等条件成熟，召开普选产生的国会，成立中华民主共和国政府。

为此，中共中央于1936年9月15日召开中央政治局会议。会议通过《中共中央关于抗日救亡运动的新形势与民主共和国的决议》，郑重宣布：“民主共和国在全中国建立、依据普选的国会实行召集之时，红色区域即将成为它的一个组成部分，红色区域人民将选派代表参加国会，并将在红色区域内完成同样的民主制度。”中国共产党的上述主张，把由共产党单独领导建立人民

---

①《毛泽东选集》第1卷，人民出版社1991年版，第156、159页。

共和国的口号，改变为国共合作建立全国统一的民主共和国，这体现了抗日救亡时期全国各族人民的根本利益，受到各界爱国人士的赞同和欢迎。

然而，中国共产党的这一主张，因国民党政府坚持其错误政策而未能立即实行。同年12月西安事变发生，中共派代表团赴西安调停，促使蒋介石接受"停止内战、联共抗日"等六项条件，为国共两党合作抗日创造了条件。为了促进国共重新合作和抗日民族统一战线早日建立，中共中央于1937年2月致电国民党五届三中全会，提出"停止内战、一致对外"等五项要求，如国民党将此定为国策，中共愿作四项保证，包括停止武力推翻国民党的方针、公开敌对状态等四项保证。关于革命根据地政权问题，中共明确表示：工农民主政府改名为中华民国特区政府；红军改名为国民革命军；特区实行彻底的民主制度；停止没收地主土地的政策。

1937年七七事变以后，中国进入全民族抗日战争时期。同年8月，中共中央在陕北洛川召开政治局扩大会议，通过《抗日救国十大纲领》，提出全面抗战的主张。由于共产党在国共谈判中作出惊人的努力，国民党当局表示承认共产党领导的陕甘宁边区政府，同意将中国工农红军改编为国民革命军第八路军；将南方八省的红军部队改编为国民革命军陆军新编第四军，开赴抗日前线；9月下旬，国民党中央通讯社先后发表《中共中央为公布国共合作宣言》和蒋介石关于团结御侮的谈话，承认共产党在全国的合法地位。至此，第二次国共合作正式建立。根据国共谈判达成的协议，中共正式宣布取消中华苏维埃共和国国号，将中华苏维埃共和国中央工农民主政府西北办事处更名改制为陕甘宁边区政府。这是中国共产党由工农民主政权走向建立抗日民主政权迈出的关键一步。从这以后，八路军、新四军、华南抗日游击队在敌后开展抗日游击战争，相继在晋察冀、晋冀鲁豫、晋绥、山东、华中、华南等地开辟敌后抗日根据地，建立地方性抗日民主政府。

随着第二次国共合作的实现，原来国共分裂时期形成的阶级关系、政治格局以及各种政治势力之间的相互关系，都在彼此调整之中。陕甘宁革命根据地的性质，由共产党独立领导的红色行政区域，改变为国民党执政的中华民国所属的一个行政区域；由只接受共产党领导的独立的地方政权实体，转变为在接受共产党领导的同时,也是中华民国国民政府统辖下的一个地方政府。从政权性质来看,过去由无产阶级、农民阶级和城市小资产阶级联合的工农民主专政,转变为在抗日民族统一战线旗帜下各革命阶级和一切爱国人士对汉奸、卖国贼的民主专政。由此构成政权的社会基础变得十分广泛,不仅有工人、农民、小资产阶级参加,而且有民族资产阶级、富农、一般地主参加;不仅有共产党员参加,还有国民党员、其他民主党派成员参加。专政的对象缩小到汉奸和卖国贼,即使是大地主、大资产阶级及其政治代表,只要不是汉奸、卖国贼,也非专政的对象。

抗日民族统一战线形成后,原来带有鲜明阶级斗争色彩的工农兵代表会议制的政权组织形式,已不适应建立不同阶级和不同政治派别的抗日民主政权的要求。根据中华民国国民参政会一届一次会议关于在各省、市召开参议会的决定,陕甘宁边区议会改为边区参议会。其政权结构以参议会为最高权力机关,参议员由人民直接选举。中共在边区政府仍然起着作用,重要政策和措施基本由中共决定,通过边区政府颁布实施。为集中力量反对日本帝国主义及其走狗,维护国家统一和民族生存的中心任务,边区政府的政治、经济、文化等各方面的政策相应地作了调整,停止暴动政策和没收地主土地分给农民的政策,实行为反对日本帝国主义的抗日民族战争服务的政策。

尽管陕甘宁边区政府隶属于国民政府,但在很大程度上又区别于国民党区域内其他一切地方政府,是中国共产党直接领导下的实行民主集中制的抗日民主政府。它对国民政府采取统一战线下的独立自主原则,既坚持抗日民族斗争的统一性,又保持无产阶级和中国共产党的领导在思想上、政治上、组织上的独立性。1937年5月,毛泽东在《为争取千百万群众进入抗日民族统一战线而斗争》的报告中科学地预见:"民主革命中将有几个发展阶段,都在民主共和国口号下面。从资产阶级占优势到无产阶级占优势,这是一个斗争的长过程,争取领导权的过程,依靠着共产党对无产阶级觉悟程度组织程度的提高,对农民、对城市小资产阶级觉悟程度组织程度的提高。"①

---

①《毛泽东选集》第1卷,人民出版社1991年版,第276页。

在抗日战争中，一切必须服从抗日的利益，这是确定的原则。但是国民党的既定方针是限制共产党及其领导的人民力量的发展，不断在统一战线内部制造分裂和摩擦，因此，“一切必须服从抗日的利益”的原则，绝不意味着要“一切经过统一战线”，或“一切服从统一战线”，而是要在这个原则下，“保持加入统一战线中的任何党派在思想上、政治上和组织上的独立性”。阶级斗争和民族斗争的关系也是这样，“为了团结抗日，应实行一种调节各阶级相互关系的恰当的政策，既不应使劳苦大众毫无政治上和生活上的保证，同时也应顾到富有者的利益，这样去适合团结对敌的要求。只顾一方面，不顾另一方面，都将不利于抗日”[①]。

在实现一系列重大转变之后，陕甘宁边区率先创立了参议会制度。根据改善阶级关系、缓和阶级矛盾的政策，先行改革选举制度，扩大选民范围，规定除有卖国行为被判决者及被剥夺公民权期限未满者等以外，所有居住在边区的16周岁以上的公民，不分财产、文化状况及阶级出身的限制，都有选举权和被选举权。这样，就改变了过去选举权和被选举权只给劳动人民，不给剥削阶级分子的做法，恢复了地主、富农、资本家及其他剥削阶级分子的选举权和被选举权，为所有抗日爱国的分子创造了平等的参政议政的机会。

随着参议会制度在陕甘宁边区自下而上建立起来，它作为抗日民主政府的一项基本政治制度，向其他抗日根据地普遍推广。在抗日战争时期，共产党直接领导建立的晋察冀、晋冀鲁豫、晋绥、山东、华中、华南等敌后抗日根据地，都属于中华民国国民政府管辖下的行政区域，就行政关系而言，它们与陕甘宁边区是平行的，没有隶属关系。但由于陕甘宁边区是中国共产党领导各抗日民主根据地进行抗日斗争的指挥中心，是最先实行开明的民主政治制度的首善之区，因而成为全国人民团结抗战的模范，成为各个抗日根据地学习的榜样。陆续开辟的敌后抗日根据地，都学习陕甘宁边区的经验，改造或新建本根据地的政权及其组织形式，相继建立起参议会制度。

抗日民主政权有着极为广泛的代表性，参加各级参议会和政府的，以阶

① 《毛泽东选集》第2卷，人民出版社1991年版，第524、525页。

级、阶层论，有工人、雇农、贫农、中农、其他小资产阶级、富农、地主、资本家、开明绅士；以党派论，有共产党员、国民党员、其他民主党派成员；以民族论，凡居住在抗日民主根据地的各民族权利一律平等。为了确保抗日民主政权阶级构成的广泛性，中国共产党提出了著名的“三三制”原则。规定抗日民主政权中的人员分配，共产党员、非共产党的左派进步人士、中间人士或其他方面人士，各占1/3。其中，共产党员代表无产阶级和贫雇农的利益，保证共产党在政权中的领导权，以党的正确政策和自己的模范工作，说服和教育党外人士，使他们愿意接受党的建议。非共产党的左派进步人士代表他们所联系的广大小资产阶级群众，这对于争取这部分群众坚持抗日具有很大影响。中间派占1/3的位置，目的在于争取中等资产阶级和开明绅士，这是孤立顽固派的一个重要步骤。

中共中央强调：“三三制”原则，是共产党“真实的政策，不能敷衍塞责”；必须克服担任政权工作的党员不愿和不习惯同党外人士合作的狭隘性，提倡民主作风，遇事先和党外人士商量，取得多数同意，然后去做；各抗日民主政权应遵照此原则重新审查自己的方针；在建立新政权时，一概遵照此原则执行。在政权建设上严格执行“三三制”原则，既保证了共产党对抗日民主政权的领导，保证政权中工农和其他劳动人民占优势，又体现了抗日民族统一战线的广泛性，最大限度地争取中等资产阶级和地主阶级中的开明绅士，从而团结一切抗日阶级和阶层，孤立顽固势力，巩固抗日根据地的民主政权。同时，也扩大了抗日根据地民主政治的影响，打击了蒋介石国民党的一党独裁专制，对于推动全国政治民主化起到积极的示范作用。

如果说，通过苏维埃工农民主政府，共产党人学会了如何运用人民民主，如何保障工农两大劳动阶级的基本利益；那么，通过抗日民主政府，则进一步学会了如何实现多阶级、多党派合作，“各方协商，一致协议，取得共同纲领，以作为施政方针”。同时，中国共产党在全国近1/3的地区将政权建设中民主集中制的原则付诸具体的建制和运作，积累了丰富的实践经验，为把新民主主义制度推向全国提供了政权模型，奠定了制度基础。随着抗日战争度过艰难的相持阶段，中国共产党领导的抗日民主政权逐步走向新的发展阶段。

迎接民主共和国的曙光

国共合作的全民族抗战，使中国共产党在争得合法地位的环境下，将以往局部区域内的建国实践扩展到空前的规模，从而为党的建国理论逐步趋于成熟创造了必要条件。

1940年1月，毛泽东在他的重要著作《新民主主义论》中，比较系统地阐述了新民主主义建国的若干基本思想，概括有以下几点：[①]1. 中国无产阶级、农民、知识分子和其他小资产阶级，"乃是决定国家命运的基本势力"。"这些阶级，或者已经觉悟，或者正在觉悟起来，他们必然要成为中华民主共和国的国家构成和政权构成的基本部分，而无产阶级则是领导的力量。现在所要建立的中华民主共和国，只能是在无产阶级领导下的一切反帝反封建的人们联合专政的民主共和国"。2. 这种新民主主义共和国，"一方面和旧形式的、欧美式的、资产阶级专政的、资本主义的共和国相区别，那是旧民主主义的共和国，那种共和国已经过时了；另一方面，也和苏联式的、无产阶级专政的、社会主义的共和国相区别，那种社会主义的共和国已经在苏联兴盛起来，……但是那种共和国，在一定的历史时期中，还不适用于殖民地半殖民地国家的革命。因此，一切殖民地半殖民地国家的革命，在一定历史时期中所采取的国家形式，只能是第三种形式，这就是所谓新民主主义共和国。这是一定历史时期的形式，因而是过渡的形式，但是不可移易的必要的形式"。3. 国体（指社会各阶级在国家中的地位）——各革命阶级联合专政。政体（指政权构成的形式）——民主集中制。

① 《毛泽东选集》第2卷，人民出版社1991年版，第676—677页。

在整个抗日战争时期，中国共产党以中流砥柱之气概，坚定地站在民族解放的最前列，始终坚持团结全民族实行人民战争的积极抗战路线，反对国民党压迫中国人民的消极抗战路线；无论出现怎样的艰难困苦和复杂局面，始终坚持抗战，反对投降；坚持团结，反对分裂；坚持进步，反对倒退，因而成为中国人民抗日救国的重心，成为中国人民解放的重心，成为打败侵略者、建设新中国的重心。

为了有效地团结各社会阶级共同抗战，以陕甘宁边区为中心的各个抗日根据地，坚持不懈地进行民主建政，保障抗日各阶级的人权、财产权及参政权；在政府机关厉行廉洁政治，实行精兵简政，减轻人民的负担；开展拥军优属运动，密切军民关系和军政关系。在经济建设方面，大力号召发展农业，动员农民开垦荒地，兴修水利，组织劳动互助，提高耕作技术，特别把减租减息、合理调整租佃债务关系作为解决农民问题的基本政策，调动了农民的生产积极性，促进了农村生产力的发展；鼓励发展私人企业，保护私有财产，实行自由贸易的工商政策；同时发展人民的合作事业，扶助手工业发展。这些经济政策，有力地推进了解放区的工业生产和区内外商品流通。解放区军民还开展“自己动手，丰衣足食”的大生产运动，保证在一定物资供应的条件下，度过抗日战争最艰苦的岁月。

以“全民抗战、建设国家”相号召，共产党倡导和弘扬民族的、科学的、大众的文化，给国民党全能主义政治的党治文化以极大的冲击与削弱。抗日根据地注重开展文化教育建设，发展进步文化事业，提高人民群众的文化水平，为抗日军队和根据地建设培养了大批骨干。从解放区延及国民党控制的大后方，各种报刊、团体、演出队非常活跃，以文艺、戏剧、讲演等群众喜闻乐见的形式，宣传抗日，动员民众，以先进文化来教育、鼓舞人民。中共在国统区大后方主办的《新华日报》，对国民党消极抗战，搞分裂、摩擦、倒退的行径予以揭露和批评。同时，在抗战文化的影响下，一批又一批的抗战青年和知识分子奔赴民主圣地延安，在抗日革命的熔炉中经受考验。他们有的投笔从戎征战沙场；有的从人民大众的火热生活中汲取养分，创作出大量鼓舞民族精神和抗战斗志的优秀文艺作品。这些知识分子在抗日烽火中选择了为工农兵服务、为人民服务的方向，实现了思想升华，为推动中华主体文化的变革昭示了前景。这一切抗战建国的成就，有力地推动了中国社会的进步，使抗日根据地名副其实地成为民主中国的模型。

到抗日战争后期，全国在共产党领导下建立的抗日根据地即解放区共发展到19个，有陕甘宁区、晋察冀区、晋冀豫区、冀鲁豫区、山东区、晋绥区、冀热辽区、苏北区、苏中区、苏浙皖区、浙东区、淮北区、淮南区、皖中区、河南区、鄂豫皖区、湘鄂区、东江区、琼崖区，总面积95万平方公里，近1亿人口。在这些解放区内，都实行了抗日民族统一战线的必要的政策，建立了民选的共产党人和各抗日党派及无党无派的代表人物合作的地方性联合政府，将解放区内各界人民的力量最大限度动员起来，使中国解放区在日寇强敌的压迫下，在国民党反共摩擦的阻碍下，在毫无外援的艰难环境中，能够屹立不倒，并不断发展壮大，成为配合同盟国作战、驱逐日本侵略者、解放中国人民的重要力量。

1945年春夏之交，在世界反法西斯战争取得决定性胜利、中国全民族抗战已胜利在望的历史关头，中国共产党在延安召开第七次全国代表大会。针对国民党继续坚持压迫人民的消极抗战路线，大会制定了“放手发动群众，壮大人民力量，在我党的领导下，打败日本侵略者，解放全国人民，建立一个新民主主义的中国”的政治路线。

为了在全国范围内进行民主改革，彻底打败日本侵略者，夺取抗日战争的最后胜利，大会提出“废止国民党的一党专政，建立民主的联合政府”的口号，明确指出：由大地主、大资产阶级专政的、封建的、法西斯的、反人民的国家制度，已被历史证明为完全破产了。在彻底消灭日本侵略者和建设新中国的大前提之下，中国不可能，也不应该企图建立一个纯粹民族资产阶级的旧式民主专政的国家，并且在中国社会经济的必要条件还不具备的现阶段，也不可能实现社会主义的国家制度。新中国应该建立一个以全国绝大多数人民为基础而在工人阶级领导之下的统一战线的各革命阶级民主联盟的国家制度，即新民主主义的国家制度。对于新民主主义国家应该实行的政治、经济、文化各方面的纲领，毛泽东在《论联合政府》的政治报告中作了详尽的说明。[1]

关于新民主主义的政治，毛泽东指出：就是推翻外来的民族压迫，废止国内的封建主义的和法西斯主义的压迫，建立一个联合一切民主阶级的统一战线的政治制度。新民主主义的政权组织，应该采取民主集中制，由各级人民代表大会决定大政方针，选举政府。只有这个制度，才能既表现广泛的民主，使各级人民代表大会有高度的权力；又能集中处理国事，使各级政府能集中地处理被各级人民代表大会所委托的一切事务，并保障人民的一切必要的民主活动。

几个民主阶级联盟的新民主主义国家，毫无疑义是在无产阶级和共产党领导之下建立起来的，“但是中国在整个新民主主义制度期间，不可能、因此就不应该是一个阶级专政和一党独占政府机构的制度”。只要共产党以外的其他任何政党，任何社会集团或个人，对于共产党是采取合作而不是采取敌对的态度，共产党就没有理由不和他们合作。中国现阶段的历史将形成中国现阶段的制度，即区别于俄国制度的、几个民主阶级联盟的新民主主义的国家形态和政权形态。

关于发展新民主主义的经济，毛泽东提出了一个衡量中国一切政党的政策及其实践结果的重要标准，就是“归根到底，看它对于中国人民的生产力的发展是否有帮助及其帮助之大小，看它是束缚生产力的，还是解放生产力的”。因此，新民主主义国家的经济制度，除了国营经济、合作社经济和劳动人民的个体经济之外，“一定要让私人资本主义经济获得广大发展的便利”，才能有益于社会的发展。

基于党的政策必须同解放和发展生产力统一起来，毛泽东对新民主主义国家鼓励和帮助，而不是禁止或消灭私人资本主义的经济纲领，讲了一段名言：“拿资本主义的某种发展去代替外国帝国主义和本国封建主义的压迫，不但是一个进步，而且是一个不可避免的过程。”毛泽东指出：“只有经过民主主义，才能到达社会主义，这是马克思主义的天经地义。”因此，共产党人不但不

---

① 《毛泽东选集》第3卷，人民出版社1991年版，第1056—1061页。

怕资本主义，反而在一定条件下提倡它的发展。这不但有利于资产阶级，同时也有利于无产阶级，或者说更有利于无产阶级。

在这个问题上，毛泽东着重批评了在共产党内影响很广大的民粹主义，即企图“直接由封建经济发展到社会主义经济”的思想。这样，就把党的新民主主义经济纲领同反动的、落后的、倒退的“农业社会主义”或称民粹主义划清了界限。

关于新民主主义的文化，毛泽东认为同样应该是“为一般平民所共有”的，即民族的、科学的、大众的文化决不应该是“少数人所得而私”的文化。

毛泽东强调说，上述一切是我们共产党人在现阶段，在整个资产阶级民主革命的阶段所主张的一般纲领或基本纲领。对于社会主义和共产主义制度的将来纲领或最高纲领来说，这是我们的最低纲领。实行这个纲领，可以把中国从现在的殖民地、半殖民地和半封建的国家状况和社会状况，推进到新民主主义的国家和社会。

关于建立各党派联合政府，毛泽东认为，抗日根据地业已建立的共产党人和各抗日党派及无党派代表人物合作的政府，就是地方性的联合政府，它成为新民主主义共和国的地方基础，具有新中国政治雏形的意义和全国的普遍意义。推而广之，中国“民主共和国的具体的建设道路，可能由地方到中央到全国”，待“各根据地的模型推广到全国，那时全国就成了新民主主义的共和国”。经过长期的斗争，在局部地区建立民主政权，逐渐在规模、范围上扩大和扩展，直至取得中央政权，将日益成熟的新民主主义制度推广到全国范围，这就是中国共产党的建国理论及其实践的一大特色。如毛泽东所说，这就是革命的中国、抗日的中国所应该建立和决不可不建立的内部政治关系，所应该建立和必然要建立的内部经济关系，因而是人民革命建国工作的唯一正确的方向。

毛泽东以令人信服的理论逻辑论证道：

> 没有一个新民主主义的联合统一的国家，没有新民主主义的国家经济的发展，没有私人资本主义经济和合作社经济的发展，没有民族的科

> 学的大众的文化即新民主主义文化的发展，没有几万万人民的个性的解放和个性的发展，一句话，没有一个由共产党领导的新式的资产阶级性质的彻底的民主革命，要想在殖民地半殖民地半封建的废墟上建立起社会主义社会来，那只是完全的空想。①

在抗日战争快要取得胜利的阶段，1944年9月，中共代表林伯渠在重庆召开的国民参政会上提出“组织各抗日党派联合政府”，这个主张一经提出就在大后方人民中引起极大的反响，“一新天下耳目”。1945年4月，毛泽东在中共七大上更鲜明地提出废止国民党一党专政、建立民主联合政府的政治主张。《论联合政府》这个报告很快传到了重庆和国统区，立即获得全国各民主党派和社会各界人士的广泛支持和拥护。

在抗日战争的全面抗战阶段，国民党军队“以空间换时间”，在正面战场组织了一系列战役，对于消灭日本侵略军、迟滞日本向大陆纵深的进攻发挥了重要作用；国民党军队的广大官兵在前线与日本侵略者奋勇作战，表现了强烈的爱国主义精神，付出了重大牺牲。但是在战略相持阶段，国民党日益转向消极抗日，积极反共，坚持一党专政，实行单纯的政府和军队的片面抗战路线，防止民众运动的发展，在抗日民族统一战线内部不断制造分裂和摩擦，掀起反共高潮打击共产党。这种对日消极作战和对内积极摧残人民的反动政策，导致战争挫折，大片国土沦陷，财政经济出现危机，人民陷入被压迫、生活困苦的境地，民族团结被破坏，从而“妨碍了动员和统一一切中国人民的抗日力量进行有效的战争，妨碍了中国人民的觉醒和团结”。就在抗日战争胜利在望的时候，中国国民党召开第六次全国代表大会，大会的中心议题是抵制中共关于联合政府的主张，继续坚持国民党一党专制的统治，并动员国民党全党的力量，准备发动反共反人民的内战，抢夺抗战胜利果实。

这是抗日战争胜利前夕，关于建什么国的斗争在中国政治舞台上的一次预演。从而揭开了旧中国走向灭亡、新中国孕育诞生的序幕。

---

①《毛泽东选集》第3卷，人民出版社1991年版，第1060页。

在1930年创建农村革命根据地的最艰苦的岁月里，毛泽东就在《星星之火，可以燎原》一文中，热情洋溢地预言中国革命的高潮快要到来：

> 它是站在海岸遥望海中已经看得见桅杆尖头了的一只航船，它是立于高山之巅远看东方已见光芒四射喷薄欲出的一轮朝日，它是躁动于母腹中的快要成熟了的一个婴儿。①

到抗日战争全面展开，中国共产党领导的人民革命力量前所未有地壮大起来的时候，毛泽东在1940年所著的《新民主主义论》中，阐述了新民主主义共和国的理论和纲领，并满怀信心地昭示：

> 新中国站在每个人民的面前，我们应该迎接它。
> 新中国航船的桅顶已经冒出地平线了，我们应该拍掌欢迎它。
> 举起你的双手吧，新中国是我们的。②

1945年8月，中国人民历经全民族抗战，最后打败了日本侵略者，取得了近百年来历次反抗外来侵略的民族解放斗争中第一次完全的胜利。饱受民族灾难和战争痛苦的中国各族人民，终于迎来了民主共和国的曙光。

---

①《毛泽东选集》第1卷，人民出版社1991年版，第106页。
②《毛泽东选集》第2卷，人民出版社1991年版，第709页。

第一章

光明与黑暗的交锋

和平来临与“内战阴霾”

全民族抗日战争，是中国近代史上中国人民反对帝国主义斗争第一次取得完全的胜利。历经14年浴血抗战的中国人民一雪百年耻、重振民族复兴精神的历史场景，非笔墨能形容。从民主革命圣地延安，到国民政府战时陪都重庆，无论解放区还是国民党管辖区，到处是张灯结彩，游龙舞狮，一派欢庆抗战胜利的沸腾景象。在举国狂欢、普天同庆抗战胜利的日子里，人们迫切地期望休养生息，重建家园。而当时浮现在中国天空的“内战阴霾”，又令各方人士怀着深深的忧虑。

1945年8月15日，日本天皇裕仁向全世界广播《停战诏书》，宣布接受《波茨坦公告》所规定的各项条件，无条件投降。消息传来，备受日寇铁蹄蹂躏的中华大地震动了！从1931年至1945年。中国人民坚持6年局部抗战、8年全国抗战，在浴血奋战14年的抗日战争中取得巨大的战绩，共毙伤俘日军150余万人。中国战场作为世界反法西斯战争的东方主战场，抗击了大量日军，最多时达100万人以上。日本战败后，向中国投降的日军共128万余人。同时，中国人民也付出了巨大的民族牺牲，据不完全统计，中国军民伤亡3500万人以上，直接经济损失1000多亿美元，间接经济损失5000多亿美元，终于赢得全民族抗日战争的伟大胜利！

随着抗日战争的胜利，日本帝国主义同中华民族的特别突出的矛盾已经基本解决，国内一直存在着的阶级矛盾迅速上升。美帝国主义支持的以蒋介石集团为代表的大地主大资产阶级同无产阶级（通过中国共产党）领导的人民大众的矛盾，成为中国社会的主要矛盾。这个主要矛盾的发展，将中国共产党第七次全国代表大会预料会出现的中国的两种命运、两种前途的斗争，变为现实的革命和反革命之间的最后决战。实际上，这两种命运、两个前途的矛盾和斗争，在抗日战争后期已经明显表现出来。

1945年5月，世界反法西斯战争在欧洲战场取得了决定性的胜利，亚洲战场最后打败日本侵略者已经指日可待。中国的两大政党——国民党和共产党，各自在为即将到来的胜利进行着准备。正如毛泽东在中共七大上所说：在抗日战争快要胜利的时候，中国的无产阶级、大资产阶级、中间阶级都在活动，都在那里准备把日本打垮以后干什么。国民党召开的第六次全国代表大会，中国共产党召开的第七次全国代表大会，就是这种准备的体现。

4月23日至6月11日，中国共产党在延安举行第七次全国代表大会。毛泽东在会上作政治报告《论联合政府》。毛泽东在报告中指出：中国人民的基本要求就是走团结和民主的路线，打败日本侵略者，建设新中国。[①]而国际反法西斯战争和国内抗日战争的胜利，为中国人民克服一切困难、实现其基本要求提供了可能，显示出光明的前途。但是国内仍然存在着严重的危机，不但有强大的民族敌人，而且还存在着美国支持的国民党内的反人民集团，他们拒绝中共一切民主改革的建议，"不但对一党专政不愿废止，对联合政府不愿成立，即对任何迫切需要的民主改革"，"也一项不愿实行"。[②]因此，中国人民面临着光明与黑暗两种命运和两种前途的严峻斗争。在这种情况下，中国共产党和全国人民的任务，就是把各党派和无党派人士团结在一起，成立民主的临时的联合政府，以便实行民主改革，克服目前的危机，动员和统一全国抗战力量，打败日本侵略者。然后，"在广泛的民主基础之上，召开国民代表大会，成立包括更广大范围的各党各派和无党无派代表人物在内的同样是联合性质的民主的正式的政府，领导解放后的全国人民，将中国建设成为一个独立、自由、民主、统一和富强的新国家"[③]。为此，中国共产党提出和阐明了自己的一般纲领和具体纲领及其相应的政策，反映了当时全国人民的要求和意愿。

---

① 《毛泽东选集》第3卷，人民出版社1991年版，第1030页。
② 同上，第1052页。
③ 同上，第1029—1030页。

就在中国共产党召开第七次全国代表大会期间，中国国民党也于5月5日至21日在重庆召开了第六次全国代表大会。会议的基调是，统一思想，发动全党，准备内战，继续实行专制统治。会上，也有一些高谈民主政治的论调。蒋介石还宣布将召开国民大会，准备"结束训政，还政于民"。这是因为国民党迫于国内外舆论的压力，未敢公开作出进行反共内战的决议。然而，在大会未公开的决议中，实际上确定了消灭中国共产党和中国民主势力的路线。蒋介石在会上说："今天的中心工作，在于消灭共产党！日本是我们国外的敌人，中共是我们国内的敌人！只有消灭中共，才能达成我们的任务。"[①] 蒋介石的这番话没有丝毫的掩饰，成为国民党制定战后基本方针的出发点和落脚点。这个基本方针就是，在全国范围内恢复战前的社会政治秩序，继续维持国民党的独裁统治。这是与全国人民的要求和意愿完全背离的。

早在1943年，国民党就以蒋介石的名义抛出《中国之命运》一书。这本书由蒋介石授意，陶希圣执笔，为坚持国民党一党专政和独裁统治做舆论宣传上的准备。在这本书中，蒋介石公开提出反对共产主义和自由主义，暗指中国共产党领导的武装力量和敌后抗日根据地是"新式封建与变相军阀"；极力美化儒家尊卑贵贱的礼制，鼓吹封建宗法统治的家族制度和压迫人民的保甲制度，认为英美式的自由主义思想和共产主义思想，都不适合中国的国情，以此为其独裁统治寻找理论根据。

蒋介石的这番舆论造势遭到了共产党人和民主人士的抨击。毛泽东在中共七大上致开幕词时，就针锋相对地提出"两个中国之命运"的命题。他指出，蒋介石的"中国之命运"，实际上是一个黑暗、专制、分裂，继续受压迫、受奴役的命运，我们必须坚决反对。另一个是建设一个独立、自由、民主、统一、富强的新中国，我们要为建设这样的新中国而奋斗。

在中国抗日战争的最后阶段，战局进展得非常迅速。国共两党分别召开第六次和第七次全国代表大会后不久，1945年8月8日，苏联对日宣战，百万苏联红军长驱进入中国东北境内，向日本的战略后备队关东军发起猛烈进

① 程思远著：《政坛回忆》，广西人民出版社1983年版，第158页。

攻，远东的时局发生了根本性变化。8月9日，毛泽东发出“对日寇最后一战”的号令。各解放区军民迅速向敌占区城镇和交通要道挺进，对一切不愿意投降的日伪军大举反攻，陆续光复了华北、华东大片国土和许多中小城市。

而这时，国民党的几百万军队至少有一半以上位于远离前线的大后方。这是因为自抗日战争进入相持阶段后，国民党军队大部退缩到西南、西北地区，以保存实力。蒋介石不愿看到中共领导的八路军、新四军收复失地，急忙发布命令，让各解放区的人民军队“原地驻防待命”，不得向日伪军“擅自行动”；同时，命令远在中国西南部的国民党军队“积极推进，勿稍懈怠”，并命令日伪军“负责维持地方治安”，“等待国军到达”，不得向长期包围、抗击他们的人民军队缴械投降。毛泽东形象地比喻说，蒋介石要下山“摘桃子”，抢夺抗战胜利的果实。

面对时局的急剧变化和蒋介石所谓的“命令”，8月11日，中共中央迅速作出决定，并指出：国民党正积极准备向我解放区收复失地，夺取抗战胜利的果实。这一争夺战，将是极猛烈的。中共中央提出：在日本投降后，党的任务分为两个阶段，“目前阶段，应集中主要力量迫使敌伪向我投降”，“猛力扩大解放区，占领一切可能与必须占领的大小城市和交通要道”。为此目的，“各地应将我军大部迅速集中，脱离分散游击状态”，“变成超地方性的正规兵团，集中行动，以便在解决敌伪时保证我军取得胜利”。“解决敌伪后，主力应迅速集结整训，提高战斗力，准备用于制止内战方面。”“将来阶段，国民党可能向我大举进攻，我党应准备调动兵力，对付内战。”为此，各解放区军民必须做好各项有关工作。在作出上述部署的同时，中共中央还提出“国共谈判将以国际国内新动向为基础考虑其恢复”，但各地“对蒋介石发动内战的危险应有必要的精神准备”。[1]毛泽东强调当前形势的特点是：“苏联参战，日本投降，内战迫近。”要求各地严阵以待，反映了中国共产党在时局变化的历史关头，保持着清醒的头脑和准确的判断。

8月13日，毛泽东在延安干部会议上作《抗日战争胜利后的时局和我们的

---

①《毛泽东文集》第3卷，人民出版社1996年版，第455—456页。

方针》的讲演，他深刻分析了抗战胜利后中国政治的基本形势，提出了在历史关头中国共产党的基本战略和策略方针。他分析说，从整个形势来看，抗日战争的阶段过去了，新的情况和任务是国内斗争。蒋介石说要"建国"，今后就是建什么国的斗争。是建立一个无产阶级领导的人民大众的新民主主义的国家呢，还是建立一个大地主大资产阶级专政的半殖民地半封建的国家？这将是一场很复杂的斗争。目前这个斗争表现为蒋介石要篡夺抗战胜利果实和我们反对他篡夺的斗争。

毛泽东指出，蒋介石要坚持独裁和内战的方针是早已定了的；"美国帝国主义要帮助蒋介石打内战，要把中国变成美国的附庸，它的这个方针也是老早定了的"；而不要打内战的中国共产党和中国人民，"这一方面的力量还不足以制止另一方面"，所以内战的危险是十分严重的。同时，毛泽东指出，蒋介石要放手发动内战还有许多困难，由于国际国内的大势所趋和人心所向，经过斗争，使内战限制在局部的范围，或使全面内战推延爆发，这种可能性也是有的。

根据上述分析，毛泽东提出中国共产党的方针是：一方面要"坚决反对内战，不赞成内战，要阻止内战"；另一方面，"如果蒋介石一定要强迫中国人民接受内战，为了自卫，为了保卫解放区人民的生命、财产、权利和幸福，我们就只好拿起武器和他作战"。他明确指出，"蒋介石对于人民是寸权必夺，寸利必得"，"我们的方针是针锋相对，寸土必争"，"我们能够依靠自己组织的力量，打败一切中外反动派"。①

就在毛泽东发表上述演讲的第二天，即8月14日，日本政府照会美、英、苏、中四国政府，表示接受《波茨坦公告》无条件投降，并于15日向全世界正式宣布日本无条件投降。胜利来得如此之快，和平与建国问题立即摆在了国共两党面前。

这时候，国共两党军事、政治力量的对比出现了重大变化。抗日战争结束时，以蒋介石为首的国民党统治集团控制着全国政权和几乎所有的政治、经济、社会资源，拥有总兵力524万余人的军队。这支军队由于得到美国的援

---

①《毛泽东选集》第4卷，人民出版社1994年版，第1130页。

助并收缴了100多万日军的武器装备而得到很大加强。通过接收日伪资产，国民党政府掌握的物资和外汇储备的数量超过任何时期。与此相对应，中国共产党领导的人民军队发展到132万人，民兵达268万人，并建立了陕甘宁、晋绥、晋察冀、冀热辽、晋冀豫、冀鲁豫、山东、苏北、苏中、苏南、淮北、淮南、皖中、浙东、广东、琼崖、湘鄂赣、鄂豫皖、河南19个抗日根据地。这些抗日民主根据地不仅成为歼灭日本法西斯的战略基地，而且为新民主主义革命胜利奠定了坚实基础。

从以上对比来看，虽然国民党在军事力量上还占有绝对优势，但中国共产党的政治影响却在日益扩大，在全国的政治生活中已处于举足轻重的地位。当时，尽管国民党政权是一个在形式上合法的政府，但国民党在蒋介石的领导下，实行一党专政、专制独裁，已经引起了人民的广泛不满。而在抗日战争中，中国共产党在各解放区实行新民主主义性质的方针、政策，加强政治、经济、文化和军事方面的建设，形成了一种崭新的民主制度，代表了中国社会发展的方向，受到了人民的普遍拥护。中共党员人数由战前的4万人左右，发展到121万人。毛泽东认为："中国共产党从来没有现在这样强大过，革命根据地从来没有现在这样多的人口和这样大的军队，中国共产党在日本和国民党统治区域的人民中的威信也以现在为最高。"

从国民党方面看，随着抗日战争取得胜利，国内外把蒋介石捧为"抗战建国领袖"即所谓"正统"地位的舆论，一时甚嚣尘上。本来在抗战胜利时，蒋介石国民政府在沦陷区还有相当威望，但蒋介石为抢夺胜利果实，竟将伪军警改编为先遣军，甚至利用日军维持治安，引起人民强烈不满。而国民党政府派出的各路接收大员，更是假借没收敌伪资产，巧取豪夺，中饱私囊。一些接收官员竟将民族资产和民族工商业扣上"敌伪"的帽子予以"劫收"，各种形式的搜刮、贪污、腐败现象极其严重，这种罔顾法律、为所欲为的"胜利大劫收"，使国民党在其管辖区域内完全丧失民心。

在国际上，中国国民政府代表中华民国合法政府，参与发起战后最重要的国际组织——联合国，中国成为联合国的创始国和在安全理事会拥有否决权的常任理事国，跻身于世界五强之列。然而，战后中国毕竟仍是一个弱国，国际地位不高，外交缺乏强有力的实力支持，虽是联合国安理会的常任理事国，但只能以配角身份参加战后的国际外交活动，甚至被完全排除在战后欧洲和平进程之外。

美国在战后迅速成为世界头号经济、军事强国，为达到其独占中国的目的，把国民党视为其控制中国所需要的一个工具，而把正在发展壮大的中国共产党视为实现其目的的一大障碍。在抗战后期，美国的对华政策逐渐由“扶蒋联共抗日”改变为“扶蒋反共”，对国民党政府给予经济上、政治上、军事上的大力支持和援助。苏联作为世界反法西斯同盟的重要成员国，其军事、政治实力在战争中迅速强大起来。美、英等国为了在战后欧洲等国际事务中与苏联达成妥协，要求中国政府在改善与苏联的关系方面予以配合。

《雅尔塔协定》是在1945年2月签署的，而美、苏两方直至6月才通知中国，并让中国政府派代表团赴莫斯科，就《雅尔塔协定》给予苏联的“优越权益”进行谈判和确认。谈判中，斯大林以苏联的“国家利益”和“战略考虑”，强硬地坚持《雅尔塔协定》中的各项条款，声称“坚持外蒙古独立的目的是要削弱美国在远东的地位”，但却让中国牺牲主权和领土完整，这是违背国际道义的。在时局紧迫和强国政治的压力下，中国国民政府最终接受了雅尔塔秘密协定的条件，于8月14日与苏联政府签订了《中苏友好同盟条约》。

通过中苏条约，苏联迫使中国政府承认外蒙古独立，从中国的版图上分离出去；通过条约的几个附件，苏联实际上恢复了沙俄时代在大连港、旅顺海军基地以及中长铁路等方面的权益，严重损害了中国的主权和民族利益。蒋介石付出如此沉重的代价，换取的是斯大林不支持中国共产党的承诺。在签订“中苏条约”的同时，苏联宣称，苏联只承认和支持蒋介石的国民政府是中国唯一合法政府；苏联政府同意给予中国“以道义上与军需品及其他物资之援助，此项援助当完全供给中国中央政府即国民政府”；苏联在对华政策的基本问题上与美国保持一致，亦即苏联支持美国赞助国民党政府，以实现蒋介石领导下的中国的“统一”。①

① 肖甡、周炳钦著：《两种命运的决战》，河南人民出版社2004年版，第8页。

中苏谈判的过程和最后签署的条约及附件，表现了当时苏联对华政策中的大国沙文主义和民族利己主义。通过中苏条约，苏联最终把《雅尔塔协定》中要求在中国的“优越权益”变成了现实，美苏共同确立的“雅尔塔格局”，通过这个条约的缔结而具体化、合法化了。这对中国共产党领导的建国斗争显然是一个不利因素，带来了许多困难和不得不面对的外部复杂影响。

重庆谈判“以和为贵”

为了尽最大努力争取战后和平民主建国，毛泽东以“弥天大勇”亲赴重庆与国民党谈判取得重要成果。他在张治中将军举行的欢送宴会上发表简短演讲：“中国今天只有一条路，就是和，和为贵，其他的一切打算都是错的。”“和为贵”——这个凝聚着中华民族政治智慧的古训，道出了历经战祸的中国各阶层人民的强烈愿望和共同心声。

抗战胜利后的中国，尽管内战独裁的危机依然存在，但是和平、民主已成为大势所趋、人心所向的历史潮流。根据抗日战争胜利后国际国内形势的变化，中共中央确定了“和平、民主、团结”的方针。为充分表达和平诚意，中共决定派毛泽东、周恩来、王若飞等前往重庆，与国民党政府进行和平谈判。

抗战胜利后，按照蒋介石的既定方针，是要用战争手段消灭中国共产党领导的人民革命力量，以实现其独裁统治的。但在胜利之初，蒋介石要放手发动内战有许多困难。一是共产党领导的解放区空前壮大，已拥有1亿人口、100多万军队和200多万民兵；二是国统区人民反对内战，以民主同盟为代表的各民主党派纷纷紧急呼吁民主统一、和平建国，对蒋介石是一种牵制；三是国民党内部也有一部分人不赞成内战。在国际上，美、英、苏三国为在第二次世界大战后调整相互关系，都表示不赞成中国发生内战。其中，美国出于独占中国的目的，采取扶蒋反共的对华政策，为了帮助国民党军队赢得尽快控制中国局势的时间，要蒋介石用“和平协商”的办法来遏制共产党；苏联为同美、英等国在某些国际问题上达成协议，也建议中国共产党同国民党举行和平谈判，以避免发生内战，导致“民族毁灭”。这种形势从根本上说，对中国人民和平建国还是有利的。

迫于国内外形势，特别是国民党的主要军事力量还远在西南地区，一时难以调运足够的兵力到沿海及东北各地，蒋介石不得不摆出一副要“和平谈判”的姿态，于1945年8月14日、20日和23日连续发出3封电报，邀请毛泽东到重庆去“共同商讨”“目前各种重要问题”。此举图谋有二：如果毛泽东不来，就可宣传共产党拒绝和平谈判，把他企图发动内战的责任推到共产党身上；如果来了，又可利用“和谈”来麻痹共产党，以争取时间，调兵遣将，部署内战。

为了尽一切可能争取和平，也为了在争取和平的过程中揭露美帝国主义和蒋介石的真面目，以利于团结和教育广大人民，中共中央于8月23日召开政治局扩大会议，讨论同国民党进行和平谈判的问题。会议认为，和平、民主、团结是全国人民的强烈愿望和利益所在。我党同国民党进行谈判，争取通过和平的途径实现中国的社会政治改革是必要的，也是可能的。我们要学会在和平条件下进行斗争，准备走曲折的道路。会议决定派周恩来先去重庆谈判。25日晚，中央几位领导人听取了从重庆回来的王若飞的汇报，再次权衡利弊，决定同意毛泽东立即去重庆，以击破国民党制造的共产党“不要和平、不要团结”的谎言，争取政治上的最大主动权；并认为由于有“我们的力量、全国的人心、蒋自己的困难、外国的干预”四方面条件，这次去是可以解决一些问题的。

26日，毛泽东起草了《中共中央关于同国民党进行和平谈判的通知》，向党内说明了党关于和平谈判的方针：在谈判中我方准备作出以不伤害人民根本利益为原则的让步，以击破国民党的内战阴谋，取得政治上的主动地位，取得国际舆论和国内中间派的同情，换得我党的合法地位和和平局面。对于谈判结果可能出现的两种情况，通知提出的对策是：如果出现了和平发展的局面，我党应当努力学会合法斗争的一切方法；在我党采取必要的步骤后，如果国民党还要发动内战，它就在全国全世界面前输了理，“我党就有理由采取自卫战争，击破其进攻”。[1]

27日，一架美国飞机降落在延安机场，载来了美国驻华大使赫尔利和国民党政府代表张治中将军。毛泽东在内战燃眉之际亲赴重庆奔走和平，实为国家民族大计而置个人安危于度外的大义大勇的举动，党内外普遍感到担忧。为此，毛泽东在赴重庆前，同代理中共中央主席的刘少奇谈了一整夜。他说：“我在重庆期间，前方和后方都必须积极活动，对蒋介石的一切阴谋都要予以揭露，对蒋介石的一切挑衅行为，都必须予以迎头痛击，有机会就吃掉它，能消灭多少就消灭多少。我军的胜利越大，农民群众活动越积极，我的处境就越有保障、越安全。须知蒋委员长只认得拳头，不认识礼让。”

8月28日，毛泽东偕周恩来、王若飞等同机抵达重庆，受到社会各界的热烈欢迎。当毛泽东在赫尔利和张治中陪同下，容光焕发地出现在机舱口，手持一顶白色遮阳帽向人们挥手致意时，人群中爆发出热烈的掌声。中外记者一拥而上，抢拍下这一珍贵的历史镜头。毛泽东亲赴重庆立即成为轰动国内外的一件大事。当晚8时半，蒋介石在林园官邸为毛泽东一行举行欢迎宴会。抗日战争结束后，关乎中国命运和前途是光明还是黑暗的斗争，就在这样变幻莫测的氛围下，以一种特殊的形式展开了。

毛泽东、周恩来等抵达重庆的第二天，即在林园先后同蒋介石和张群、王世杰、张治中、邵力子等人进行初步商谈。由于国民党对谈判本无诚意，又没有料到毛泽东会这样快应邀来到重庆，因而连一个具体方案也提不出来。中共方面将拟定好的两党谈判方案十一项交国民党代表转蒋介石。这十一项内容，考虑双方现有政治军事力量的实际状况，作出了大批裁减军队和撤出南方解放区等重大让步。但是，国民党方面连把这十一项作为讨论的基础也不愿接受。蒋介石在毛泽东抵达重庆之时，为国民党谈判代表拟定三条原则：1. 不得

---

① 《毛泽东选集》第4卷，人民出版社1991年版，第1153—1154页。

于现在政府法统之外来谈改组政府问题;2. 不得分期或局部解决,必须现时整个解决一切问题;3. 归结于政令、军令之统一,一切问题必须以此为中心。他责成国民党谈判代表根据他的“谈话要点”拟订方案,致使谈判中断3天。

9月8日双方继续谈判。在周恩来的一再追问下,张群才拿出一份《对于中共9月3日提案之答复》,共十一条,对中共提出的基本要求都加以拒绝。在随后的6次谈判中,双方的争执点集中在军队问题和解放区问题上。中共方面为进一步表明诚意,在原拟方案的基础上再作让步。但国民党方面仍不肯接受,坚持中共军队编制至多不能超过16个师,并须由国民党政府统一指挥;而对共产党应在解放区拥有行政权的正当要求,则称“何异乎割据地盘”。此外,国共双方在国民大会和政治会议问题上也发生争论,使谈判陷入僵局。

在持续3周的第一轮谈判中,共产党谋求国内和平的真诚愿望和耐心,赢得了各界人民的广泛同情,连中间力量也认为共产党一再作出重大让步,已做到仁至义尽。而国民党则拒不承认人民军队和解放区民主政权的地位,一再采取高压手段予以取消或削弱,遭到进步舆论的谴责。由于蒋介石、国民党坚持其顽固立场,自9月21日会谈后,中外瞩目的国共谈判完全停顿下来。这时,重庆谈判能否取得成果及取得怎样的成果,已成为全国人民和国际舆论极为关注的问题。重庆《新华日报》每天不断收到读者的来信,要求公布谈判的进展情况,重庆各阶层人士也经常询问谈判结果。一时间议论纷纷,甚至传出国共谈判濒于破裂的消息。

为公开阐明中国共产党的政治主张,澄清舆论和答复全国人民的要求,毛泽东在谈判间隙广泛会见各方面人士,出席中外记者招待会,他特别强调:对于中国最重要的事情是和平。共产党人希望会谈将有良好的结果,使中国能由抗战转到和平建设的时期。共产党将尽一切努力达到上述目的。目前共产党竭力避免与国民党军队之间的冲突,并从许多地区后撤,避免冲突的危险。周恩来则多次举行各党派和各界人士座谈会,向各民主党派、国民党内部的民主派和文化界、新闻界、产业界、妇女界等广泛解释中共的主张,说明导致谈判陷入僵局的真相,在社会各界面前进一步暴露蒋介石“假和谈,真内战”的面目。

在各方压力下，国民党不得不于9月27日恢复谈判。在新一轮谈判中，为了打破僵局，促使尽快达成协议，中共方面在不损害人民根本利益的原则下，继续主动作进一步退让：在军队问题上，表示在公平合理整编全国军队的条件下，愿将中共领导的抗日军队缩编至24个师以至20个师的数目。在解放区问题上，提出在承认解放区人民政权的合法地位的前提下，解放区各级民选政府可重新进行人民普选，选出的各级政府由国民政府加以委任等。并决定将分布在广东、浙江、苏南、皖南、皖中、湖南、湖北、河南（豫北除外）8个省区的解放区让出来。

这种顾全大局、相忍为上的精神和一系列让步措施，得到了各阶层人民、各民主党派的由衷钦佩和赞同，粉碎了国民党舆论工具制造的“共产党只要地盘，争枪杆子”的诽谤。经过反复的斗争，蒋介石只得接受中共方面的建议，把已经取得一致或相近意见的问题加以公布，对尚未取得一致的问题分别说明双方各自的看法，留待两党代表继续商谈；并同意以中共方面起草的《会谈纪要》为基础进行讨论和修改。至此，历时43天的重庆谈判，在中共方面的艰苦努力下取得重要进展。

在重庆开展的这场谈判斗争，始终是与双方在战场上的斗争交织进行的。早在8月中旬，国民党军队就在蒋介石的命令下沿平绥、同蒲、平汉、津浦等铁路线向华北解放区大举推进。在毛泽东到达重庆的第二天，蒋介石一面与毛泽东会谈，一面密令将他在10年内战时期编写的所谓《剿匪手本》重新印发，在国民党军队中实施反共内战动员。为对中共代表团施加压力，捞取在谈判桌上得不到的东西，蒋介石下令山西阎锡山部在日伪军的配合下，向晋东南解放区发动进攻，企图迫使中共在谈判中就范。为此，毛泽东发出站在自卫立场上坚决予以还击的指示，晋冀鲁豫军区刘伯承、邓小平组织上党战役，歼灭了进犯上党地区的阎锡山部主力11个师和一个挺进纵队共3.5万人，活捉军长史泽波和师长多名。这一仗打痛了蒋介石，最终迫使其同意签署国共双方《会谈纪要》。共产党将政治谈判与军事斗争密切结合，以谈对谈，以打对打，表现了针锋相对的高超斗争艺术。

重庆谈判期间，毛泽东、周恩来在位于城郊嘉陵江畔红岩村的八路军办事处，度过43个日日夜夜，为团结国统区的进步力量，争取广大中间势力做了大量的工作。毛泽东充分把握在渝的难得机会，会见了在重庆的各民主党派领袖、教授学者、知名人士、妇女团体以及民族资产阶级的代表，同他们就和平建国问题广泛交换意见。同时，他还和国民党的各派人物，包括国民党右派进行了接触。

在与民主同盟领导人张澜、沈钧儒、黄炎培等人的多次会面中，毛泽东高度赞扬民盟反对蒋介石独裁统治的斗争，支持民盟提出的召开各党各派及无党派人士的政治会议的主张，并详尽介绍了中国共产党关于实现和平、民主、团结的基本方针。这些谈话，使民盟的许多朋友认识到中共对重庆谈判的方针，是体现全国一切抗日党派和进步人士的共同要求的，代表了全国人民的根本利益和共同愿望，促使民盟同中共方面保持密切合作及默契的态度。及至谈判将告一段落，张澜向毛泽东建议说："现在，是你们同国民党双方关起门来谈判。已经谈拢了的，就应当把它公开出来，让大家都知道，免得蒋介石今后不认账。"毛泽东慨然采纳，当即考虑对策，后来形成周恩来起草的《会谈纪要》。张澜还在报刊上发表了《给国共两党领袖的公开信》，对国民党所谓"民主必恃武力始能保障""统一必赖武力始能维持"的谬说，予以有力的抨击。为此，毛泽东当面赞誉张澜是"老成谋国"。

在重庆期间，毛泽东会见了孙中山夫人宋庆龄，对她忠诚不渝地信守孙先生的革命三大政策，对她同蒋介石独裁统治的不懈斗争，对她不计个人安危、献身国家民族的高尚气节，表示了由衷的敬意。宋庆龄则更坚定了支持中国人民的解放事业和拥护中国共产党政治主张的政治立场。毛泽东还会见了冯玉祥、谭平山等国民党进步人士，赞许他们在政治上的进步倾向和进步活动，勉励他们继续为国共两党的合作而努力。

毛泽东等还邀请民主科学座谈会负责人许德珩等会谈，鼓励他们成立永久性的政治组织，团结起来为和平民主建国进行斗争。许德珩等人受到很大的启发和鼓舞，他们决心把民主科学座谈会改组成一个永久性的政治组织。1946年5月4日，由科学技术界进步知识分子组成的带有政治联盟性质的政党——九三学社成立。毛泽东等还宴请青年党负责人左舜生、何鲁之、常燕生、陈启天、余家菊、周谦冲等人，并和国家社会党负责人蒋匀田等会晤，就政治主张、斗争方式、国内形势等问题进行交谈。

毛泽东在会晤爱国民主人士柳亚子时，应他的请求，把自己1936年写的《沁园春·雪》一词，当场手书赠给他。这一首气势磅礴、“欲与天公试比高”的壮丽诗篇，经重庆《新民晚报》发表，以“风调独绝，文情并茂，而气魄之大乃不可及”的赞誉，传遍山城，轰动社会各界。

会见重庆报界朋友时，毛泽东针对有人提出所谓“共产党不要另起炉灶”的说法，用诙谐的语气比喻说：“如果蒋委员长是大锅饭让大家吃，共产党决不另起炉灶；如果他不给大家吃大锅饭，饿了两天还可以，饿到第三天，非另起炉灶不行。”这既抨击了蒋介石不给人民自由、民主的独裁政策，又善意地帮助一些中间派朋友澄清模糊认识。

毛泽东得知抗战时期汇集西南的工商业资本家，希望从他那里进一步了解共产党对民族资本的政策，便在桂园举行茶会招待产业界人士，到会者有刘鸿生、潘昌猷、吴蕴初、胡西园、吴羹梅、章乃器、范旭东、李烛尘等。毛泽东赞扬他们为发展中国民族工业所作的贡献，并向他们讲明中国共产党对民族经济的政策和态度，指出，在半殖民地半封建社会的中国，民族资本是得不到发展的，只有在国家独立、民主、自由之下，民族工商业才有发展前途。毛泽东向他们郑重指出：中国共产党是工人阶级的政党，而工人阶级同资产阶级是有矛盾的。如果不承认这个矛盾的存在，那是不符合客观事实的。但是，在现阶段，我们并不主张没收资本家的产业，而是采取调节劳资间利害关系的政策。共产党对于爱国的民族资本家，并不是作为敌人，而是作为朋友来对待的。这一席话，打消了几位产业界代表的顾虑，他们当场表示要为建设新中国贡献自己的力量。

周恩来也应邀出席了西南实业协会的“星五聚餐会”，发表《当前经济大势》的演讲。他指出，中国今天不仅政治上要民主，经济上也要民主。国民党在经济上管制得多，统制得太过分，弄得市场紊乱，工业凋敝。他强调今后要有一段自由发展的时期，来扫除封建性的剥削经济，使中国走上富强的道路。周恩来强调必须反对官僚资本、垄断资本和侵略资本。他阐述了中国共产党关于发展经济的方针和政策，着重讲了发展资本、税收和劳资等问题。周恩来的讲演为民族工商业指明了前进的道路，在工商界人士中引起强烈的反响，对团结争取民族资产阶级、反对官僚资本具有积极影响。

随后，毛泽东还通过答英国路透社驻重庆记者甘贝尔问的形式，向中外宣布：在未来各党派的联合政府中，除了军事与政治的民主改革外，中共将向政府提议，实行一个经济及文化建设纲领。“这纲领的目的，主要是减轻人民负担，改善人民生活，实行土地改革与工业化，奖励私人企业（除了那些带有垄断性质的部门应由民主政府国营外），在平等互利的原则下欢迎外人投资与发展国际贸易，推广群众教育，消灭文盲等等。”这进一步增进了社会各界和国外人士对中共和平建国方针的理解和支持。

在重庆谈判期间，毛泽东还特意登门访问了陈立夫、戴季陶、吴稚晖、白崇禧等国民党右派人物。对此，毛泽东解释说：“不错，这些人是反共的。但我到重庆来，还不是要跟反共头子蒋介石谈判吗？国民党现在是右派当权，要解决问题，光找左派不行，他们是赞同与我们合作的，但他们不掌权。解决问题还得找右派，不能放弃和右派接触。”在同陈立夫等人的晤谈中，毛泽东襟怀坦荡，回顾大革命时期国共合作的情景，批评国民党后来实行反共剿共的错误政策，险些招致亡国的祸害。他谈到中共对于时局的主张，提请国民党认清人心所向，不要重蹈覆辙。这些既严肃，又透着大度的谈话，使对方自愧理屈词穷，不得不表示要对此次国共和谈“尽心效力”。

毛泽东在渝期间这一系列卓有成效的工作，有力地促进了国共双方协议的达成。10月10日，由周恩来起草的《政府与中共代表会谈纪要》，终于在曾家岩桂园客厅内签字，并由国共双方加以公布，史称“双十协定”。《会谈纪要》载明国民党政府接受中共提出的和平建国的基本方针，双方协议“以和平、民主、团结、统一为基础，……长期合作，坚决避免内战，建设独立、自由和富强的新中国”；确定召开各党派及无党派人士参加的政治协商会议，共商和平建国大计。这表明，蒋介石在内外压力下不得不承认中国共产党的合法地位，承认各党派的政治协商会议。这是重庆谈判取得的最重要的成果。但是，尚有解放区政权问题和国民大会问题未能达成协议；人民军队的整编问题，实际上也没有得到解决。蒋介石直到与毛泽东的最后商谈时,仍提出要中共改变对国内政策的方针,表示他在军队和解放区问题上"决不再作让步"。毛泽东告诉蒋介石,他决定于10月11日返回延安,周恩来等将继续留在重庆,就悬而未决的问题同国民党方面商谈。

10月8日,毛泽东出席了张治中将军举行的欢送宴会,并发表了简短的演说。他指出:"近三十年间,世界经历了两次大战,第二次大战的性质与第一次不同,在这次战争中,世界与中国都有了迅速的进步。现在的商谈的目的,是要实现和平建国。中国今天只有一条路,就是和,和为贵,其他的一切打算都是错的。"[①]"和为贵",这句凝聚中华民族政治智慧的古训,道出了历经战祸的中国各阶层人民的强烈愿望和共同心声。

毛泽东的重庆之行,恰如爱国民主人士柳亚子先生赋诗所颂,堪称"弥天大勇"。一些中间派人士对毛泽东"一身系天下之安危"的赞语,传遍了整个山城。连蒋介石的御用文人戴季陶也不由得发出感慨:"一切国民所感受之苦难解决,均系于毛先生此次之欣然惠临重庆。"随着毛泽东乘坐的飞机腾空远去,国统区各阶层人民愈来愈把国家和民族的希望,寄托在他们利益的忠实代表中国共产党身上。正如毛泽东在重庆特园民盟总部的题词所昭示的,"前途是光明的,道路是曲折的"。尽管前面还有许多困难,但困难是可以克服的,中国一定会迎来无限光明的前途。

自卫战争和全力争取东北

重庆谈判期间,蒋介石密令国民党军向解放区进犯,中共中央部署进行坚决的自卫战争;同时确定全国的战略方针是"向南防御,

① 《毛泽东文集》第4卷,人民出版社1996年版,第31页。

向北进攻”。这体现了毛泽东的一个重要战略思想：“从我们党，从中国革命的最近将来的前途看，东北是特别重要的。如果我们把现有的一切根据地都丢了，只要我们有了东北，那末中国革命就有了巩固的基础。”

1945年10月11日，毛泽东回到延安，当晚召开中央政治局会议，报告重庆谈判的情况，并客观地评价了国共双方代表签订的《会谈纪要》。这个纪要的积极意义在于，国民党不得不在表面上同意中国共产党提出的和平建国的基本方针，“以和平、民主、团结、统一为基础，……长期合作，坚决避免内战，建设独立、自由和富强的新中国”；承认“政治民主化、军队国家化及党派平等合法，为达到和平建国必由之途径”；也不得不同意迅速结束国民党的训政，召开政治协商会议，“保证人民享受一切民主国家人民在平时应享受身体、信仰、言论、出版、集会、结社之自由，现行法令当依此原则，分别予以废止或修正”等。

毛泽东在会上指出：“这个东西，第一个好处是采取平等的方式，双方正式签订协定，这是历史上未有过的。第二，有成议的六条，都是有益于人民的。”尽管国民党顽固地拒绝承认人民军队和解放区民主政权的合法地位，并妄图在“统一军令”和“统一政令”的借口下，根本取消中国共产党领导的人民军队和解放区，以致无法就这个问题达成协议，但是已达成的上述协议，对中国共产党和中国人民争取和平民主建国都是有利的。中央政治局会议经过讨论，同意了国共两党《会谈纪要》。

第二天，毛泽东根据政治局会议讨论的意见，起草了中央给各中央局、各区党委的指示，首先肯定“双十协定”奠定了和平建国的基础，并为全国人民争取了许多民主权利；接着指出应注意下列各点：第一，和平基本方针虽已奠定，但局部的大规模的军事冲突仍不可避免；对于国民党军队的各路进攻，“我方必须提起充分注意，战胜这些进攻，绝对不可松懈”。第二，解放区问题“还须经过严重斗争”方能解决，这个极端重要的问题不解决，全部和平建国的局面就不可能出现。第三，“解放区军队一枪一弹均必须保持”，这是确定不移的原则。第四，我方答应退出南方8个省区，“这是因为在和平局面下这些地区不可能保持”，但对当地人民是一大牺牲，须作妥善解释及适当处置。第五，东北问题未在此次谈判中提出，“我党一切既定计划照样执行”。

10月17日，毛泽东在延安干部会上作《关于重庆谈判》的报告，提请全党不要对蒋介石公布“双十协定”抱有不切实际的幻想。他说：“已经达成的协议，还只是纸上的东西。纸上的东西并不等于现实的东西。事实证明，要把它变成现实的东西，还要经过很大的努力。……谈判的结果，国民党承认了和平团结的方针。这样很好。国民党再发动内战，他们就在全国和全世界面前输了理，我们就更有理由采取自卫战争，粉碎他们的进攻。”

果然不出毛泽东所料，“双十协定”墨迹未干，蒋介石就给他的战区司令长官胡宗南等颁发“剿匪”密令。蒋介石的战略企图很明显，就是趁着中共退出南方8个省区，完全占领长江以南地区，着重夺取华北战略要地和交通线，以分割、压缩解放区，并打开进入东北的通道，进而占领全东北。

为此，蒋介石用两个多月时间，从西南、西北地区紧急调运几十万军队到冲突前线，由西向东，由南向北，向华北解放区推进。接着，美国又动用大量军舰、飞机，帮助蒋介石将5个军的作战部队陆续运到天津、青岛、北平、秦皇岛等地，还出动美军海军陆战队5万余人，在塘沽、秦皇岛、青岛等地强行登陆，为蒋介石据守战略要地，以接应向华北推进的国民党军队，并做好运兵东北的准备。

在日益严峻的局势下，中共中央、毛泽东决定进行绥远（平绥）战役、邯郸（平汉）战役和津浦路战役，给进犯之敌以歼灭性打击。中央强调这是自卫的战争，我方具有充分的理由，站在有理有利的地位。解放区的一切工作，都应为这一中心任务而服务。目前斗争的胜利越伟大，和平实现的时间将越迅速，对中国人民就越有利。遵照中央的战略部署，晋察冀、晋绥、晋冀鲁豫、山东及华中各军区部队，集中一切力量，精心组织实施，胜利进行绥远、邯郸、津浦路三次战役，共歼灭进犯之敌近11万人，阻滞了国民党军队向华北解放区的推进，有力地掩护了人民军队在东北的战略展开。

争取东北的斗争，是抗日战争结束后，中国共产党为保卫人民抗战胜利果实而进行的伟大斗争的一个重要组成部分。东北自1931年沦陷以后，国民党在那里没有一兵一卒，只有不战而退、沦丧国土的罪责，全无收复失地之寸功。而中国共产党却领导东北人民和东北抗日联军同日军浴血奋战，坚持了长达14年的艰苦卓绝斗争，在那里有一定的群众基础，并且在华北与东北的接合部建立了冀热辽根据地。更重要的是，东北地区地域辽阔，资源丰富，工业和交通发达，余粮较多，一旦建立起巩固的根据地，与华北解放区连成一片，对于中国革命的发展极为有利。因此，1945年6月毛泽东在中共七大的一次讲话中，高瞻远瞩地指出：

> 从我们党，从中国革命的最近将来的前途看，东北是特别重要的。如果我们把现有的一切根据地都丢了，只要我们有了东北，那末中国革命就有了巩固的基础。当然，其他根据地没有丢，我们又有了东北，中国革命的基础就更巩固了。现在，我们的基础是不巩固的，不要以为很巩固了。为什么不巩固呢？因为我们现在的根据地在经济上还是手工业的，没有大工业，没有重工业，在地域上也没有连成一片。①

抗战胜利后形势的急遽变化，使东北出现了复杂的局面。苏联军队消灭日本关东军之后，进占并控制了东北的各大城市和铁路交通要道，实行军事管制。8月14日，苏联政府同国民党政府签订《中苏友好同盟条约》，双方同时达成协议，在东北“一俟收复区域任何地方停止为直接军事行动之地带时，中华民国国民政府即担负管理公务之全权”。这意味着苏军在完成军事任务，按照约定期限撤离东北地区时，将把东北的行政全权交付给国民党政府接管和行使。这一条，对蒋介石、国民党是很有利的，而对中国共产党及其领导的人民军队就近接受日伪军投降、收复失地，则是很大的限制。

在毛泽东赴重庆谈判期间，刘少奇代理中共中央主席职务。他向毛泽东陈述了他对东北形势及党应采取的方针的看法和设想。刘少奇认为，在东北问题上，苏联军队虽然受条约的约束，没有积极支持和帮助我们，却也没有阻

---

① 中共中央文献研究室编：《毛泽东在七大的报告和讲话集》，中央文献出版社1995年版，第232—233页。

拦我们,“估计也不至于对我们背后开枪”。那么,我们在东北也就赢得了战略上的胜利,即北面没有敌人,西面和东面都是友邻,我们可以集中力量对付一个方面的敌人。有了这样一个有利的战略地位,就有了取得胜利的基础。毛泽东赞同刘少奇的这个意见,因为“如果我们有了东北,大城市和根据地打成一片,那末,我们在全国的胜利,就有了巩固的基础了”。经考虑,中央决定派林彪带部队进入东北,去掌握这一极其重要的战略区域。

在重庆谈判期间,中共中央为大力争取东北,留守延安的刘少奇、朱德与在重庆的毛泽东、周恩来电报往来频繁,反复磋商,于9月19日由刘少奇根据中共中央的决策起草了《目前任务和战略部署》的指示电,确定了“向北发展,向南防御”的战略方针。指示首先分析国共谈判暂时很难有结果,“国民党军队在敌伪掩护下业已进入许多大城市及交通要道,并有进入北平、天津之可能”,指出“热河及察哈尔两省我必须全部控制,东北全境我亦有控制可能”,但苏联军队在12月初将全部撤离东北,“我必须迅速作妥善部署,方能保障我党对于东北的控制”。

指示电指出:“目前全党全军的主要任务,是继续打击敌伪,完全控制热、察两省,发展东北我之力量并争取控制东北,以便依靠东北和热、察两省,加强全国各解放区及国民党地区人民的斗争,争取和平民主及国共谈判的有利地位。”为此,中央对各解放区、各军区的任务、行动作了具体部署,并作出相关人事调整和工作安排:成立冀热辽中央局,扩大冀热辽军区,以李富春为书记、林彪为司令员;罗荣桓到东北工作;山东局改为华东局,陈毅、饶漱石到山东工作。中央明确提出:“全国战略方针是向北发展,向南防御。只要我能控制东北及热、察两省,并有全国各解放区及全国人民配合斗争,即能保障中国人民的胜利”[①]。

从全国战略方针的总体来看,“向北发展”,主要是抢在国民党军队的前面向东北全境发展,全力夺取整个东北。“向南防御”就是收缩南方战线,将江南部队撤至长江以北,加强长江北的防线,坚决打击和集中歼灭来犯之敌,牵

---

① 《刘少奇选集》上卷,人民出版社1981年版,第371—372页。

制和阻止国民党向华北和东北的进军，并从邻近东北的地区急速抽调兵力向东北集结。

鉴于毛泽东赴重庆谈判期间，是争取东北的最关键时刻，任何决策上的迟疑和行动上的片刻迟缓，都将铸成大错。为此，刘少奇代中共中央、中央军委起草并接连发出多封指示电，指挥争取东北这一战略决策的全面迅速实施。首先，决定从山东解放区抽调主力部队和大批干部迅速开往东北，并于9月14日决定成立以彭真为书记的中共中央东北局。当日，东北局领导成员彭真、伍修权等6人即搭乘飞机奔赴东北，以及时加强对东北地区军队和地方工作的领导。

毛泽东在重庆及返回延安后，对向东北调动部队和干部的情况非常关注。他根据形势的发展和实际需要，起草了一系列指示，要求从冀热辽、晋察冀等解放区调集大批军事、政治、后勤、党务、文化等各类干部奔赴东北，以解全力争取东北之急需。毛泽东指出，只要我党干部和部队到了东北，发动群众，依靠群众开展斗争，就能够站稳脚跟，逐步把根据地建立起来。为了争取时间，方便赶路，甚至可以把武器放下来，只要人到了东北，就会有武器的。同时，他还详尽指示各部队出关的具体路线、行动方针、工作任务、干部配备、粮款筹集以至枪械分配等各项事宜，要求以最快速度争取和控制东北。

军令如山，急如星火，山东等解放区的各路部队遵照中共中央、毛泽东的一系列指示，或乘木船渡海，或轻装徒步行军，日夜兼程，长驱千里，向东北进发。陆续到达东北的战斗部队有11万人，干部2万人；中共七大选出的中共中央委员和候补中央委员有20人进入东北，其中彭真、陈云、张闻天、高岗4人是中央政治局委员，约占中央政治局委员总数的1/3。这充分显示了中共中央、毛泽东全力争取东北，以奠定中国革命基础的极大战略决心。

东北局建立后，为加强北满广大地区党政与军队工作，中央又决定在哈尔滨成立北满分局和北满军区，陈云任书记兼北满军区政委，高岗任副书记兼北满军区司令员。根据东北局势的发展和苏军的动向，11月下旬，陈云召集高岗、张闻天等，在哈尔滨经过3天的讨论，由陈云主持起草了关于党在东北的战略方针的建议，于11月29、30日以陈云、高岗、张闻天的名义分两次发出给东北局并转中央的电报。

北满分局《对满洲工作的几点意见》的电报，首先分析了苏联对满洲的政策，基本上包括两个方面：一方面，把沈阳、长春、哈尔滨三大城市及长春铁路干线交给国民党；另一方面，援助我党在满洲力量的发展，也是为了以实力为后盾，拒绝美国力量直接渗入满洲。为了执行中苏外交协定，苏联采取这样的措施是必需的，是应该被我们谅解的。

> 根据以上情况，我们必须承认，首先独占三大城市及长春铁路干线以独占满洲，这种可能性现在是没有的。因此，当前在满洲工作的基本方针，应该不是把我们的全部注意力集中于这三大城市，而是集中必要的武装力量，在锦州、沈阳前线给国民党部队以可能的打击，争取时间。同时，将其他武装力量及干部，有计划地主动地和迅速地分散到北满、东满、西满，包括广大乡村、中小城市及铁路支线的战略地区，以扫荡反动武装和土匪，肃清汉奸力量，放手发动群众，扩大部队，改造政权，以建立三大城市外围及长春铁路干线两旁的广大的巩固根据地。
>
> ……
>
> 我们要达到这一目的，还须经过一个与国民党进行艰苦斗争的过程。必须防止干部中以为不经过严重斗争而可以取得全满洲的想法，竭力避免把一切希望寄托在苏联的援助上，以苏联对我们援助一时增减而发生盲目的乐观或悲观失望的情绪。必须严重注意干部中由于进入城市而生长起来的享受腐化倾向。同时，应该预先防止国民党进入中心城市后向我们压迫时，在干部中可能发生的精神上、思想上和行动上的混乱。[①]

这份电报对苏联撤军前准备与国民党交接防务以及国民党军已经进兵东北的现实情况做了冷静、客观的估计，提出了应当采取的方针和建议。中

① 《陈云文选》第1卷，人民出版社1995年版，第299—301页。

共中央迅速复电东北局，表示完全同意北满分局的上述意见。这是中国共产党在抗战胜利后抢占东北这个重大问题上战略和策略调整转变的一个分界点。

到1945年12月底，蒋介石在美国的直接援助下，经海、陆、空三路向东北大举进兵，先后攻克东北民主联军控制的山海关、锦州等要地，一场争夺东北的严峻斗争迫在眉睫。鉴于争取东北的斗争对于全国形势具有特别重大的影响，12月28日，毛泽东为中共中央起草了给东北局的《建立巩固的东北根据地》的指示。指示充分估计东北斗争的艰苦性，明确指出："我党现时在东北的任务，是在东满、北满、西满建立巩固的军事政治的根据地。""建立这种根据地的地区，现在应当确定不是在国民党已占或将占的大城市和交通干线"，"也不是在国民党占领的大城市和交通干线的附近地区内"。

党在东北的任务是：在距离国民党占领中心较远的城市和广大乡村，建立巩固的根据地，发动群众，逐步积蓄力量，准备将来转入反攻。指示要求必须反复教育初到东北的一切外来干部，注重调查研究，熟悉地理民情，并下决心和东北人民打成一片，从人民群众中培养出大批积极分子和干部；要求东北局全体干部，务必从一切依靠群众这一点出发，动员一切力量从事细心的群众工作，打下初步的可靠的基础，以战胜困难，一步一步地达到自己的目的。为此，"干部中一切不经过自己艰苦奋斗、流血流汗，而依靠意外便利、侥幸取胜的心理，必须扫除干净"。[①]历史表明，中共中央发出的这个指示是符合东北当时的实际情况的，由此确定了党在东北的正确战略方针，为夺取东北的胜利指明了方向。

遵照中央的指示，东北局和东北民主联军执行"让开大路，占领两厢"的方针，主动退出之前占据的大中城市，让开沈阳、长春、哈尔滨三大城市为主的铁路交通线，占领通化、延吉、密山、佳木斯、嫩江、洮南等具有战略意义的中小城市和广大农村，着手建立巩固的根据地，发动群众进行土地改革，抓紧

① 《毛泽东选集》第4卷，人民出版社1991年版，第1181页。

军队的扩编和整训，加大粮食物资的储备，逐步积蓄力量，准备在适当时机转入向国民党军的反攻。

在大力争取东北的同时，中共中央为了实现国内和平团结，指示在长江以南长期坚持敌后抗日斗争的新四军部队，一律撤至长江以北。“双十协定”签订后，分散在浙东、苏南、皖南的新四军主力部队，冲破国民党军队的层层拦阻，相继撤离国民党统治的腹心区域，向苏皖边区和山东集中。在广东坚持抗日斗争的东江纵队、珠江纵队、粤中纵队等，包括在粤桂边区活动的广东南路人民抗日解放军的一批干部，也奉命集结向北撤至山东根据地，后合并组建为两广纵队。同时，新四军军部率华东地区的主力部队北移山东和冀东，保障和发展那里的根据地和人民武装力量。这样，在“向北发展、向南防御”的战略部署下，各解放区部队向北大踏步地前进，争得控制热河、察哈尔，展开于东北的先机，打破了国民党独占东北、南北夹击关内解放区的企图；同时，南方8个省的解放区部队大踏步地后撤，避免了被各个击破的危险，同时坚决打击和集中歼灭来犯之敌，牵制了国民党向华北和东北的进军。由此，形成了梯次递补、层层反击国民党军事进攻的有利态势。

从军事调处到政协会议

在中共及民主党派的一致努力下，政协会议的决议案公开地否定蒋介石的一党专政和内战政策，确定了中国民主改革的总方向。这是有利于人民的。如果这些方案真的付诸实施，国内和平即可实现，国民党的一党专政即可打破；如果不履行或撕毁政协决议，那么国民党在政治上就输了理，广大人民就会看清它蓄意发动内战、坚持独裁的真面目。

在坚决进行自卫战争的同时，中国共产党旗帜鲜明地号召“全国人民动员起来，用一切方法制止内战”。各民主党派纷纷发表宣言和评论，呼吁和平，反对内战。1945年10月，中国民主同盟、第三党、三民主义同志联合会、工业协会、迁川工厂联合会、中国妇女联谊会、中国农业协进会、中国农村经济研究会、中国民主实践社、中国社会科学研究会、中国人民反内战同盟和20多家杂志社，纷纷发表宣言、评论，呼吁和平统一，制止内战，撤退美军，迅速召开政治协商会议。10月30日，民盟中央常委黄炎培致函国共会谈代表，要求立即停止冲突，迅速召开政治协商会议，解决国是。11月2日，民盟发言人发表反对内战的谈话。11月9日，中共中央南方局领导人周恩来、王若飞邀沈钧儒、黄炎培等民主人士商谈动员各界人士，揭露国民党的内战阴谋。11月12日，第三党发表《抗战结束后对时局宣言》；11月中旬，张澜、沈钧儒、黄炎培等发起成立“陪都各界反内战联合会”，号召国统区人民用罢工、罢课、罢市及拒绝纳税的行动来制止内战，同时严正抗议美国政府支持国民党的内战政策。对于民盟及其代表人士的反内战活动，中共给予了明确的肯定和支持。

经过3个月的局部性内战，蒋介石接连损兵折将，遭到沉重打击。这时，美国政府直接卷入中国内部冲突的政策，受到美国朝野的一致抨击，在国际舆论上也受到谴责。考虑到蒋介石一旦发动全面内战，“可能会导致共产党控制全中国”的局面，美国政府在对华政策上作了某些调整，即从五花八门的建议中，选择了“继续援蒋运兵，促成国共停战，改组国民党政府”的所谓最佳方案。

12月15日，美国总统杜鲁门发表对华政策声明，称中国应“召开全国主要政党代表的国民会议，以谋早日解决目前的内争”，并派前陆军参谋长马歇尔将军作为总统特使，以“调处”国共军事冲突为名来到中国。12月27日，在莫斯科召开的苏、美、英三国外长会议发表对中国问题的公报，宣称：“必须在国民政府下有一统一与民主之中国，国民政府各级机构中民主党派之广泛参与及内部冲突之停止，均属必要。”[1]在上述背景下，蒋介石为了用政治手段遏制

---

① 《国际条约集（1945—1947）》，世界知识出版社1959年版，第125—126页。

共产党，并争取更多时间来调动内战兵力，不得不同意召开政治协商会议。

中共中央分析形势的变化，认为尽管美国的政策仍然是援助蒋介石的，但美国对华政策的这种变动，对于当前中国人民要求和平民主的斗争是有利的，国内国际的各种因素使内战有可能暂时停止，因此中共中央决定接受马歇尔的“调处”，配合军事自卫，开展政治攻势，要求在全面停战、实现“双十协定”的条件下召开政治协商会议，并派以周恩来为首的中共代表团飞往重庆，一方面参加政治协商会议，另一方面继续进行国共之间的谈判。

12月27日，在美国总统特使马歇尔的调处下，国共谈判恢复，中共代表团向国民党提交书面建议，要求无条件全面停止内战，以利于政协会议的举行。28日，周恩来、董必武以中共代表团名义分别宴请沈钧儒、陶行知、邓初民、李公朴、史良、章伯钧等人，进一步沟通对政协会议的看法。30日，民盟领袖张澜致函国共双方，要求国共两党于1946年元旦停止武力冲突，所有问题均提交政治协商会议解决。31日，周恩来给张澜复信，对所提建议表示完全同意。经过10多天的反复磋商，国共两党代表于1946年1月10日正式签署“停战协定”，双方都下达了至1月13日午夜双方军队应就各自位置上停止一切军事行动的停战令。并组成有美国代表参加的“三人小组”和“北平军事调处执行部”，准备前往交战地点调处和监督双方停战令的执行。

在“停战协定”公布的当天，毛泽东即以中国共产党中央委员会主席的名义，向各级党委、各部队首长及解放区各级政府颁发停战命令：“凡在中国共产党领导下之一切部队，包括正规军、民兵、非正规军及游击队，以及解放区各级政府，共产党各级委员会，均须切实严格遵行，不得有误”；并指出，“中国和平民主新阶段，即将从此开始”，全党应与全国人民密切合作，继续努力，为巩固国内和平，实现民主改革，建立独立、自由和富强的新中国而奋斗。

由于中国共产党的坚决斗争和民主党派的强烈呼吁，再加上国外的压力，国民党方面被迫履行“双十协定”，准备举行各党派的政治协商会议（简称“政协会议”）。这时国共两党达成停止国内军事冲突的协定，并发布停战令，为各党派的政治协商创造了良好的氛围。

为了使即将召开的政协会议能朝着有利于人民的方向发展，中共在会前做了充分准备。1945年12月5日，中共中央指示南方局着手邀集各党派、无党派代表人士及会外活动分子准备政协提案，研究共同纲领及宪法草案。12月9日，中共中央致电董必武，令其转告民盟，中共主张通过民主途径解决问题，请他们也在共同纲领、联合政府宪法草案等方面做些准备。12月16日，周恩来率领由董必武、王若飞、吴玉章等人组成的中共政协代表团抵达重庆后，即通过中外记者招待会和《新华日报》，向政协会议提出停止内战、制定和平建国共同纲领、改组政府、实施民主政治等意见。中共政协代表团指出，政协会议的最大使命，就是要找到一条把内战与独裁变为和平与民主的可行道路。代表团还宴请会晤了民盟政协代表及在渝常委张澜、梁漱溟、张东荪，青年党曾琦、救国会沈钧儒、第三党章伯钧等人，就政协会议问题交换意见。

在多次磋商的基础上，中共与民盟进一步订立了关于对重大问题事先交换意见，以便互相配合的"君子协定"。中共与民盟还决定邀请马寅初、邓初民、史良、杜斌丞、陶行知、章乃器、周谷城、彭一湖等34名国内有声望的学者、专家组成政协代表团、顾问团，为民盟和中共的政协代表制定提案提供咨询。民盟留渝中央执行委员召开座谈会，为民盟代表团参加政协会议确定了与中共主张基本一致的方针。这些举措，表明中共与民盟已经结成政治合作的联盟。

其他的民主党派也向政协会议提出希望和建议。1946年1月8日，民主建国会举办招待政协会议代表的欢迎会，并提出《向政治协商会议提供初步意见》，要求国民党开放政权，修改国民大会（简称"国大"）组织法和代表选举法，重选"国大"代表，并重新起草宪法，商定共同政治纲领，以代替训政时期的临时宪法。民建表示不但要密切注意政协会议，而且要全力促其成功。《新华日报》登载民建向政协会议所提的意见。中共代表董必武认为民主建国会对政协会议的初步意见与中共所提的意见大体相同。

1946年1月10日，政治协商会议在重庆正式开幕，历时22天，出席会议的代表有38人，其中国民党8人、共产党7人、民主同盟9人、青年党5人、无党派社会贤达9人。周恩来率领由董必武、王若飞、吴玉章等人组成的中共代表团参加政协会议。蒋介石以国民政府主席、国民党总裁的身份致开幕词，提出这次会议"要真诚坦白，树民主楷模"；"要大公无私，顾全国家的利益"；"要高瞻远瞩，正视国家的前途”。他还宣布了国民政府保证人民权利的四项措施，即“人民之自由”“政党之合法地位”“普选”“释放政治犯”。周恩来也致辞，明确提出会议的目的和任务，他指出：“政治协商会议，就是要请各党代表及社会贤达一起来订出如何实现政治民主化、军队国家化及党派平等合法的方案，并在此过渡期中，我们提议要在共同纲领的基础之上，实现各党派、无党无派代表人士合作的举国一致的政府。”沈钧儒代张澜宣读民盟的致辞，指出：在座全体会员，尽管政治主张各不相同，但我们的目的，我们求国内的和平，求政治的民主，这目的都是相同的。

政协会议一开始就确定协商的范围：一是和平建国方案，二是召开国民大会的有关事项。根据政协的复杂情况，中共代表团坚持的方针和态度是：促进国民态度有所转变，争取团结一切可以团结的力量，揭露与孤立国民党右派，力争通过有利于人民的协议或决定。

在讨论怎样改组政府时，蒋介石的如意算盘是既有改组政府的空名，又能保持个人独裁的实质。他派王世杰参加改组政府组，提出“扩大政府组织方案”，用“扩大”两字，避免用“改组”两字，而所谓扩大的机构是指“国民政府委员会”（简称“国府委员会”），这是一个没有任何实权的部门。蒋介石想在保留一党专制的前提下，把各党派骗到国府委员会，就算完成了“举国一致的政府”。对此，周恩来等中共代表与民盟等代表一起研究，认为问题的关键是要改变政府的个人专制独裁，在政府中实现一些民主，要把国府委员会变成一个实权机构。于是，针锋相对地提出：国家的大政方针、施政纲领以及重要人事安排等都要通过这个委员会才能生效。

关于国府委员的名额分配，国民党提出在原有36名的基础上再增加12名，共48名，国民党占总额的3/4，中共与其他党派只有12名，占1/4。按此名额分配，国民党可以通过任何提案。中共和民盟等坚决反对国民党的主张，一致认为中共和各民主党派必须占1/3，并要求提案表决时需2/3国府委员赞成才能通过，以此限制国民党。在名额限定分配上，又经过多次协商，确定国府委员为40名，国民党占20名。其余20名，中共提出要10名，民盟提出要6名，青年党提出民盟要多少它就要多少。这就超出了20名的总额。对此，国民党提出另一方案，即中共8名，民盟、青年党、社会贤达各4名。这里其实埋下一个“伏笔”，因为在国府委员会协议程序上，中共和民盟一致争取的规定是：讨论一般问题时须半数通过，讨论施政纲领、用人、行政等重大问题则需2/3方能通过。这样，1/3的否决权就很重要。而按国民党的方案，中共和民盟的国府委员加在一起只有12名，占3/10，对任何议案均达不成否决。为了表示诚意，经商定，中共和民盟采取一致行动，以表示双方坚定的合作。①

在政协会议上，斗争的焦点主要有两个：一是政治民主化问题，二是军队国家化问题。政治民主化包括国民大会、宪法草案和施政纲领3个具体问题。国民大会是当时全国人民极为关注的问题。国民党坚持1936年选好的1200名代表，除死亡、在抗日战争中附逆者外一律有效。由这些代表来通过宪法、实行宪政。这些人全是国民党员，而且是在国民党执行“党外无党”的政策，其他党派处于非法地位、无法参加竞选的年代产生的。现在再让这些人当代表，明显存在问题，这个方案理所当然地遭到反对，连被国民党操纵的青年党也不同意，因为当年他们也没有参加竞选的合法权利。但国民党顽固地坚持既定方案，这个问题几乎陷入僵局。最后，周恩来与民盟等各党派商量：为了和平、民主、团结的建国大前提，向国民党再让一步，承认国民党原有的1200名代表。此外另加党派和社会贤达700名代表，并增加台湾和东北的代表150名，总共2050名。但坚持宪法的通过须经过3/4的同意，并且坚持共产党同民盟两方共同的代表席位须占代表席位总数1/4，以防蒋介石把“国大”变成他的表决机器，任意通过个人专制独裁的宪法。当时分给民盟的代表名额为120名，周恩来向民盟表示，若民盟不够分配，中共可以在解放区代表名额中予以补充调剂。两者相加的代表名额须达到一个否决权所需数字。

在宪法草案问题上，国民党企图以保护其专制统治的《中华民国宪法草案》（简称《五五宪草》），经过形式上的修改，作为宪政时期的根本大法。这部《五五宪草》只规定设置一个庞大的国民大会来行使创议、复决、选举和罢免四项直接的民权。国家既没有行使主权的议会，政府也不对议会负责，其中

① 朱晓明、甄小英主编：《周恩来统一战线思想与实践》，华文出版社2006年版，第68页。

心是中央集权和总统制，总统有绝对权力，对司法院有任免权。这样的制度最适合个人独裁。中共和民盟等坚决反对这一提案，认为《五五宪草》规定的总统权力太大，大权独落于元首一身，“容易流于个人专制之弊”。民盟主张仿效欧美国家，实行国会制、内阁制和地方自治。这一方案试图利用《五五宪草》的形式，实行英美式的议会民主，以加强立法院的权力。中共支持这一方案。因为在当时，首要的是否定国民党一党专制，限制个人独裁，这样有利于民主，不利于蒋介石一党专政，也有利于将来新民主主义的实现。经过中共和民盟的共同斗争，国民党最后被迫同意组成新的宪草委员会，审议修改《五五宪草》，并采取国会制和“三权分立”的政体以及地方自治的原则。

在施政纲领问题上，国共双方都提出自己的详细方案。国民党和青年党的代表主张以《抗战建国纲领》为施政纲领的蓝本，反对反映人民民主要求的共同纲领。中共代表提出《和平建国纲领草案》。民盟反对国民党的主张，支持中共意见，主张以国民党第一次全国代表大会宣言和孙中山主持制定的《中华民国临时约法》作为依据，同时参考各党派各界人士的意见。中共本着和平民主团结统一的原则对纲领草案作了修改，会议经过讨论，基本接受中共的和平建国纲领。

军队国家化问题是会议争议的另一个焦点。国民党坚持军令政令统一，主张先军队国家化才能政治民主化，即：你先交出军队，我给你一点民主。中共则坚持实行政治民主化是实现军队国家化的前提。对此，国共两党的争论十分激烈。民盟在这个问题上提出全国所有军队应脱离任何党派而归属于国家，达到军令、政令的完全统一，共产党在军事上让些步，国民党在政治上让些步。为了争取和平民主，团结教育同盟者，中共一方面向民盟说明问题的要害，一方面做了让步。周恩来最后提出，政治民主化和军队国家化可以平行前进，归于一途，并指出军队也要民主化。同时，周恩来也批评了青年党的代表坚持必须先军队国家化的错误主张。这样有原则的让步和坚持又团结又批评的态度，得到了民盟和其他党派的赞同。①

① 朱晓明、甄小英主编:《周恩来统一战线思想与实践》，华文出版社2006年版，第69—70页。

在政协会议复杂的斗争中，以中共中央南方局为主体的中共代表团为了团结民主党派，在不违背原则的情况下，向朋友作必要的让步，扩大了统一战线。会议讨论和通过的其他几个决议案中体现了共产党与民主党派的团结合作、互相支持，共产党的真心诚意得到了民主党派的赞许。双方的真心诚意是共产党与民主党派实现合作的基础。

1946年1月31日，政协会议结束。会议通过了五项议案，包括政治组织案、国民大会案、和平建国纲领、宪法草案、军事问题案的政协决议。这些协议规定：成立联合政府，国府委员名额的半数由国民党人充任，其余半数由其他党派及社会贤达充任；规定国共军队在6个月内按5∶1的比例整编，然后全国军队再统一整编为五六十个师；规定实行地方自治，这些地方可以保留人民的武装等。

从这些决议案来看，这次政协会议的确取得了很大成果，“得到了历史性与积极性的初步收获”，“其中最重要的，就是结束一党政治，扩大国民政府基础，使各党派及无党派社会贤达，均有机会参加，并提高国府委员会的职权，包括决策权与用人权在内，使它成为最高国务机关”①。这些成果的取得，“是中国民主革命一次伟大的历史胜利，这个胜利，是中国人民百年来不屈不挠斗争的结果，是与会各党派及社会贤达共同努力，特别是各民主党派据理力争、同时又作重大让步的结果”②。政协会议的议案公开地否定了蒋介石的一党专政和内战政策，确定了民主改革的总方向。这些决议有利于人民，而不利于国民党一党专政。如果这些方案真的付诸实施，国内和平即可实现，国民党一党专政即可打破；如果国民党不履行或撕毁政协决议，那么，它在政治上就输了理，广大人民群众就会看清它蓄意发动内战、坚持独裁的真面目。

2月1日，中共中央在《中央关于目前形势与任务的指示》中指出：重庆政治协商会议，经过激烈的争论之后，已获得重大成果。“由于这些决议的成立及其实施，国民党一党独裁制度即开始破坏，在全国范围内开始了国家民主

① 《和平建国的起点》，《新华日报》1946年2月1日第2版。
② 《延安权威人士评称政协会获重大成果》，《解放日报》1946年2月1日第1版。

化。这就将巩固国内和平,使我们党及我党所创立的军队和解放区走向合法化。”因此,“这是中国民主革命一次伟大的胜利。从此中国即走上了和平民主建设的新阶段”[①]。

和平大门被最后关闭

国民党六届二中全会通过了旨在推翻政协宪草中各项民主原则的决议以及其他多项反共决议,导致国民党从政协会议全面倒退,战后国共关系由表面上相对缓和而急转直下,成为国共关系走向破裂的转折点,基本终结了自政协会议开始的中国民主化进程,最终导致中国的大规模内战战火再起。

政治协商会议一致通过的和平建国纲领等五项决议案公诸于世后,获得全中国人民的热烈拥护。人们以为一个和平、民主、团结、统一的新中国将会从此开始,纷纷表示将为建设新的中国而奋斗。中国共产党对会议的成就给予了很高的评价。政协会议闭幕不久,中共中央主席毛泽东向美联社记者发表谈话说:政治会议成绩圆满,令人兴奋。今后当然还有困难,但相信各种障碍都可以扫除。总的方面,中国走上民主舞台的步骤已经部署完成。实际上,中国恢复和平,建立民主政府,世界各国也交相有利。时至今日,我们必须以全部信仰寄托于人民,人民的力量是不可抵御的,一部美国史,即其明证。毛泽东在谈话中着重指出,各党当前任务,最主要的是在履行政治协商会议的各项决议,组织立宪政府,实行经济复兴。共产党于此准备出力拥

① 中央档案馆编:《中共中央文件选集》第16册,中共中央党校出版社1992年版,第62页。

护。对于政治的及经济的民主活动，将无保留，出而参加。[①]3月4日，毛泽东在和马歇尔的谈话中，再一次重申：中国共产党必用全力坚决贯彻3个协定（即停战协定、政协决议和整编全国军队方案）。这一切表明，中国共产党在政协会议前后一段较为有利的时局下，竭尽全力避免内战，真心诚意地希望通过和平的道路来实现中国的政治改革。

1946年2月1日，中共中央发出《关于目前形势与任务的指示》，肯定了政治协商会议的重大成果：决定改组政府，并通过施政纲领、宪草原则，决定召开国民大会，整编全国军队，实行军党分立、军民分治、地方自治、民选省长等原则。由于这些决议的成立及其实施，"国民党一党独裁制度即开始破坏"，在全国范围内开始了国家民主化，这就将巩固国内和平。这是中国民主革命的一次伟大胜利，从此中国即走上了和平民主建设的新阶段，全党全军要"准备为坚决实现这些决议而奋斗"，以保证中国"继续走上民主化的前途"。

为了同民主党派协调一致，敦促蒋介石接受政协决议，中国共产党在政协会议上作了许多让步，如同意国民党可在国府委员会中占1/2席位，在行政院中占大多数；在民主宪章的原则上，表示接受英美式的初期民主形式；等等。对于这些政治上的让步，中共中央认为，中国政治的进步是不可能一蹴而就的，同意采取这种让步的方法，为的是逐渐促成政治的进步。尽管政协决议的内容，同中国共产党所主张的新民主主义纲领还有很大距离，但它在实质上是对国民党的一党专政、个人独裁的政治制度和反人民的内战政策的否定，基本符合全国人民的和平民主愿望。只要照着政协决议做下去，是会朝着新民主主义的方向发展的。中共中央指出："蒋介石国民党此次开始实行民主改革，如同他们过去实行抗日一样，带着极大被迫性，因而中国民主化的道路，依然是曲折的，长期的。"[②]中国共产党将为履行政协决议，实现独立、自由、民主、统一的中国奋斗到底。

重庆《新华日报》接连发表《和平建国的起点》《中国历史的新方向》两篇

---

① 中共中央文献研究室编：《毛泽东传》（二），中央文献出版社2011年版，第764页。

② 中共中央文献研究室编：《毛泽东年谱（1893—1949）》下卷，中央文献出版社1993年版，第55页。

社论，庆祝政协会议的成功。延安两万余人聚会，民盟及各民主团体人士纷纷发表谈话赞扬政协会议的成就。重庆、成都、北平、广州的广大学生、各社会团体以及马来西亚、泰国等地的华侨相继集会，庆祝政协会议的胜利。大家都以为从此中国将踏上和平民主的道路，迎来中华民族团结复兴的时期。

可是，与中共和各民主党派热烈拥护政协决议，并积极准备履行政协决议相反，国民党内的强硬派一开始便反对政协决议。在政协会议期间，国民党顽固派陈果夫就致函蒋介石说，“政治协商会议必无好结果……请临崖勒马，另行途径”。政协会议最后一天，即1月31日，国民党中央常委举行会议，许多顽固分子纷纷表示反对政协的五项决议。政协会议闭幕后，国民党当局制造了一系列破坏政协决议的流血事件，各民主党派与中国共产党团结一致，为坚持政协路线，反对国民党撕毁政协决议进行了坚决斗争。

2月10日，民建等23个团体在重庆较场口举行庆祝政协成功大会。推举郭沫若、李公朴、章乃器、施复亮、李德全、马寅初、徐崇林等20余人组成大会主席团，并准备以陪都各界庆祝政协成功大会的名义发表《告全国同胞书》，宣布庆祝大会的目的是希望全国同胞一致奋起，广泛团结，作为党派团结的基石，共同争取决议的彻底实现。但是，国民党重庆市党部按照陈立夫的密令，为反对政协决议，决定“遏止”庆祝大会召开，策划捣乱会场。

当庆祝政协成功大会正式举行时，主席台上下及周围已被不明团体之数百人占领，国民党特务粗暴捣乱会场，主席团成员章乃器、李公朴、郭沫若、施复亮、马寅初等均被殴打，会上被殴打致重伤的就有60余人，由此制造了震惊全国的较场口流血事件。较场口事件发生后，中共和民主党派与国民党进行了针锋相对的斗争，揭露国民党破坏政协决议、制造血案的真相，提出严惩主犯、立即解散一切特务机构、赔偿损失、保证人民自由等七项要求。

20日，国民党又在北平以所谓“河北还乡请愿团”名义，纠集逃亡地主、特务、流氓等千余人，举行反共游行，骚扰北平军事调处执行部。接着，又在全国范围内，以苏联军队尚未从东北撤离、苏联企图占领东北等为借口，一手导演了反苏反共的游行，在重庆捣毁《新华日报》和民主同盟机关报《民主报》营业部，打伤两报的工作人员。2月23日，民盟主席张澜致书蒋介石，要求严惩较场口血案及捣毁《民主报》《新华日报》的主使人，并解散特务组织，使人权获得保障。3月1日，国民党特务在西安煽动部分学生举行反苏游行，乘机袭扰第十八集团军驻西安办事处；捣毁民盟中央常委杜斌丞为发行人的《秦风日报》《工商日报》(联合版)营业部，继而查封该报。该报律师主任被保安司令部杀害。同时，民盟西北总支部青年部长、《民众导报》主编李敷仁也被特务劫持至咸阳以绳勒颈，并被枪击(未死获救)。为此，民盟中央向国民党严正提出：必须彻底追究责任，要求惩办祸首。

3月1日至17日，国民党在重庆召开六届二中全会。这次会议全面检讨了国民党战后政策的失利，确立了国民党内战反共政策的基本走向。会议着重讨论政治协商会议与国共关系的相关问题，国民党内部各派系就政协宪草原则和对苏关系、东北问题发生激烈争论，主张战后对中共采取缓和政策的温和派失势，强硬派在蒋介石的默认与支持下，实际上推翻了政协决议，改为采取对中共的强硬政策。国民党内各种矛盾冲突最终形成巨大的政治破坏力，使蒋介石从政协会议全面倒退，使战后国共关系由相对缓和发展到急转直下，成为国共关系走向破裂的转折点。会议通过了旨在推翻政协宪草中各项民主原则的决议及其他多项反共决议，基本终结了自政协开始的中国民主化进程，最终导致大规模内战战火再起。

针对国民党六届二中全会撕毁政协决议的行径，中共与各民主党派发起了大规模的抗议运动。3月17日，中共中央发言人发表谈话指出，中国共产党“决不动摇地坚持政治协商会议的一切决议”，特别是有关宪法原则的决议“必须百分之百实现”，反对有任何修改，并呼吁一切民主人士与全国人民准备为此神圣的任务而奋斗。

3月18日，周恩来、董必武、王若飞致函国民党邵力子、王世杰、张治中、张群，指出国民党六届二中全会通过的决议案动摇了政协五项决议。当晚，周恩来在重庆举行的中外记者招待会上发表谈话，严正指出，国民党六届二中全会通过了很多重要的违反政协决议的议案，动摇了政治协商会议的决议。国民党内顽固派有意识地破坏政协整个协议，而主持政协会议的蒋介石，竟使顽固派的要求得以在国民党六届二中全会中通过，并且会议的决议又着重于反共。这不是一个人或一党的问题，而是要不要欺骗老百姓的问题。周恩来强调，政协决议是中国的民主契约，决不容许动摇和修改。“违反民主的做法，是任何人不能忍受的。”“谁要破坏政协决议，谁就是破坏今天中国的民主和平团结统一。”他号召“全国人民、盟邦朋友、各党派朋友一致来拥护并监督政协全部协议的实现”[①]。3月19日，《解放日报》发表了《评国民党二中全会》的社论，指出国民党六届二中全会关于宪法问题的决议是要把中国变成一个完全独裁制的国家。

民主党派也和中共采取团结合作的立场，严厉斥责国民党破坏政协决议的行径。3月19日，重庆各民主党派和各界人士集会，欢迎李济深、叶挺、廖承志等，王若飞出席会议。李济深在会上发表谈话说：要扩大民主力量，应具备有斗争之组织。与会人士都表示赞同，当即商讨决定，由各党派及无党派人士推选代表组成“民主统一阵线大同盟”。他们希望通过这一组织的活动，扩大民主力量，发展民主运动，进行维护政协决议，反对国民党独裁统治，争取和平民主团结统一的斗争[②]。

3月20日，民盟主席张澜发表谈话指出，国民党六届二中全会通过的决议公开违反了政协决议中的各项民主原则，企图维持国民党一党专政的实质与形式。21日，张澜再次发表谈话，宣布民盟不愿贸然参加政府，以抗议国民党六届二中全会。在中共中央南方局的领导和支持下，各民主党派紧紧团结在一起，为维护政协决议与国民党进行了坚决的斗争。

然而，蒋介石之所以同意召开政协会议和谈判停战问题，看起来是为了对外维持“和谐”“和平”的表象，实际目的只有一个，就是不惜采取任何手段争取时间，加速完成他发动全面内战的兵力部署。因此，他根本没有也从不打算履行停战协定和政协决议。

为了确保国民党独占东北的军事行动，蒋介石先是坚持在停战协定中将东北地区排除在外，蓄意在东北放手大打；在停战令即将下达之时，他又密令

① 《周恩来选集》上卷，人民出版社1980年版，第230—232页。

② 王福琨、邓群主编：《中共中央南方局的统一战线工作》，中共党史出版社2009年版，第367—368页。

国民党军队“星夜前进”,“尽速抢占战略要点”;并乘3月20日苏军开始撤离东北城市之际,相继进占沈阳、法库、辽阳、抚顺、铁岭等地。经中共方面严正交涉和斗争,蒋介石虽于3月27日被迫同意与中共达成“东北停战协议”,但仅3天之后,国民党军队即向营口、鞍山、本溪等地大举进攻;接着,又以7个师的兵力猛攻中长铁路上的重镇四平街;及至5月,进一步进占长春、吉林等城市,控制了松花江以南地区。这时,蒋介石运到东北内战前线的兵力已达15个军,共计51万余人,是停战协定规定兵力数字的两倍以上。在此期间,国民党军队对关内各解放区的进攻也不断升级,大小进攻次数累计达4000余次,所用兵力累计达270万人次,在全国形成了“关内小打,关外大打”的严重局面。

在进行所谓“调处”的时期,美方首先在东北,后来又在华北、华东、华中,协助国民党军队进犯解放区,并积极训练和装备国民党军队,为蒋介石提供大量军火和其他作战物资。至1946年6月,蒋介石已将国民党正规军总兵力(大约200万人)的80%调集到进攻解放区的前线,其中有54万多人是美国军队直接用军舰、飞机帮助运送的。蒋介石在布置就绪之后,即于6月下旬发动了全国规模的反革命内战。接着,马歇尔在8月10日和美国驻中国大使司徒雷登发表联合声明,宣布“调处”失败,以便让蒋介石放手打内战。

鉴于国民党顽固坚持其独裁政治和内战政策,中共中央很快改变了关于“和平民主新阶段即将开始”的估计,并认真总结经验教训,带领全党把主要注意力放在准备对付全面内战方面。解放区数十万军队千里转战,大踏步地进退,不拘于一城一地之得失,以完全主动的作战行动,做好了应对大规模内战的必要准备。

和平已尽最大努力,忍耐已到最后限度。一切都处在大战前短暂的静寂中。此刻的时局态势,如同毛泽东在《关于重庆谈判》的报告中所预料的:明天早上就打吧,我们也在准备着!

第二章 走向历史转折点

“小米加步枪”战略

> 面对貌似强大的反动派，我们所依靠的不过是“小米加步枪”。但“历史最后将证明，这小米加步枪比蒋介石的飞机加坦克还要强些”。毛泽东说陕北的小米最养人。当它同打败国民党反动派的根本战略联系在一起的时候，这黄澄澄的小米便寓意着人民对革命战争的全力拥护和支援，构成了共产党人敢打必胜信念中一个最基本的因素——人心归向。

1946年6月，中国上空战云密布，更大规模的战争一触即发。在鄂、豫两省交界处，以宣化店为中心的一小块狭长地段，东西长不过200里，南北宽约50里，集结着中原解放区暨中原军区部队的9个旅共6万余人。蒋介石早就处心积虑要消灭这支处在国民党军四面围击下的部队，企图打开国民党军出川的大门，因而完全置停战令于不顾，密令其军队向这一地区步步紧逼，实行合围。

中共中央、毛泽东严重关注中原部队的艰难处境，将解救其于危难之中视为牵动全局的大事。为恪守停战协定，中央曾指示中原军区争取合法北移，中共代表周恩来也多次向马歇尔和国民党方面提出严正交涉。但蒋介石非但拒绝撤围，反而利用停战令颁布之机，调集11个正规军26个师约30万人，加紧收缩包围圈，企图一口吞掉中原军区部队。在大战迫在眉睫之际，中央指示中原军区指挥员李先念等“须求自救之道”，分几路率部突出包围圈。毛泽东强调说：中原突围“愈快愈好，不要有任何顾虑，生存第一，胜利第一”。

6月26日，中原大地上这根战争导火索，终于被蒋介石点燃了。国民党30万大军分四路向宣化店地区发动大规模进攻。中原军区部队即按中央指示，分南、北两路，向西突出重围，在鄂、豫、皖、川、陕广大地域内牵制着国民党大量军队，展开艰苦卓绝的转战。其中，由李先念、郑位三率领的一部主力突围到达陕南后，与当地游击队会合，在卢氏、洛南、灵宝、潼关、华阴等地创建了豫鄂陕游击根据地。由王树声率领的另一部主力突围后进入武当山区，创建了以武当山为中心的鄂西北游击根据地。另有一部，由皮定均等领导突围后转入苏皖解放区；由王震等领导的部队突围后则转入陕甘宁边区。还有一部分散在大别山地区坚持游击战争。

中共代表周恩来早就向国民党和美方代表发出警告：中原战争如果爆发，必将宣告和平结束，成为全面战争的起点。现在，这一严酷的事实终于不可避免地到来了。至此，从抗日战争结束后中国共产党和中国人民坚持不懈为争取和平、民主、团结、统一建国的大门，被国民党反动统治集团彻底关闭。

7月初，毛泽东在中共中央会议上指出：不应忽视宣化店事件，因为它事实上意味着全面内战的开始。宣化店事件像一副清醒剂，它大大扭转了“双十协定”发表后共产党内一度产生的某种和平幻想。全党要从中汲取深刻的教训，把一切工作的指导方针进一步转到坚决抗击国民党几百万军队的全面进攻上来。

从1945年8月到1946年6月，中国的局势由争取和平民主演变为进行国内战争。这一期间，美、英等国开始了对以苏联为首的和平民主阵营的“冷战”，主张成立军事同盟，反对所谓“铁幕”后的人民民主国家。一时间，“美苏必战”“第三次世界大战即将爆发”的喧嚷甚嚣尘上。在这种情况下，一些人对中国局势的演变产生了极大的担忧。他们顾虑美、英、苏等战时盟国在建立战后国际格局进程中发生的斗争和摩擦，会导致新的世界大战，因而对中国局势向内战的演变忧心忡忡，害怕会引起美国大量出兵干涉，并把苏联也卷进去，从而加剧世界紧张局势。受到外界宣传舆论的影响，中国共产党内不免产生某种对国际形势的悲观估计，或多或少表现出主张在国民党武装进攻面前妥协退让的思想倾向。

针对党内认识上的错误倾向，毛泽东于1946年4月写了《关于目前国际形势的几点估计》一文，交部分中央领导人传阅，以便在这个问题上统一党的核心领导层的认识。在这个重要文件中，毛泽东深刻分析了战后美、英、法等国同苏联的关系，指出：

> 世界反动力量确在准备第三次世界大战，战争危险是存在着的。但是，世界人民的民主力量超过世界反动力量，并且正在向前发展，必须和必能克服战争危险。因此，美、英、法同苏联的关系，不是或者妥协或者破裂的问题，而是或者较早妥协或者较迟妥协的问题。所谓妥协，是指经过和平协商达成协议。所谓较早较迟，是指在几年或者十几年之内，或者更长时间。
>
> 上述这种妥协，不是说在一切国际问题上。这在美、英、法继续由反动派统治的条件下是不可能的。这种妥协，是说在若干问题上，包括在某些重大问题上。但是，这一类的妥协在目前短时期内还不会很多。美、英、法同苏联的通商贸易关系则有扩大的可能。
>
> 美、英、法同苏联之间的这种妥协，只能是全世界一切民主力量向美、英、法反动力量作了坚决的和有效的斗争的结果。这种妥协，并不要求资本主义世界各国人民随之实行国内的妥协。各国人民仍将按照不同情况进行不同斗争。反动势力对于人民的民主势力的原则，是能够消灭者一定消灭之，暂时不能消灭者准备将来消灭之。针对这种情况，人民的民主势力对于反动势力，亦应采取同样的原则。①

在世界反法西斯战争胜利后国际形势错综复杂、瞬息万变的情况下，毛泽东《关于目前国际形势的几点估计》一文，反映了中国共产党对国际政治力量对比及国际斗争发展总趋势的清醒估计，就是在蒋介石发动反革命内战如箭在弦上的严峻局势下，只有把党的战略策略方针建立在对国际形势及国内形势相互联系的科学分析的基础上，党才能领导人民树立敢打必胜的信心，才能在黑云压城城欲摧的紧要关头立于不败之地。这实际上是关系到中国共产党和中国人民能否在两个中国之命运的决战中取得最终胜利的大问题。

事实上，在"中苏条约"签订时，苏联政府曾明确表示不赞成中国人民向有美国支持的国民党反动政权进行武装的革命斗争，而要求中国共产党随着

① 《毛泽东选集》第4卷，人民出版社1991年版，第1184—1185页。

美苏之间的妥协,在国内斗争中也应向掌握中央政权的国民党政府妥协。他们认为,中国如果打内战,中华民族就有毁灭的危险。苏联的这种对华政策,使战后中国政治的发展面临更为复杂的情形,给中国人民的解放事业增加了困难。

如果按照对国际形势的悲观估计,向国内外反动势力妥协退让,就会重蹈战后法国、西班牙反法西斯的人民武装被资产阶级政权收缴的覆辙。中国人民经过长期奋战而取得抗日战争的伟大胜利成果,就会被坚持独裁、摧残民主的蒋介石集团唾手而得;人民流血牺牲、前仆后继争得的权利就会丧失得干干净净;中国就只能继续处在买办资本和封建主义统治下,走充当帝国主义附庸的半殖民地半封建的老路;中华民族因抗战胜利而获得的光明前途就会被断送。

相反,按照毛泽东分析国际形势得出的科学结论,中国共产党和中国人民一如既往地从自己的具体情况出发,按照人民的民主势力对于反动势力"能够消灭者一定消灭之"的原则,坚决地以革命的战争反对国民党的反革命战争,不但不会因此导致第三次世界大战,而且会在斗争中不断发展壮大自己的力量,最终取得革命战争的胜利。这样的革命战争,决不会像当时苏联政府所担忧的那样,导致中国整个民族的"毁灭",相反,它必将为中华民族开辟走向独立、自由、民主、统一和富强的光明前景。毛泽东在全面内战爆发前夕对国际形势的正确估计和分析,在中央核心领导层内取得了统一的认识。

随着全面内战的爆发,打与不打的问题在党内已基本解决,但能不能在战争中取得胜利的问题却凸显出来。在全面内战开始时,国民党在军队数量、武器装备和战争资源方面占有明显的优势。它拥有作战总兵力约430万人,其中正规军200万人。而共产党领导的人民军队总兵力约132万人,其中野战军仅有61万人。国民党军队不但接收了侵华日军和伪军的绝大部分武器装备,而且得到美国政府多达十几亿美元的军事、经济援助及大批战时剩余物资,仅全部美式装备的作战部队就有45个师之多,还拥有新式装备的海、空军。人民军队的装备很差,依靠的主要是抗日战争中缴获的日伪军的武器,在物资上也得不到任何外援。在战争资源方面,国民党政府统治着占全国3/4以上面积和3亿多人口的广大地区,控制着所有的大城市和绝大部分铁路交通线，拥有几乎全部近代工业和较雄厚的物力资源。而解放区的土地面积不到全国面积的1／4，人口约1.3亿，近代工业极少，基本上处在经济十分落后的农村地区。

在这样的力量对比下，中国人民能不能在战争中打败国民党反动派，的确是党内外迫切需要解决的问题。对此，毛泽东的回答是："蒋介石虽有美国援助，但是人心不顺，士气不高，经济困难。我们虽无外国援助，但是人心归向，士气高涨，经济亦有办法。因此，我们是能够战胜蒋介石的。全党对此应当有充分的信心。"这种敢打必胜的信念，是建立在一种"在战略上藐视敌人，在战术上重视敌人"的深刻思想基础之上的。

1946年8月，毛泽东在延安杨家岭会见来访的美国记者安娜·路易斯·斯特朗，他在谈话中阐发了对国际形势的看法，提出了"一切反动派都是纸老虎"的著名论断。他说：

> 一切反动派都是纸老虎。看起来，反动派的样子是可怕的，但是实际上并没有什么了不起的力量。从长远的观点看问题，真正强大的力量不是属于反动派，而是属于人民。……拿中国的情形来说，我们所依靠的不过是小米加步枪，但是历史最后将证明，这小米加步枪比蒋介石的飞机加坦克还要强些。虽然在中国人民面前还存在着许多困难，中国人民在美国帝国主义和中国反动派的联合进攻之下，将要受到长时间的苦难，但是这些反动派总有一天要失败，我们总有一天要胜利。这原因不是别的，就在于反动派代表反动，而我们代表进步。[①]

在这里，毛泽东阐明了革命人民在战略上、在全体上，必须藐视敌人，认清其纸老虎的本质，敢于同他们进行斗争，敢于去夺取胜利的根本战略思想。同时，在战术上、在战术的部署方面，又要重视敌人，集中绝对优势兵力打歼灭战、速决战。按照斯特朗的感受，这里蕴含着一种"超凡、深邃的洞察

① 《毛泽东选集》第4卷，人民出版社1991年版，第1195页。

力”,它揭示了“一个现时代的伟大真理”。毛泽东用“小米加步枪”形象地比喻人民解放军在敌我力量对比中的现实状况,问题的关键是“陕北的小米最养人”。当它同打败国民党反动派的根本战略联系在一起的时候,这黄澄澄的小米,便寓意着人民群众对革命战争的拥护和支援,构成了共产党敢打必胜信念中一个最基本的因素:人心归向。

全面内战爆发后,国民党军队重兵集结,大军压境,处在战略进攻的地位,解放区军队则处在敌强我弱、敌大我小的战略防御地位。为了迫使中共军队临战退缩,1946年6月中旬,蒋介石向中国共产党提出了一系列无理要求。同年8月,蒋介石又要求解放区军队退出以下各地:1. 陇海路以南的一切地区;2. 胶济线全线;3. 承德和承德以南的地区;4. 东北的大部分地区;5. 1946年6月7日以后解放区人民武装在山东、山西两省从伪军手里解放出来的一切地区。蒋介石声称只有中共方面接受了这些要求,才能考虑停止内战。中国共产党理所当然地坚决拒绝了这些无理的要求。

在敌强我弱、敌大我小的战略态势下,中共中央、中央军委指示解放区军队加速实行军事战略的转变,即在思想上迅速实现由抗日民族解放战争向国内革命战争的转变;在作战形式上实现由以分散兵力打游击战为主,向集中兵力打运动战为主的转变。各解放区迅速编组和扩大地方性的野战兵团,主动退出一些地方和城市,在灵活机动的运动战中大量寻歼进入解放区的敌人有生力量,消耗敌人的战略机动兵力。根据“在战略上藐视敌人,在战术上重视敌人”的思想,毛泽东及时总结各次战役的成功经验,以新的经验丰富和发展了红军时期在战略上“以一当十”、战术上“以十当一”的克敌制胜法则。随着战争的发展,至1947年10月,中国共产党领导的各解放区的野战兵团、军区部队,统一称为中国人民解放军。

1946年10月11日,国民党军队不顾中共方面的再三警告和各界人士的强烈反对,占领华北解放区城市张家口。蒋介石被“胜利”冲昏头脑,随即下令于11月12日召开“国民大会”。中国共产党和民主同盟坚决反对和拒绝参加国民党召开的一党包办的“国大”。蒋介石仍坚持在11月15日至12月25日,召开由国民党包办,只有依附于国民党的青年党、民主社会党和若干“社会贤达”参加的国民大会，会议通过《中华民国宪法》。这部宪法是在国民党撕毁政协协议并积极进行内战，而国内主要民主力量中国共产党和民主同盟均未出席“国大”的背景下产生的，因此只能是有名无实，成为国民党一党专政和蒋介石个人独裁的装饰品。

面对国民党悍然发动全面内战，又单方面召开“国大”的形势，中国共产党逐步作出以革命战争方式最后解决国内问题的抉择。1946年11月18日，中共中央致电各中央局、中央分局指出：“蒋介石日暮途穷，欲以开‘国大’、打延安两项办法，打击我党，加强自己。其实，将适得其反。中国人民坚决反对蒋介石一手包办的分裂的‘国民大会’，此会开幕之日，即蒋介石集团开始自取灭亡之时。”蒋介石“在其进攻能力快要枯竭之时，即使用突袭方法，占领延安，亦无损于人民解放战争胜利的大局，挽救不了蒋介石灭亡的前途”。在这份电报中，中共中央第一次用“人民解放战争”这个概念，取代在此之前一直使用的“自卫战争”的概念，并把它同“建立民主的共和国”和蒋介石“自取灭亡”联系在一起。

11月21日，中共中央召开会议，周恩来报告国共谈判和国统区的情况。毛泽东分析了全国军事形势，指出：过去至今已歼灭国民党军队38个旅。蒋介石的攻势是可以战胜的，经过半年到一年，消灭他七八十个旅，停止他的进攻，开始反攻，把他在美国援助下七八年积蓄的力量在一年内打破，达到两党力量平衡。达到了平衡就很容易超过。那时我们就可以打出去，首先是安徽、河南、湖北、甘肃，然后可以再向长江以南发展。毛泽东接着指出：“现在是否要提出打倒蒋介石？我们做这个工作而不提这个口号，口号仍然是恢复一月十三日停战协定生效时的双方位置和实现政协决议。”会议根据毛泽东的提议，决定以“打倒蒋介石”来最终解决国内问题。从“自卫战争”到“人民解放战争”，从“制止内战、恢复国内和平”到“打倒蒋介石”，虽然没有公开提出口号，但这是中国革命发展进程中中国共产党战略指导思想的一个根本性的转变。[①]

根据中央军委、毛泽东的战争指导，人民解放军在战争的第一阶段成功地举行了一系列战役：中原野战军胜利突围，渐次实现战略转移任务；华中野

---

① 中共中央党史研究室著：《中国共产党历史》第1卷，中共党史出版社2002年版，第727页。

战军举行的苏中战役，七战七捷，取得连续歼敌5.3万余人的战绩；晋冀鲁豫野战军在鲁西南举行的定陶战役，一举歼敌4个旅约1.7万余人；华东野战军举行的莱芜战役，共歼敌7.6万余人；东北野战军举行的“三下江南、四保临江”战役，共歼敌3.5万余人，迫使蒋介石停止了在东北的战略性进攻。这一系列的重大战役，连同北部战线晋察冀、晋绥野战军举行的晋北战役、大同集宁战役、张家口保卫战等，以及全国各解放区的其他各次战役，有力地粉碎了蒋介石在全国各个战场上的全面进攻。

1946年7月至1947年2月，人民解放军以平均每月歼敌8个正规旅的战绩，累计消灭国民党正规军和杂牌军71万余人。国民党军虽然占领解放区105座城市，却为此损失了大量的有生力量，所占城市与地方不得不分兵守备，背上了沉重的包袱。国民党可用于第一线进攻的兵力由最多时的117个旅，锐减到85个旅，其战线延长与兵力不足之间形成尖锐的矛盾。至此，国民党军完全丧失了对解放区实行全面进攻的能力，蒋介石所谓3个月至6个月内“在军事上解决整个中共”的吹嘘化为泡影，原企图以速战速决方式消灭人民革命力量的反动计划遭到彻底失败。

黄河为界　举手无悔

在转战陕北的这盘棋上，毛泽东决定和陕北的军民在一起，不打败胡宗南就决不过黄河。胡宗南的20万大军疲于奔命，却总是捕捉不到中共首脑机关的踪影。相反，毛泽东带领200余人的中央纵队轻装简从，巧为周旋，尽管钻山翻峁，晓行夜宿，却牢牢掌握着西北战场乃至全国战场的主动权。这在世界战争史上是罕见的。

1947年元旦，延安《解放日报》刊登了毛泽东的《新年祝词》。毛泽东写道：在1946年，战后世界的光明面和黑暗面，进行了胜利的斗争，战后中国的光明面和黑暗面也进行了胜利的斗争。战后的世界和中国都发生了争取和平与民主自由的规模极大的人民运动。这个运动是任何力量阻止不住的。只要全国人民团结一致，坚持不屈不挠的奋斗，那么在不久的将来，自由的阳光一定会照耀祖国的大地，独立、和平、民主的新中国，一定会在今后数年内奠定稳固的基础。

蒋介石对解放区的全面进攻遭到失败后，改变其战略部署为集中兵力向山东、陕北两解放区实施重点进攻。在山东，企图逼迫华东解放军至胶东狭窄地区加以消灭，以解除对其心脏地区南京、上海的威胁。在陕北，则攻占延安，企图消灭陕甘宁边区的部队，或迫使中共中央首脑机关到黄河以东，然后封锁之。这样，蒋介石便可抽出嫡系胡宗南部主力控制中原或华北，加强其战略机动兵力。

还在1946年11月18日，蒋介石正在准备进攻陕甘宁边区的时候，毛泽东就发出党内指示："蒋介石日暮途穷，欲以开'国大'、打延安两项办法，打击我党，加强自己。其实，将适得其反。中国人民坚决反对蒋介石一手包办的分裂的'国民大会'，此会开幕之日，即蒋介石集团开始自取灭亡之时。蒋介石军队在被我歼灭了三十五个旅之后，在其进攻能力快要枯竭之时，即使用突袭方法，占领延安，亦无损于人民解放战争胜利的大局，挽救不了蒋介石灭亡的前途。总之，蒋介石自走绝路，开'国大'、打延安两着一做，他的一切欺骗全被揭破，这是有利于人民解放战争的发展的。各地对于蒋介石开'国大'、打延安两点，应向党内外作充分说明，团结全党全军和全体人民，为粉碎蒋介石进攻、建立民主的中国而奋斗。"①

按照蒋介石的部署，其嫡系胡宗南部集结34个旅23万人马，开始向陕甘宁边区发动进攻，其首攻方向直指中共中央所在地——延安。1947年3月13日，初春的寒雾紧裹着陕北高原与河川。胡宗南指挥他的15个旅14万人为主攻，从洛川、宜川一线分两路向延安进犯；青海马步芳、宁夏马鸿逵12个师

① 《毛泽东选集》第4卷，人民出版社1991年版，第1219—1220页。

及榆林邓宝珊两个师为策应，由西、北两面出动。清一色编队的美制轰炸机飞临延安上空，轮番轰炸，盘旋俯冲，炮火硝烟遮天蔽日，弥漫了这片曾经和平、宁静的黄土地。中国革命的"心脏"处于危急之中。

这时，解放区各军区部队正集中力量在全国各战场实行内线作战，陕甘宁边区连同晋绥边区驰援的部队加在一起，不过6个旅2万人，不到敌人兵力的1/10，而且装备较差、弹药缺乏，又有黄河与华北解放区阻隔，兵员补充、物资供给均很困难。为此，中共中央决定在延安外围阻击、迟滞敌军行动之后，暂时放弃延安。中央的决定一经下达，延安党政军民机关紧急动员，坚壁清野，组织疏散，开始秩序井然的大撤退。

要离开用小米养育了革命十几年的延安，部队干部和战士思想上一时难以接受。毛泽东深深理解这种军民相依、患难与共的心情。他鼓励大家说，中央决定放弃延安是暂时的。胡宗南占领延安，绝不是他的胜利，而是他们失败的开始。我们要争取更大的胜利，拿一个延安换一个全中国。

胡宗南大军奔袭，鞍马劳顿，得到的却只是延安一座空城。惶惑迷惘之余，只得谎报战绩，宣称中共军队"不堪一击""仓皇北窜"。蒋介石则强作自我安慰，吹嘘国民党军队占领延安后，中共军队的"首脑部就无所寄托，只能随处流窜"，"如此就绝对不能建立中心的力量了"。然而，毛泽东对陕北的这盘棋胸中自有一番谋略。在大兵压境的险恶局势下，毛泽东首先考虑的是他自己决不能离开陕北。他认为，各方面建议他尽早东渡黄河，使党中央有个安全的环境，这对于指挥全国作战确有好处。但是，一则我们在延安住了10多年，一直处在和平环境中，现在一有战争就走，对不起陕北的乡亲们；二则陕北战场敌我双方力量的比例是10∶1，这样我们在其他战场上的情况就要好得多，力量对比不那么悬殊。现在几个解放区刚刚取得军事上的主动，只要他留在陕北，蒋介石就不敢把胡宗南的几十万大军投入别的战场，其他战场就可以减轻许多压力。因此，毛泽东决定和陕北的军民在一起，不打败胡宗南就决不过黄河。

3月29日深夜，中央政治局在清涧县枣林沟召开扩大会议，讨论撤出延安后中央机关的行动问题。毛泽东在会上说，现在我们面临的任务很多，但是第一位的是从军事上打败国民党蒋介石。没有这一条，其他一切都无从谈起。会议经过郑重研究作出决定："一、必须用坚决战斗精神保卫和发展陕甘宁边区和西北解放区，而此项目的是完全能够实现的。二、我党中央和人民解放军总部必须继续留在陕甘宁边区。此区地形险要，群众条件好，回旋地区大，安全方面完全有保障。"

会议认为中央五大书记不能全部集中在陕北，为工作便利，决定由毛泽东、周恩来、任弼时组成中央前敌委员会，率中央和人民解放军总部精干机关继续留在陕北，主持中共中央和中央军委的工作；以刘少奇、朱德、董必武等组成中央工作委员会，东渡黄河，前往华北，担负中央委托的工作。随后，又决定以叶剑英、杨尚昆为首组成中央后方委员会，率党中央及中央军委大部分工作人员到晋西北统筹后方工作。部署即定，刘少奇、朱德、董必武等，叶剑英、杨尚昆等，各率机关及人员，分头出发渡过黄河。毛泽东、周恩来、任弼时所率的中央前委精干机关、中央纵队200余人，对外称"三支队"，转入隐蔽行军。

华东野战军司令员陈毅曾作过一个生动的比喻：毛主席和蒋介石下棋，"黄河为界，举手无悔"。在转战陕北这盘棋上，毛泽东认准决不过黄河。他说："我们不能去那条路，我们要在这里和敌人周旋，牵敌人，磨敌人，来回和敌人兜圈子，直到消灭它！"

毛泽东为西北战场的作战方针定下一个基调，简言之就是一个"磨"字。陕北地方小，但沟壑纵横，地形险要，国民党军占领延安后急于寻找我军主力作战，只要我军利用有利地形和群众条件与敌周旋一个时期，而以主力隐蔽等候，就像当地老乡用磨碾米一样，把敌军的鼻子牵上，在陕北这盘石磨上磨，石碾上碾，使敌军达到十分疲劳和十分缺粮的程度，然后寻机歼击之。毛泽东将这种办法叫"蘑菇"战术，"将敌磨得精疲力竭，然后消灭之"。"我军此种办法是最后战胜敌人必经之路。"[①]这一着棋，果然令胡宗南的十几万大军忽而扑向西，忽而扑向东，扑朔迷离，疲于奔命；有时竟在一道小山梁上，与在

---

① 《毛泽东选集》第4卷，人民出版社1991年版，第1222—1223页。

山梁下行进的毛泽东的“三支队”隔空喊话，擦肩而过，却总是捕捉不到中共首脑机关的踪影。与敌军被牵着走的被动局面相反，毛泽东和中央前委尽管钻山翻峁，晓行夜宿，却牢牢掌握着西北战场乃至全国战场的主动权。这在世界战争史上是罕见的。

毛泽东和中央前委同敌人的巧妙周旋，为陕甘宁边区作战部队歼灭敌人有生力量创造了有利的战机。3月25日，彭德怀指挥西北野战兵团取得青化砭大捷，围歼敌三十一旅近3000人，继而又在羊马河一带歼灭全副美械装备的敌一百三十五旅4700余人。捷报传来，毛泽东在靖边县王家湾一个破旧的土窑洞里致电彭德怀，将西北战场的作战方针称作“蘑菇”战术，指出“此种办法是最后战胜敌人必经之路”。遵照这一指示，西北野战兵团又在蟠龙镇取得全歼敌整编一百六十七旅7000余人的胜利。撤离延安仅40余天，我军就取得青化砭、羊马河、蟠龙镇三战三捷的战绩，共歼敌1.4万余人，沉重打击了胡宗南集团，基本稳定了西北战局，为粉碎敌军的重点进攻奠定了基础。

自1947年3月撤出延安起，以毛泽东为首的中共中央、中央军委坚持转战在陕北，在物资供给极端艰苦、与敌周旋处境十分险恶的环境下，从容地指挥着全国各战场的作战。中共中央的这一决策和胆略，极大地鼓舞了全国各解放区军民的战斗意志和胜利信心。

在辗转迁徙、与敌周旋的日子里，毛泽东的视野从不限于陕北这个局部，始终在通盘考虑和筹划如何扭转全国的战局，其关键在于创造时机，以主力打到外线去，从根本上改变敌我双方的战略态势。1947年1月18日，毛泽东在为中央军委起草的致晋冀鲁豫野战军的电报中初步估计，大约1947年5月间主力即可向中原出动。同时，他还致电华东野战军，要求也按此计划执行，争取于5月以前在内线解决敌军主力，并完成外线作战的一切准备条件。这个计划，后因需要在山东这个主要战场粉碎敌人的重点进攻而稍作推迟。

在四五月间，为了策应山东、陕北两解放区的作战，晋冀鲁豫野战军以主力和第四纵队分别在豫北、晋西南发动攻势。豫北攻势全歼国民党军第二快速纵队和暂编第三纵队，共4.5万人，解放豫北、冀南大片地区，控制平汉铁路300余里，破坏了敌人东西两个战场之间枢纽地带的防御体系。晋西南攻势共歼敌2.8万余人，收复除临汾、运城两点以外的晋西南全部县城，严重威胁了进攻陕北的敌人侧背。

毛泽东预期晋冀鲁豫野战军的攻势作战，必能为主力南下作战创造有利条件。经与周恩来等研究商议，毛泽东致电晋冀鲁豫刘伯承、邓小平和华东陈毅、粟裕，指出："刘邓军争取于六月一日前休整完毕，六月十日前渡黄河"，"向冀鲁豫区和豫皖苏区之敌进击，第二步向中原进击"。"陈粟军在六月十日以前应集结全力二十七个旅寻求与创造歼敌机会，并准备六月十日以后配合刘邓军大举出击"。[①]这是根据战局的发展，针对蒋介石战略部署上的罅漏及其在南线的不利态势，作出"跳出外线作战"的新的战略部署。

在毛泽东看来，蒋介石在全国这盘棋上，将其战略机动兵力集中在山东和陕北，而在联系东西两翼的辽阔的中间地带，仅凭借黄河的险要地势，以少量兵力据守，这就先失一着，致使位于黄河中下游的中原地区成为其守备力量最薄弱的地区之一。解放军采取"中央突破"的战法，超出通常战略防御阶段举行反攻的范畴，带有战略进攻的性质。这是因为，经过第一年的作战，各野战军消灭国民党正规军近90个旅，连同非正规军在内，共歼敌约100万人，并且在豫北、晋南、东北、热河、冀东、晋察冀等一些地区开始了局部性反攻。虽然解放军的总兵力仍然少于敌军，但由于土地改革的开展、解放区日益巩固，不用分兵守卫后方城市和供应线，解放军的机动作战兵力已同敌军相近，在一些地方甚至优于敌军。这种敌我兵力对比的变化，使解放军完全有可能而且应当抓住时机，由防御性的局部反攻直接转向战略进攻，而不必等到在兵员数量上和装备上超过敌军以后，才实行战略转变。这正是毛泽东对扭转战局全部构思中的精髓所在。

在陕北靖边县王家湾，毛泽东在周恩来的协助下，如运诸掌地拨动着全国一盘棋上的每一个棋子，而他自己和中央前委却并未脱离危险境遇。这时，胡宗南通过空中侦察、地面寻觅、无线电搜索，终于捕捉到中共首脑机关所在地的信息，遂于6月9日以7个旅的兵力，气势汹汹地向王家湾方向扑

① 中共中央文献研究室编：《邓小平年谱（1904—1974）》中，中央文献出版社2009年版，第665、666页。

来。此时，彭德怀正指挥主力部队西击陇东，距中央所在地数百里之遥，情势万分紧急。周恩来、任弼时立即组织中央纵队连夜冒雨转移，借着夜幕从敌人的眼皮底下悄然而过，敌军大队人马却向西南方向越追越远。这是转战陕北期间最大的一次险情，也是毛泽东坚持留在陕北必然面对的危险境遇中最富有代表性的一幕。唯其如此，方显出毛泽东、中共中央决心以一小支中央纵队，牢牢吸住胡宗南这支敌人战略总预备队，拖住蒋介石的后腿，具有何等的胆识和气魄。

一场惊心动魄的周旋过后，中央纵队又重返小河村。毛泽东立即将目光投向全国战场的大棋盘上，电询刘伯承、邓小平准备情况如何，可否按原计划行动。刘、邓作了肯定的答复，并于6月22日正式下达强渡黄河实施鲁西南战役的命令。毛泽东随即电告华东野战军陈毅、粟裕："刘邓月底出击不变"；山东战事仍为全局关键，你们的作战方针"仍以确有胜利把握然后出击为宜"。

至此，中共中央的指导方针较战役计划之初有了重大变化，战役目标不再局限于粉碎国民党军对山东和陕北的进攻，而是以三路大军进军中原，总的意图是"将战争引向国民党区域，使我内线获得喘息机会，以利持久"。一场经过深思熟虑、反复酝酿、周密部署的前所未有的战略行动即将展开。

大举出击经略中原

"中央突破，三军配合，两翼牵制"——构成人民解放军逐鹿中原的战略态势。在西迄青藏高原、东至渤海湾的辽阔版图上，九曲回肠般盘亘着一条曲线，那就是中华民族的母亲河——黄河。此时此刻，这条曲线呈乙字形的中段，正是敌我对峙的一道天然屏障，是光明与黑暗交锋的界河。在这里，毛泽东将棋子轻轻落下，历史在一瞬间感应到雷霆万钧的分量。

1947年6月30日晚，月白风清之夜。汹涌的黄河在夜色中咆哮东去，令人望而生畏。在大河彼岸，集结着晋冀鲁豫野战军主力4个纵队，13万人马，早已是秣马厉兵，军威显赫。只听一声号令，全军战船齐发，在鲁西南张秋镇到临濮集300里地段上，挥师强渡，以磅礴之势一举突破敌人自诩为可顶“四十万大军”的黄河天险，揭开了人民解放军战略进攻的序幕。刘邓大军强渡黄河后，趁势发起鲁西南战役，军旗指处，所向披靡，在28天内连战连捷，共歼敌4个整编师、9个半旅共5.6万余人，打开了插向敌人深远后方的通路。鲁西南战役震惊全国，蒋介石仓皇飞抵开封，被迫改变原来的全盘战略部署，从陕西、山东等地紧急抽调7个整编师、17个半旅的兵力驰援鲁西南。

一切尽在毛泽东的神机妙算之中。

7月21日，中央前委在小河村召开扩大会议，讨论刘邓大军实现中央突破之后，左右两翼如何实施战略展开的问题。晋冀鲁豫太岳兵团司令员陈赓，西北野战兵团司令员兼政委彭德怀、副政委习仲勋，晋绥联防军司令员贺龙等先后来到小河村。会议决定：陈赓、谢富治兵团，由原拟西渡黄河，与西北野战兵团协力完成歼灭胡宗南、夺取大西北的任务，改变使用方向为南渡黄河，向豫西地区挺进。这样，必将迫使胡宗南分兵救援，有利于在陕北各个歼灭敌人，更重要的是从右后方有力地配合了刘邓大军的南下行动。“兵固诡道，胜在用奇”，此为“一石三鸟”之计。

由于陈谢兵团改变使用方向，小河村会议研究了加强西北战场的措施，决定组建以彭德怀为书记的西北野战军前委，全盘领导西北野战军的工作，使它进一步发挥吸引、牵制和逐步歼灭胡宗南集团的战略作用。鉴于彭德怀任务繁重难以兼顾总参谋长工作，中央决定由军委副主席周恩来代理军委总参谋长的职务，协助中央军委主席毛泽东负责对全国各个战场的指挥工作。会议还决定由晋绥联防司令贺龙统一领导陕甘宁边区和晋绥两解放区的地方工作，以使晋绥解放区进一步成为陕北作战的后勤基地。

小河村会议确定了开创战略进攻新局面的方针。7月23日，毛泽东为中央军委起草了致刘伯承、邓小平、陈毅、粟裕、谭震林和华东局的电报，建议刘、邓集中全军休整10天左右，“不打陇海，不打新黄河以东，亦不打平汉路，下决心不要后方，以半个月行程，直出大别山”；通报中央“已令陈赓纵队，并指挥太行纵队、五师、三十八军共七万余人，八月下旬出豫西，建立鄂豫陕边区根据地，吸引胡宗南一部打运动战”；指示“陈粟谭率鲁中主力并在刘邓到大别山后，指挥陈（士榘）唐（亮）担负整个内线作战任务，陈谢集团至豫西后受刘邓指挥作战”。

根据战场形势的变化，中共中央军委先于6月29日指示陈毅和粟裕，华东野战军“不应再继续采取集中兵力方针，而应改取分路出击其远后方之方针”；后于7月19日，决定以陈赓集团出击豫西，从而将刘邓部队独立进军中原的战役计划扩大为3支部队合作共进的战略性行动。7月23日，中共中央军委指示刘伯承、邓小平，“下决心不要后方”，“直出大别山”，“发动群众，建立根据地，吸引敌人向我进攻打运动战”，并指挥陈谢部队的行动；同时要求华东野战军在鲁西南外线的5个纵队，策应刘邓部队的行动。至此，中共中央、中央军委的指导方针较战役计划之初已有了重大变化，战役目标不再仅局限于打破国民党军对山东和陕北的进攻，而是以三路大军进军中原，总的意图是“将战争引向国民党区域，使我内线获得喘息机会，以利持久”。

根据中央军委部署，从8月7日起，刘伯承、邓小平率晋冀鲁豫野战军主力13万人，突然甩开将要向它合围的数路敌军，风驰电掣向南疾进，开始了千里跃进大别山的壮举。毛泽东指示，这次进军大别山，不能像北伐时期那样逐城逐地推进，而必须长驱直入、出敌不意地跃进到敌人的深远后方去作战。秉此指示，刘邓大军以锐不可当之势，粉碎了数十万敌军的前堵后追，先后跨越陇海路、黄泛区、沙河、涡河、洪河、汝河、淮河等重重障碍，经过20多天的艰苦跋涉和激烈战斗，于8月末先后进入黄河与长江之间的战略要冲、鄂豫皖3省交界处的大别山区；随后，又历尽难以想象的艰难困苦，重建和扩展大别山根据地，控制了长江北岸300多里的广大地区，东慑南京，西逼武汉，南扼长江，俯瞰中原，从根本上震慑敌人，巩固了人民解放军业已取得的战略主动权。

千里跃进大别山，以十几万大军，完全不要后方依托，一举插入敌人战略纵深的特殊进攻样式，将“中央突破”的构想实施得淋漓尽致。党中央、毛泽东的战略意图，在刘伯承、邓小平的创造性发挥中得到了超乎预想的实现。

在刘邓大军越过陇海路、直驱大别山之际，8月22日，陈赓、谢富治率晋冀鲁豫太岳兵团共8万人，在晋南、豫北交界处南渡黄河，向豫西挺进。在50天的机动往返作战中，斩断横贯中原的陇海路，东逼郑州、洛阳，西叩潼关，依托伏牛山在豫西展开，割断了胡宗南集团和顾祝同集团之间的联系，并调动他们分别从南北两面抽兵回援，减轻了大别山和陕甘宁边区的压力。随后，陈谢兵团挥师南下，一部向陕南进击，主力沿平汉路向豫西展开，经3个月作战，开辟了豫陕鄂根据地，完成了在豫陕鄂地区的战略展开。

在此期间，华东野战军担负掩护刘邓大军南下和繁重的内线作战任务。9月初，遵照中央“立即渡河，并以全力贯注配合刘邓”的指示，陈毅、粟裕经聊城南渡黄河，在鲁西南会合8个纵队共18万人，组成华东野战军西线兵团，转入外线作战。首战菏泽以东的沙土集，全歼敌军1个整编师，然后全军分五路越过陇海路南下，分散展开，各个歼敌；并破击陇海路徐州以西至兰封段铁路400余里及徐州至固镇的津浦路段，严重威逼战略要地徐州，调动敌军15个旅回兵救援。经两个多月作战，华东野战军解放了豫皖苏大片土地，完成了在豫皖苏地区的战略展开。

至8月中旬，人民解放军的军事战略基本成型，即以刘邓部队出击中原，实行无后方跃进式的中央突破，并以陈粟部队出击豫、皖、苏，陈谢部队出击豫西，跟进在刘邓部队两翼，形成品字阵。这样，人民解放军就将主要战场由山东转到中原，将战略重心由内线移至外线，从而置山东和陕北的国民党重兵于无用武之地，打乱了国民党的军事部署，相当程度上缓解了内线的沉重压力。刘邓、陈粟、陈谢部队三路大军进军中原，也从战役计划转为战略行动，并因此成为人民解放军转入全国性战略性反攻的起点。在外线作战的过程中，人民解放军曾经遇到过不少艰难曲折，但都能以“狭路相逢勇者胜”的精神，克服困难，完成任务。

为策应南线三路大军的大举出击、经略中原，彭德怀、习仲勋率西北野战军北出榆林，将陕北敌军拉至毛乌素沙漠边缘；由粟裕组建华东野战军山东兵团展开胶东攻势，将山东敌军引向渤海之滨。这样，使陕北、山东敌军的机动兵力无法回救中原。在东西两翼我军内线作战的密切配合下，南下的刘邓、陈谢、陈粟三路大军在外线发挥高度的主观能动性，克服无后方作战带来的巨大困难，纵横驰骋于国民党区域的江淮河汉之间，互为犄角，桴鼓相应，形成逐鹿中原的战略态势。

9月1日，中共中央发出毛泽东起草的《解放战争第二年的战略方针》的党内指示。指出："我军第二年作战的基本任务是：举行全国性的反攻，即以主力打到外线去，将战争引向国民党区域，在外线大量歼敌，彻底破坏国民党将战争继续引向解放区、进一步破坏和消耗解放区的人力物力、使我不能持久的反革命战略方针。"这表明，从现在起，人民解放军的战略进攻将由南线扩展到全国范围，并且战争所需要的大量人力资源和物力资源将不断从国民党方面和国民党区域获取。显然，这是中国革命战争史上的空前大转变。

战争的进程，完全出乎蒋介石及其美国顾问的意料。正所谓"喑呜则山岳崩颓，叱咤则风云变色"，国统区的一些刊物纷纷不加掩饰地评论道："战局是整个的，声东击西，打北图南，每一根毫发，也会牵动整个的头部"；共产党军队"真是叱咤风云，想拿什么地方就拿什么地方"，"战场虽远在一两百里以外，已是满城风雨，草木皆兵了"。美国派遣来华调查的魏德迈将军，在视察国民党军困守的几个大中城市之后，也不得不承认："在过去数月中国国民政府整个军事地位已经恶化了，目前军事形势有利于共军"；"国民党军队兵力虽占优势，但战略的主动，则操在共产党手中"。

在攻不动、守不住、又放弃不得的窘境下，蒋介石唯有拼出本钱，调动他在南线的半数以上的兵力，豕突狼奔，往返救援，竭尽全力拼抢中原。但毛泽东的一步绝棋，使蒋介石的一切努力注定不能挽回中原的颓局。

举重若轻扭转全局

到1947年底，人民解放军几路大军外线作战的性质已然明了，中共在军事上的主动地位已经基本确立，战争已经主要不是在解放区内进行，而是在国统区内进行。从这以后，共产党在军事上需要解决的问题已经不是如何粉碎国民党军的进攻，而是如何以大兵团作战消灭国民党军的重兵集团并攻克其坚固设防的大城市了。这是中国革命战争的一个历史转折点。

在刘邓大军挺进大别山之时，西北野战军抓紧实施“三军配合、两翼牵制”的战略方针。1947年8月初，为了吸引胡宗南军北上，减轻陈谢部队渡河南进的阻力，西北野战军（7月31日以西北野战兵团改名）集中全部主力2个纵队4个旅发起榆林战役，攻打陕北长城线上连接陕西、绥远、宁夏诸省的要道门户、国民党晋陕绥边区总部所在地榆林。8月7日，蒋介石亲飞延安部署，令胡宗南派主力北上救援榆林。胡宗南以第一军、第二十九军自安塞、保安向榆林南面的绥德、葭县方向推进，同时以整编第三十六师组成快速兵团，轻装急进，经安塞、靖边出长城后直进榆林。西北野战军于8月7日完成对榆林的包围，但因攻坚能力所限，多次攻击未能奏效，12日，彭德怀决定撤围待机。

13日，整编第三十六师进入榆林后，胡宗南误判中共部队将在葭县东渡黄河，即令该师离榆林南下，准备与北进的第二十九军夹击中共军队，不料却恰好落入正在榆林、米脂间隐蔽待机的西北野战军伏击圈中。20日，西北野战军在沙家店以1个纵队阻击北进的第二十九军，以2个纵队2个旅围歼整编第三十六师并全歼之。此战是人民解放军在陕北首次歼灭胡宗南部一个整编师，因此成为扭转陕北战局的关键一役。

当彭德怀按照中央军委的部署，指挥西北野战军打响沙家店战役之时，毛泽东就在野战军总部一直守候在电话机旁。他确信：只要这一仗打胜了，胡宗南必然要收缩兵力，或抽兵去对付南渡黄河的陈谢兵团。这样，西北野战军就可以趁势打出去，西北的战局定可改观，全国局面就会满盘皆活。

终于，电话铃急促响起，传来彭德怀兴奋的声音：“你是李德胜吗？”毛泽东手擎话筒，稍加停顿，作了一个异常响亮的回答：“不，我是毛泽东！”这是一个历史性的瞬间。自撤离延安的5个月来，毛泽东无论在任何场合下都一直使用李德胜的化名。此刻，他自行恢复使用“毛泽东”这个振奋人心的名字，这表明，战争形势的确发展到了一个伟大的转折点，敌人就要走下坡路了。

沙家店战役歼灭敌整编第三十六师一个师部、两个旅，俘虏敌旅长刘子奇以下6000余人，打破了胡宗南“一战结束陕北问题”的迷梦，粉碎了敌人对陕北的重点进攻，开始了扭转西北战局的进程。战役结束后第二天，毛泽东和周恩来、任弼时一道骑马来到东原村，庆贺西北野战军取得的胜利。毛泽东为彭德怀挥毫写下“谁敢横刀立马，唯我彭大将军”的赞语，慰问部队的干部战士，在团级以上干部会议上作了讲话。他兴奋地说：陕北战争最困难的时期已经过去了。“用我们湖南话来说，打了这一仗，就过坳了。”[①]战争的主动权已完全握在我们手里。

随后，9月1日，毛泽东在陕北佳县朱官寨，为中共中央起草了《解放战争第二年的战略方针》的党内指示，向全党全军提出了以主力打到外线去，将战争引向国民党区域的战略任务。该指示首先总结了解放战争第一年（1946年7月—1947年6月）作战的情况：歼灭敌正规军97个半旅，78万人，伪军、保安队等杂部34万人，共计112万人。并且在东北、热河、冀东、晋南、豫北发动了战略性的反攻，收复和新解放了广大的土地。这是一个伟大的胜利。“这一胜利，给了敌人以严重打击，在整个敌人营垒中引起了极端深刻的失败情绪，兴奋了全国人民，奠定了我军歼灭全部敌军、争取最后胜利的基础。”在这个基础上，我军第二年作战的基本任务是：举行全国性的反攻，即以主力打到外线去，将战争引向国民党区域，在外线大量歼敌，彻底破坏国民党将战争继续引向解放区，进一步破坏和消耗解放区的人力物力，使我军不能持久的反革命战略方针。我军第二年作战的部分任务是：以一部分主力和广大地方部队继续在内线作战，歼灭内线敌人，收复失地。[②]

毛泽东指出，我军执行外线作战，将战争引向国民党区域的方针，当然要遇到许多困难。因为到国民党区域创立新根据地需要时间，需要在多次往返

---

① 中共中央文献研究室编：《毛泽东年谱（1893—1949）》下卷，中央文献出版社2013年版，第221页。
②《毛泽东选集》第4卷，人民出版社1991年版，第1230—1231页。

机动的作战中大量歼灭敌人，发动群众，分配土地、建立政权、建立人民武装之后，方能创立巩固的根据地。这种困难能够克服也必须克服。他强调说，到国民党区域作战争取胜利的关键：第一是善于捕捉战机，勇敢坚决，多打胜仗；第二是坚决执行争取群众的政策，使广大群众获得利益，站在我军方面。只要这两点做到了，我们就胜利了。

以主力打到国民党区域，由内线作战转入外线作战，也就是由战略防御阶段转入了战略进攻阶段。人民解放军按照毛泽东所制订的战略计划，从1947年7月至9月，转入了全国规模的进攻。晋冀鲁豫野战军于6月30日在鲁西南地区强渡黄河，8月上旬越过陇海线，挺进大别山。晋冀鲁豫野战军的太岳兵团，8月下旬由晋南强渡黄河，挺进豫西地区。华东野战军在打破敌人的重点进攻以后，其主力部队于8月初挺进鲁西南，9月下旬进入豫皖苏地区。华东野战军内线兵团(后改称山东兵团)，从10月初起向胶东地区之敌发起攻势作战。西北野战军8月下旬转入反攻，晋察冀野战军9月初对平汉线北段之敌发起攻势作战，东北野战军紧接着全东北范围的夏季攻势之后，从9月起，在长春、吉林、四平地区和北宁线锦西至义县地区发起大规模的秋季攻势。

到12月中旬，刘邓、陈粟、陈谢三路大军共歼敌19.5万余人，解放县城100余座，恢复和发展了幅员辽阔的中原根据地，胜利实现中央预定的战略意图。其他各野战军的攻势作战也取得了显著战绩。

在山东战场，华东野战军组建西线兵团转到外线后，国民党军队纠集兵力分路向胶东半岛大举进攻，企图迅速结束山东战事，以便转用兵力于其他战场。华东野战军内线兵团为策应外线主力挺进中原，进行了胶东保卫战，并于10月初转入内线反攻。国民党军在山东的进攻，以10月1日占领烟台达到其顶点，此后即转入固守城镇的防御作战，并丢失了此前所占的不少城镇。由于刘邓、陈粟、陈谢部队大举出击外线，迫使国民党不得不从山东调兵至大别山，又自陕北调兵至关中，已无力继续维持对这两处的攻势。10月8日，中共中央在致华东局电中指出："自从你们转入反攻后，我军业已无例外地全面转入反攻。敌人已没有任何一处再能进攻。"至12月，华东野战军山东兵团共歼敌6.3万人，收复了胶东大片地区，最终粉碎了国民党军对山东的重点进攻，从根本上改变了山东战场的态势，有力地配合了西线兵团的作战。

晋察冀野战军为打破敌我双方在北平、天津、保定三角地带的对峙状态，于8月上旬发起大清河北战役。此后，又抓住敌第三军主力从石家庄孤军北援的有利战机，于10月19日至22日在清风店地区全歼该敌，对扭转晋察冀地区的战局起了关键性的作用。接着，按照人民解放军总司令朱德的指示，晋察冀野战军和地方武装又于11月6日至12日，乘胜一举攻克国民党军坚固设防的华北重镇石家庄，全歼守敌2万余人。石家庄战役是人民解放军转入战略进攻后，对国民党军据守的较大城市的第一次成功的攻坚战。这个战役的胜利，使晋察冀和晋冀鲁豫两大解放区连成一片，同时表明人民解放军已具备夺取敌人坚固设防的较大城市的能力。攻克石家庄后，晋察冀中央局组织全面的城市接管工作，并取得了管理新解放城市的有益经验。

北线的东北民主联军也积极配合南线作战，于9月14日发起秋季攻势。先由南满部队对北宁路及其两侧地区发起进攻，歼灭守备薄弱之敌，诱使沈阳地区的国民党军主力南调。而后又以北满部队在中长路沈阳以北段发动攻势，使敌首尾不能相顾。在为期近两个月的秋季攻势中，东北民主联军共歼灭国民党军约6.9万人，迫使敌人退缩在锦州、沈阳、四平、长春、吉林等仅占东北总面积14%的34座城市及其附近地区，陷入更加被动的局面。秋季攻势还调动华北国民党军队5个师增援东北，有力地配合了晋察冀野战军的作战。

各战场人民解放军在内线和外线的配合作战，构成人民解放战争全国规模的战略进攻的总形势。在半年的作战中，人民解放军共歼敌75万余人。到1947年底，外线作战的性质已然明了，中共在军事上的主动地位已经基本确立，战争已经主要不是在解放区内进行，而是在国统区内进行了。国民党军被迫由战略进攻转变为全面防御，从而结束了长期以来人民军队在革命战争中所处的战略防御地位。毛泽东因此提出："以前，我们把转到外线作战称为反攻，不完全妥当，以后都要叫进攻。"此后，共产党在军事上需要解决的问题已经不是如何粉碎国民党军的进攻，而是如何以大兵团作战消灭国民党军的主力部队并攻克其坚固设防的大城市了。

经过这番角逐,蒋介石在军事上从此一蹶不振,他所代表的国民党反动统治势力也随之江河日下,处于风雨飘摇之中。这一伟大胜利,标志着战争形势的根本改变,标志着中国革命新高潮的到来,标志着中国革命战争已经达到一个新的历史转折点。

第三章 调动深厚战争伟力

制定土地法大纲

在《中国土地法大纲》公布的一年多时间里，就在大约一亿多人口的解放区彻底解决了土地问题。在经济上和政治上获得翻身解放的广大农民努力生产，踊跃参军，积极支援前线，为全国解放战争提供了巩固的后方和取之不尽、用之不竭的后备力量，充分证明了毛泽东的著名论断："战争的伟力之最深厚的根源，存在于民众之中。"

由于封建主义是帝国主义、官僚资本主义的同盟者及其统治基础，因此，土地制度的改革是中国新民主主义革命的一项主要内容。废除封建剥削的土地制度，没收地主的土地分配给无地少地的农民所有，使耕者有其田，是中国共产党的主要经济纲领和基本政策。

封建地主阶级历来是中国革命的主要对象之一。抗日战争时期，为了建立广泛的抗日民族统一战线，中国共产党曾主动将1927年以后没收地主土地的政策改变为减租减息政策，承认地主的土地所有权、地主对农民的债权和租佃关系。但又通过减租减息对地主的封建剥削进行了一定的限制，以改善农民的物质生活。这样既调动了农民的生产积极性，又有利于团结地主参加抗日，使抗日民族统一战线得到巩固和发展。

抗日战争结束后，随着形势由国内和平向国内战争的演变，国内阶级矛盾尤其是农民群众与地主阶级的矛盾日益突出。在山西、河北、山东、华中各解放区，"有极广大的群众运动"，在反奸、清算、减租、减息斗争中，直接从地主手里取得土地，实现"耕者有其田"，群众热情极高。在群众运动深入的地方，基本上解决了或正在解决土地问题。一部分汉奸、恶霸、地主分子逃到城市中，咒骂解放区的群众运动。在这种影响下，有些中间人士对农民的斗争表示怀疑，党内也有少数人感到群众运动“过火”。

为此，中共中央于1946年5月4日发布《关于土地问题的指示》（简称《五四指示》），要求各地党委“要坚决拥护农民一切正当的主张和正义的行动，批准农民获得和正在获得土地”。“对于汉奸、豪绅、地主的叫骂应当给以驳斥，对于中间派的怀疑应当给以解释，对于党内不正确的观点，应当给以教育”。

在中央讨论和通过《五四指示》的会议上，毛泽东和刘少奇发言指出，现在类似大革命时期，农民伸出手来要土地，共产党是否批准，必须有坚定明确的态度。解决土地问题，“在政治上十分需要，目前国民党有大城市，有帝国主义帮助，占有四分之三人口的地区，我们只有依靠广大人民群众的伟大力量，与之斗争，才能改变这种他大我小的形势，如果在一万万几千万人口的解放区内，解决了土地问题，即可使解放区人民长期支持斗争不觉疲倦”。为此，《五四指示》强调：“各地党委必须明确认识，解决解放区的土地问题是我党目前最基本的历史任务，是目前一切工作的最基本的环节。”各级党委“必须以最大的决心和努力，放手发动与领导群众来完成这一历史任务”①。

这样，抗日战争时期为建立广泛的抗日民族统一战线、争取地主参加抗日而实行的减租减息政策，不失时机地改变为坚决拥护群众在反奸、清算、减租、减息、退租、退息等斗争中，从地主手里获得土地，实现“耕者有其田”的土地政策。鉴于当时全面内战尚未爆发、和谈之门尚未最后关闭，《五四指示》还保留了对富农和某些地主要予以照顾的规定，如“一般不变动富农的土地”，对“抗日有功”的地主分子“多留下一些土地”，等等。这些规定的目的，是争取他们以及同他们有联系的各界人士共同反对蒋介石政府的内战独裁政策。但也反映了《五四指示》的土地政策带有不彻底性。

全面内战爆发以后，蒋介石向解放区的大举进攻助长了地主阶级的反动气焰，他们寄希望于蒋介石政府的胜利。逃亡到国统区的地主恶霸纷纷组织“还乡团”武装，随国民党军队进攻解放区，对广大农民实行极残酷的反攻倒

① 《刘少奇选集》上卷，人民出版社1981年版，第378页。

算，顽固地反对共产党领导的土地改革运动；同时，富农也对土地改革采取敌视态度。从社会实质上说，蒋介石集团发动反革命内战的一个重要目的，也正是为了保全封建土地制度和地主阶级的封建特权，以维护其反动统治的经济基础。

为此，各中央局和中央分局、解放区各级政府进一步贯彻执行《五四指示》，抽调大批干部组成工作队，经短期训练，派到农村去广泛发动农民群众，进行土地改革运动。这次土地改革运动的中心内容是，发动并依靠广大农民群众，通过反奸、清算、减租、减息等斗争，从地主手中获得土地，实现“耕者有其田”。

关于解决土地问题的方式，《五四指示》提出群众已创造了多种多样的办法，例如：没收和分配大汉奸土地；减租之后地主自愿出卖土地，佃农以优先权买得此种土地；由于在减租后保障了农民的佃权，地主自愿给农民七成或八成土地，求得抽回三成或二成土地自耕；在清算租息、清算霸占、清算负担及其他无理剥削中，地主出卖土地给农民来清偿负欠，等等。农民用各种方式取得土地，且大多数取得地主书写的土地契约。这样就基本上解决了农村土地问题，而且使农民站在合法和有理的地位。《五四指示》要求各地可以根据不同对象，采用不同的方式解决土地问题。

为了和人民群众亲密合作，粉碎蒋介石的进攻，中央要求在农村必须紧紧依靠雇农、贫农，团结中农；同时，必须争取一切可能争取的人。在解决土地问题时，应将一般富农、中小地主和汉奸、豪绅、恶霸加以区别；在一切土地问题已经解决的地方，应对整个地主阶级采取缓和态度，以减少敌对分子，使解放区得到巩固。毛泽东特别强调，在实现“耕者有其田”的全部过程中，必须坚决联合中农，绝对不许侵犯中农利益；在土地改革运动中，须团结赞成土地改革的90%以上的群众，孤立反对土地改革的少数封建反动分子，以期迅速完成实现“耕者有其田”的任务。

根据中共中央的指示，各解放区陆续开展土地改革运动，解决农民土地问题，使解放战争获得巩固的后方和较充足的物质保障。在战争的第一年，全国解放区约有2/3的地区基本解决了农民的土地问题，极大地提高了农民发展生产和支援解放战争的积极性。晋冀鲁豫、东北等解放区出现了10多年未见过的大丰收；各解放区有几十万翻身农民，为保卫土地改革的胜利果实和保卫家园参加了人民解放军。广大农民群众和地方游击队，积极参加供应军粮、运输物资、救护伤病员、传递情报、肃清敌特等战勤工作，也参加袭击敌军的行动。汹汹来犯的国民党军一踏上解放区的土地，便陷入人民战争的汪洋大海，进退失据，难以自拔。这是各解放区深入开展土地改革运动，将千百万农民动员组织起来的结果。但从前一阶段土地改革的政策来看，还存在着某些局限，致使一些地方的土地问题解决得不够彻底。

随着战争形势的迅猛发展，农民群众对土地有了进一步的要求。1946年《五四指示》中对富农和某些地主采取照顾性政策，显然已不适合全面内战爆发后的形势，需要制定更进一步的土地政策。这时，中央工作委员会已进驻河北省平山县西柏坡村。担任工委书记的刘少奇就彻底解决土地问题写信给晋绥的同志，指出："没有一个有系统的普遍的彻底的群众运动，是不能普遍彻底解决土地问题的"，党的任务"就是要有计划的去组织这样一个群众运动，并正确的把这个运动领导到底"。毛泽东认为信中提出的问题十分重要，不仅在晋绥一个解放区存在着，而且在一切解放区在不同程度上存在着，因此"应将这封信发到一切地方去"，各地领导机关应以此来"检查自己领导下的一切群众工作"，"纠正错误，发扬成绩，彻底解决土地问题，改造一切脱离群众的组织，支持人民战争一直到胜利"。

为了总结《五四指示》颁布以来的经验，进一步推动土地改革工作的开展，并适应革命形势的发展，完善党的土地政策，根据中共中央的决定，中央工作委员会于1947年7月17日至9月13日，在河北省平山县西柏坡村召开全国土地会议。中央工委书记刘少奇主持会议并作报告。会议分为两个阶段：第一阶段，从7月17日至8月下旬，主要是由各解放区代表汇报土地改革的情况，总结交流经验，开展批评和自我批评，检查存在的问题；第二阶段，从8月底到9月13日，主要讨论土地改革的政策，制定《中国土地法大纲》，并研究结合土改进行整党的问题。

1947年9月13日，刘少奇在全国土地会议上作结论。他总结说，《五四指示》发布一年多来，各解放区都发动广大群众进行土地改革运动，“一般讲，运动得到很大成绩，但大部分地区不彻底”。土地改革不彻底有三方面原因：一是指导土地改革的政策不彻底；二是存在党内不纯现象；三是官僚主义的领导。这次会议通过的《中国土地法大纲》，“代表着今天土地政策的基本和主要部分”，政策不彻底这个问题解决了。大纲经中央批准后，要与群众直接见面。各地订的细则如有与大纲抵触的，以大纲为依据。

刘少奇着重解释了《中国土地法大纲》中关于依靠贫雇农团结中农的路线；土改在实际执行中对不同的地主、地主与富农、旧富农与新富农等要有所区别的斗争策略；平分土地中还要注意用抽多补少、抽肥补瘦的办法；在保护工商业问题上，有的工商业者有土地可以分，其他不动；有些地主有工商业，工商业部分不动；特别是在城市里，一切工厂商店，一律不动，让它去经营；等等。

刘少奇在结论中提出，要通过整编党的队伍即整党，来解决党内不纯的问题。关于解决官僚主义领导的问题，就要使“一切领导，包括军事、政治、经济、文化的领导都要有群众观点，走群众路线”。群众路线是党的根本路线。决定政策、执行政策，都要有群众观点，走群众路线。“测量政策的正确与否，要以最大多数人民的最大利益为标准。”他强调，实行这样的彻底平分土地的政策，整顿党的队伍、整顿作风，是为了广大农民的利益。解决土地问题，“就全中国来说，是几万万人的问题”。“这直接是农民的利益，同时也是全民族的利益，是中国人民最大的最长远的利益，是中国革命的基本任务。只有发动群众，彻底进行土地改革，把党整纯洁，才能战胜蒋介石。”[①]

中共中央、毛泽东在致中央工委的电报中认为：“平分土地利益极多，办法简单，群众拥护，外界亦很难找出理由反对此种公平办法，中农大多数获得利益，少数分出部分土地，但同时得了其他利益（政治及一般经济利益）可以补偿。因此土地会议应该采取彻底平分土地的方针。”据此，中央批准了全国

---

① 中共中央文献研究室、中央档案馆编：《建党以来重要文件选编（1921—1949）》第24册，中央文献出版社2011年版，第372页。

土地会议制定和通过的土地法大纲，作为向各解放区政府的建议。

1947年10月10日，中共中央作出决议，公布《中国土地法大纲》。《中国土地法大纲》明确规定:“废除封建性及半封建性剥削的土地制度，实行耕者有其田的土地制度”;“废除一切地主的土地所有权”，“废除一切祠堂、庙宇、寺院、学校、机关及团体的土地所有权”;“废除一切乡村中在土地制度改革以前的债务”。《中国土地法大纲》规定了彻底平分土地的基本原则和具体方法，即:“乡村中一切地主的土地及公地，由乡村农会接收，连同乡村中其他一切土地，按乡村全部人口，不分男女老幼，统一平均分配，在土地数量上抽多补少，质量上抽肥补瘦，使全乡村人民均获得同等的土地，并归各人所有。”

中央要求各地讨论并采纳《中国土地法大纲》，制定适合当地情况的具体办法，展开及贯彻全国的土地改革运动，完成中国革命的基本任务。至此，中国共产党在解放战争转入战略进攻的新形势下，及时改正了1946年《五四指示》以来土地改革受客观条件局限所带有的不彻底性，公开举起了彻底废除封建土地制度的战斗旗帜，极大地推进了解放区的土地改革运动，并在国统区产生了广泛的政治影响。

根据全国土地会议精神和《中国土地法大纲》，1947年11月至12月，一场彻底的土地改革群众运动很快在各解放区广泛开展起来。在晋察冀、晋冀鲁豫和华东老解放区，凡是过去封建土地制度已经全部或大部分被废除、土改基础较好的地区，均实行抽补、调剂政策，即采用“抽多补少、抽肥补瘦、抽近补远”的办法，以解决贫、雇农土地不足的问题;凡是原来土改工作薄弱的地区，则没收地主、旧式富农多余的土地、房屋、耕畜、农具，然后按人口平均分配。在陕甘宁、晋绥和东北半老解放区，采取了“打破旧圈子”“重新丈量”“多少拉平”“彻底平分”的办法，以自然村为单位，将土地按人口重新平均分配。新开辟的鄂豫皖、江汉、桐柏、豫陕鄂、陕南、豫皖苏等新解放区，也采用老区、半老区平分土地的做法，迅速开展了开仓济贫、分土地、分浮财运动。

全国土地会议制定彻底的土地政策之后，各解放区普遍克服前一阶段对富农和某些地主照顾较多，不敢放手发动群众，不去努力满足贫苦农民的土地要求等右倾偏向，推动土地改革轰轰烈烈开展。但是又出现“矫枉过正”的问题，许多地方发生了一些“左”的偏差，如把一些人的成分错划为地主、富农，导致敌我界限不清；有些地方侵犯中农利益，破坏民族工商业；有些地方对富农和地主用同样的方法去斗，甚至一律采用“扫地出门”的办法，不给他们以生活出路，以致乱打乱杀等等。

这些偏向的发生，有土地改革政策不完善的原因，更深层的原因是小农经济基础上形成的农民的平均主义思想。一旦土地改革运动把农民发动起来，这种平均主义要求很容易形成一股强大的浪潮，冲击党的土改政策，严重妨碍土地改革运动的健康发展，影响农业生产的正常进行和社会秩序的稳定。

中共中央、毛泽东极为重视土改运动中出现的“左”的偏差，在1947年12月召开的中央会议（史称“十二月会议”）前后，发出一系列文件，进一步阐明土地改革的基本方针和各项具体政策，坚决纠正上述“左”倾错误。11月底，中共中央印发毛泽东于1933年写的《怎样分析农村阶级》和《关于土地斗争中一些问题的决定》两个文件，作为划分阶级的标准和执行政策的依据，各地在贯彻执行中，着重纠正了土改运动中将一些人错划为地主、富农而实行“左”倾政策的偏向。

为了使乡村中90%以上的人参加到土地改革的统一战线中来，毛泽东在“十二月会议”上强调，必须注意两条基本原则：一是必须满足贫农和雇农的要求，这是土地改革的最基本的任务；二是必须坚决地团结中农，不要损害中农的利益。会议对中农政策作了具体的规定，即在平分土地时，必须尊重中农的意见，如果中农不同意则应向中农让步，并容许一部分中农保有比一般贫农所得土地的平均水平为高的土地量；在农会委员会和乡村政权中必须吸收中农积极分子参加工作，不要把属于中农成分的人错划到富农圈子里去；同时要公平合理地使中农承担土地税和支援战争的负担。以上两条基本原则在土改运动中得到贯彻执行，无产阶级（经过共产党）领导的工农联盟得到空前巩固和发展，农民同盟军的作用得到充分发挥。

在《中国土地法大纲》公布一年多的时间里，就在大约1亿多人口的广大区域内彻底解决了土地问题，封建阶级的土地大致平均地分配给农村人民，首先是贫雇农。这大大激发了无产阶级的主要同盟军农民的革命热情和生产积极性。在经济上和政治上获得翻身解放的广大农民努力生产，踊跃参军，积极支援前线，为全国解放战争提供了巩固的后方和取之不尽、用之不竭的后备力量，无论在兵员的补充上、军队给养的供应上，还是在战争物资的运输上，都发挥了前所未有的巨大作用。这充分证明了毛泽东的著名论断："战争的伟力之最深厚的根源，存在于民众之中。"

夺取全国胜利的纲领

根据解放战争转入全国规模进攻的总形势和人民革命运动的迅猛发展，1947年中共中央召开"十二月会议"，全面制定了新的行动纲领，既有旗帜鲜明"打倒蒋介石，建立新中国"的政治纲领，又有"没收封建阶级的土地归农民所有，没收官僚资本归新民主主义的国家所有，保护民族工商业"的三大经济纲领和基本政策，为夺取全国胜利做好了必要的准备。

1947年10月10日，中共中央发布《中国人民解放军宣言》《中国人民解放军口号》等文件。由毛泽东起草的《中国人民解放军宣言》（又称"双十宣言"），分析当前国内军事、政治形势，历数蒋介石反动集团自1927年以来，特别是抗日战争结束后到现在一贯实行的内战、独裁和卖国政策，指出："到了今天，全国绝大多数人民，地无分南北，人无分老幼，都认识了蒋介石的滔天罪恶。"由此，旗帜鲜明地提出了"打倒蒋介石，解放全中国"的政治口号，并宣布了中国人民解放军也就是中国共产党的八项基本政策。其首要一项，便是"联合工农兵学商各被压迫阶级、各人民团体、各民主党派、各少数民族、各地华侨和其他爱国分子，组成民族统一战线，打倒蒋介石独裁政府，成立民主联合政府”。与这条基本政治纲领相适应,在经济上首次提出“没收蒋介石、宋子文、孔祥熙、陈立夫兄弟等四大家族和其他首要战犯的财产,没收官僚资本,发展民族工商业”的新纲领。

“双十宣言”根据迅猛发展的形势,适时地改变了1946年11月中央政治局会议关于暂不公开提“打倒蒋介石”的口号的决定,向国内外公开地打出“打倒蒋介石,解放全中国”的旗帜。这个言简意赅的政治口号,实际上集中体现了当时中国共产党最基本的政治纲领,为全党、全军和国内各阶层人民指明了彻底解放全中国的总目标。这对于调动人民革命的基本力量,团结全国绝大多数人特别是争取中间群众,最大限度地孤立极少数反动分子,具有极为重要的意义。

正如周恩来9月28日在陕北葭县(今佳县)神泉堡对中央直属机关干部、战士作时局报告时所指出:1946年7月就提出打倒蒋介石的口号,还不行,因为当时主客观条件还不具备。经过一年战斗取得的胜利,我们才能有根据、有把握地提出这个口号。对这个口号,人民已经能够接受了。“一方面,我们已用事实证明给老百姓看,我们有力量打倒蒋介石;另一方面,老百姓也不要蒋介石,就连上层分子(除了少数反动集团外)、中产阶级也不想给蒋介石抬轿子了,也要推翻他了,所以这个时候提出打倒蒋介石正合时宜。”[①]“打倒蒋介石,解放全中国”口号的提出,反映了中国共产党审时度势,充分考虑主客观条件的成熟程度而采取相应的动员群众方法的科学态度。

随着1947年冬天的降临,跳出外线的刘邓、陈粟、陈谢三路大军密切协同作战,已在南线广大地域实现了战略展开。西北野战军连续收复延长、延川、清涧等城镇和地区,准备转入外线作战。华东野战军山东兵团胜利结束胶东保卫战,共歼敌6.3万余人。特别是孟良崮战役一举歼灭全副美械装备、骄横不可一世的国民党精锐主力整编第七十四师,根本扭转了山东战局。晋察冀野战军继清风店战役歼敌主力第三军后,趁势攻克敌人坚固设防的华北重镇

① 中共中央文献研究室、中央档案馆编:《建党以来重要文献选编(1921—1949)》第24册,中央文献出版社2011年版,第402页。

石家庄，使晋察冀与晋冀鲁豫两大解放区连成一片，南北千余里已无敌人据点，华北局面为之一新。东北野战军连续发动夏季攻势和秋季攻势，共歼敌6.9万余人，收复城市15座，将敌人压缩于长春、吉林、沈阳、四平、锦州等孤城和中长路、北宁路沿线狭小地区。

解放战争转入全国规模进攻的总形势和人民革命运动的迅猛发展，要求中国共产党全面制定新的行动纲领，为夺取全国胜利做好一切必要准备。为此，中共中央决定于12月，在陕北米脂县杨家沟召开一次当时条件下尽可能包括有关方面负责人参加的会议。毛泽东立即着手准备，在了解和掌握各方面大量材料的基础上，为会议起草书面报告。周恩来则召集一系列小型会议，研究战局、土改政策和工作中出现的“左”的偏向，以备会议讨论解决。

“十二月会议”是中国共产党处在伟大历史转折关头的一次重要会议。由于关山阻隔、战线遥远，大部分中央委员未能到会。实际到会的有政治局委员毛泽东、周恩来、任弼时、彭德怀、林伯渠；中央委员贺龙、陆定一、王明；候补中央委员习仲勋、马明芳、张宗逊、王维舟；还有陕甘宁边区、晋绥边区及中央几个部局的负责人，共19人。从12月7日至24日，先举行18天预备会议。与会人员分为政治、军事、土改等几个小组，对有关问题进行了充分的研究和讨论。25日至28日，正式开会，主要讨论和通过毛泽东起草的《目前形势和我们的任务》的书面报告。这个报告深刻分析了国内国际形势，阐明了彻底打败蒋介石、夺取全国胜利的军事、经济、政治方面的纲领和政策。

毛泽东在报告开篇指出：“中国人民的革命战争，现在已经达到了一个转折点。这即是中国人民解放军已经打退了美国走狗蒋介石的数百万反动军队的进攻，并使自己转入了进攻。”接着，他以犀利的笔锋揭示了目前形势最本质的特征，指出：

> 这是一个历史的转折点。这是蒋介石的二十年反革命统治由发展到消灭的转折点。这是一百多年以来帝国主义在中国的统治由发展到消灭的转折点。这是一个伟大的事变。这个事变所以带着伟大性，是因为这个事变发生在一个拥有四亿七千五百万人口的国家内，这个事变一

经发生，它就将必然地走向全国的胜利。①

这种形势发生根本转变的特征，到1947年在各方面表现出来。毛泽东在口头报告中对此作了说明：在政治方面，“人心动向完全改变，人心向我”，全国人民寄希望于共产党，而对蒋介石深恶痛绝；孤立蒋介石这个长期没有解决的问题，现在解决了。在军事方面，我军由防御转入进攻，蒋介石由进攻转入防御地位，于是军事上完全改观。20年来我们长期处于防御、被“围剿”的地位，1947年7月以后是我们历史上第一次转入进攻。蒋介石要返回过去的形势，无论如何已是不可能了，“黄鹤一去不复返”。在经济方面，蒋介石陷于危机的漩涡，无法摆脱，美国帮助也不能解决问题。过去我们的经济也成问题，内线作战又遭饥荒；自转入进攻，主力移出，根据地的负担减轻；收复了大片土地，办法更多，因我们有土地改革。此外，土改和整党，使党走上了轨道，党的面貌为之改观。这几个方面的变化，构成了伟大事变的标志，而军事上人民解放军获得了伟大的胜利，则是主要标志。

毛泽东在书面报告中，第一次完整地宣布了新民主主义革命的三大经济纲领，即“没收封建阶级的土地归农民所有，没收蒋介石、宋子文、孔祥熙、陈立夫为首的垄断资本归新民主主义的国家所有，保护民族工商业”。基于蒋宋孔陈四大家族所代表的官僚垄断资本在抗战结束后通过劫收日伪资产和对人民巧取豪夺而极度膨胀的事实，毛泽东深刻分析了中国官僚资本的产生与发展，并对它的性质和特点作了深入浅出的论述。他说：

> 蒋宋孔陈四大家族，在他们当权的二十年中，已经集中了价值达一百万万至二百万万美元的巨大财产，垄断了全国的经济命脉。这个垄断资本，和国家政权结合在一起，成为国家垄断资本主义。这个垄断资本主义，同外国帝国主义、本国地主阶级和旧式富农密切地结合着，成为买办的封建的国家垄断资本主义。这就是蒋介石反动政权的经济基础。

①《毛泽东选集》第4卷，人民出版社1991年版，第1244—1256页。

> 这个国家垄断资本主义，不但压迫工人农民，而且压迫城市小资产阶级，损害中等资产阶级。这个国家垄断资本主义，在抗日战争期间和日本投降以后，达到了最高峰，它替新民主主义革命准备了充分的物质条件。这个资本，在中国的通俗名称，叫做官僚资本。这个资产阶级，叫做官僚资产阶级，即是中国的大资产阶级。

基于上述分析，毛泽东鲜明地提出："新民主主义的革命任务，除了取消帝国主义在中国的特权以外，在国内，就是要消灭地主阶级和官僚资产阶级（大资产阶级）的剥削和压迫，改变买办的封建的生产关系，解放被束缚的生产力。"这反映了在抗日战争结束后新的政治、经济环境下，毛泽东对社会基本矛盾的发展及其重要特征的一种本质的把握，适时地把没收官僚资本、消灭官僚资产阶级，提到了新民主主义革命的行动纲领和总任务的高度，这就充实了"打倒蒋介石，解放全中国"这个政治口号的内涵，并继抗战期间写作《新民主主义论》《论联合政府》之后，进一步丰富和发展了新民主主义革命总路线的理论内容。

毛泽东还深刻分析中国民族资产阶级和官僚资产阶级在地位和性质上的区别，强调新民主主义革命"不是一般地消灭资本主义，不是消灭上层小资产阶级和中等资产阶级"，相反，"由于中国经济的落后性，广大的上层小资产阶级和中等资产阶级所代表的资本主义经济，即使革命在全国胜利以后，在一个长时期内，还是必须允许它们存在；并且按照国民经济的分工，还需要它们中一切有益于国民经济的部分有一个发展；它们在整个国民经济中，还是不可缺少的一部分"。因此，"在新民主主义的国家权力到达的地方，对于这些阶级，必须坚决地毫不犹豫地给以保护"。"对于上层小资产阶级和中等资产阶级经济成分采取过左的错误的政策"，"必然要损害劳动群众的利益和新民主主义国家的利益"。

报告初步阐述了未来新中国的经济构成，即：1. 国营经济，这是领导成分；2. 由个体逐步地向着集体方向发展的农业经济；3. 独立小工商业者的经济和小的、中等的私人资本经济。报告指出，"新民主主义国民经济的指导方针，必须紧紧地追随着发展生产、繁荣经济、公私兼顾、劳资两利这个总目标”。这些论述表明，中国共产党关于新民主主义经济的整个构想在认识环节上前进了一大步。

关于土地改革，毛泽东强调：“土地制度的彻底改革，是现阶段中国革命的一项基本任务。如果我们能够普遍地彻底地解决土地问题，我们就获得了足以战胜一切敌人的最基本的条件。”他提出“依靠贫农，巩固地联合中农，消灭地主阶级和旧式富农的封建的和半封建的剥削制度”的土地改革总方针；提出“必须满足贫农和雇农的要求”，“必须坚决地团结中农，不要损害中农的利益”两条基本原则以及相应的保护中农的具体政策。

关于整党，毛泽东指出：“为了坚决地彻底地实行土地改革，巩固人民解放军的后方，必须整编党的队伍。”“其中首先重要的，是在党内展开批评和自我批评，彻底地揭发各地组织内的离开党的路线的错误思想和严重现象。全党同志必须明白，解决这个党内不纯的问题，整编党的队伍，使党能够和最广大的劳动群众完全站在一个方向，并领导他们前进，是解决土地问题和支援长期战争的一个决定性的环节。”

报告还在过去集中优势兵力、各个歼灭敌人的作战经验基础上，进一步总结了人民解放军战略进攻作战实践中创造的新方法和新经验，提出著名的“十大军事原则”。其中包括：在消灭分散、孤立的弱敌的同时，注意消灭集中和强大之敌；在强调打运动战的同时，注重阵地战和攻坚战；在强调歼敌有生力量的同时，坚决夺取一切敌人守备薄弱的城市，相机夺取敌人中等设防的城市，并准备在条件成熟时夺取敌人守备强固的城市。这些新的概括，包含着对战争进程及其发展趋势的科学预见，为将人民解放军的战略进攻进一步发展到战略决战，提供了系统的作战指导思想。

“十二月会议”深入讨论并一致通过了毛泽东的这个报告。会议一致同意毛泽东1946年4月写的《关于目前国际形势的几点估计》的内容和观点，将它写入会议的决定。会议还决定：中国人民革命战争应“力争不间断地发展到完全胜利，应该不让敌人用缓兵之计（和谈）获得休整时间，然后再来打人民”；“组织革命的中央政府的时机目前尚未成熟，须待我军取得更大胜利，然后考虑此项问题”。会议还着重讨论了反对党内的错误倾向问题，以及土地改革和群众运动中的若干具体政策问题，并根据讨论的结果，分别作出相应的决定。

12月28日，毛泽东作会议结论。他说：这次会议令人兴奋。和1937年的洛川会议相似，都是在时局开展中召开的。“20年来未解决的革命力量在斗争中的优势问题，今天解决了，局面开展，胜利可期。”过去“的确是兢兢业业，很担了一份心”。取得了现在的形势，便能作出结论。这不是估计，而是事实。《目前形势和我们的任务》这篇报告是一个时期的政治纲领，“打倒蒋介石，建立新中国”的纲领，比《新民主主义论》《论联合政府》提出的纲领更进一步。“反对美帝、打倒封建、打倒官僚资本，这三个目标应该保证。团结中农，团结中小资本，以共同反对这三个敌人，是正确的。中农问题是历来就解决了的，但这一次特别强调了。”

巩固党的生命线

土地会议、整党会议是黄河的主流，是到达彼岸的伟大的潮流。但“主流向东流时，卷起了三个浪花”，即侵犯中农利益，破坏工商业，把党外人士一脚踢开。“不把这个浪花反掉，它会成为逆流。”毛泽东说，革命成功，一定反“左”。“政策和策略是党的生命，各级领导同志务必充分注意，万万不可粗心大意。”由此提请全党时刻不忘党的生命线之所在。

自《中国土地法大纲》公布以来，各解放区开展的土地改革运动，发动快，来势猛，范围广，消灭封建土地制度的彻底性是以往任何时期都不可比拟的。但在运动猛烈发展的过程中，农民群众往往突破向封建地主夺取土地财产的政策界限，要求平分社会上其他一切阶级、农民中一切阶层的土地财产，平分一切工商业。而党的许多干部由于缺乏进行大规模土地改革的经验，又经受整党中反右倾的批判，不敢坚持党的正确政策，放任或附和农民自发的平均主义要求，使党的土改政策受到严重的冲击，导致许多地方出现扩大打击面的"左"倾错误。因此，"十二月会议"结束后，中共中央投入了相当大的精力，切实保证夺取全国胜利的战略策略方针的正确贯彻执行，特别是注重纠正和防止重犯土地改革、群众运动和工商业政策执行中出现的"左"的错误倾向。

1948年1月18日，中共中央原则上通过毛泽东起草的《关于目前党的政策中的几个重要问题》的决定草案。其中着重强调在土地改革和群众运动中，必须避免对中农采取任何冒险政策；必须避免对中小工商业者采取任何冒险政策；对于学生、教员、教授、科学工作者、艺术工作者和一般知识分子，必须避免采取任何冒险政策。对于封建阶级中的开明绅士，必须区别情况，予以照顾；在平分其封建的土地财产时，应使其避免受斗争。对新富农和旧富农，对地主和富农必须加以区别；对大、中、小地主以及地主富农中的恶霸和非恶霸，也应有所区别。①

"十二月会议"结束后一个星期，华东野战军司令员陈毅从中原战场赶赴陕北向中央报告工作。他回去后，向华东局干部作了关于"十二月会议"基本精神的传达报告。其中，讲到毛泽东在同他谈话时说的一段发人深省的话：去年土地会议、整党会议是黄河的主流，是一个伟大的潮流，达到彼岸的潮流，一直流向大海，是成功的。但仅讲到这里还不够，主流向东流时，卷起了三个浪花，即侵犯中农利益，破坏工商业，把党外人士一脚踢开。不把这三个浪花反掉，它会成为逆流。要把这三个浪花反掉，要把三个过左倾向纠正，这是一个完整的精神。②毛泽东说：党的经验是痛苦的，与资产阶级合作时，主要是右的危险；与资产阶级破裂时，主要是"左"的危险。在这上面要反潮流，

---

①《毛泽东选集》第4卷，人民出版社1991年版，第1268—1271页。

② 中共中央文献研究室编：《刘少奇传（1898—1969）》上，中央文献出版社2008年版，第544页。

宁可反到只剩我一个人，保持光荣的孤立。

关于“革命成功，一定反‘左’”，中共中央几位领导人在这一点上认识是一致的。刘少奇在中央工委讨论“十二月会议”的决议时说：凡是牵扯到群众性问题，都应提到政策上去解决。周恩来在1948年1月1日西北高干扩大会上说：“我党历史上右倾错误时间短，易纠正；‘左’倾错误的时间长，不易纠正。因为你以为很左就很光荣，但客观上是帮助敌人。”朱德在视察冀中时对有关负责人说：城市工人运动只顾发动工人改善生活、提出过高的劳动条件，不顾战争，不顾大局，这是自杀政策，是损害工人阶级根本利益的，这种现象必须迅速改变。任弼时在西北野战军前委扩大会议上说：土地改革中，如果许多人定错了成分，那就搞乱了自己的阵营，这样做的危险性是很大的。我军收复一些地方时，甚至连小商贩也没收了，这是一种自杀政策。

土地改革中出现的“左”的偏向，还表现为一些党的高级干部在政策执行的指导上出现曲解甚至扭曲。如1947年初，中央政治局委员康生、中央宣传部副部长陈伯达，带领土改工作组到晋西北考察指导土改工作。康生驻临县郝家坡，陈伯达驻静乐县潘家村。康生到了郝家坡后，提出将地主富农扫地出门。陈伯达在潘家村提出“村村点火，户户冒烟”的口号，斗了地主，斗了富农，还斗了中农。毛泽东在和陈毅的那次谈话中说：对地主乱打乱杀，把一个好端端的解放区搞乱，地主富农是个社会问题，弄得乞丐遍地，你还能领导中国?!

正是本着这样的共识和有错必纠的决心，以毛泽东为核心的中央领导集体精心研究、周密部署，全力以赴纠正土地改革和群众运动中的“左”倾偏向，表现了在胜利形势面前的高度清醒，以及坚决纠正党内错误倾向的政治勇气。

“十二月会议”后，任弼时受中共中央委托，对土地改革中出现的严重问题专门组织调查研究，并在西北野战军前委扩大会议上作了《土地改革中的几个问题》的讲话，就划分农村阶级的标准、团结中农、对知识分子和开明绅士的政策、工商业政策以及群众运动中的乱打乱杀问题，阐明了所应遵循的政策界限。对这个讲话，毛泽东在初稿上作了多处修改，增写了许多内容。

针对晋绥兴县蔡家崖村划定地主、富农成分过多的错误，毛泽东指出：蔡家崖的重要教训，就是我们必须按照实际情况去划分阶级，进行土改，决不可将本来不是地主富农的人们人为地划成地主富农，错误地扩大打击面，打乱革命阵线，帮助敌人，孤立自己。这是一个极端重大的问题，必须引起全党的注意。他还提出：类似的错误，在晋绥其他乡村，在华北、华东、华中、东北及陕甘宁边区，肯定地说必定不少。一切解放区的领导同志及所有从事土改工作的同志，均必须严肃地检查这个划成分的问题，公开地明确地更改自己所犯的错误，哪怕只是划错了一个人，也必须改正。

毛泽东认为，土地改革运动中的“左”，主要是侵犯中农问题。必须清醒地认识到，“中农是我们的永久同盟者”，是我们自家人，对中农要体贴入微，所谓体贴入微，就是嘘寒问暖。以侵犯中农利益来满足贫雇农的要求，实际上是“挖肉补疮”。他在修改讲话时严肃指出：侵犯中农利益、不照顾中农、排斥中农的倾向是非常危险的，是一种反马列主义的极端的“左”倾冒险主义倾向。他强调，无论如何只应该把土地改革的打击面放在真正的封建剥削阶级的范围内，绝对不能超出这个范围。在人民解放军所到的原先是国民党统治的地方，打击面还要缩小些。鉴于任弼时的这篇讲话对于纠正整个土地改革运动中的过左倾向具有普遍指导意义，毛泽东要求将讲话内容立即用明码电报拍发，由新华社转播全国各地，立即在一切报纸上公开发表，并印成小册子，供各地同志学习掌握和贯彻执行。

在纠“左”进程一开始，毛泽东就深感几个月来土地改革运动的发展中已出现许多急待回答的问题。单有《中国土地法大纲》和党的若干指示文件，已很难使从事实际工作的干部不犯错误或少犯错误。因此，中央应详细制定一个比较完备的文件，具体指导土地改革中划分社会各阶级等各项工作，以便在土地改革这个伟大斗争中，既彻底消灭封建土地剥削制度，又不要因为划错阶级成分及采取错误政策而打乱自己的阵线，使自己陷于孤立。

为此，1948年2月，毛泽东亲自主持，准备了一个重要的政策文件《关于土地改革中各社会阶级的划分及其待遇的规定》草案。这个文件有25章，共2万余字，分别论述了中国的社会经济形态，目前的阶级关系和人民民主革命，划分阶级的标准，通过阶级成分的方法，家庭成分和本人成分等，并对中国社会各阶级的状况和党的政策逐一作了详尽的分析和说明。2月15日初稿完成，毛泽东立即让新华社电台拍发给全国各中央局、中央分局，要求各地召集会议，逐条讨论，向中央提出意见。中央指出："此项文件的目的，是在纠正党内广泛地存在着的关于在观察及划分阶级问题上的非马克思主义的思想及补足在土改中缺乏对各阶级阶层人们的具体明确政策的缺点。""在我党与国民党破裂时期党内主要的危险倾向，曾经是现在仍然可能是'左'倾冒险主义。如果我们现在不严重地注意到这点，我们就将在政治上犯错误。"[①]由于形势的迅速发展，这个文件没有公开发表，但是文件对划分阶级的方法从基本理论和具体政策两方面作了明确规定，各地高级领导干部对此进行了认真深入的讨论，该文件对土地改革运动还是起到了重要的指导作用。

毛泽东主持制定的另一个重要政策，是把解放区分成三类，在实施土地法时采取不同的策略。西北野战兵团副政委习仲勋在一份报告中提出，土地革命时期建立的老区与抗战时期建立的新区基本情况不同，老区中农多，少地无地的贫雇农最多不过20%，许多原先的地主富农土地早已被没收，参加劳动8年以上，成分已经转化，所以在老区发动群众运动要坚决反对"左"倾形式主义。[②]毛泽东采纳了习仲勋的这个意见，将老区的范围扩大到抗战时期建立的所有根据地，要求密切注意和纠正"左"的错误。

考虑到全面内战后新解放地区迅速扩大，而那里的残余敌人尚未肃清，群众觉悟程度一般较低，具有不同于老解放区和半老解放区的许多特点，1948年2月3日，毛泽东致电刘少奇，提出在不同地区实施土地法时要采取不同的策略。他指出：在日本投降以前的老解放区，大体上早已分配土地，只需调整一部分土地，不必重新分配土地，而应以整编党的队伍、解决党同群众间的矛盾为中心工作；在日本投降至大反攻期间所解放的半老解放区，土地问题尚未彻底解决，应普遍地彻底地分配土地；在大反攻后的新解放区，则应分

① 《毛泽东文集》第5卷，人民出版社1996年版，第64—65页。

② 胡乔木著：《胡乔木回忆毛泽东》，人民出版社1994年版，第520页。

两个阶段实行土地法。第一阶段应“中立富农，专门打击地主”，首先是打击大地主，分配其土地财产，然后再进入第二阶段，对富农多余的土地财产进行分配。[①]刘少奇回电，完全同意分三类地区采取不同策略的意见，并将电报作为《在不同地区实施土地法的不同策略》的党内指示，发给各地党委贯彻执行。

嗣后，中共中央又发出《新解放区土地改革要点》《关于在老区半老区进行土地改革工作与整党工作的指示》等文件，对不同地区实行土地法的策略进一步规定：“在一切封建制度已被推翻的老区半老区，不再平分土地，而只在必要时采取抽多补少、抽肥补瘦的办法，调剂一部分土地和其他生产资料给尚未彻底翻身的贫雇农，并容许中农保有比较一般贫农所得土地的平均水平为高的土地数量。在封建制度还存在的地方，平分的重点，也限于地主的土地财产和旧式富农的多余的土地财产方面。无论在哪一种地方，对于中农和新式富农的多余土地，只有在确有调剂必要和本人确实同意的条件下，才允许抽出调剂。在新解放区的土地改革中，对一切中农的土地都不再抽动。”[②]

5月24日，毛泽东在给邓小平的电报中提出：对新解放区农村工作的策略问题，有全盘考虑的必要，就是在解放后的相当时期内，要“实行减租减息和酌量调剂种子口粮的社会政策和合理负担的财政政策”，“而不是立即实行分浮财、分土地的社会改革政策”。“因为过早地分浮财，只是少数勇敢分子欢迎，基本群众并未分得，因而会表示不满。而且，社会财富迅速分散，于军队亦不利。过早地分土地，使军需负担过早地全部落在农民身上，不是落在地主富农身上。不如不分浮财，不分土地，在社会改革上普遍实行减租减息，使农民得到实益；在财政政策上实行合理负担，使地主富农多出钱。这样，社会财富不分散，社会秩序较稳定，利于集中一切力量消灭国民党反动派。”[③]在不同地区采取不同的土改策略，使土地改革运动根据不同类型的解放区中封建

---

① 《毛泽东选集》第4卷，人民出版社1991年版，第1277—1278页。

② 同上，第1262页。

③ 同上，第1326页。

势力的强弱、群众觉悟程度和组织程度的高低，有区别、有步骤、分阶段地进行，使党的土地改革政策愈加完备。

由于“平分土地”的政策口号一定程度上反映了农民要求“平分社会上其他一切阶级、农民中一切阶层的土地财产，平分一切工商业”的平均主义思想，土改运动中平均主义一度泛滥。把中农的土地打乱平分，侵犯了中农利益；没收或冲击地主富农经营的工商业，侵害了民族工商业的利益，因此必须从政策源头上加以纠正。1948年5月以后，中央关于土地改革的文件中，一律不再提“平分土地”的政策口号，而只提“分配土地”。这也是对土改政策的进一步完善。

除了明确政策界限外，中共中央还特别注重推广不同地区的典型经验。刘少奇率先总结晋察冀区平山县关于在农村中进行整党的典型经验，以及陕甘宁边区绥德县黄家川关于在老区调剂土地而不是平分土地的典型经验。之后，毛泽东又亲自批示转发了晋绥区崞县关于在半老区平分土地的典型经验，并要求将这些典型经验印成小册子。他在转发谭政文呈送的崞县经验的批示中说：“这种叙述典型经验的小册子，比我们领导机关发出的决议案和指示文件，要生动丰富得多，能够使缺乏经验的同志们得到下手的方法，能够有力地击破在党内严重地存在着的反马列主义的命令主义和尾巴主义。”

经过毛泽东、刘少奇等中央领导人的一系列努力，土地改革这场深刻变革封建生产关系、解放农村生产力的伟大群众运动，逐步走上健全的发展轨道，为人民解放军准备了战胜一切敌人的必要条件。

在整编党的队伍方面，由于全国土地会议存在对党内不纯问题估计得过于严重的问题，许多地方在开展整党运动初期出现“左”的偏向，如上级党组织派出的工作团对当地党组织和党员一律不信任，把他们当作“绊脚石”搬掉，甚至出现发动群众胡乱斗争党员、干部，轻率停止被错划为地主富农或地富出身的党员的党籍等严重现象，给当地的党员、干部造成伤害，影响了土改工作的正常进行。中央及时发现了这一偏向，并认真总结经验予以纠正。

2月22日，中共中央发出由周恩来起草、经毛泽东修改的《老区半老区的土地改革与整党工作》的党内指示，根据平山县整党的典型经验指出：各地整党工作创造的许多方法中，以经过党的支部，邀请党外群众参加党的会议，共同审查党员及干部的方法，为最健全的方法。指示强调："我们既要严肃地注视党内不纯的现象，又要勿忘我党的整个情况是业已经过长期考验，在群众中有了极大威信，并正在胜利前进中。"①因此，除了对少数混入党内的阶级异己分子和不可救药的党内蜕化分子应坚决清洗出党以外，对于犯有严重错误"但尚未丧失作一个党员的起码资格的分子"，应采取考察和教育的态度；对于犯有轻微错误的党员，不论其出身如何，均应采取教育方针。这些政策规定，使结合土改运动进行的整党工作很快走上正轨，一方面纯洁了党的队伍，改进了党的作风，密切了党同群众的联系；另一方面保护和调动了广大党员、干部（包括犯了错误又愿意改正者）的积极性，提高了他们的思想政治觉悟，增强了党的战斗力，使党的各级组织在土改运动中正确地发挥了领导作用。

与农村土地改革密切联系的，是关于工商业政策和对党外人士、开明绅士的政策问题，各地同样出现许多扩大打击面的"左"倾错误。如陕甘宁边区有的政府机构曾补助李家渠村一个地主开纸厂，现在又不补助了，说"李家渠的繁荣是地主的繁荣，要搞垮"。对此，毛泽东鲜明地指出，恰恰相反，李家渠的繁荣是解放区的繁荣，土改就是要造成这种繁荣。如果任冲击工商业的潮流发展下去，是很危险的，我们要逆此潮流，不要被这个潮流所淹没。毛泽东还举了晋绥边区错误地斗争边区参议会副议长刘少白等开明绅士和知名人士的例子，他批评说：对党外人士，有些是十年、二十年共过患难的朋友，今天却一脚踢开，觉得自己聪明，别人很蠢。这些同志只会打军事仗，不会打政治仗。蒋介石正因为把外围都搞光了，所以才失败。今后我们还要为党外民主人士另开一席。后来，晋绥分局纠正了批斗开明绅士的错误，让刘少白继续在边区参议会留职工作。1948年10月，毛泽东致信刘少白说："我们的工作是有错误的。好在现已一般地纠正，并正在继续纠正中，……情形既已明白，则事情好办，你也就可以安心了。"②

① 中共中央文献研究室、中央档案馆编：《建党以来重要文献选编（1921—1949）》第25册，中央文献出版社2011年版，第172—173页。

②《毛泽东书信选集》，人民出版社1983年版，第308页。

关于破坏工商业问题，朱德在视察晋察冀野战军和冀中等地后，于1947年12月10日给中央和毛泽东写了一封信，其中谈到我军解放张家口后，工人运动走错了路，只顾忙于改善工人生活，提高工资待遇，不顾战争，不顾全局，导致公私工厂大部分关门、工人失业等严重现象。1月31日，毛泽东向各地转发了朱德的这封信并加了按语，指出："我党工商业政策的任务，是发展生产，繁荣经济，公私兼顾，劳资两利。如果我党不善于领导工人阶级执行这一任务，提出了过高的劳动条件，重复过去历史上犯过的错误，致使生产降低，经济衰落，公私不能兼顾，劳资不能两利，就是极大的失败。这件事，必须引起全党注意，决不可只看见眼前的片面的所谓劳动者福利，而忘记了工人阶级的远大利益。""各地中央局以下各级党委，必须以严正态度对待此项问题，立即改正党内在此项问题上存在着的错误思想与错误政策。"[①]

嗣后，毛泽东又在修改新华社纪念"二七"大罢工运动25周年的社论时，增写了一大段反对职工运动中"左"倾冒险主义的文字。他尖锐地指出：直到现在，中国共产党内还有不少党员、干部、工会工作人员，甚至高级领导人员，并不了解党的工业政策与职工运动的路线；他们忘记了1931年至1934年实行过的那种"左"倾冒险主义的工业政策与职工运动路线，曾经给予工人阶级劳动人民与革命政府以何等重大的损害；许多党的地方领导机关，在长时期内甚至没有正式讨论与宣传解释过中央路线。这种情况，再也不能继续下去了。他要求：党的一切地方领导机关必须严肃地讨论中央的路线及全部工业政策与工运方针，坚决地纠正一切危害工人阶级、劳动人民及革命政府的"左"倾冒险主义的思想、政策与办法，迅速地使工业建设与工人运动走入正轨。

为了有效地纠正上述偏向，2月27日，毛泽东为中共中央起草了《关于工商业政策》的党内指示，强调必须从两个方面认真检查纠偏工作：在领导方针上，应当预先防止将农村中斗争地主富农、消灭封建势力的办法错误地应用于城市，将消灭地主富农的封建剥削和保护地主富农经营的工商业严格地加

① 《毛泽东文集》第5卷，人民出版社1996年版，第46页。

以区别，将发展生产、繁荣经济、公私兼顾、劳资两利的正确方针同片面的、狭隘的、实际上破坏工商业的、损害人民革命事业的所谓拥护工人福利的救济方针严格地加以区别。这个指示，明确了党的工商业政策的原则界限，并为纠正这方面的错误指出了正确途径和方法，有力地促进了纠正偏向的工作。

鉴于土地改革和群众运动中破坏工商业、打击民主人士的过左行为，损害了党的统一战线政策，毛泽东又为中共中央起草了《关于民族资产阶级和开明绅士》的党内指示，明确指出：一切受迫害、受限制的民族资产阶级都是人民大众的一部分。因为“他们在经济上具有重要性，又因为他们可以参加反对美蒋，或者在反对美蒋的斗争中采取中立的态度”，我们就有可能和有必要去团结他们。无论过去还是现在，都应该对他们采取政治上争取、经济上保护的政策，对这个阶级的经济地位必须慎重地处理。否则，我们便要在政治上犯错误。

毛泽东还特别指出：开明绅士是地主和富农阶级中带有民主色彩的个别人士，他们同官僚资本主义和帝国主义有矛盾，同封建的地主、富农也有某种矛盾。所以，只要他们能在现阶段赞成反美、反蒋，赞成民主（不反共），赞成土地改革，我们就应该毫无例外地去团结他们，并且在团结中教育他们。这个指示，对在新形势下发展和扩大反帝、反封建、反官僚资本主义的革命统一战线，具有重要指导意义。

在集中全力纠正偏向的基础上，毛泽东要求党的广大干部必须逐步学会掌握党的策略观点和政策观点，指出没有全盘的策略观点与政策观点，中国革命是永远不能胜利的。只有党的政策和策略全部走上正轨，中国革命才有胜利的可能。对这个问题，毛泽东作了高度的概括：“政策和策略是党的生命，各级领导同志务必充分注意，万万不可粗心大意。”[①]这个振聋发聩的告诫，犹如警钟长鸣，提请全党时刻不忘党的生命线之所在。在迫近全国胜利的历史转折关头，只要全党上下一致，同心协力地巩固和维护关系党存亡成败的生命线，中国人民神圣的解放事业就必然稳操胜券。

---

①《毛泽东选集》第4卷，人民出版社1991年版，第1298页。

反独裁的“第二条战线”

在全国大反攻、打倒蒋介石的形势下，毛泽东把国统区的人民民主运动称为“第二条战线”；周恩来称之为与人民解放战争第一战场相配合的“第二战场”，并提出国统区工作的总方针是：“长期打算，积蓄力量，发动斗争，推动高潮，配合反攻形势，发动第二战场，准备里应外合，争取全国胜利。”在城市，应坚决实行疏散隐蔽、积蓄力量、以待时机的方针，最终目的是“里应外合、迎接胜利”。

统一战线是中国共产党在中国革命中战胜敌人的一个重要法宝。抗日战争胜利后，随着国内阶级关系的变动，原来包括在抗日民族统一战线中的蒋介石集团和赞成抗日的封建地主阶级都脱离了统一战线，中国共产党的统一战线政策也相应地发展，以符合变化了的实际情况。从表面上看，革命的民族统一战线似乎是缩小了，实际上，新民主主义的革命统一战线，比过去任何时期都要广大，也比过去任何时期都要巩固。

抗战胜利前后，中国国内民主建国的氛围极为浓厚，反对国民党“一党专政”的呼声日益高涨。中国共产党抓住时机，推动或帮助各种民主力量组成新的党派，并与各民主党派一道，为争取中国的民主政治而努力。继1944年9月中国民主政团同盟将名称改为“中国民主同盟”，正式成立之后，其他民主党派也陆续成立。

1945年10月，三民主义同志联合会在重庆成立；12月，民主建国会在重庆成立；12月30日，中国民主促进会在上海正式成立；1946年4月，国民党民主促进会在广州成立；1946年5月，九三学社在重庆成立。这些民主党派有自己的纲领，基本主张是反对国民党的独裁内战政策，要求和平民主。这些主张和中国共产党在民主革命时期的纲领是基本一致的，这就成为民主党派与共产党结成统一战线的政治基础。民主党派的成立，使中国政治舞台上出现了不同于国民党，也不同于共产党的第三方面或中间势力，在国共两党的斗争中具有一定影响。

在争取和平民主阶段，中国共产党坚持发展进步势力、争取中间势力、孤立顽固势力的方针，主要是紧紧抓住争取第三方面、中间势力这个关键环节。中国社会结构是“两头小，中间大”，用毛泽东的话说，“中间势力有很大的力量，往往可以成为我们同顽固派斗争时决定胜负的因素”。在重庆谈判期间，毛泽东、周恩来、董必武、王若飞等领导人十分重视争取第三方面的工作，他们身体力行，利用各种途径广泛接触社会各界人士，最大限度地争取中间势力，开拓了统一战线新格局，把抗日民族统一战线逐渐发展为人民民主统一战线，实现了统一战线任务的转变。

毛泽东、周恩来等在重庆所做的大量统战工作，揭露了蒋介石企图在“统一军令”“统一政令”借口下，坚持国民党一党专政，反对成立民主联合政府，假和谈真内战的阴谋；引导人们认识蒋介石玩弄反革命两手策略，破坏重庆谈判顺利进行、破坏国内和平实现的真相，从而教育和争取了广大人民群众，形成了一股反对蒋介石内战独裁、要求和平民主的强大舆论力量；推动了重庆谈判向有利于人民的方向发展，使国民党更加孤立，陷入政治上极大的被动地位，而中国共产党则站到了政治上更加主动的地位。正如毛泽东所说：“我这次在重庆，就深深地感到广大的人民热烈地支持我们，他们不满意国民党政府，把希望寄托在我们方面。”①

重庆谈判后，中国共产党与民主党派从反对内战、反对独裁、争取和平民主的共同目标出发，团结合作，努力促成政协会议召开。在反对内战、呼吁和平的共同斗争中，中共与民盟的关系进一步加深。1945年11月，中共代表与民盟代表经过谈判，签订了合作协定：中共与民盟为推翻国民党一党专政，实现民主政治的新中国，决定携手合作，互相支持。双方同意遵守四条约定，重

---

①《毛泽东选集》第4卷，人民出版社1991年版，第1158页。

点有两条：一是双方不得单独与国民党妥协合作，如有谈判，得互相通知并取得双方同意后，始与国民党订立协议；二是嗣后无论任何会议，凡中国共产党有所主张，而不违背民主同盟原则，民主同盟有支持的义务。这些合作协定表明，民盟虽然标榜自己的第三方立场，但是反对内战、争取民主的共同斗争，已经使他们的政治天平向共产党方面倾斜。

在政协会议上，中共代表团与民盟代表团一致行动，在不违背原则的情况下作了必要的让步，增进了统一战线内部的团结。会议所讨论和通过的几个决议案中，都体现了共产党与民主党派、社会贤达之间互相支持、团结合作的精神。在中共代表团同民主党派的共同努力下，政协会议通过五项议案，取得了初步成果。政协会议后，中共与民主党派又共同努力，争取政协各项决议切实得到履行。经过国民党特务制造的重庆较场口等一系列血案事件，至3月国民党六届二中全会公然撕毁政协决议，中共与民主党派一同发起了大规模的抗议活动。各民主党派和广大人民群众更加看清了国民党蓄意发动内战、坚持独裁的真面目，人民民主统一战线的基础进一步扩大了。

蒋介石发动全面内战后，国民党军队于1946年10月11日占领张家口，蒋介石被这一“胜利”冲昏了头脑，即于当日下令召开国民大会。中共方面立即提出，依照政协决议及其程序，国民大会必须将政协决议付诸实施之后，在改组后的政府领导下才能召开，并就此征得第三方面协同。民盟方面虽同意中共的主张，但仍希望通过与国民党谈判来解决。为了不使朋友们失望，中共代表周恩来、李维汉同意与第三方面的代表沈钧儒等21人先后到达南京，却遭到蒋介石的冷遇。周恩来认为与国民党继续谈判已无必要。国民党却一面继续加紧对解放区的军事进攻，一面拉拢第三方面充当调解人，企图利用第三方面孤立中共。

眼看着重开谈判将要流产，第三方面的代表民盟秘书长梁漱溟匆忙想出一个折中方案。该方案未经与中共方面商量，就分别送给了马歇尔、国民党，又当面送给中共代表。周恩来对此十分生气，斥责梁漱溟等不遵守有关提案和行动要事先商量的口头协定。[①]对此，第三方面承认处置失当，立即向马歇尔、国民党追回该方案，但再也提不出什么方案来，只好建议三方面直接商谈。周恩来表示同意。

10月29日，三方面举行非正式商谈，周恩来向国民党方面孙科提出的第一个问题是“国大”延期。周恩来说：如不即日下令延长，“国大”前改组政府和行政院皆不可能，中共只有离席退出商谈。孙科对此不能作肯定答复，商谈无果。这时，蒋介石正加紧部署攻打延安的军事行动，国共最后决裂已近在眼前。1946年11月15日，国民党一党包办的国民大会开幕，和谈的大门被蒋介石彻底关闭。

国民大会开幕当天，民盟召开中委和常委紧急扩大会议，一致决定以民盟5名代表黄炎培、沈钧儒、章伯钧、张申府、罗隆基的名义，发表民盟拒绝参加国民大会的正式声明。当晚，罗隆基举行外国记者招待会，表明了民盟的态度。

11月16日，周恩来在南京梅园新村举行最后一次中外记者招待会，发表对国民党召开“国大”的严正声明。声明指出，国民党一手包办的“国大”，是违背政协决议与全国民意而召开的。现在开幕的一党“国大”，不但使中共及第三方面最近在商谈中的协议成为不可能，而且最后破坏了政协以来的一切决议、停战协定与整军方案，隔断了政协以来和平商谈的道路，并企图通过一个所谓的宪法，把独裁、内战、分裂、卖国合法化。所以，中共坚决反对，坚决不承认这个“国大”。声明宣布，“我们中国共产党愿同中国人民及一切真正为和平民主而努力的党派，为真和平真民主奋斗到底”。[②]

围绕国民党一党包办“国大”的斗争，民主同盟坚持与中国共产党保持一致，拒不参加“国大”，使国民党要孤立共产党的阴谋彻底破产。1947年2月底，蒋介石限令在南京、上海、重庆的中共代表机关撤退，抗战胜利后曾一度维持的国共关系最后决裂。

---

① 中共广西壮族自治区委员会党史研究室编：《中共中央南方局的统一战线工作》，中共党史出版社2009年版，第379—380页。

②《周恩来选集》上卷，人民出版社1980年版，第244页。

蒋介石发动全面内战以来，为了维护专制统治，稳定后方，大力加强其统治区内的特务活动，加紧迫害和镇压爱国民主力量。1946年7月，国民党特务先后在昆明暗杀著名民主人士、中国民主同盟中央委员李公朴和闻一多；8月，国民党特务又捣毁成都各界举行的李公朴、闻一多追悼会会场，并在会后打伤民盟中央主席张澜。9月，上海国民党军警非法搜查中共领导的《群众》周刊社，杂志被迫停刊。1946年秋，国民党政府先后在西安、北平、天津、广州、昆明等地查封进步报刊265家。国民党特务还在许多城市随意搜查、逮捕所谓“共党嫌疑分子”。国统区内特务横行，肆意妄为，人民的人身自由和个人安全没有保障，引起广大人民的强烈反对。当解放区军民在自卫战争中取得重大胜利的时候，国统区的人民掀起了声势浩大的爱国民主运动。

1947年2月1日，中共中央举行政治局扩大会议，会议讨论并发出毛泽东为中央起草的党内指示《迎接中国革命的新高潮》，指出：中国时局将要发展到一个全国范围的反帝反封建斗争的人民大革命的阶段，党的任务是为争取这一高潮的到来及其胜利而斗争。美蒋的反动政策迫使中国各阶层人民处于团结自救的地位。这里包括工人、农民、城市小资产阶级、民族资产阶级、开明绅士、其他爱国分子、少数民族和海外华侨在内。这是一个极其广泛的全民族的统一战线。它和抗战时期的统一战线相比较，不但规模同样广大，而且有更加深刻的基础。全党同志必须为这个统一战线的巩固和发展而奋斗。[①]周恩来在会上分析了国统区的人民民主运动，指出这是“第二战场”，首次把国统区人民对国民党政府的“第二条战线”斗争，提高到同解放战争第一战场相配合的战略地位。

为了加强和统一对党在国统区工作的领导，1946年底，中共中央决定重新恢复城市工作部，其任务是“在中央规定方针下，研讨与经营蒋管区的一切工作（包括农、工、青、妇），并培训这一工作的干部”。周恩来兼任中央城市工作部部长，李维汉任副部长。1947年5月23日，周恩来起草中共中央致叶剑英、李维汉转上海局、香港分局电，提出灵活运用斗争策略，“使一切群众斗争

---

①《毛泽东选集》第4卷，人民出版社1991年版，第213页。

都为着开辟蒋管区的第二战场，把人民的爱国和平民主运动大大地向前推进”。周恩来指出，现在全国人民的各种斗争，客观意义都在搞垮蒋介石的统治。“我们尽管放手动员群众进行反饥饿、反内战、反借款的斗争，向蒋政权要饭吃，要和平，要自由。”[①]

根据形势的发展，1947年10月，周恩来提出在全国大反攻、打倒蒋介石的形势下，国统区工作的总方针是：“长期打算，积蓄力量，发动斗争，推动高潮，配合反攻形势，发动第二战场。”“最终目的是里应外合，迎接胜利。”[②]周恩来指出，要根据国统区各地距战区之远近，敌人统治力量之强弱，民主斗争发展之程度及地下党的工作状况，将其分为几种不同地区，并针对这些地区不同的情况规定各自的工作任务。国统区群众斗争的策略“要有充分的灵活性，需掌握一切斗争形式与组织形式”。组织形式是“分散的、平行的、各线纵深配备的形式”。斗争的策略是“有时直进，有时迂回，有时集中，有时分散，公开与秘密，合法与非法，既区别又结合”。[③]

随着内战的扩大，国民党不仅在军事上连遭挫败，而且财政经济状况迅速恶化，其统治危机不断加深。由于经济崩溃加剧，物价飞涨，人民生活越来越困难，国统区的中共党组织按照中央的精神，引导群众开展了与自身利害关系相联系的经济斗争。斗争的要求和方式是：公教人员和各行业职工要求公平配给、解冻生活指数，开展各种形式的罢工、罢教。学生以增加公费、保障学业、改善生活和学习条件为突破口，发展到反对借外债打内战，增加教育经费，职业学生（即国民党特务）退出学校。这些斗争的特点是：由经济斗争转向政治斗争，提出合理的要求并采取合法的形式。

1947年5月15日，南京中央大学等校学生3000余人向国民党政府行政院和教育部请愿，提出反对饥饿、增加伙食费等要求，并支持中央大学教授会提出的增加教育经费等五项要求。学生们质问行政院副院长王云五：“国家财政有困难，为什么还要打内战？”南京学生的斗争迅速得到了各地学生

---

① 中共中央文献研究室编：《周恩来年谱（1898—1949）》（修订本），中央文献出版社1998年版，第753页。
② 同上，第772页。
③ 中共中央文献研究室编：《周恩来传（1898—1976）》上，中央文献出版社2008年版，第55页。

的响应与声援。18日，南京政府颁布《维持社会秩序临时办法》，规定不得“越级请愿”；有意见只可派代表陈述，代表不得超过10人，违者依法解散；如有学生罢课、工人罢工、商人罢市，应予解散，否则送“司法机关”处理。蒋介石发表谈话，对学生运动大加诬蔑和威胁，声称“将不能不采取断然之处置”。但是各地学生并未被蒋介石的恫吓所吓倒，5月19日，上海学生示威游行，上海市政府竟派警察局马队阻拦并冲散游行队伍。20日，上海、苏州、杭州等城市派代表到南京，和南京学生一起举行示威游行，并上书蒋介石，表明学生反饥饿、反内战、反迫害的正义立场。国民党当局派军警进行镇压，以水龙头向游行队伍喷射，百余学生被打伤，血染南京街头，制造了五二〇血案。

血案发生后，各地群众对反动政权以武力对付手无寸铁的学生表示愤慨。中共上海局决定组织全国学生总罢课，抗议当局的暴行，并向社会揭露真相。周恩来为中共中央起草了《关于蒋管区党的斗争方针的指示》，肯定这次学生运动的发展“完全循着我党的指导方针前进”。要求上海局灵活运用斗争策略，“尽管放手动员群众进行反饥饿、反内战、反借款的斗争，向蒋政权要饭吃、要和平、要自由”。6月1日，数百名全副武装的军警宪特冲进武汉大学，开枪打死3名学生，受伤者数十人。同时，国民党还在上海、北平、天津、重庆、成都、青岛等地逮捕学生、教师、记者约3000人。六一惨案发生后，周恩来发出指示，要求各地党组织成立“营救被捕学生委员会”，派代表向政府交涉。

社会各界以及上层爱国民主人士，以各种形式支持和援助学生运动。交通大学、复旦大学、北京大学、清华大学、燕京大学、南开大学等高校纷纷罢教或发表声明，支持学生的正义斗争，谴责国民党政府，要求释放被捕学生。郭沫若、柳亚子、马寅初、冯玉祥等社会知名人士，分别发表慰问信、题词、演说和告全国同胞书，声讨国民党政府对学生运动的镇压，赞扬学生的爱国民主精神。民主同盟、民主促进会、三民主义同志联合会南京分会等民主党派和人民团体，分别以致函、捐款等方式，慰问学生。在社会舆论的压力下，国民党政府不得不释放全体被捕学生。五二〇反饥饿、反内战、反迫害的学生运动持续一个多月，遍及全国60多个城市，大大推进了国统区各界人民反对美蒋的斗争。

5月30日，新华社发表毛泽东写的评论《蒋介石政府已处在全民的包围中》。评论指出："中国境内已有了两条战线。蒋介石进犯军和人民解放军的战争，这是第一条战线。现在又出现了第二条战线，这就是伟大的正义的学生运动和蒋介石反动政府之间的尖锐斗争。""学生运动是整个人民运动的一部分。学生运动的高涨，不可避免地要促进整个人民运动的高涨。""中国事变的发展，比人们预料的要快些。一方面是人民解放军的胜利，一方面是蒋管区人民斗争的前进，其速度都是很快的。为了建立一个和平的、民主的、独立的新中国，中国人民应当迅速地准备一切必要的条件。"①

"第二条战线""第二战场"的作用是不可低估的。学生运动的高涨，推动了国统区工人、农民、市民斗争的发展。1947年，在上海、天津、广州、武汉等主要工业城市，有120万名工人参加反对内战、反对美帝国主义暴行的罢工和示威游行，其中罢工达300次。城市贫民也掀起大规模的抢米风潮。

1948年8月22日，针对国民党对人民运动采取法西斯独裁的最后挣扎的情况，周恩来起草中央指示电，指出："我党在国民党统治区的目前工作，必须有清醒的头脑和灵活的策略，必须依靠广大群众而不要犯冒险主义的错误"，"必须认识敌人所欲打击的中心是我党组织"。因此，"在城市方面，应坚决实行疏散隐蔽、积蓄力量、以待时机的方针"，避免"将城市中多年积聚的革命领导力量在解放军尚未逼近、敌人尚未最后崩溃之前过早地损失掉"。②根据这个指示，上海、北平及其他地方的党的地下组织坚持隐蔽疏散的方针，为迎接解放和接管城市进行了大量的准备工作。

"第二条战线"斗争的一个重要内容，是团结与争取爱国民主人士，中国共产党十分重视这项工作。国民党召开"国大"时，民盟以及一些无党派人士拒绝参加。但是，第三方面有些人士在激烈的政治斗争中难免表现出动摇，有不少人仍抱有"第三条道路"的幻想。国民党对这些人士采取利诱、恐吓、

① 《毛泽东选集》第4卷，人民出版社1991年版，第1224、1225、1227页。

② 中共中央文献研究室编：《周恩来年谱（1898—1949）》（修订本），中央文献出版社1998年版，第803页。

打击等手段，力图分化、拉拢他们，以孤立中共。中国共产党在坚持对敌斗争的同时，在统一战线内部坚持“有团结有斗争，以斗争求团结”的原则。对非原则问题善于妥协，照顾同盟者的利益，以维护团结；原则问题则提示本质，晓以利害，善意批评，并依靠进步分子去帮助他们，使他们坚定进步立场，求得在新的认识的基础上达到新的团结。许多爱国民主人士就是通过团结、争取和教育，提高政治觉悟，投身于国统区的爱国民主运动的。

怎样正确对待民族资产阶级，是巩固和发展人民民主统一战线的一个重要问题。抗日战争后期，在国共两党的斗争中，各民主党派作为民族资产阶级的政治组织逐步在国家政治生活中取得一定的地位。在国共两党的和平谈判中，民主党派一般能对我党持合作态度。但其中一部分领导人则站在“第三方”立场，既反对国民党一党专政的独裁统治，也不赞成共产党的新民主主义的政治制度，而是崇尚英美式的民主政治，幻想通过第三条道路实现建立资产阶级民主共和国的方案。这种政治倾向是民族资产阶级的软弱性和动摇性所决定的。

对此，毛泽东在《关于民族资产阶级和开明绅士问题》的党内指示中指出，由于民族资产阶级“在经济上具有重要性，又因为他们可以参加反对美蒋，或者在反对美蒋的斗争中采取中立的态度，因之我们便有可能和必要去团结他们”。“在现阶段，民族资产阶级的多数是增长了对美蒋的仇恨，他们中间的左翼分子依附于共产党，右翼分子则依附于国民党，其中间派则在国共两党之间采取犹豫和观望的态度。这种情况，使得我们有必要和可能争取其大多数，孤立其少数。为了达到这一目的，对这个阶级的经济地位必须慎重地加以处理，必须在原则上采取一律保护的政策。否则，我们便要在政治上犯错误。”①

1948年1月，毛泽东在《关于目前党的政策中的几个重要问题》的党内指示中，论述了统一战线的领导权问题，提出工人阶级和共产党要实现对被领导的阶级、阶层、政党和人民团体的领导，必须具备两个条件：“（甲）率领被领

① 《毛泽东选集》第4卷，人民出版社1991年版，第1288—1289页。

导者(同盟者)向着共同敌人作坚决的斗争,并取得胜利;(乙)对被领导者给以物质福利,至少不损害其利益,同时对被领导者给以政治教育。没有这两个条件或两个条件缺一,就不能实现领导。”①也就是说,一方面要引导民族资产阶级加入工人、农民、城市小资产阶级反对美蒋的斗争行列,或至少保持中立;不断以人民革命在各方面取得的胜利坚定他们的革命性,克服他们的妥协性和动摇性。另一方面,提出保护民族工商业的经济纲领和一系列经济政策,保证他们的物质利益不受损害;并教育他们不断提高对新民主主义革命纲领的认识。这样,共产党就具备了领导民族资产阶级及其政党的基本条件。

毛泽东强调:“中国新民主主义的革命要胜利,没有一个包括全民族绝大多数人口的最广泛的统一战线,是不可能的。不但如此,这个统一战线还必须是在中国共产党的坚强的领导之下。没有中国共产党的坚强的领导,任何革命统一战线也是不能胜利的。”②为了适应行将到来的历史大转变,毛泽东向全社会、全国各党派宣布了中国共产党对统一战线的领导权。过去仅在党内进行解释,对外“心照不宣”,是为了不过早刺激国民党。现在公开宣布,是敦促中间派在国共之间作出最后的选择。

在革命发展的各个不同阶段,毛泽东一向注意根据客观形势的变化,正确地指出革命的主要敌人,以制定相应的具体纲领和政策。在这个前提下,毛泽东历来重视利用反动统治集团内部各派系之间的矛盾,以分化敌人。在中国共产党的影响下,国民党内部各反蒋派别于1948年1月联合成立以李济深、冯玉祥等人为首的国民党革命委员会,公开宣布参加推翻蒋介石卖国独裁政权的斗争。在国民党败局已定、敌人内部矛盾急遽扩大的有利条件下,实行军事打击和政治争取密切结合的方针,在各个战场上展开强大的政治攻势,促使国民党的许多军事将领、地方主官纷纷宣布起义或投诚,加快了人民解放战争走向全国胜利的进程。

---

①《毛泽东选集》第4卷,人民出版社1991年版,第1273页。

② 同上,第1257页。

黄河东渡走向全国

艰苦转战陕北一年多后，毛泽东率中共中央机关东渡黄河。中央书记处五大书记在位于太行山东麓、滹沱河北岸的西柏坡村会合。自此，中国革命历经20余年的历史大跨越，先是被迫由现代城市转向敌人力量相对薄弱的偏远乡村；又从革命褶褓井冈山、红色摇篮瑞金转战两万五千里，到达革命的发祥地延安。现在，中国革命的统帅部离开陕北，开始向全国胜利进发。

1948年3月，西北战场的局面发生根本性变化。西北野战军经过新式整军运动后，以高昂的斗志转入外线作战，宜川一役歼灭胡宗南主力整编第二十九军一个军部、两个师部、五个旅，共3万余人，敌军长刘戡毙命战场。嗣后，又乘胜向南、向西发展进攻，连克黄陵、宜君、白水，包围洛川。一年前气势汹汹进犯延安的胡宗南，从此步入穷途末路。无论从陕北这个局部，还是从全国战局来看，毛泽东和中共中央坚持留在陕北的任务已经胜利完成。形势的发展，要求中国革命的统帅部走出陕北，走向全国，在更宽广的天地间绘制更壮阔的建国宏图。

3月21日，毛泽东、周恩来、任弼时率中共中央机关从杨家沟出发，向东一路疾行，于23日到达吴堡县川口村预先选定的黄河渡口。200名骁勇的船工组成的水手营早已静候在岸边，十几条结实的木船泊在水面正待起航。河滩里，山坡上，站满了欢送的群众。上船以前，毛泽东、周恩来、任弼时等就地午餐，在河滩上简单吃点干粮，喝点水，随后同当地干部们一一握手告别，向送行的乡亲们招手致意。

毛泽东等中央领导人乘坐的木船，在黄河凌汛期的河面上起伏颠簸，抗击着磨盘大的冰块的冲撞奋力前行。毛泽东站在船上，望着对岸欢送的人群，望着陕北一座座塬梁峁坳说："陕北是个好地方，陕北人民对我们太好了！我现在和撤离延安时一样，还是不愿意离开陕北。但是，我们不能再提出，不打败蒋介石，我就不离开陕北。如果这么提，那就不切合实际了。"

从1947年3月18日到1948年3月23日，毛泽东、周恩来、任弼时率领中共中央机关转战陕北，共历时一年零五天，行程2000余里，先后途经延安、延川、清涧、子长、绥德、子洲、靖边、安塞、横山、米脂、葭县、吴堡12个县境，驻足37个村庄。这是一次艰难而伟大的行程。在战火纷飞的行军途中，哪怕只是临时休息，报务人员也会迅即架起电台，接通中央与各地的联系。一到宿营地，不等卸下马搭子，领袖们便开始办公，批阅电报，起草指示。端起饭碗，手边还离不开文件。不管是炕沿、树墩、缸盖、碾盘、石头，随处一坐，就是办公桌。更令人叹服的是，在那个戎马倥偬的战争岁月里，中共中央统帅部的许多具有战略和政策指导意义的往来电文，几乎是倚马可待。

毛泽东等渡过黄河以后，到达山西省临县三交镇双塔村中央后方委员会所在地。在中共中央转战陕北一年多来，这里一直是中央与各地电报联系的转换站，是承上启下的重要枢纽。随着中央机关东渡黄河，后委领导机关已先期前往西柏坡预做各项安排。在双塔村，毛泽东向在那里迎候的中央军委秘书长杨尚昆谈到他对形势的估计。他认为，"同蒋介石的这场战争可能打六十个月。六十个月者，五年也。这六十个月又分为两个三十个月；前三十个月是我们'上坡'，'到顶'，也就是说战争打到我们占优势；后三十个月叫作'传檄而定'，我们是'下坡'，有的时候根本不用打仗，喊一声敌人就投降了"。①

关于战争将进行60个月的估计，后来随着形势的发展被大大突破了。但毛泽东在这里将战争进程形象地划为"上坡""到顶"和"下坡""传檄而定"两个阶段，却完全符合这场动员千百万人民的伟大解放战争的内在规律和发展进程。毛泽东和中共中央离开陕北，走向全国，实际上预示着人民解放战争

① 杨尚昆著：《杨尚昆回忆录》上卷，中央文献出版社2001年版，第259页。

开始逐步进入计日程功、传檄而定的新阶段。

离开双塔村，毛泽东、周恩来、任弼时等分别乘坐汽车，向晋绥军区司令部驻地兴县蔡家崖村进发。仅历时一年零几天，中共中央首脑机关便最终告别马背上的颠沛行军，用上了现代化的交通工具。这也是中国革命愈来愈迫近全国胜利的生动写照。

在兴县蔡家崖村，毛泽东等中央领导人停留了一周时间。他们连续3天听取贺龙等晋绥分局和军区负责人报告晋绥边区军队作战及发展情况、土地改革、整党、工农业生产、工商业政策等情况，赞扬晋绥边区发展人民军队和地方武装，扩大巩固根据地，有力地支援了陕北的战争。毛泽东提出，只在领导层谈还不够，还需召开一些小型座谈会，希望把这里的整党、整军工作搞好，把土地改革搞好，把农业生产和工业生产搞上去。这样，我们有了可靠的大后方，就能更快地支援西北夺取胜利。为此，毛泽东、周恩来先后召开贫农团代表、土改工作团代表和地方干部代表参加的几次座谈会，广泛听取各方面的意见，并就农村的阶级成分、土地占有状况及土改运动等方面的情况作了详细的调查研究。在深入调研的基础上，4月1日和2日，毛泽东分别作了《在晋绥干部会议上的讲话》和《对晋绥日报编辑人员的谈话》。

在上述讲话和谈话中，毛泽东根据几天来听到的汇报和情况反映，首先肯定了晋绥边区一年来在土地改革和整党工作中取得的成绩，尤其是采取措施迅速纠正了几个“左”的偏向，使晋绥分局领导下的全部工作走上了健全发展的轨道。毛泽东强调，在胜利地进行人民解放战争的形势下，全党同志必须紧紧地掌握党的总路线和总政策，他重申：“无产阶级领导的，人民大众的，反对帝国主义、封建主义和官僚资本主义的革命，这就是中国的新民主主义的革命，这就是中国共产党在当前历史阶段的总路线和总政策。”在这里，毛泽东将反对官僚资本主义同反对帝国主义、反对封建主义并列为新民主主义革命的三大任务。他概括了党在土地改革工作中的总路线和总政策，即：“依靠贫农，团结中农，有步骤地、有分别地消灭封建剥削制度，发展农业生产。”毛泽东强调说：“如果真正忘记了我党的总路线和总政策，我们就将是一个盲目的不完全的不清醒的革命者，在我们执行具体工作路线和具体政策的时候，就会迷失方向，就会左右摇摆，就会贻误我们的工作。”

在党的七大上，毛泽东曾经提出，由于中国革命是在广大农村进行，大多数党员是农民出身，在这种特定的环境下，党内容易产生类似于俄国民粹主义的倾向。在晋绥干部会议上的讲话中，毛泽东进一步阐述了他的看法，把解放区土改中出现的“左”的倾向，归结为类似于俄国民粹主义的“农业社会主义思想”，即主张不经过资本主义，直接从封建经济，也就是从小农经济发展到社会主义。毛泽东指出：“现在农村中流行的一种破坏工商业、在分配土地问题上主张绝对平均主义的思想，它的性质是反动的、落后的、倒退的。我们必须批判这种思想”①，即农业社会主义思想。

1948年7月，新华社发表关于“农业社会主义”的问答，引用了毛泽东上述这段话，解释说：“毛主席在这里所说的农业社会主义思想，是指在小农经济基础上产生出来的一种平均主义思想。抱有这种思想的人们……以为把整个社会经济都改造为划一的‘平均的’小农经济，就是实行社会主义，而可以避免资本主义的发展。”毛泽东在向全国进军途中所作的这些论述，其含义是十分深刻的，它对于革命在全国胜利以后进行整个国民经济的改造，具有重要的指导意义。

4月4日，毛泽东、周恩来、任弼时等乘汽车取道岢岚、五寨、神池，出雁门关，然后经代县上五台山。沿途属晋绥边区雁北地区所辖，全部行程都在解放区和平安宁的土地上，既无敌军追踪，更无敌机袭扰，毛泽东等中央领导人的心情十分舒畅。在出神池过同蒲路时，毛泽东说：情况都是在不断变化，我们现在过铁路很安全，两头还有部队掩护，用不了几年，我们就可以乘火车了。这时正是土地改革后解放区农村第一个春耕时节，坡上田里到处是一片播种的繁忙景象。毛泽东向当地干部、群众指出：现在打倒了地主阶级，废除了封建制度，解放了生产力，就要很好地发展生产。我们要解放全中国，军队要吃饭，要穿衣；工人、农民要吃饭，要穿衣，这就要靠发展生产。农业、手工业都要发展。应在更好地支援战争的条件下，尽可能减轻农民负担，改善生

---

①《毛泽东选集》第4卷，人民出版社1991年版，第1314页。

活。总之，一句话，在根据地完成土地改革之后，要努力发展生产，这是一个中心任务和工作方向。

车过代县，毛泽东一行夜宿繁峙县伯强村。凌晨3时，毛泽东照例在灯下批阅电报之后，信手推开房门，外面竟是细雨夹着雪花随风飘落，俨然一派银装素裹的世界。在伯强村滞留的这一天，毛泽东写下了《再克洛阳后给洛阳前线指挥部的电报》，提出了关于城市政策所应注意的几点事项，包括：极谨慎地清理国民党统治机构；对于官僚资本要有明确界限；禁止农民团体进城捉拿和斗争地主；入城之初，不要轻易提出增加工资、减少工时的口号；不要忙于组织城市人民进行民主改革和生活改善的斗争，要等到市政管理有了头绪。在电报指示中，毛泽东明确提出了"城市已经属于人民，一切应该以城市由人民自己负责管理的精神为出发点"的接管城市的基本原则。这一电报指示的内容，不仅适用于刚刚解放的洛阳，而且基本适用于一切新解放的城市。为此，毛泽东将电报同时发给了其他前线和其他城市的领导人。

4月13日，毛泽东一行经五台山、翻越太行山，抵达河北省阜平县城南庄晋察冀边区党政军领导机关所在地，受到晋察冀中央局和军区领导人聂荣臻等的热烈迎接。毛泽东、周恩来率领的中共中央机关进入"南北千余里已无敌人据点"的晋察冀解放区的后方，与刘少奇、朱德率领的中共中央工作委员会会合，组成完整的中国革命的统帅部，在这个新的立脚点上，拓展更广阔的视野，担负起指挥人民解放战争夺取全国胜利的历史重任。

初到城南庄，毛泽东同聂荣臻就过去和现在的许多问题进行了广泛的交谈。他尤其肯定了晋察冀解放区在土改中不搞对地主"扫地出门"等"左"的一套，而是在分配土地时，同等对待地主、富农，使他们能够自食其力的做法。他说："斯大林曾经讲过，苏联当年搞富农吃了亏，我们应该记取这个教训。"

对于解放战争的进一步战略行动，毛泽东谈了他的看法：第一步，"先解决东北、华北"。为了引开国民党的力量，让刘邓大军出大别山，陈粟大军打过长江去。第二步，西北野战军到西北、西南去。"华北除抽调部分兵力增援西北、西南外，其余部队仍留在华北地区，准备在华北搞两三个兵团。那时候，因为华北大部分地区已经解放了，敌人只困守着几个城市，部队建制用不着那么大，待解决了东北敌人后再解放华北剩下的城市。”在这里，毛泽东已经勾画出加速解放战争进程的一个基本战略意图，即准备首先歼灭东北境内的敌人，解放东北全境。这实际上是把未来战略决战的突破口选择在东北，而把华北野战军置于战略配合的地位，即全力钳制关内敌军，不使其出关，以便顺利地解决东北问题。

在这个战略意图中，有一个很重要的环节，就是华东野战军要相机打过长江去，以引开国民党的力量，进一步拉长其战线，使我军易于在江北歼敌。为此，毛泽东早在一二月间就代中央军委起草指示，要求华东野战军抽调3个纵队七八万人的兵力，经充分休整，打过长江以南“执行宽大机动任务”，先在湖南、江西与敌周旋，然后“以跃进方式分几个阶段到达闽浙赣，使敌人完全处于被动应付地位，防不胜防，疲于奔命”。遵照中央军委指示，华东野战军第1、4、6纵队组成第一兵团，野战军副司令员粟裕任兵团司令员兼政委，北渡黄河到濮阳地区休整，准备执行渡江南进的战略任务。

对于如何贯彻中央军委的战略意图，前线指挥员粟裕作了反复权衡和认真研究。他认为，改变中原战局，发展战略进攻，关键是多打几次大歼灭战，大量歼灭敌人。3个纵队南渡长江虽然可以调动部分敌军回防，但估计敌人在中原战场的4个主力军（师）不会调走，因为蒋介石要靠这些主力部队支撑中原防线，护卫南京、武汉。我军3个纵队在江南，因兵力不多，打大歼灭战是做不到的；且转战数省，行程几千里，会造成大量减员无法补充，不如3个纵队暂不过江，留在中原战场打大歼灭战更为有利。经反复考虑，粟裕本着高度负责和实事求是的精神，于4月18日向中央军委提出建议：第一兵团暂不向江南出动，而是加入中原战场，集中力量打破国民党军在中原地区的防御体系。毛泽东十分重视这个来自第一线指挥员的意见，即要求陈毅、粟裕前来阜平向中央当面报告。

4月30日至5月7日，中共中央5位书记毛泽东、刘少奇、周恩来、朱德、任弼时齐聚城南庄，召开书记处会议。陈毅、粟裕、李先念、聂荣臻、薄一波等参加会议。会议听取和研究了粟裕的报告及建议，同意第一兵团暂缓渡江的意见。会议认为,“将战争引向长江以南,使江淮河汉之敌容易被我军逐一解决”,是“正确的坚定不移的方针”。“惟目前渡江尚有困难”,这主要是考虑到发展外线进攻的重点是在中原战场,那里的敌军尚有较大的机动兵力,可发动战役性的进攻,易使我军一时处于不利地位,故决定粟裕兵团的任务不是立即渡江,而是待在黄河以北休整完毕后,重新投入中原战场,以便集中兵力尽可能多地歼敌主力于长江以北,为渡江南进开辟通道。这是一个重要的战略决策,也是毛泽东和中央领导集体重视吸取前线指挥员的意见,及时调整和完善战略部署的一个范例。

鉴于晋察冀和晋冀鲁豫两个解放区已连成一片,中共中央和中央军委决定将这两大区域及其领导机构合并,组成华北解放区,成立以刘少奇兼任第一书记的中共中央华北局,以聂荣臻为司令员的华北军区。同时,为了适应在长江以北尽可能多地歼敌主力的战略部署,决定加强中共中央中原局,以邓小平为第一书记,陈毅、邓子恢为第二、第三书记;并成立中原军区和中原野战军,均由刘伯承、邓小平分别担任司令员和政治委员。

毛泽东在城南庄住了一段时间后,于5月26日进驻西柏坡村,中共中央5位书记正式会合。这时,一年多前枣林沟会议决定成立的中央前委、中央工委、中央后委已完成历史使命,即行撤销。西柏坡这个位于太行山东麓、滹沱河北岸的小村庄,便成为中共中央新的所在地,成为指导中国革命走向全国胜利的神经中枢。在这里,毛泽东等中央领导人工作、战斗了10个月,担负起指导和推动中国革命走向全国胜利的极为浩繁而艰巨的工作。

正如周恩来后来指出的:西柏坡是毛泽东和党中央进入北平、解放全中国的最后一个农村指挥所。中国革命以20年的历史大跨越,先是被迫由现代城市转入广阔乡村的襁褓,继而离开江西瑞金的红色摇篮,现在又走出陕北黄土高原的发祥地延安,开始向全国胜利进发。从西柏坡再跨出一步,中国共产党便将重新回到拥有工人阶级力量,集聚着现代大工业基础和现代文明的城市。这个周而往复的进程,反映了中国革命发展的历史与逻辑的统一。

第四章 民主联合政府序幕

中国政局的根本转变

在蒋介石独裁政府的政治高压下被迫退居香港的中国各民主党派，汇聚成一个强大的民主革命阵线，公开声明与共产党合作，坚决反对国民党独裁、内战、卖国的行径，批判和揭露所谓“第三种势力”“第三条道路”的中间路线，以实际行动加入到中国共产党领导的中国人民的解放事业中来——这是中国政局根本转变的标志。

全面内战开始以后，国共之间的军事、政治较量对中国政局的急剧变化产生了极其深刻的影响。政局发生根本性变化的一个显著特点是，随着蒋介石军事上不断遭受失败、政治上日益陷于孤立，中国各民主党派开始以公开推翻蒋介石独裁政权相号召，以崭新的面貌出现在政治舞台上，为实现中国共产党关于建立民主联合政府的主张创造了现实的政治基础。

中国民主同盟是抗战胜利后除国民党和共产党之外的第三大政党，也是民主党派中最活跃的政党。在和平民主建国问题上，民盟与共产党紧密合作，一致行动，共同进退。蒋介石撕毁政协决议后，民盟与中共采取一致立场，明确宣布决不参加国民党的一党“国大”。1947年1月，民盟中央主席张澜在上海主持召开民盟一届二中全会，他在开幕词中说：我们宁可长期不参加政府，而断不可一旦失去自己的立场。并号召盟员“把已被蹂躏的政协精神复活”，继续为政协精神而奋斗。民盟一届二中全会坚持了正确的路线，得到中国共产党的肯定和称赞。

1947年2月底，蒋介石限令在南京、上海、重庆的中共代表机关撤退，国共关系彻底破裂。3月，国民党召开六届三中全会，如何集中力量“讨伐”中共成为会议的主题之一。国民党六届三中全会在一片反共声中，决定撕破一切伪装，实行战争“总动员”，毫不顾忌地搜括和动用全国的一切人力、物力、财力，叫嚣“消灭共产党”，同时限制人民各项自由权利。

对于支持共产党的民盟，国民党首先施行了更残酷的压迫。5月上旬，国民党向各地报纸发出训令，要求揭露民盟、民进、民建的“共产奸谋”，成为有计划地迫害民主党派的公开信号。一时间，民盟所办的报刊全部被查封、捣毁或被迫停刊。5月下旬，民盟主要负责人张澜、黄炎培等向国民参政会提出《停止内战恢复和平案》，要求国民党依据政协会议精神及路线，重新举行和平会议。然而，国民党不仅拒绝接受民盟的合理建议，反而出动大批军警宪特对民主党派和民主人士进行大搜捕，其中民盟成员被捕者达100人。

7月4日，国民党悍然宣布“戡乱总动员”，并相继颁发《后方共产党处置办法》《妨害国家总动员惩罚暂行条例》等法令，公开镇压共产党和民主党派。7月8日，民盟主席张澜在沪发表书面谈话，对全面内战及国民党政府“戡乱总动员”“深觉痛心”，表示“同人一日为中华民国之人，矢愿一日为民主和平统一而努力！”民盟其他领导人也明确表示坚持民盟一贯独立的主张和平、民主、统一的立场。面对国民党反动派的疯狂压迫，民盟中央仍继续强调“争取和平合法公开之地位”，并多次致信国民党当局，敦促其释放被捕的民盟成员。

然而，国民党当局却变本加厉加大压迫民主党派的力度，形势急剧恶化。仅10月一个月内，上海、杭州等8个城市就有2100余人惨遭杀害。10月6日，民盟中央常委兼民盟西北总支部主任委员杜斌丞等12人在西安遇害。次日，民盟主席张澜发表书面抗议，严正指出：“惟绝对不容许在野党派存在的国家，尚何民主之可言？”[①]中共发言人就此事发表谈话指出：屠杀将只会使反蒋运动扩大，独裁者愈加疯狂好杀的时候，就是他愈加接近死亡的时候，中外历史已经千百次证实了这个真理。

但是，国民党当局完全置社会舆论于不顾，于10月27日断然宣布民主同盟“勾结共匪参加叛乱”，应视为“非法团体”，今后各地治安机关对于该盟分

① 沙健孙主编：《中国共产党史稿（1921—1949）》第5卷，中央文献出版社2006年版，第398页。

子一切活动，应“严加取缔”。同一天，国民党中央社发表《政府宣布民盟非法》的声明。在上海的民盟负责人张澜、黄炎培、史良、章伯钧等紧急会商民盟被宣布为“非法”后的办法，决定民盟不得已时可停止活动。为维护民盟在政协会议时已经取得的“合法地位”，决定派黄炎培、罗隆基、叶笃义赴南京交涉。黄炎培、罗隆基会晤行政院院长张群时，张群表示：经过其疏通，政府可以同意民盟自行结束，不再下解散令。而事实上，国民党竟派人强迫黄、罗、叶三人在南京写好解散公告，让民盟以主席名义发表公告，否则就勒令全体盟员向国民党“登记”，并威胁要逮捕民盟全体中央委员。国民党当局不待黄、罗、叶三人向在上海的民盟总部张澜、沈钧儒等请示，即于11月4日派特务“护送”他们携带写好的公告回沪。

在国民党的政治高压下，11月5日，民盟负责人张澜、黄炎培、罗隆基等在上海举行中央扩大会议。就在他们开会场地的门外，国民党派出了众多特务，监视他们的一举一动。民盟中央会议考虑到全国盟员的安全，为保存民盟的实力，决定在报上公布民盟总部自即日起解散，各地民盟组织一律停止政治活动。

在民盟最艰难的时刻，中国共产党一如既往地给予民盟真诚的支持和巨大的鼓舞。当国民党宣布民盟为“非法团体”时，10月30日，中共中央即通过新华社指出：“这表示日暮途穷的蒋家何等恐慌，何等孤立，何等疯狂，此举不啻宣告蒋介石的最后政治破产。”11月6日民盟总部被迫发表解散公告，7日《人民日报》发表新华社时事评论《蒋介石解散民盟》。文章指出，这一事件使人民更加确切地认识到民盟在若干历史关节中，实行了与中共在部分民主纲领上的政治合作，推进了中国民主事业，这是民盟的光荣。时评分析说，在民盟中，既有许多坚决反对蒋介石独裁和美帝国主义侵略的民主战士，并有一些人如闻一多、李公朴、杜斌丞等，为此献出了生命；也有许多虽然一面反对或不满蒋介石独裁，但在另一方面却不但过去而且现在仍然对蒋介石，特别是对美帝国主义抱有某种幻想的人物。而中国民主运动的基本特点，是武装的革命人民反对武装的反革命集团。蒋介石解散民盟和大施迫害民主分子的恐怖行动，只能教育人民，要有自由、真正的和平，就必须坚决用武力来打倒蒋介石，拥护人民解放军的武装革命斗争，而决不能依靠任何和平的合法的改良的方法。

毛泽东在修改这篇时评时加写了一段话："民盟方面，现在应该得到教训，任何对美国侵略者及蒋介石统治集团（或其中的某些派别）的幻想，都是无益于自己与人民的，应当清除这种幻想，而坚决地站到真正的人民民主革命方面来，中间的道路是没有的。如果民盟能够这样做，则民盟之被蒋介石宣布为非法并不能损害民盟，却反而给了民盟以走向较之过去更为光明的道路的可能性。"①周恩来为中共中央起草《关于当前民主党派工作的意见》，明确指出：民盟被迫自行宣布解散，一方面，反映了国内阶级矛盾进一步激化，国民党撕下和平民主的伪装；另一方面，表明"全国性的第三大党运动已经失败，第三条道路的想法已经破产"②。

压迫愈深，反抗愈烈。民盟被迫宣布解散后，其保存下来的核心领导力量并没有在挫折中消沉，而是奋起抗争，迅速转入地下斗争。沈钧儒、章伯钧、周新民等秘密离开上海到香港，同在港的邓初民、柳亚子、朱蕴山、刘王立明等会合，在留沪的民盟领导人张澜、罗隆基、黄炎培等有力的支持下，积极恢复总部活动，组织开展民盟路线大讨论，总结经验教训，研究制定民盟在新形势下的主要任务及政策方针。

这一期间，中国政局的根本性变化还体现在，国民党集团内部的民主派力量开始觉醒和崛起。毛泽东在中共七大《论联合政府》的报告中分析说："国民党是一个复杂的政党。它虽被这个代表大地主、大银行家、大买办阶层的反动集团所统治，所领导，却并不整个儿等于这个反动集团。它有一部分领袖人物不属于这个集团，而且被这个集团所打击、排斥或轻视。它有不少的干部、党员群众和三民主义青年团的团员群众并不满意这个集团的领导，而且有些甚至是反对它的领导的。在被这个反动集团所统制的国民党的军队、国民党的政府机关、国民党的经济机关和国民党的文化机关中，都存在着这种情形。在这些军队和机关里，包藏着不少的民主分子。这个反动集团，

① 《毛泽东文集》第4卷，人民出版社1996年版，第314页。

② 中共中央文献研究室、中央档案馆：《建党以来重要文献选编（1921—1949）》第25册，中央文献出版社2011年版，第82页。

其中又分为几派，互相斗争，并不是一个严密的统一体。把国民党看成清一色的反动派，无疑是很不适当的。”①

由于蒋介石顽固坚持内战独裁政策，其内部派系纷争倾轧加剧，使国民党内部迅速发生分化，其中的民主派组织和某些爱国民主人士，开始提出和酝酿国民党民主派的组织联合问题。1947年秋冬，国民党当局解散民盟，加紧镇压民主势力后，国民党内的民主派组织——三民主义同志联合会、国民党民主促进会及其领导人李济深、何香凝、蔡廷锴、彭泽民、朱蕴山、朱学范、柳亚子、何公敢、梅龚彬、陈其瑗、陈铭枢、谭平山等，陆续会聚香港，对联合事宜开始具体筹备。

在香港，李济深、何香凝、谭平山、蔡廷锴等人多次聚会，对国民党民主派联合起来的任务、政治纲领、内外政策等进行了充分协商，就成立组织达成了一致意见。在组织命名一事上，何香凝主张应该命名为“中国国民党革命委员会”。她认为：“国民党是孙中山先生亲手缔造的，我们作为孙先生的信徒，成立革命组织，必须保持孙先生的传统，才足以取信于民众，为利于广泛号召，就不能不保留国民党三个字。”她还说：“我的目的不仅要团结原先已经进步的民主人士，更要团结国民党内的爱国人士，孤立蒋介石，推翻蒋政权！”朱学范后来回忆说，坚定与国民党统治集团在政治上、组织上彻底决裂的决心，采取粉碎蒋介石政权的行动，这是民革在酝酿阶段就有别于当时其他民主党派的特点之一。

11月和12月连续召开的两次国民党民主派联合大会，完成了成立中国国民党革命委员会的筹备工作。1948年1月1日正式召开大会，宣告民革成立。大会通过了《中国国民党革命委员会行动纲领》《中国国民党革命委员会成立宣言》《中国国民党革命委员会告全党同志书》等文件，选举了民革中央执行委员会，推举宋庆龄为名誉主席，李济深为主席。

新成立的国民党革命委员会，与三民主义同志联合会、国民党民主促进会在主张和行动上是完全一致的，组织上互有交叉又保持各自的独立性，在

---

①《毛泽东选集》第3卷，人民出版社1991年版，第1047页。

斗争中既亲密合作，又相互声援和支持，使国民党民主派的斗争进入了新的发展时期，即“由反蒋救国转变到公开推翻蒋政权”的时期。民革把新的革命目标的实现，寄托在共产党在战场上打击和消灭国民党军队的解放战争上，从而把自己的命运同共产党领导的人民解放战争的命运联系在一起。

民革提出的政纲，坚持了孙中山的革命三民主义和三大政策，又结合新的斗争形势，带有鲜明的反帝反封建的特点，与中共的新民主主义纲领基本上是一致的。民革的建立，不仅团结了与国民党决裂的国民党民主派人士，而且吸引着国民党内更多的爱国民主人士进入人民革命阵营，在“瓦解与铲除”蒋氏政权的目标下，使新老国民党民主派更紧密地团结起来，同国民党实行彻底决裂，公开地与其他民主党派站在一条战线上，同国民党政府进行正面的斗争，从而在中国共产党领导的人民民主统一战线中增加了一支劲旅，扩大和加强了人民革命战线的力量。

与此同时，民盟恢复重建的工作也在加紧进行。在中国共产党和其他民主党派的支持下，1948年1月5日，民盟一届三中全会在香港召开。大会一致通过否认民盟被迫解散的《紧急声明》，认为南京政府对于民盟合法地位的取消是根本非法的，宣布本届全会“恢复领导机构，决定继续奋斗方针”，“为彻底摧毁南京反动政府，为实现民主、和平、独立、统一的新中国而奋斗到底！”民盟主席张澜因故不能赴港，从上海给大会写来贺信。

民盟一届三中全会决定在香港成立临时总部，因张澜身陷上海，暂由沈钧儒、章伯钧以民盟中央常委名义领导全盟工作。沈钧儒在民盟一届三中全会的闭幕词中宣布：对于民盟一届三中全会决定的“新的政治目标和政治路线”，上海同志们的来信说，“他们每一句每一字都同意”。会后，沈钧儒又派罗涵先由港返沪，向张澜汇报会议情况。当时，民盟在港、沪之间信使不断，互相鼓舞，共同奋斗。全会通过的政治报告，是民盟在中国民主与反民主、革命与反革命的最后决战时期提出的新的斗争纲领。全会制定的新的政治路线，与中共的新民主主义革命路线是一致的。这表明，民盟经过长期的发展，不仅实现了与中国共产党公开的全面的合作，而且完全接受了中国共产党的领导和新民主主义的革命纲领。这是蒋介石在强令解散民盟时所始料不及的。

3月8日，中共中央发言人就民盟一届三中全会召开和民革成立发表评论，指出：民盟所阐明的“反对美国帝国主义打倒蒋介石集团、没收官僚资本、实行土地改革、建立民主的联合政府的纲领，乃是一切爱国者所公认的唯一道路”①。“我们欢迎民主同盟重建其领导机关，我们欢迎国民党革命委员会的成立，我们愿意在新民主主义的革命事业中，和所有一切反帝反封建的民主团体一道，为着共同目的而携手前进。”②

在这期间，中国各民主党派的活动和斗争总的情况是：鉴于国民党加紧对民主党派及其成员的迫害，除以黄炎培、胡愈之为首的中国民主建国会，许德珩、褚辅成为首的九三学社留在内地继续坚持斗争以外，其他各党派中央及其主要负责人都在中国共产党的帮助下，转移到香港。

进入香港的各民主党派，不仅有李济深、何香凝为首的中国国民党革命委员会，沈钧儒、章伯钧为首的中国民主同盟，谭平山、陈铭枢为首的三民主义同志联合会，蔡廷锴、李章达为首的国民党民主促进会，还有马叙伦、王绍鏊为首的中国民主促进会；李济深、陈其尤为首的中国致公党；章伯钧、彭泽民为首的中国农工民主党；沈钧儒、史良为首的中国人民救国会，以及1947年11月在香港成立的以谢雪红、李纯青为首的台湾民主自治同盟。此外，还有以郭沫若、马寅初等为代表的无党派民主人士。

云集香港的各民主党派和无党派民主人士，汇成了一个强大的民主革命阵线，他们公开表示并在行动上与中国共产党合作，发布一系列的声明、宣言和对时局的主张，坚决反对国民党反动派独裁、内战、卖国和美国侵华的罪恶行径，批判和揭露所谓“第三种势力”的中间路线，公开支持中国人民解放军的武装革命斗争，他们还利用各自的优势及其广泛的社会联系，以武装斗争、搜集情报等实际行动，参加中国人民的解放事业。

1948年3月29日至5月1日，国民党政府为挽救危局，巩固其统治地位，

---

① 中共中央文献研究室、中央档案馆编：《建党以来重要文献选编（1921—1949）》第25册，中央文献出版社2011年版，第196页。

② 同上，第197页。

在南京召开所谓“行宪国大”，通过所谓《动员戡乱时期临时条款》，“选举”蒋介石为总统，李宗仁为副总统。对此，各民主党派在香港纷纷发表声明或谈话，声讨“行宪国大”是“反动派欺骗人民以挽救其垂危命运的一种必然手段”，其目的是“使反动政权及内战合法化，以掩盖其卖国殃民的罪行”。各民主党派发动的声讨运动，彻底揭穿了“行宪国大”与伪“选举”的反动本质，从而在政治上加速了国民党反动派走向灭亡的进程。

中国共产党密切关注中国政局的变化，并因势利导，将局势引向实现民主联合政府的方向发展。3月20日，就在中共中央机关准备东渡黄河，将领导中心移至华北之际，毛泽东在为中央起草的《关于情况的通报》的党内指示中，对形势的发展作了这样的分析和估量：“由于对美国和蒋介石存着某些幻想，对我党和人民具有足以战胜一切内外敌人的力量表示怀疑，并因此认为所谓第三条道路尚有存在可能、将自己处于国共两党之间的中间地位的某些民主人士，在国民党的突然的攻势之下，使自己处于被动地位，最后终于在一九四八年一月间采用我党的口号，声明反蒋反美，联共联苏。对于这些人，我们应当对他们采取团结的政策，对他们的某些错误观点则作适当的批评。在将来成立中央人民政府时，邀请他们一部分人参加政府工作是必要的和有益的。”[①]由于他们所代表的社会基础，即民族资产阶级，有其重要性，不可忽视。因此，应当争取他们。估计要待我们有更大的胜利，夺取几个例如沈阳、北平、天津那样的城市，共产党胜、国民党败的形势业已完全判明以后，邀请他们参加中央人民政府，他们可能愿意来解放区和我们共事。

在陕北黄河之滨，毛泽东透视着全国的形势，他预计：“在本年蒋介石的伪国大开会选举蒋介石当了总统，他的威信更加破产之后，在我们取得更大胜利，扩大更多地方，并且最好在取得一二个头等大城市之后，在东北、华北、山东、苏北、河南、湖北、安徽等区连成一片之后，便有完全的必要成立中央人民政府。其时机大约在一九四九年。”[②]中国政局的根本性变化，要求中国共

① 《毛泽东选集》第4卷，人民出版社1991年版，第1298—1299页。
② 同上，第1298—1299页。

产党进一步向全国人民指出新的斗争目标,迎接中国革命的最后胜利。

轰动全国的"五一"口号

中共中央发布"五一"口号,提出"各民主党派、各人民团体、各社会贤达迅速召开政治协商会议,讨论并实现召集人民代表大会,成立民主联合政府"。这是毛泽东深思熟虑,用没有反动派参加的各民主党派会议,有力地回击国民党"行宪国大"的一个重大决策。由此,揭开了中国共产党领导筹建新中国的序幕。

毛泽东率中共中央机关一行,于1948年4月11日到达河北阜平县城南庄。5天之后,即4月16日,西北野战军发起西府战役,围攻西北重镇宝鸡,胡宗南不得不调动主力前往增援,驻守延安的国民党整编第十七师为避免被全部歼灭的命运,急忙放弃延安,仓皇逃跑。4月22日,在中共中央撤出延安整整一年一个月零三天后,西北野战军就收复了延安这个民主革命圣地。这标志着国民党军队所谓"重点进攻"的神话已经彻底破灭。人民解放战争即将进入新的全面反攻的阶段。为此,中共中央特意致电西北野战军全体指战员,表示祝贺与慰问。

毛泽东抵达城南庄后,曾考虑利用战争的间隙秘密访问苏联的计划,以就夺取中国革命胜利和建立新国家的诸多重要问题同斯大林交换意见。为此,中央决定周恩来、任弼时率机关人员先行前往西柏坡,同在那里工作了一段时间的刘少奇、朱德会合。毛泽东则继续留在城南庄,一面等待同苏联方面联系的结果,一面关注时局的变化。这时,国民党正在南京召开所谓"行宪国大",上演"选举"总统、副总统的丑剧,毛泽东考虑应该针锋相对地给予强有力的回击。关于秘密访问苏联的计划,在与苏方几经联系后,由于国内形势迅速发展和谋划人民解放军战略进攻的需要，还有苏方的一些原因，毛泽东拟议中的访苏没有成行。

4月25日，毛泽东致电在西柏坡的刘少奇、朱德、周恩来、任弼时，提出准备召开中央书记处扩大会议的几个议题。第一个议题，就是邀请香港、上海、北平、天津等地各中间党派以及民众团体的代表到解放区，商讨关于召开人民代表大会并成立临时中央政府的问题。这是毛泽东经过深思熟虑，用没有反动派参加的各民主党派会议，有力地回击国民党"行宪国大"的一个重大决策，是革命与反革命、真民主与假民主在中国政治舞台上的一次可以立见分晓的对决，归根结底还是关于建什么国的斗争。

另外的议题，还有关于计划召开中共七届二中全会的问题；关于酌量减轻人民负担、大力发展农业生产和工业生产的问题；关于消灭某些无政府状态和酌量减小地方权力的问题；关于区、乡、村人民代表会议组织大纲草案；陈（毅）粟（裕）兵团的行动问题以及其他问题。毛泽东请刘、朱、周、任几位书记在西柏坡先作讨论，然后再到城南庄开会商定。

随着"五一"国际劳动节的临近，新华社社长廖承志依照惯例来电询问中央有什么重要事情需要发布。周恩来、刘少奇等先在西柏坡研究拟定了"五一"劳动节口号的初稿，共24条，送到城南庄请毛泽东斟酌、修改。

据聂荣臻回忆，毛泽东在城南庄同他作了一次彻夜长谈，其中谈到争取解放战争胜利和建立全国性政权的设想。毛泽东说，抗日战争打日本，只能是持久的。现在打蒋介石，不能拖得太久，解决得越快越好，这样对我们有利。我们准备在今年"五一"劳动节时提出口号，号召全国各反蒋的民主党派和无党派人士筹备召开新的政协会议，以便进一步团结和争取各种革命的和进步的力量，早日推翻蒋介石反动政权，建立起全国性的新民主主义政权。

根据这一设想，毛泽东在修改《纪念"五一"劳动节口号》时，将初稿第五条"工人阶级是中国人民革命的领导者，解放区的工人阶级是新中国的主人翁，更加积极地行动起来，更早地实现中国革命的最后胜利！"用简洁、明快的语言改写成："各民主党派、各人民团体、各社会贤达迅速召开政治协商会议，讨论并实现召集人民代表大会,成立民主联合政府。"这是最重要、也是最关键的一条修改。同时,毛泽东还将第二十四条"中国劳动人民和被压迫人民的组织者,中国人民解放战争的领导者——中国共产党万岁!"改为"中华民族解放万岁!"最后,将初稿第二十三条"中国人民的领袖毛主席万岁!"删除,共为23条。"五一"劳动节口号改好后,毛泽东委托聂荣臻用电话逐条口述给在西柏坡的周恩来,以便开会讨论。

为了将"五一"劳动节口号第五条落到实处,4月27日,毛泽东写信给晋察冀中央局城市工作部部长、北平市委书记刘仁,请他通过妥善办法明确告诉在北平的民主人士张东荪、符定一,邀请他们二位以及许德珩、吴晗等民主人士来解放区参加各民主党派、各人民团体的代表会议,讨论召开人民代表大会、成立民主联合政府和关于加强各民主党派、各人民团体的合作以及纲领政策问题。会议的名称仍拟为政治协商会议。

4月30日至5月7日,中共中央书记处在城南庄召开扩大会议。毛泽东、朱德、刘少奇、周恩来、任弼时出席会议。这是自1947年3月撤离延安后,5位书记首次在一起商讨问题的正式中央会议。时间相隔只有一年多,但国内形势已经发生了根本性变化。

城南庄会议对召开新的政治协商会议的问题进行了讨论和研究。会议认为,在解放战争即将进入第三个年度,政治形势和军事形势迅速发展的新形势下,召开没有反动派参加的新的政治协商会议,筹建新中国建国大计的问题理应提到党的议事日程上来。

周恩来在会上说,"提出召开新政协的口号,从形式上看,是恢复了1946年1月政协的名称,但内容和性质都不同了"。"五一"口号是行动口号,不是宣传口号,"这是今天形势发展的趋势,是全国人民的要求"。刘少奇在发言中说:"目前,召开新政协的国际国内形势已经成熟,我们先提政协这个口号,可以起号召作用。要争取90%的人,团结一切可以团结的力量。"[①]

---

① 中共中央党史研究室第一研究部、中共河北省委党史研究室编著:《苍茫大地主沉浮——中共中央在西柏坡》,人民出版社2003年版,第337页。

会议讨论通过了《纪念“五一”劳动节口号》。4月30日，陕北广播电台向全国播发“五一”口号。5月1日，《晋察冀日报》率先发表“五一”口号。5月2日，《人民日报》刊登“五一”口号。随后，中共中央发布的“五一”劳动节口号的内容，很快传遍解放区和国统区。人们清楚地了解到，1945年中共七大提出建立联合政府的口号，是在废除国民党一党专政的前提下，力争国民党通过民主改革共同成立各党派联合政府；而“五一”口号的实质是，排除国民党反动派以及一切反动分子，召开新的政治协商会议，以中国共产党为主导成立民主联合政府。

为了促进召开新政协会议主张的实现，在中共中央书记处扩大会议尚在进行之际，毛泽东即于5月1日致信在香港的民革中央主席李济深和民盟负责人沈钧儒，征求他们的意见。信中说：

> 在目前形势下，召集人民代表大会，成立民主联合政府，加强各民主党派、各人民团体的相互合作，并拟订民主政府的施政纲领，业已成为必要，时机亦已成熟。国内广大民主人士业已有了此种要求，想二兄必有同感。但欲实现这一步骤，必须先邀集各民主党派、各人民团体的代表开一个会议。在这个会议上，讨论并决定上述问题。此项会议似宜定名为政治协商会议。一切反美帝反蒋党的民主党派、人民团体，均可派代表参加。不属于各民主党派各人民团体的反美帝反蒋党的某些社会贤达，亦可被邀参加此项会议。此项会议的决定，必须求得到会各主要民主党派及各人民团体的共同一致，并尽可能求得全体一致。会议的地点，提议在哈尔滨。会议的时间，提议在今年秋季。[①]

毛泽东提议，由中国国民党革命委员会、中国民主同盟中央执行委员会、中国共产党中央委员会“于本月内发表三党联合声明，以为号召”。三党联合声

① 中国人民政治协商会议全国委员会文史资料研究委员会编：《五星红旗从这里升起——中国人民政治协商会议诞生纪事暨资料选编》，文史资料出版社1984年版，第3页。

明，“抑或不限于三党，加入其他民主党派及重要人民团体联署发表”。[①]他还亲拟了一个联合声明草案，由当时中共派驻香港的负责人潘汉年一并送达。

为了具体落实“五一”口号，5月2日，中共中央向上海局（时驻香港）和潘汉年发出关于邀请各民主党派来解放区协商召开新政协会议问题的指示。电文指出：“我党准备邀请各民主党派及重要人民团体的代表来解放区开会讨论：（甲）关于召开人民代表大会并成立民主联合政府问题。（乙）关于在反对美国帝国主义侵略及蒋介石卖国政府的斗争中加强各民主党派各人民团体的合作及纲领政策的问题。”“我党认为召开此项会议讨论上述问题的时机业已成熟，但须征求各民主党派的意见，即他们是否亦认为时机业已成熟及他们是否愿意派遣代表来解放区。”“会议的名称拟称为政治协商会议。会议的参加者一切民主党派及重要人民团体（例如职教社，民主建国会，学生联合会）均可派遣代表。会议的决议必须参加会议的每一单位自愿同意，不得强制。开会地点拟在哈尔滨。开会时期拟定在今年秋季。会议拟由国民党革命委员会，民主同盟及中共联名发起。”[②]

电文提出共产党拟邀请的民主人士名单，共29人：李济深、冯玉祥、何香凝、李章达、柳亚子、谭平山、沈钧儒、章伯钧、彭泽民、史良、邓初民、沙千里、郭沫若、茅盾、马叙伦、章乃器、张絅伯、陈嘉庚、简玉阶、施存统、黄炎培、张澜、罗隆基、张东荪、许德珩、吴晗、曾昭抡、符定一、雷洁琼。电文还说，如“其中有被敌监视不能来者，可派遣本人的代表”。中央指示上海局并潘汉年，请他们征询上述各人的意见，首先征询李济深、沈钧儒的意见，并把有关意见和各民主人士来解放区有何困难电告中央。

5月7日，中央书记处会议结束。中共中央又电示中共华南分局：中央已于“五一”劳动节提出召开人民代表大会、成立民主联合政府的口号，拟召集各反美反蒋的民主党派、人民团体以及社会知名人士召开一次政治协商会议。请华南分局和“各真诚反美反蒋的民主党派、人民团体及社会知名人士

① 《毛泽东文集》第5卷，人民出版社1996年版，第90页。

② 中共中央文献研究室、中央档案馆编：《建党以来重要文献选编（1921—1949）》第25册，中央文献出版社2011年版，第286页。

交换意见”，并以各方情况电告中央。自此，以发布“五一”口号为标志，中国共产党揭开了领导筹建民主联合政府的序幕。

冲决罗网的人心所向

“五一”口号“适合人民时势之要求，尤符民主建国之本旨”，获得各民主党派领导人的一致响应，他们联名致电毛泽东：南京独裁者窃权卖国，“欲以伪装民主，欺蒙世界”。“当此解放军队所至，浆食集于道途；国土重光，大计亟宜早定。”这表明中国各民主党派基本接受了新民主主义革命的路线、纲领，为新政治协商会议的召开准备了必要的思想、政治条件。

一石激起千层浪。中共中央发出的“五一”口号，很快通过各种渠道传遍海内外，引起了巨大反响。政治协商——这个对当时普通民众还很陌生的词汇，在努力为现代民主政治而奋斗的民主人士中间产生了强烈共鸣。在极短的时间内，各民主党派、人民团体、海外华侨团体、无党派民主人士都纷纷表态，热烈响应和赞同中国共产党召开新政协会议、成立联合政府的主张。

在中国人民革命建国的时机日益迫近的时候，为躲避国民党当局迫害而进入香港的众多民主人士，使香港这个号称“自由城市”的地方，一时间成为各民主党派公开进行政治活动的重要基地。5月2日，民盟、民革等在香港设有总部的各民主党派集会讨论，一致认为召开新政治协商会议、建立民主联合政府是我国“政治上的必经的途径”，民主人士自应起来响应。

5月5日，在香港的中国国民党革命委员会李济深、何香凝，中国民主同盟沈钧儒、章伯钧，中国民主促进会马叙伦、王绍鏊，中国致公党陈其尤，中国农工民主党彭泽民，中国人民救国会李章达，中国国民党民主促进会蔡廷锴，三民主义同志联合会谭平山，无党派民主人士郭沫若等联合致电毛泽东并转解放区全体同胞，电文说：

> 南京独裁者窃权卖国，史无先例。近复与美帝国主义互相勾结，欲以伪装民主，欺蒙世界。人民虽未可欺，名器不容假借，当此解放军队所至，浆食集于道途，国土重光，大计亟宜早定。同人等盱衡中外，正欲主张，乃读贵党五一劳动节口号第五项："各民主党派，各人民团体及社会贤达，迅速召开政治协商会议，讨论并实现召集人民代表大会，成立民主联合政府"，适合人民时势之要求，尤符同人等之本旨，曷胜钦企。[①]

同日，他们又向国内外各报馆、各团体及全国同胞发出《响应中共"五一"号召的通电》，指出，中共"五一"号召"事关国家民族前途，至为重要"。"全国人士自宜迅速集中意志，研讨办法，以期根绝反动，实现民主。"[②]

自5月8日起，上述各民主党派负责人和无党派民主人士围绕中共"五一"口号，以"目前新形势与新政协"为题连续召开座谈会。沈钧儒、谭平山、章伯钧、马叙伦、章乃器、郭沫若等先后发表演讲，一致认为中共"五一"口号对团结各党派、动员广大人民民主力量、促进革命胜利具有重大的历史意义。各民主党派及其负责人相继发表宣言、通电、声明、谈话或文章，表明自己的政治主张，拥护中国共产党的号召。

马叙伦发表《读了中共"五一"口号以后》的文章，指出：中共的"五一"号召，被压迫到香港的我们幸运地先听了，我们感觉到无限的兴奋，这是真正的人民革命的领导者——中国共产党，给的一个鼓励和安慰的启示。这一号召"是历史上重要的文献，转折时局的曙钟，我们相信这次口号，已震撼了反动的独裁政权和他的集团的魂魄，如果'通行无阻'地传播到任何角落，便等于一篇胜利的'檄文'"。马叙伦在文章中指出："上次的政协，是民主和反民主、

① 中国人民政治协商会议全国委员会文史资料研究委员会编：《五星红旗从这里升起——中国人民政治协商会议诞生纪事暨资料选编》，文史资料出版社1984年版，第6页。

② 国防大学党史党建政工教研室编：《中国革命与民主党派》，国防大学出版社1989年版，第319页。

伪民主的集团妥协的。这次的政协，是民主方面的各阶级各阶层的代表自己商量‘国是’，取得一个协议，只是‘和衷共济’的而不是妥协的。”“这次是民主阵线的各方面自己的集合体，而中国共产党是当然的领导者。”[①]

致公党陈其尤发表文章，认为“五一”号召具有重大的历史意义：一是争取思想动摇的苦闷阶层；二是揭穿南京独裁政府召集的所谓“行宪国大”和选举“总统”，是对海外的欺骗；三是加强与发挥民主革命力量。

谭平山在《适时的号召》一文中，阐明了“五一”号召与“行宪国大”和旧政协的区别。他认为，“五一”口号与“行宪国大”让人民“更清楚地看清真民主与假民主的分野”：一方面是为建立新中国而共同奋斗，另一方面是“为灭亡中华民族而努力”；一方面是“成立民主联合政府”，另一方面是“成立反人民的独裁政府”；一方面是“为共同发展国民经济而努力”，另一方面则是“使国民经济破产，民不聊生”。

5月7日，台湾民主自治同盟发表《告台湾同胞书》认为，“五一”号召正切合目前全国人民的要求，也正切合台湾全体人民的愿望。他们号召台湾同胞“赶快起来响应和拥护中共中央的号召，配合全国人民的革命战争，广泛地展开反对美帝国主义，反对封建主义，反对官僚资本主义，反对台湾分离运动的各种斗争，准备参加‘政协会议’，‘人民代表大会’和‘民主联合政府’”。[②]

6月9日，中国致公党发表《响应中共中央“五一”口号宣言》说：中国共产党发表的“五一”口号，宣布了南京独裁政府的死刑，鼓舞了全国人民为建立独立、自由、民主的新中国的斗志和信心。宣言认为，中国共产党正当中国革命形势发展到现阶段时发表“五一”口号，把中国革命的总形势和总任务正确地加以剖析，说明了实现新中国政府建议的程序和共同斗争的方向、目标。中共的这一政治态度和立场代表全国革命阶级和一切爱国的民主阶层。

6月14日，民盟发表《致全国各民主党派各人民团体各报馆暨全国同胞书》，指出中共发布“五一”口号，“其第五项主张迅速召开政治协商会议，实现

① 马叙伦著：《马叙伦政论文选》，文史资料出版社1985年版，第346、348页。
② 国防大学党史党建政工教研室编：《中国革命与民主党派》，国防大学出版社1989年版，第320页。

民主联合政府，正与本盟历来一贯的主张相符合，本盟当然愿为这一主张的早日实现而积极奋斗”。[①]民盟表示，愿意与全国人民以及各民主党派、人民团体团结一致，共同为结束国民党反动独裁统治，实现人民的民主、和平、独立、统一的新中国而努力。

6月16日，农工党发表《对时局宣言》指出，“五一”号召是加速胜利有力的号召，也是建立各革命阶级的联盟，巩固和扩大爱国民主统一战线的必要步骤，实现新中国的正确途径。

6月25日，民革发表声明，称赞“五一”号召“符合二十四年前孙中山先生的建议精神”，“诚为结束独裁的反动统治和建立独立民主之幸福的新中国所应遵循的途径”。声明呼吁国民党独裁控制下的各军事单位、地方政府、各界团体人士也接受这一号召，站到人民方面来，站到民主革命阵营方面来。

三民主义同志联合会发表宣言指出，“五一”口号是民主统一战线争取革命胜利的具体指针，我们“衷心的一致的赞同这个正确的号召，而且积极地督促蒋管区的同志们共同行动来促其实现，并保证其顺利成功”。

中国国民党民主促进会在宣言中指出，“五一”号召“与我们目前的主张相符合”，“今复得各方纷纷响应”，更足以证明一切民主党派、人民团体及全国人民的共同要求。

中国民主促进会发表《响应中共“五一”号召的宣言》，指出：“正在中国反动的‘国大’活剧演完之后，中国共产党发布了五一口号廿三条，把实现中国新民主国家的具体任务，完全无缺地呈现在中国人民面前。“宣言指出，中国的民主人士及民主党派要团结在这个口号的周围，形成坚固的爱国民主统一战线，为反帝国主义、反封建主义、反官僚资本主义而奋斗。“光明与黑暗，生存与死灭，中国没有任何第三种路径可循进的。”[②]

民主建国会中央由于当时在上海尚处于地下状态，在香港没有组织机构，仅有常务理事章乃器等个别人在香港，因此没有在5月5日各民主党派联

① 中国人民政治协商会议全国委员会文史资料研究委员会编：《五星红旗从这里升起——中国人民政治协商会议诞生纪事暨资料选编》，文史资料出版社1984年版，第158页。

② 同上，第161页。

合通电上列名。5月14日，沈钧儒托人带信给在上海的张澜、黄炎培，向他们陈述了在香港各民主党派响应“五一”号召的行动和立场。民建遂于5月23日秘密举行常务理事会，一致决议响应中共关于新政协的号召，并指定章乃器、孙起孟为驻香港代表，向中共驻港负责人表明民建的立场和态度。

在北平处于地下状态的九三学社，也于1949年1月28日发表《拥护新政协宣言》，指出：中共中央建议召开无反动派参加的新政治协商会议，解决国是，“同人等认为惟有循此途径，始可导中国于民主、自由、富强、康乐之境，愿共同努力，以求实现”。

各民主人士也纷纷响应中共“五一”口号。6月4日，在香港的各界民主人士柳亚子、茅盾、章乃器等125人联名发表声明，对“五一”口号热烈赞同，并确信“将来政协的决议，一定可以百分之百的实行”。“新的政协召开之后，中国历史将翻开灿烂的一页，进一步建立一个统一的真正属于人民的新国家。”[1]其后，在港妇女界知名人士何香凝、刘王立明等232人发表宣言，认为“五一”口号深深地反映了全国民众和全体妇女的要求，表示坚决地加紧团结，配合一切民主力量，争取人民的全面胜利。

海外华侨获悉中共的“五一”口号后，也纷纷表示拥护。最早作出反应的是南洋侨领陈嘉庚。5月4日，陈嘉庚致电毛泽东，表示希望早日召开新政协会议，建立联合政府，以解除人民痛苦，保障华侨利益。随后，旅法参战华工总会、加拿大云高华华侨民众社、古巴华侨等纷纷通电或致电中共中央，响应中共“五一”号召。

8月1日至22日，全国第六次劳动大会在哈尔滨举行。大会号召全国工人阶级，紧密团结各阶层人民，积极支援人民解放军，迅速实现推翻国民党反动统治、建立新中国的历史任务。大会决定恢复中国工人阶级统一的全国组织“中华全国总工会”。大会还通过了“中国劳协政治提案”，提案第一条即：建议大会响应中共“五一”口号第五项，并主张由中共主持召开新政治协商会议。

---

① 中国人民政治协商会议全国委员会文史资料研究委员会编：《五星红旗从这里升起——中国人民政治协商会议诞生纪事暨资料选编》，文史资料出版社1984年版，第181页。

各民主党派响应“五一”口号，除了发表文章，宣传“五一”号召外，还召开讨论会，举行座谈会，围绕召开新政协会议的问题“贡献意见”，“研究办法”，批评糊涂认识，草拟各种方案，很快形成了一场轰轰烈烈的新政协运动。

新政协运动是一场广泛深入的政治运动。它分清了新政协与旧政协本质的不同，以及各自所担负的历史任务和欲达目的的根本区别；在如何对待国民党反动派的独裁政权的问题上，进一步统一了认识，明确了新政协的前提必然是旧政权的彻底摧毁；反对任何妥协的倾向，清算了中间路线；明确了新政协是各民主党派、人民团体以及各界人民的政治协商会议，它拒绝反动派参加，而且中国共产党是新政协的当然领导者；将在新政协产生的共同纲领，应该是新民主主义的政纲；为了新政协的召开，各民主党派必须立即行动起来，与全国人民一道，将反帝反封建反官僚资本主义的革命进行到底，绝不给反动派以任何喘息的机会。

各民主党派对中共“五一”号召的一致响应和新政协运动的开展，表明各民主党派负责人以及民主人士对中国革命的认识产生了重大飞跃，抛弃了对“第三条道路”的幻想，基本接受了新民主主义革命的纲领、路线。这就拉开了建立民主联合政府的序幕，为新政协的召开准备了必要的思想、政治条件。

对“中间路线”的追击

关于“中间路线”的是非问题，在民主党派内部曾经进行过激烈的讨论并已基本澄清。而美蒋为获得喘息之机、以图卷土重来，却着力扶植并乔装打扮所谓“新的第三种势力”，实则仍为“中间路线”，它以“自由主义者”“自由主义运动”的面目一经出笼，便立即遭到在香港的各民主党派的揭露与批判，蔚然形成一个追击“中间路线”的运动。

1948年中国的政局已经发生根本性变化，中国革命胜利在望。美蒋反动派为了阻止中国革命继续前进，开始扶植所谓“新的第三种势力”，把已经被抛弃的“中间路线”经过乔装打扮，作为旗帜打了出来。1948年1月，《大公报》连续发表了《自由主义者的信念》《国际第三方面势力的抬头》等社论，宣传所谓“自由主义”的“中间路线”。2月，司徒雷登亲自出马，发表《告中国人民书》，公开鼓吹“曾受教育的爱国人士”要组织新党，支持政府“谋求和平的努力”，以便使美援能“得到最大的效果”。3月1日，“中国社会经济研究会”在北平应声成立，标榜“我们真想寻求一条新路”，也就是所谓“中间路线”。“中间路线”的实质是为美帝国主义和国民党反动派效劳的。

本来，关于中间路线的是非问题，在民主党派内部曾经进行过激烈的讨论并已基本澄清。因此，乔装打扮的所谓“第三种势力”的“中间路线”一出笼，立即遭到在香港的各民主党派的抵制与批判，蔚然成为一个追击“中间路线”的运动。

3月15、16日，在《华商报》开设的“‘社会经济研究会’的批判”专栏上，马叙伦、郭沫若、茅盾、翦伯赞、曾昭抡、侯外庐和邓初民纷纷发表书面意见，指出，所谓“社会经济研究会”和“新第三方面”“中间路线”都是一条线上来的。他们奉劝“一时被蒙蔽”的知识分子“悬崖勒马”，早点退出。“中间路线”在香港遭到了声势浩大的打击，显得非常微弱无力。然而，这场斗争并没有结束，只是暂时告一段落。

中共“五一”口号的发表，极大地鼓舞了艰苦斗争中的香港各民主党派，他们在积极响应的同时，再次对“中间路线”进行猛烈抨击，力图彻底清算“第三条道路”。

1948年5月，三民主义同志联合会发表响应“五一”口号的宣言，文中指出：“在反革命的反民主的独裁路线与民主统一战线的尖锐斗争中间，是没有‘第三条道路’的。要就是靠拢在大地主、大买办、大资产阶级的独裁路线；要就是靠拢在工人、农民、知识分子、自由资产阶级和其他爱国分子的民主统一战线。过去一班‘伪自由主义者’和反动派的论客们所标榜的‘中间路线’，‘第三条路线’等等，都是美帝所排演企图延缓蒋朝崩溃的把戏，过去虽屡为中国人民揭穿而失败了，但今后因民主运动高潮的来临，反动统治的垂死挣扎，美蒋将仍旧本其一贯伎俩，继续不断玩弄其新花样，以欺骗中国人民。凡是坚决地站在民主统一战线方面者，凡是希望今后‘新政协’顺利成功者，不独不应该有着丝毫‘第三条道路’的幻想，而且应该积极起来揭露这种‘第三条道路’的阴谋。”①

同月，中国学术工作者协会总会分会留港理事郭沫若、马叙伦、胡绳、侯外庐等发表声明，一致认为：“在一个多党多阶层而又经济落后的国家，通过各民主党派，各人民团体等共同举行政治协商，来确定国家大政方针，召集人民代表会议，成立民主联合政府，确是解决国是的唯一正确道路，亦是中国学术所赖以发展的道路。除此以外，一切企图与反动派妥协的道路固是危险万分的死路，而一党一阶级专政的道路在今天的中国也是完全行不通的。”②

6月9日，中国致公党在响应中共“五一”号召的宣言中指出：“根据全国人民普遍的认识，清楚反动政府窃权卖国的凶残面目，觉悟的程度已到了空前的成熟。这表现蒋管区广大农村被压迫人民都纷纷起来建立人民武装反对三征，青年学生和知识分子都一致采取各种不同斗争形式向统治阶级和反动政府进攻，如反饥饿，反迫害，反美帝干涉中国内政，反美扶日的革命行动，正配合着解放区农民翻身的土改运动和人民解放军的胜利的军事进展，全国人民和人民敌人之间的生死斗争已达到最尖锐化，革命与反革命已明显地划分为两个阵营，人民已没有第三条道路可以观望。”③

6月14日，中国民主同盟发表声明，严正指出：“我们对于人民与人民公敌之争，对民主与反动独裁之争，我们的态度应该坚决站在人民的、民主的这一方面，跟人民公敌反动集团斗争到底，决不动摇，决不妥协，决不对反动集团

① 中国人民政治协商会议全国委员会文史资料研究委员会编：《五星红旗从这里升起——中国人民政治协商会议诞生纪事暨资料选编》，文史资料出版社1984年版，第165页。

② 同上，第191页。

③ 同上，第170页。

存有丝毫的幻想，而对美帝国主义所企图导演以‘反蒋’‘民主’为旗帜的‘调解’、‘和平’、‘政府改组’，尤须提高警惕与及早揭穿其阴谋诡计。”①

7月7日，抗日战争全面爆发11周年，中国人民救国会发表《“七七”宣言》，郑重声明：“惟本会必须指出，新政协的性质与旧政协已截然不同。新政协的路线必须以彻底达成反侵略反封建的双重任务为归趋。如果歪曲新政协的任务，仍作妥协和平的企图，不论是寄希望于美帝对华政策的‘修正’，或封建独裁阵营的‘易帜’，对于真正民主的实现，均有害而无益，是我们所必须警惕的。”②

9月2日至11日，中国农工民主党在香港召开中央扩大会议，大会决议指出：“自由主义”者，标榜所谓“中间路线”，以欺骗人民、麻痹人民。所以如果“中间人士”受不起战争严格的考验，过高估计反动势力，过低估计革命势力，幻想和平早日到来，则刚好中美蒋的阴谋诡计。

10月25日，台盟总部发表《告同胞书》，指出：我们绝不可能对美国有幻想，也决不要对国民党再有任何的期待，必须要完全消灭他们，才是真正的解放。因此，对那些主张“和平”“妥协”的所谓“中间分子”和假“反蒋”的走狗们必须十分警惕。

香港民主人士追击“中间路线”的斗争，给“中间路线”以毁灭性的打击，粉碎了美蒋反动派的政治阴谋，进一步团结了广大中间阶级群众，孤立了行将灭亡的反动派。

1948年8月1日，毛泽东给在香港发出“五五通电”的李济深、何香凝、沈钧儒、章伯钧、马叙伦、王绍鏊、陈其尤、彭泽民、李章达、蔡廷锴、谭平山、郭沫若等复电：

五月五日电示，因交通阻隔，今始奉悉。诸先生赞同敝党五月一日关于召集新的政治协商会议，讨论并实现召集人民代表大会，建立民主

① 中国人民政治协商会议全国委员会文史资料研究委员会编：《五星红旗从这里升起——中国人民政治协商会议诞生纪事暨资料选编》，文史资料出版社1984年版，第210页。

② 同上，第177页。

联合政府一项主张，并热心促其实现，极为钦佩。现在革命形势日益开展，一切民主力量亟宜加强团结，共同奋斗，以期早日消灭中国反动势力，制止美帝国主义的侵略，建立独立、自由、富强和统一的中华人民民主共和国。为此目的，实有召集各民主党派，各人民团体及无党派民主人士的代表们共同协商的必要。关于召集此项会议的时机、地点、何人召集，参加会议者的范围以及会议应讨论的问题等项，希望诸先生及全国各界民主人士共同研讨，并以卓见见示，曷胜感荷。[①]

同一天，周恩来为中共中央起草致香港分局及潘汉年电，要他们收到毛泽东本日的电文后即送各民主党派征询意见，并将征询推广到上海、南洋的民主人士中，欢迎他们来解放区商谈和进行新政协的准备工作。从这时起，筹备新的政治协商会议，建立民主联合政府，就成为中国共产党以及各民主党派着力进行的一项重大的政治任务。

彪炳史册的“秘密大营救”

在全国胜利的前夜，共产党人不忘一切为民主革命做出过贡献的朋友，成功地组织了令世人叹为观止的“秘密大营救”——克服军事封锁、交通阻隔、国民党特务迫害等一系列难以想见的困难，将一大批民主人士当作国家的宝贵财富安全接送到解放区，陆续抵达北平，体现了中共中央、毛泽东高瞻远瞩的政治远见，显示了中国共产党人海纳百川的政治胸怀。

---

① 中国人民政治协商会议全国委员会文史资料研究委员会编：《五星红旗从这里升起——中国人民政治协商会议诞生纪事暨资料选编》，文史资料出版社1984年版，第12—13页。

应中共中央的邀请，从1948年秋开始，在解放区以外的爱国民主人士陆续从国统区、香港和海外进入解放区。为保证这些爱国民主人士代表平安抵达解放区，中共中央作了周密部署，周恩来亲自指挥，通过南北两线中共组织，分批将民主党派领导人和知名爱国民主人士分别护送到华北和东北解放区。

在北线，1948年秋，中共地下组织即开始组织北平民主人士经石家庄到中共中央城工部所在地河北省平山县李家庄。另外一部分民主人士则由上海或香港经山东被接送到李家庄。9月底，符定一、吴晗、刘清扬、周建人、韩兆鹗等第一批到达李家庄。其中，民盟中央常委吴晗因被列入国民党特务的黑名单，为躲避特务在北平各大学的疯狂搜捕而逃亡上海，准备转道加入香港民盟行列。然而，当他到达上海时，得知去往香港的道路已被封锁，上了黑名单的人无法通过，只好暂居租界他兄弟家，同郑振铎一起商量如何前往解放区。在沪羁留一个多月后，北平地下党同志来信告诉他进入解放区的一切安排已经办妥。吴晗又秘密飞回北平，当天转道到天津，夫人袁震已经安排先在天津等他。过了两天，北平地下党崔月犁派来交通员，带领吴晗夫妇化装上路。当他们渡过最后一条河顺利地进入解放区时，吴晗高兴极了，他庆幸自己南下北上绕了一大圈，终于到了近在咫尺的“自由天地”。1949年1月中旬，第二批民主人士雷洁琼、严景耀、胡愈之、楚图南、费孝通、张东荪、沈兹九、翦伯赞、田汉、安娥等到达李家庄。1月20日，华北人民政府和中共中央华北局在李家庄举行盛大欢迎会，热烈欢迎民主人士的到来。

在南线，如何将远在香港的各民主党派领导人及重要民主人士安全、及时地转移到解放区共商建国大计，是摆在共产党人面前的一个难题。为此，中共中央最初设想开辟经欧洲到苏联，再转赴哈尔滨的路线，电示潘汉年与港方交涉，但不幸落空。为避免夜长梦多，中央决定改用大连到香港的航道。这条航道，是周恩来1947年秋紧急指令钱之光，为满足解放区对外贸易工作的需要而开通的，是解放区开展对外联络的唯一重要渠道。谁也没有料到这条秘密渠道，在关键时刻派上了用场。

1948年8月2日，即毛泽东向香港民主人士发出复电的第二天，周恩来急电在大连的钱之光：以解放区救济总署特派员名义暗中前往香港，会同中共香港分局的方方、章汉夫、潘汉年、连贯、夏衍等，接送在港民主人士进入解放区。8月9日，周恩来起草中共中央致中共华南分局负责人方方并香港分局电，其中指出："为邀请与欢迎港、沪及南洋民主人士及文化界朋友来解放区，并为他们筹划安全的道路，望指定汉年、夏衍、连贯负责计划，并协商一个名单见告。"随后，方方、潘汉年等和赶到香港的钱之光研究并着手进行秘密接送民主人士前往解放区的工作。

由于工作环境险恶，筹划事宜复杂而烦琐，既要保证民主人士摆脱特务的监视和迫害，冲破国民党反动派的重重封锁，又要解决好租船、护送、乔装打扮等具体环节的问题，应付随时可能出现的突发事件，所以一切活动都必须在极端秘密的情况下机警地进行。香港分局和香港工委为此专门成立了一个领导小组，由潘汉年、钱之光负主要责任，协助的有许涤新、饶彰风、乔冠华、夏衍、连贯等。为保持与中共中央和大连方面的直接联系，他们千方百计地建立了电台。

钱之光刚进香港，就投入紧张的筹划当中。他们依托中共在港的"联和公司"从事贸易工作为掩护，很快联系好一艘苏联货船。8月30日，周恩来、任弼时、李维汉联名致电钱之光：同意组织一批民主人士乘所租的苏联货船开往朝鲜，但"须注意绝对秘密"。

这时，中央方面获知著名爱国将领冯玉祥乘船由美返国途中，换乘一艘苏联客船行至黑海时，因电影胶片自燃导致船舱着火，于9月1日遇难的不幸消息。为此，9月7日周恩来为中央拟电致潘汉年并香港分局：民主人士乘苏轮北上事，望慎重处理。"第一，如该轮确无船行保证，以不乘该轮为妥；第二，如该轮有保证，而民主人士表示有顾虑，亦可不乘该轮；第三，如该轮有保证，而民主人士也愿意北上，亦不宜乘一轮，应改为分批前来，此次愈少愈好。"[①] 这件事的处理，反映了中共中央在转送民主人士北上时所坚持的安全至上原则，以及细心关照、高度负责的精神。

---

① 中共中央文献研究室编：《周恩来年谱(1898—1949)》(修订本)，中央文献出版社1998年版，第804页。

钱之光、潘汉年等是在面对巨大困难的情形下履行重要使命的。每一批安排哪些人、什么时候开船、船上人员是否可靠，都要根据民主人士准备的情况、货物的装运、香港的政治气候以及联络事宜的进展来决定，仅将民主人士安全地送到船上就极其困难。这当中，要事先摸清上船所要经过的交通路线，约好何人去接，包括面对突发状况如何应付，怎样摆脱密探的追踪等等，都必须考虑得细致周到。

根据中央9月7日的电示，在征得周恩来同意后，钱之光、潘汉年所安排的第一批北上者，仅沈钧儒、谭平山、蔡廷锴、章伯钧4人。钱之光派祝华和徐德明随船护送。他们或换装打扮成短衫工人模样，或穿着长袍，雍容阔绰，一副官商派头，且装作素不相识的样子，先后乘小舢板登船。9月13日，这批"特殊乘客"乘坐的苏联"波尔塔瓦"轮安全启程。但该轮在经过台湾海峡时遇到强台风的袭击，被冲到澎湖列岛附近，差点触礁。经过艰难航行，终于27日到达朝鲜的罗津港，中共中央特派李富春专程前往迎接，随后再转乘火车跨过图们江，经牡丹江，于9月29日抵达哈尔滨。

10月2日，沈钧儒等怀着兴奋的心情致电毛泽东、周恩来、朱德表示："愿竭所能，借效绵薄；今后一切，伫待明教。"10月5日，毛泽东、周恩来、朱德复电沈钧儒、谭平山、章伯钧、蔡廷锴，对他们到达解放区表示热烈欢迎，并告知准备在适当时机召开政治协商会议。

首次护送成功，大连方面又租用苏联的货轮，装载解放区出口的大豆、人参、药材等土产，以便接回第二批民主人士，并买进和运回解放区急需的西药、纸张、五金等物资。当时接送民主人士必须以经济贸易工作为掩护，钱之光为此改组和扩大了"联和公司"，并提出："要重新取个名字，既要有意义，又不能太暴露，就叫华润公司吧。华是中华的华，代表中国，润是毛润之的润，代表我们党，就是说这个机构是我们党办的贸易公司。"可是，大连方面租用的苏联货轮到达香港后，在港口停泊时不料与另一船相撞而搁浅。由于行期在即，钱之光只好改租一艘挂有挪威国旗的船只。

11月23日夜，第二批人员马叙伦、郭沫若、陈其尤、宦乡、曹孟君、冯裕芳、韩练成、许广平母子等20多人乘船安全离港。连贯等送行，王华生随船护送。在船上，大家饮酒赋诗，谈笑棋奕，“倍觉一身轻”。12月初，这批民主人士被安全护送到东北解放区。这时，辽沈战役已胜利结束，中共中央东北局也由哈尔滨迁至沈阳。李富春、张闻天等前往登陆地点，将郭沫若一行接到沈阳。第一批民主人士也由哈尔滨乘火车赶来沈阳会合。郭沫若与张闻天早在五四时期就互相熟悉，在新中国诞生前夕他们又重逢在人民当家作主的城市，二人把手相谈，格外高兴。

在此之前，因租用的苏联货轮撞船搁浅，连贯临时动议，安排胡绳陪同中国人民救国会的“七君子”之一沙千里另辟一条航线，以商人身份作掩护，先行乘船由香港合法地到达南朝鲜的仁川港。谁知这条航线比起原来开辟的秘密航线来说，其实并不畅通。胡、沙二人在仁川羁留了一个多月时间，百费周折才找到一艘去天津的走私船，又在汪洋大海中为躲避国民党的船只夤夜泊于荒岛，历经漂流始得转舵抵达大连。这从一个侧面表明，那个时候穿越国民党军的封锁通往解放区的交通线，是何等梗阻和艰难。

安排第三批民主人士离港最费周折，也最富戏剧性。运送前两批民主人士北上时，国民党特务和港英当局尚浑然不知。但不久他们便嗅到风声，警戒森严，多方阻挠，使接送工作的难度陡然增大。周恩来为此特别电示钱之光：今后的行动“要更加谨慎”。在此严峻情势下，接送第三批民主人士北上的工作继续加紧进行。这批人士当中最引人注目的是李济深。

李济深是在港民主党派领袖中最具政治影响力的人物，是美英等国和桂系竭力争取和拉拢的重要对象，港英当局更视之为中国政府的“反对派领袖”，在优礼有加的同时加强了监视，李宅周围总是布满密探，香港当局也经常以关心安全为名上门探访。国民党特务组织则到处侦察李的行动，伺机行凶破坏。这时，李济深因受各种政治势力的影响，尚未下定北上的决心。有人挑拨他说，你不能去解放区，到了那里就身不由己了。桂系首领白崇禧则派黄绍竑携亲笔信赴港，准备接李去武汉“主持大计”，想利用李在军政界的影响，达成由桂系和共产党“划江而治”。在这样复杂的情况下，李济深要离开香港，实乃阻力重重。钱之光、潘汉年委托国民党元老何香凝出面，劝李济深还是早走为好，一则是形势的需要，二则为了自身的安全。为解除李的后顾之忧，中共香港分局除妥善安排他的家属外，还尽量安排民革中与他亲近的人同行。最后，李济深决定北上。

中共中央对李济深等人的北上事宜极为关心。周恩来事先给大连方面发电报说：这一批民主人士北上，要与苏联驻大连的有关部门交涉，租用他们的轮船靠岸；到达后，要安排在大连最好的旅馆，民主党派领导人要住单间，确保安全；要举行欢迎宴会，并请大连市委协助做好接待工作。电报还说，大连天气寒冷，要为他们准备好皮大衣、皮帽子、皮靴等，大小巨细一应事项，周恩来都有明确指示。

为尽量避开各方面的注意，离港时间定在12月26日，即香港人忙着过圣诞节的时候。动身的当天，李济深接受连贯的建议，在家里大宴宾客。宴会进行当中李悄然离席，未穿外衣就登上家门口一辆汽车，又由饶彰风陪同到达停泊岸边的一条小船上，装着泛舟游览的样子，穿梭于一些外轮之间，然后才伺机接近北上的苏联货船“阿尔丹”号。上船后，李济深等人立即进入船长室，以避免海关检查。

李济深此番登上“阿尔丹”号，实际上是一次较大规模的接送行动。同行的民主人士有彭泽民、朱蕴山、梅龚冰、吴茂荪、柳亚子、章乃器、邓初民、洪深、翦伯赞、施复亮、孙起孟和茅盾夫妇等30多人。这些人也是分别从各自的住所出发，有的拐到朋友家再上船，有的以旅馆为中转站，且不带任何行李，让人感觉不到有远行的迹象。他们在统一安排下化了装，有的长袍马褂，有的西装革履，甚至口袋里还装着一套货单，准备了一套说辞，以便应付检查时的盘问。为保证旅途安全，香港分局派李嘉仁、钱之光、徐德明随船护送，随行并起保护作用的还有龚饮冰和卢绪章。船行3天后，《华商报》才正式发布李济深北上参加新政协的消息。白崇禧派往香港的黄绍竑来迟一步，扑了个空。港英当局和国民党特务则为他们所控制的重要人物不翼而飞大为沮丧。

1949年1月7日上午，“阿尔丹”号平安抵达目的地，中共中央代表李富春、张闻天面带微笑，站在大连码头迎接李济深等人的到来。随后，李济深一行乘专列到达沈阳，与沈钧儒、马叙伦等会合。1月12日，李济深致电毛泽东、周恩来：“济深于一月十日抵沈，诸承款待，至所感激，贵党领导中国革命，路线正确，措施允当，恰符全国人民大众之需要，乃获今日之伟大成就，无任钦佩。济深当秉中山先生遗志，勉尽绵薄，为争取中国革命之彻底胜利而努力。”当晚，毛泽东、周恩来即联名复电，表示欢迎。

1月26日，中共中央东北局、东北行政委员会、人民解放军东北军区和东北各界举行盛大欢迎会。各民主党派代表发言，讲述了到解放区的感受以及参加建国工作的决心。李富春最后讲话说：“今天的欢迎会，象征着中国民主力量的大团结，也象征着全国胜利的快要到来。”

上述三批民主人士进入东北解放区后，随即就召开新政治协商会议的有关准备工作，同中共方面初步进行商讨。同时还参观了沈阳、哈尔滨等地的工厂、农村，了解当地社会状况。大家对东北人民在短期内取得的巨大成就，印象颇深，赞不绝口。章乃器到达北平后不久，便满怀激情地写了一篇题为《人民的东北》的文章，用充满真诚和钦佩的语言，描绘了他在东北各地的所见所闻。他坦率地承认，过去他对新华社所报道的有关解放区的政治经济情况，抱有一定程度的怀疑；而在实地参观以后，不仅认清自己过去的怀疑毫无根据，而且感到新华社的报道远远地落在事实之后。他认为新生的事物太丰富，而有些抽象的情况，如人民的愉快情绪和社会的蓬勃气象，就绝非通讯体裁所能描写。这篇文章代表了许多民主人士初到解放区时的新鲜感受和切身体验。

许多民主人士进入解放区后，都进行了重新学习。他们听取中共方面安排的有关时局、土地改革、财经政策、文教工作等报告，阅读列宁的《国家与革命》及毛泽东的《新民主主义论》《论联合政府》等文章，初步认识无产阶级革命和无产阶级专政的意义，了解马列主义为什么要和中国革命的具体实践相结合，懂得土地改革是支持解放战争的基本环节，是消灭封建势力的必要步骤。许多民主人士通过来到解放区方方面面的亲身感受，更加积极、自觉地投入反对国民党独裁统治的革命斗争，在政治立场上、思想感情上发生了根本的变化，下定决心为创造美好的新中国贡献自己的一切力量。

中国共产党接送民主人士到解放区的工作，一直持续到1949年9月中国人民政治协商会议召开之时。随着新政协筹备工作的全面展开，接送工作也在逐渐加快。1949年2月28日，以文化界著名人士为主体的第四批人员，乘坐挂有葡萄牙国旗的大货轮由香港北上，有叶圣陶、马寅初、王芸生、沈体兰、郑振铎、刘尊棋、傅彬然、陈叔通、包达三、张志让、宋云彬、徐铸成、张絅伯、赵超构、吴全衡和柳亚子夫妇、曹禺夫妇等，共27人。

地下党工作人员从26日黄昏起就从各人住处取走行李，秘密运上轮船。27日，上述“特殊乘客”根据统一要求，改穿中式短服，装成船员模样，陆续登船。行前，肩负组织责任的乔冠华要求大家将所有可能暴露真实身份的名片、印章、信件、书籍等先取出藏到船上的隐秘处，管制得极为严格。货轮开行一小时后，大家集中开会，方知绝大多数是彼此相熟的朋友，真是海上遇故知！谁知，正在高兴之际，却遇到了历次接送中最严重的一次险境。接近山东烟台时，该轮遭遇两艘国民党军舰的夹击，并受到盘问。幸亏船长从容应对，且临时改变航向，佯作向朝鲜方向行驶，才摆脱险境。

第五批民主人士于3月14日从香港出发，在天津上岸。“特殊乘客”包括黄炎培夫妇，盛丕华及其子盛康年，以及俞寰澄等人，由刘恕护送。民盟、民建主要负责人黄炎培，是在黎明前的黑夜里脱险北上的。在切盼解放的上海孤岛，国民党反动当局愈加疯狂。乌黑的警车在大街小巷呼啸而过，郊外的荒野上时时传来杀人的枪声。黄炎培和张澜、罗隆基、史良等著名民主人士，都受到特务的公开监视，失去了行动自由。有关方面又接连透露出国民党将以绑架或暗杀对付民盟领导人，黄炎培名列案首的消息，形势越来越险恶。这时，上海地下党转来中共中央欢迎黄炎培北上解放区参加新政治协商会议的邀请。黄炎培决定尽快摆脱黑夜，奔向光明。

在中共上海地下党组织的参与下，黄炎培与民主建国会的老友王良仲精心设计了声东击西的“金蝉脱壳”计划。先由王良仲利用上层关系向特务放出消息，声称黄炎培将于下星期到浦东农场参观，并邀特务同去；黄家则以准备春节宴客为名，大置年货，造成黄炎培近期内不会出走的假象。2月14日下午，黄炎培偕夫人佯称出门购物，乘车至南京路永安公司门口，让汽车就地等候。跟踪而至的特务信以为真，也将汽车停下守候。黄炎培一进入公司大门，即穿过店堂，自另一门出来跳上王良仲事先备好的汽车，直奔江湾自己女儿家中。稍事化装后，即由地下党同志护送上开往香港的轮船。直到黄炎培安全抵达香港的消息见报，特务们才恍然大悟，连呼上当。

黄炎培一行在中共香港地下党的安排下乘船北上。3月25日，黄炎培一行乘火车由天津到达北平。董必武、李维汉、齐燕铭等前往车站迎接。接着，他们驱车前往西苑机场，迎候中共中央进驻北平。在这里，黄炎培见到了曾在延安与他促膝长谈的毛泽东，倍感亲切。然而时隔不久，他便得知自己的长子黄竞武在上海惨遭国民党特务杀害的噩耗。物换星移，地覆天翻，大喜大悲的黄炎培更坚定了为建造民主共和国大厦毕生奋斗的决心。

从1948年8月到1949年8月，由钱之光和香港分局安排秘密北上的民主人士共20批约350人，其中有119人参加了第一届中国人民政治协商会议，所搭乘挂有各国国旗的轮船有10多艘。除上述5批重点外，余下的接送多为零星行动。如最早从香港北上的胡愈之和沈兹九，是1948年8月由潘汉年布置，假充华侨商人乘英国商船在南朝鲜的仁川登陆，然后转道大连进入解放区的。冯玉祥将军罹难后，他的夫人李德全于1948年10月下旬带着冯玉祥的骨灰到达解放区，参加了新政协的筹备工作。致公党的黄鼎臣等是于1949年3月20日乘外轮“宝通”号北上的；4月上旬，应邀参加新政协的何香凝由女儿廖梦醒陪同携孙子、孙女北上，乘坐的是希腊轮船。令人痛心的是，应邀参加新政协的民革、民联重要领导人杨杰将军，从昆明转道香港赴北平时，于9月19日在香港被国民党特务杀害。

1949年3月秘密接送工作基本告一段落的时候，周恩来在北平中南海听取钱之光等关于接送民主人士参加新政协和开辟对外贸易工作的汇报，对这段工作大加赞叹。历史将永远铭记，在解放战争即将取得全国胜利，而南方局面未定的形势下，中国共产党人不忘一切为民主革命做过贡献的朋友，千方百计，周密安排，克服重重困难，成功地组织了深为世人叹服的“秘密大营救”，从各种险恶的环境中，将这一大批民主人士当作国家的宝贵财富，安全地接送到北平。这一重大步骤，体现了中共中央、毛泽东高瞻远瞩的政治远见，显示了中国共产党人海纳百川的政治胸怀。

第五章 中国之命运的决战

打倒国民党的战略方针

> 在夺取全国政权的道路上，首先要求在一切政治上的政策及策略方面，在军事上的战略及重大战役方面的完全统一，经济上及政府行政上在几个大的区域内的统一，即逐渐将经济、财政、贸易、金融、交通和军事工业的领导和管理工作统一起来，以利支援前线。总之，革命形势要求将全国一切可能和必须统一的权力统一于中央。

解放战争进入第三年，全国的军事、政治和经济形势都发生了重大变化。至1948年8月，国民党军的总兵力已由战争开始时的430万人减少到365万人，并被人民解放军分别钳制在东北、华北、中原、华东、西北等几个战场，所能够用于战略机动的兵力已寥寥无几。在国民党营垒内部，由于战争连连失利，政治腐败，派系倾轧，矛盾更加尖锐，经济危机更加严重，蒋介石的独裁统治更加不得人心。人民解放军的总兵力，由战争开始时的127万人发展到280万人，敌我总兵力的对比，已由战争初期的3.4∶1缩小到1.3∶1。尽管国民党军在数量上仍占一定优势，但人民解放军在战场上的机动兵力却大大超过敌军，战斗力空前加强。各大解放区日益巩固、发展、壮大，面积已扩展到235万平方公里，约占全国总面积的1/4；解放区人口已达1.68亿人，占全国总人口的1/3以上。中国共产党领导大约1亿人口的老解放区农村实行了土地改革，广大翻身农民努力发展农业生产，踊跃参军支前，解放区的工业生产和社会经济也得到一定的恢复和发展。

为了进一步做好夺取全国胜利的各项准备，中共中央于1948年9月8日至13日在西柏坡召开政治局会议，史称“九月会议”。这是在决定中国前途和命运的决战时机即将到来的关键时刻举行的一次十分重要的中央会议。出席“九月会议”的共31人，其中，中央政治局委员7人：毛泽东、刘少奇、朱德、周恩来、任弼时、董必武、彭真；中央委员10人：徐向前、饶漱石、贺龙、邓小平、陆定一、曾山、叶剑英、聂荣臻、滕代远、薄一波；候补中央委员4人：廖承志、陈伯达、邓颖超、刘澜涛；另有罗迈（李维汉）、杨尚昆、胡乔木等重要工作人员10人。这是自全面内战爆发以来到会人数最多的一次中央会议。在此之前，中央领导成员大多分散在各解放区紧张从事军事斗争，戎马倥偬，交通阻隔，很难聚集起来举行这样的会议。这也从一个侧面表明，夺取全国胜利的日子为期不远了。

毛泽东的报告，是中央“九月会议”的主要议题。这个报告，包括了对国际形势的估计问题；党的战略方针和战略任务问题；建立人民民主专政的国家政权问题；财政经济的统一问题；发扬党内民主、训练干部、提高理论水平问题；学习管理工业和学做生意问题；加强纪律性以及发展新民主主义经济问题。会议围绕报告提出的打倒国民党的战略方针及全国胜利后党准备实行的基本方针和政策，进行了充分、深入的讨论，一致同意这个报告。

军事工作是会议讨论的重点之一。与会者对于全国解放战争3年来的胜利及其发展前途的估计问题作了详尽的商讨和部署。解放战争初期，中共中央曾经估计有大打、中打、小打3种前途，而实际上战争是越打越大。1947年，在陕北靖边县小河村召开的中央前委扩大会议上，毛泽东总结了人民解放军在战争第一年歼敌112万人的战绩，首次提出了对蒋介石的斗争计划用5年时间（从1946年7月算起）来解决的设想。在1948年春结束陕北转战东渡黄河之后，毛泽东进一步估计：“同蒋介石的这场战争可能要打六十个月。六十个月者，五年也。这六十个月又分成两个三十个月，前三十个月是我们‘上坡’，‘到顶’，也就是说战争打到了我们占优势；后三十个月叫做‘传檄而定’，那时候我们是‘下坡’，有的时候根本不用打仗了，喊一声敌人就投降了。”

战争进入第三年（1948年7月）之后，转入“传檄而定”的形势日趋明朗，党中央对国民党斗争的通盘计划更加清晰。毛泽东在中央“九月会议”的报告中明确地提出：“我们的战略方针是打倒国民党，战略任务是军队向前进，生产长一寸，加强纪律性，由游击战争过渡到正规战争，建军五百万，歼敌正规军五百个旅，五年左右根本上打倒国民党。”会议围绕这个主题进行了深入的讨论。

周恩来发言指出：争取五年胜利，首先把战争继续引向国统区，把战争负担加到敌人身上，并且应准备若干次带决定性的大会战。在第三年的作战计划中，全国的重心在中原，北线的重心在北宁路；要增强各战场的战役上的协同与配合；做到后勤供应统一计划与相互配合；人民解放军要统一建制，逐渐走向正规化、集中化。他认为，如果给蒋介石的打击很严重，加上财政经济崩溃，内部倾轧，蒋介石可能垮得早些，胜利来得快我们也应有此准备。我们要估计到这些，不要因为胜利来得快而没有准备，也不要因胜利推迟而不耐心。

刘少奇发言指出：我们的估计应该是最稳健的，但也要估计到“最好的可能”。我们的计划不摆在这上面，但可以力争，争取缩短痛苦，早日胜利。自然，早日胜利，可能是“胜利逼人”，而多有两年准备，胜利得比较圆满一些，我们应当很好准备。在困难方面，我们还有带决战性的攻坚这一关没有过；大的会战，一次消灭敌人两三个兵团这一关也没有过。带决战性的攻坚和大的会战常常是联系着的，现在我们正在准备进行锦州、济南的会战，过了这两关，那就解决了。这种思想，要在主要将领中宣传，解释清楚。

任弼时发言指出：军队向前进，生产长一寸这一点，并非全党都认识了。从解放区人力物力财力说，必须如此前进不可。只有军队向前进，推向南去，把负担加在敌人身上，才能减轻人民的经济负担，否则生产长一寸就很成问题。

朱德发言指出：不能满足于目前部队的现状，在不断提高部队的技术装备，加强人员和物资的补充，搞好军工生产，统一兵站运输，统一医疗卫生工作，使部队能连续作战。他还估计，将来攻城打援的大会战最有可能在徐州进行。

毛泽东在讨论中说：我们的口号是民主的统一，所谓统一，就是打倒国民党，蒋介石的国家就是那五百个旅，打掉它五百个旅，就可能统一。现在已搞掉了它两百个旅，所以，统一全中国的问题，提到议事日程上来了。

会议经过讨论一致认为，中央关于五年左右根本打倒国民党的战略决策是稳健的、谨慎的、实际的，反映了饱受战争苦难的中国人民迫切希望国家走上和平建设的道路，使中国变成一个独立、自由、民主、统一、富强的新中国的愿望，是中国历史发展的必然，是完全能够做到的。毛泽东在结论中说：关于我们的任务，这次会上的意见是一致的，并且还有发挥，这很好，有很多意见是属于加强计划性的。"大约五年左右根本上打倒国民党"，有一个"大约"，一个"左右"，还有"根本上"，那些形容词不能去掉。公开宣传，我现在倾向于讲困难一些，要充分估计困难和克服困难的可能性。这体现了中央领导层对夺取全国胜利既抱有坚定不移的信心，又持有科学、审慎的态度。

会议提出：为了实现五年胜利，在党内外都要强调我们现在是为统一全中国而斗争，这个统一是以中国共产党为领导的统一。为了实现五年胜利，要在主要将领中树立起"打带决战性的攻坚战和一次消灭敌人两三个兵团的大会战"的思想。为了实现五年胜利，要充分估计今后可能遇到的困难。会议认真讨论了克服各种困难的对策和措施，指出在大发展、打出去、打开了局面的情况下，全党全军要防止骄傲，重视困难，准备克服困难。会议认为每年歼灭敌正规军100个旅左右，是保证五年胜利的关键。为此，决定人民解放军在战争第三年仍然全部在长江以北和华东、东北作战，以歼灭国民党部署在上述地区的占其现有全部军事力量365万人中的70%的第一线部队。

除了军事工作以外，中央"九月会议"还研究决定了准备夺取全国胜利的一系列重大问题：政治上，准备于1949年内召开政治协商会议，成立中华人民民主共和国临时中央政府。经济上，一方面要将战争所需要的人力物力资源大量地从国民党方面及区域去取给；另一方面必须用一切努力恢复和发展解放区的工农业生产，要逐渐将经济、财政、贸易、金融、交通和军事工业的领导和管理工作统一起来，以利支援前线。组织上，必须迅速地有计划地训练能够管理军事、政治、经济、党务等工作的干部，准备随军前进，以应占领全国各方面工作的急需。在党和军队的建设上，必须用最大的努力克服无纪律状态和无政府状态，克服地方主义和游击主义，将一切可能和必须集中的权力集中于中央和中央代表机关手里；各中央局、分局和野战军、军区首长必须认真执行向中央报告请示的制度,必须健全党委制,贯彻集体领导和个人负责相结合的原则,定期召开各级党代表大会,建立政党的党内民主生活,等等。

在1948年4月10日起草的致华东局并告各中央局、分局、前委的电报中,毛泽东强调指出:

> 中国新的革命高潮的到来,我党已经处在夺取全国政权的直接的道路上,这一形势要求我们全党全军首先在一切政治上的政策及策略方面,在军事上的战略及重大战役方面的完全统一,经济上及政府行政上在几个大的区域内的统一,然后按照革命形势的发展进一步地考虑在军队的编制和供应上,在战役行动的互相配合上,以及在经济上在政府行政上(那时须建立中央政府)作更大的统一。总之,革命形势要求我党缩小(不是废除)各地方各兵团的自治权,将全国一切可能和必须统一的权力统一于中央。[①]

会议最后通过了《中共中央关于召开党的各级代表大会和代表会议的决议》和《中共中央关于各中央局、分局、军区、军委分会及前委向中央请示报告制度的决议》。这次会议的基本精神,会后由毛泽东执笔写入《中共中央关于九月会议的通知》及《关于健全党委制》等文件中。中央"九月会议"为根本上推翻国民党反动统治,有条不紊地夺取全国革命的胜利,在思想上、政治上、组织上打下了重要基础。

中央"九月会议"刚结束,打攻坚性大会战的有利形势便在津浦、胶济两线的交会点济南形成。这时,济南作为蒋介石支撑华北残局的一个战略要点,已成为处在解放区四面包围中的孤城。为了隔断华东、华北两解放区的联系,钳制华东野战军全力南进,蒋介石以重兵11万人坚固设防守备济南,又以徐州17万人的强大兵团准备随时北援,力图确保这个联结华东、华北地区的战略枢纽。为了在济南造成打前所未有的大规模歼灭战的态势,从7月到9

---

① 《毛泽东文集》第5卷,人民出版社1996年版,第86—87页。

月，毛泽东连续为中央军委起草了20余封致华东野战军的电报，反复比较各种方案，预计各种可能，最后确定了粟裕提出的分两大集团“攻济打援”，而以夺取济南为主要目标的战役计划。

根据毛泽东、中央军委批准的作战计划，华东野战军以粟裕为全军指挥，以7个纵队14万人组成攻城集团，以8个半纵队附地方部队共18万人组成打援集团，于9月16日向济南发起全线猛攻。经过8个昼夜激烈的攻坚战，于24日攻克济南，共歼敌10.4万余人，其中战场起义两万余人，生俘敌第二绥靖区中将司令及山东省主席王耀武、中将副司令牟中珩等。在我军强大打援集团的威慑下，由徐州北援的敌刘峙集团惧怕被歼，行动缓慢，终竟未敢北进。

济南攻克后，菏泽、临沂、烟台等地的国民党军纷纷弃城逃窜，山东全境基本解放，从而使华北、华东两大解放区完全连成一片。济南战役以攻克敌人坚固设防的大城市的胜利表明，人民解放军已开始突破带决战性的攻坚战这一关，具备了一次歼灭敌人两三个强大兵团的作战能力。以济南战役为标志，中国革命战争史上一次歼灭敌人重兵集团的战略决战已拉开了序幕。

这时，国民党军在人民解放军的强大攻势下，已经无法摆脱其战略上全面被动的地位。国民党的6个军事战略集团，已被人民解放军分别牵制在南线和北线的几个重要点线上：华东的刘峙集团集结于以徐州为中心的陇海线和津浦线路段上；华北的傅作义集团布防于平绥线上的归绥、张家口和北宁线上的北平、天津、唐山、山海关等地；华中的白崇禧集团聚集于平汉线南段和以汉口为中心的地区；西北的胡宗南集团盘踞于以西安为中心的关中一隅；阎锡山集团则困守于山西太原地区；东北的卫立煌集团龟缩在长春、沈阳、锦州三个孤立地区，靠北宁线作为同关内联系的通道。这6个战略集团彼此孤立，难于配合，根本无法形成完整的战线，非常有利于人民解放军施以分割包围、各个歼灭。

在济南战役取得攻坚性大兵团作战的胜利之后，打带决战性的大会战、逐一歼灭敌军强大集团的问题，日益紧迫地提上日程。毛泽东和中央军委把握时机，精密运筹，因势利导，连续发动了辽沈、淮海、平津三大战役，把人民解放军为发展战略进攻而举行的1948年秋季攻势，推进到气势磅礴的战略决战的高级形态，为人民解放战争迅速取得全国胜利奠定了基础。

首战辽沈解放东北全境

在辽沈战役作战方针的制定及实施过程中，毛泽东以坚定不移的战略决心和晓明利害的深刻分析，帮助前线指挥员克服长时间的犹豫和临战前的一度动摇，终使中央军委的战略意图得到坚决的贯彻执行。这生动体现了中央军委、毛泽东准确捕捉转瞬即逝的有利战机，全力贯彻既定战略意图的坚定沉着以及韧性和耐心。

1948年8月上旬，蒋介石在南京召开军事会议，决定放弃“全面防御”计划，实行“重点防御”的战略方针，企图收缩战线，集中现有兵力固守重要战略点线。为此，蒋介石以其精锐部队为核心，靠拢兵力，猬集一团，以使人民解放军“吃不掉、啃不烂”；同时，裁并绥靖区，扩大兵团，裁减机关，以求增大机动兵力，并加紧编训后方二线兵团，力图挽救败局。按照“重点防御”方针，蒋介石准备实行“撤退东北、巩固华北、确保华中”的战略计划，又恐造成在政治上、军事上的严重后果，故迟疑未决，试图保持沈阳到10月底，以观时局发展。正是在敌人欲作战略收缩却又举棋不定的紧要关头，毛泽东和中央军委准确地捕捉决战时机，果断地将首战方向选择在东北。

东北作为中共中央、毛泽东自中共七大以来便决定大力争取的战略要地，经过两年来的发展，已有97%的土地面积和86%以上人口获得解放，东北解放区已完全连成一片，东北人民解放军已由战争开始时的11万人，迅猛发展到100万人，其中野战军70万人，装备改善，士气旺盛，并控制了95%的铁路线，牢牢掌握了战争主动权。国民党军在东北虽然还维持50余万兵力，但却被分割在长春、沈阳、锦州3个互不连接的地区内，长春、沈阳则完全陷于孤立。选择东北作为战略决战的首战方向，就能彻底粉碎敌人企图尽量延长坚守东北几个孤立要点的时间，牵制东北人民解放军不能入关作战的图谋；就能实施更大的战略机动，有利于华北、华东战场的作战；就能以东北雄厚的工业资源支援全国战争，使人民解放军获得战略的总后方。为此，毛泽东早就形成了首先解决东北问题的战略意图，并抱着极大的耐心，一步一步地付诸实施。

早在1948年2月，毛泽东就预计到蒋介石从东北撤退的可能性会突然增大，他认为这对我军来说，虽然可以不费大力量就解放全东北，但如让敌军主力完好地撤回关内，则对华北、华中我军作战不利。经过全盘谋划，毛泽东提出“对我军战略利益来说，是以封闭蒋军在东北加以歼灭为有利”的基本指导原则，要求东北野战军考虑以主力南下北宁路，截断敌军由陆上撤退的通路，抓住卫立煌这个大的战略集团，使其无法从东北撤退。对于毛泽东、中央军委这个战略意图，以林彪为司令员的东北野战军在相当一段时间里未能深刻领会，而是强调主力南下作战有诸多不利条件，主张先打长春。鉴于蒋介石尚未最后下决心从东北撤走主力，打长春又确有有利条件，毛泽东、中央军委同意林彪等先打长春的意见，但同时强调：打下长春后，东北野战军仍必须向南作战。

在号称“防务坚冠全国”的长春被团团包围之后，东北野战军的作战方针又由硬攻改为久困长围，致使东北野战军主力反被一座孤城牵制，与长春守敌形成对峙局面，这显然是不利的。为了打破僵局，中共中央东北局于7月下旬召开常委会，重新研究作战方针，决定1个月后以最大主力开始南下作战。毛泽东随即致电林彪等并告东北局，同意提早改为向南作战计划，并高屋建瓴地分析道：向南作战具有各种有利条件，我军愈向敌人后方前进，愈能使敌方孤悬在我侧后之据点被迫减弱或撤退。这个真理已被整个南线作战所证明，也被你们的作战所证明。至此，从2月至7月，经过5个多月的反复思量和实践证明，东北野战军前线指挥员终于在及早南下作战问题上同毛泽东、中央军委达成了一致的认识。

关于主力南下的作战计划，毛泽东于7月底至9月初多次致电林彪、罗荣桓等，明确指出：应当首先考虑对锦州、唐山作战，即首先切断东北敌军的入关通路。他分析从北宁路锦唐段打起，是从敌人东北“剿总”与华北“剿总”的接合部开刀，实现中间突破，有利于尔后向两翼机动；而先打锦州的范汉杰集团，华北的傅作义集团是不会大力出关增援的。这个战役计划的要旨，在于攻克锦州，一举扼住东北敌军通向关内的咽喉，这就等于关上了东北的大门，形成“关门打狗”的有利态势，使“东北剿总”的卫立煌集团50万人变成“瓮中之鳖”，唯有束手待毙。据此，毛泽东9月7日为中央军委起草致林彪、罗荣桓等的指示电，要求将主攻方向指向锦州、榆关、唐山诸点，应准备使用主力于该线，而置长春、沈阳两敌于不顾，并准备在打锦州时，歼灭可能由长、沈援锦之敌。为使东北前线指挥员坚持此目的而不动摇，毛泽东特别强调：第一要确立攻占锦州、榆关、唐山并全部控制该线的决心；第二要确立打你们前所未有的大歼灭战的决心、即在卫立煌全军来援的时候敢于同他们作战。

部署既定，东北野战军遂以6个主力纵队分路奔袭北宁路。9月12日，即向义县至滦县一线之敌发起攻击，辽沈战役由此开始发动。至10月1日，东北野战军主力连克昌黎、北戴河、绥中、兴城、义县等城，切断了北宁路，完成了对锦州的包围。

为保住锦州这个通往关内的唯一陆上通道，蒋介石急飞北平搬兵，又飞抵沈阳调整部署，决定从关内抽调7个师，连同锦西、葫芦岛的4个师在内，共11个师，由第十七兵团司令侯镜如指挥，组成“东进兵团”；以沈阳11个师另3个骑兵旅，由第九兵团司令廖耀湘指挥，组成“西进兵团”，企图东西对进，增援锦州。林彪在获知敌人向葫芦岛增兵4个师的消息后，顾虑到主要援敌将同时来自两个方向，而锦西距锦州更近，威胁更大，恐打锦州时陷于两面强大援敌的夹击之中，遂对攻打锦州发生犹豫动摇，于10月2日向中央军委提出考虑回师攻打长春的方案。

毛泽东认为在临战关头仅以某项非本质的敌情变化，即改变攻打锦州的决心，是很不妥当的。他同周恩来、刘少奇、朱德、任弼时审慎研究，于10月3日两次致电林彪、罗荣桓等，明确指出：你们应利用长春之敌尚未出动，沈阳之敌不敢单独增援锦州的紧要时机，集中主力，迅速攻下锦州，对此计划不应再改。毛泽东在电报中全面深刻地分析了攻打锦州与回师长春的利与弊，强调：只要攻下锦州，你们就有了战役上的主动权，而攻下长春，并不能帮助你们取得主动，反而将增加你们下一步的困难。毛泽东和中央军委希望东野前线指挥员深刻认识到这一点。

在林彪发出10月2日请示电后，东北野战军政委罗荣桓等同林彪重新作了慎重研究，并于收到军委3日复电之前致电中央军委，收回了回师打长春的方案，表示“我们拟仍攻锦州”，并调整作战部署，以两个纵队、两个独立师阻击、牵制锦西方向的敌“东进兵团”；以4个纵队对付沈阳方向的敌“西进兵团”，而集中6个纵队攻打锦州，以9个独立师继续围困长春。

毛泽东4日复电表示：“甚好，甚慰”，认为这样做才算是把作战重点放在锦州、锦西方面，纠正了过去长时间内南北平分兵力没有重点的错误；并指出：如果真的回头攻长春，你们将要犯一个大错误。毛泽东、中央军委希望林彪等对于蒋介石到沈阳讲些什么做些什么，完全不要理他，而坚决地按照既定部署，大胆放手和坚持地实施，争取首先攻克锦州，然后再攻锦西。10日，毛泽东致电林彪等，再次强调迅速攻克锦州是取得全战役胜利的关键，指出即使一切其他目的都未达到，“只要攻克了锦州，你们就有了主动权，就是一个伟大的胜利”。这些指示，对于辽沈战役取得全面胜利起了决定性作用。

在辽沈战役作战方针的制定及实施过程中，毛泽东以坚定不移的战略决心和晓明利害的深刻分析，帮助前线指挥员克服了长时间的犹豫和临战前的一度动摇，终使中央军委的战略意图得到坚决的贯彻执行。这一过程，生动体现了毛泽东作为全军最高统帅，准确捕捉转瞬即逝的有利战机的高超艺术，以及全力贯彻既定战略意图的韧性和耐心。

经过短暂的反复，东北野战军于10月14日向锦州发起总攻，15日即攻占锦州，全歼“东北剿总”副总司令范汉杰以下10万余守敌，封闭了东北敌军陆上的逃路。与此同时，打援部队在塔山地区展开空前激烈的阻击战，有力地阻滞了锦西援敌的东进。锦州被攻克后，长春守敌陷于突围无望、守必被歼的绝境，在人民解放军攻打锦州胜利的威慑和强大的政治攻势下，先是第六十军军长曾泽生率部起义，继而“东北剿总”副总司令郑洞国率新编第七军等部投诚，长春遂告解放。

锦州、长春解放后，蒋介石令廖耀湘兵团与侯镜如兵团继续东西对进，企图重占锦州;并令第五十二军主力抢占营口,以便东北残敌经由海路撤逃。对此,毛泽东指出,敌东西对进,对我军是很有利的,同意东北野战军不攻打锦西、葫芦岛,而集中主力全歼廖耀湘兵团,采取诱敌深入打大歼灭战的方针,并指示应部署有力兵团于营口及其以西、以北地区,截断敌人海上退路。

10月26日,东北野战军各部完成了对廖耀湘兵团的分割和包围。经两天猛烈进攻,全歼该兵团的5个军共10万人,其中包括号称蒋介石"五大主力"中的新一军主力和新六军全部。与此同时,毛泽东及时提出夺取沈阳、歼灭沈阳敌军主力的方针。廖耀湘兵团被歼后,卫立煌匆忙从沈阳乘飞机逃离。东北野战军乘胜推进,于11月2日直下沈阳、营口,除营口敌军一部及锦西、葫芦岛敌军先后经由海路逃跑以外,卫立煌集团被全部歼灭。辽沈战役至此胜利结束。

从1948年9月12日至11月2日,辽沈战役历时52天,共歼敌47.2万余人,解放了东北全境。这一前所未有的伟大胜利,使人民解放军在战争进入第三年的头4个月里,共歼敌达100万人。国民党军的总兵力骤降到290万人,人民解放军的总兵力则增长到310万人。这表明,中国的军事形势发生了根本变化,人民解放军不但在质量上早已占有优势,而且在数量上也已经占有优势,这是中国革命的成功和中国和平的实现已经迫近的标志。据此,毛泽东对于夺取全国胜利的时间表重新作了估计。

11月11日,毛泽东在为祝贺辽沈战役胜利的电报中指出:"我全军九、十两月的胜利,特别是东北及济南的胜利,业已根本上改变了敌我形势。""九月上旬(济南战役前)中央政治局会议时所作的五年左右建军五百万,歼敌五百个正规师,根本上打倒国民党的估计及任务,因为九、十两月的伟大胜利,已经显得是落后了。这一任务的完成,大概只需再有一年左右的时间即可达到了。"[①]后来的时局发展和战争进程,完全证明了毛泽东这个预见的正确性,同时也表明中央"九月会议"提醒全党要为很快到来的胜利预作准备,是非常必要和及时的。

---

① 中共中央文献研究室编:《建党以来重要文献选编》第25册,中央文献出版社2011年版,第637页。

在毛泽东、中央军委的战略运筹中，辽沈战役并不是单独、孤立地进行。它是渐次形成的整个战略决战中的初战，是逐一歼灭敌军重兵集团的大会战的第一步。它树立了人民解放军在数量上的优势，更重要的是使拥有百万兵员的东北野战军成为全国战局中一支强大的战略总预备队，随时可以投入关内其他战场，加速革命战争取得全国性胜利的进程。东北全境的解放，使整个东北地区较发达的基础工业、军事工业及近代化的铁路交通运输业，全面转向为支援革命战争服务，使人民解放军获得拥有雄厚物质基础和近代技术手段的战略总后方。

毛泽东在1945年中共七大上瞩目于大工业基础，以最大决心抢先争取东北的全部战略意义，在辽沈战役的辉煌战绩面前完全地呈现出来。

鏖兵淮海决胜江淮大地

在华东、中原两大野战军60万人马与国民党80万军队对决的淮海战场上，人民解放军得到鲁、苏、豫、皖、冀五省人民有力的支援，车推肩挑、络绎于途的数百万民工的支前大军，生动展示了“淮海战役的胜利是人民群众用小车推出来的”。基本以人力运输的方式完成牵涉如此众多方面、消耗如此巨大数量的后勤供应，实在是战争史上的奇观。

辽沈战役甫告结束，毛泽东就指出：“国民党全军除后方部队外，分为徐州、沈阳、北平、汉口、西安、太原六个集团，以徐州、沈阳两个最大的集团为主干；沈阳集团业已被我解决，徐州集团如能被我大部解决，国民党即已失去主力。”基于这个基本的估计和判断，在东北战局急转直下、传檄而定之际，一个更大规模的战役行动，在以徐州为中心的华东战场上渐次形成。

济南被攻克后，蒋介石失去了联结华东与华北的战略要点，唯有竭其所能在徐州周围地区大量集结兵力，企图用重兵防堵的办法阻止人民解放军南下，力求控制徐州、巩固江淮、屏障南京、挽救危局。一时间，在以徐州为中心，东起海州、西迄商丘、北起临城、南达淮河的地区内，集结了由徐州“剿总”总司令刘峙、副总司令杜聿明指挥下的4个兵团和3个绥靖区部队，连同后来从华中增援的黄维兵团，共达80万人。与东北战场情况不同的是，在这一地区敌我兵力对比方面，国民党军仍占数量上的优势，并且密集靠拢，具有相互迅速增援的机动能力。根据华东战场的这个特点，毛泽东、中央军委反复研究作战方针，慎重比较各种作战方案，使最初预想歼敌一部的作战计划，逐步发展为集合两大野战军主力会歼敌刘峙集团的带决战性的大规模战役计划。

9月24日，济南序幕战硝烟未散，华东前线指挥员粟裕便致电中央军委，提出发动淮海战役的建议，主张进攻并歼灭淮阴、淮安和海州、连云港等地区的国民党军，为尔后进入陇海路以南作战创造条件。毛泽东即为中央军委起草复电，认为发动淮海战役，十分必要，并指出该战役第一攻歼目标应是位于新安、运河一线的黄百韬兵团；第二步作战歼灭两淮之敌；第三步作战歼灭海州、连云港之敌。

10月11日，毛泽东在为中央军委起草的关于淮海战役的部署意见的电报中，进一步明确了本战役第一阶段的重心，是集中兵力歼灭刘峙集团右翼劲旅黄百韬兵团，完成中间突破；针对敌军重兵密集、往返机动的特点，要求以一半以上兵力完成牵制、阻击任务，使徐州方向邱清泉、李弥两兵团不敢全力东援。为达到全歼黄百韬兵团的目的，要求中原野战军在郑州、徐州一线配合，牵制敌孙元良兵团来援。10月22日，毛泽东在致华东、中原前线指挥员的电报中，提出中原野战军在攻取郑州后即全力东进，与华东野战军紧密配合，准备于徐州、蚌埠作战，陷刘峙全军于孤立地位。这时，淮海战役的规模已呈扩大之势。

随着10月下旬郑州、开封相继解放，中原野战军主力已能机动使用于东线；尤其是东北野战军直下沈阳、营口，辽沈战役全线告捷，毛泽东很快形成了歼灭徐州刘峙集团的战略意图。11月1日，毛泽东在为中央军委起草的指示电中，确定由陈毅、邓小平统一指挥华东野战军和中原野战军共同进行淮海战役。这样，整个战役的参战部队有华东野战军16个纵队、中原野战军7个纵队，附地方军区部队，共60余万人，大大超出原计划的规模，形成求歼敌军主力的战役部署。11月6日，淮海战役开始发动。整个战役的作战方针及作战任务，也随着战役的渐次展开而进一步完善和明确化。

这时，蒋介石鉴于东北卫立煌集团全军被歼的教训，命令刘峙各部向徐蚌线收缩兵力，实行以徐州为轴心固淮守江的方针。11月3日，刘伯承等致电中央军委，建议中原野战军东进主力应首先截断徐州、宿县间铁路，造成"会攻徐州的形势"；8日，粟裕、谭震林也致电军委，提出在歼灭黄百韬兵团之后，不必向两淮进攻，而以主力转向徐州、固镇线进击，抑留敌人在徐州周围逐渐歼灭之。这个建议的基点是歼敌主力于长江以北，为尔后渡江作战和向江南进军创造有利条件，是富有远见的方案。毛泽东、中央军委当即汇总前线指挥员的意见，并根据敌情的变化，判断敌人有总退却的迹象，决定将原定淮海战役的规模、目标、任务大大加以扩展。

9日，毛泽东为中央军委起草致陈毅、邓小平、粟裕、谭震林的复电指出：应按照敌人要总退却的估计，迅速部署截断敌人退路，以利围歼；应极力争取在徐州附近歼灭敌人主力，勿使南窜。在复电中，毛泽东、中央军委最终确立了在南线与敌军进行战略决战的决心，即：第一步，举行淮海战役，歼敌刘峙集团于淮河以北；第二步，举行江淮战役，歼敌余部于长江以北。这样，就正式改变了原来设想以华东野战军先歼灭黄百韬兵团，继攻海州、连云港，再进击两淮的方案，而改为华东、中原两大野战军主力密切协同作战，第一仗歼灭黄百韬、李弥兵团及冯治安部，并攻克宿县；第二仗，歼灭黄维、孙元良兵团，并占领徐州这样一个空前规模的大战役计划。

决心既定，毛泽东以非凡的气势指明：淮海战役为南线空前大战役，"此战胜利，不但长江以北局面大定，即全国局面亦可基本上解决"。他要求前线指挥员从这一点出发，统筹一切。为了统筹指挥这场空前规模的大战役，毛泽东、中央军委决定由刘伯承、陈毅、邓小平、粟裕、谭震林组成总前敌委员会，由刘、陈、邓为常委，临机处置一切，邓小平为总前委书记。就这样，从9月下旬到11月上旬，毛泽东、中央军委在敌我双方都在争夺战争主动权的激烈复杂的角逐中，不断根据战局的演变修正和完善淮海战役计划，直至战役开始后才逐步确定了同敌人主力决战的方针。这一过程，是毛泽东以唯物论的反映论指导战争的生动体现。

在淮海战役计划拟定之初，毛泽东就明确指出：本战役最主要的作战目标是集中兵力歼灭黄百韬兵团，没有特别的重大变化，不要改变求歼黄百韬兵团的决心和计划，越坚决就越能取得胜利。根据这一指示，11月6日，淮海战役一开始发动，华东野战军即以7个纵队向正在收缩的黄百韬兵团发起进攻和追击；并以8个纵队分两路南北牵制、阻击李弥兵团东援。8日，国民党第三绥靖区副司令何基沣、张克侠（均为中共秘密党员）率3个半师约2.3万人在战场起义，使我山东兵团迅即穿过该部防地，直插徐州东北侧，拦头挡住黄百韬兵团的去路。11日，黄百韬兵团5个军约10万人被我前堵后追，紧紧包围在新安镇碾庄圩狭小地区，激战至22日，被我军全部歼灭，淮海战役第一阶段作战胜利结束。

与此同时，毛泽东、中央军委连续致电陈毅、邓小平，要求中原野战军东进部队必须不顾一切，集中全力攻取宿县，控制徐蚌线，断敌退路，越快越好。遵照这一指示，中原野战军4个主力纵队于15日攻克宿县，并进占固镇，斩断徐州与蚌埠的联系，提前完成了包围徐州、断敌南逃退路的战略任务。

在淮海战役第二阶段作战目标的选择上，毛泽东、中央军委原计划先攻打自徐州东援的邱清泉、李弥兵团。但是黄百韬兵团被围歼后，邱、李两兵团迅速向徐州收缩，自蚌埠北进的李延年兵团也滞留不前，唯有自河南确山长驱500里远道而来的黄维兵团孤军突出，且沿途备受袭扰，相当疲劳。分析这一情况后，淮海战役总前委即向中央军委建议以先攻打黄维兵团为上策。根据战场情况的变化，毛泽东、中央军委决定改变原定先攻打邱、李兵团的作战目标，同意总前委先攻打黄维兵团的计划。毛泽东在复电中强调：解决黄维兵团是解决徐蚌全敌66个师的关键；如能完全歼灭黄维兵团，则整个淮海战役已起了决定性的变化，淮海战役的第二阶段即告结束。

据此，总前委部署中原野战军以7个纵队向黄维兵团进击；华东野战军以

13个纵队组成北、南两个作战集团，分别阻击徐州、蚌埠之敌。11月25日，黄维兵团4个军1个快速纵队共12万人被我军包围在宿县西南的双堆集地区。经过几个阶段的作战，到12月15日，这支蒋介石赖以解徐州之围的嫡系精锐主力部队被全部歼灭，兵团司令黄维、副司令吴绍周等被俘获。

在围歼黄维兵团的战斗正在激烈进行之际，毛泽东即指出淮海战役的第三阶段是解决徐蚌两处之敌，夺取徐州、蚌埠。同时，毛泽东又首先预计杜聿明集团有放弃徐州，向武汉或两淮方向逃跑的可能，要求华东、中原两军预作准备，“以利应付意外”。11月30日，杜聿明果然率邱清泉、李弥、孙元良3个兵团及军政机关、后方人员共30万人，弃守徐州，经永城南下，企图先解黄维之围，然后一同南撤。华东野战军即以11个纵队全力追击，多路拦截，于12月4日将该敌包围在永城东北的陈官庄地区，并消灭了企图自行突围的孙元良兵团。

在黄维兵团被歼灭后，淮海战役进入第三阶段。这时，蚌埠之敌李延年、刘汝明兵团已全军退守淮河南岸；被我军合围在陈官庄地区的杜聿明集团已成瓮中之鳖。杜聿明困兽犹斗，企图依靠全军密集于一地、构筑坚固工事，固守待援。

在淮海战役的最后阶段，毛泽东、中央军委在西柏坡周密运筹的另一个带决定性的大战役——平津战役已开始发动。为了稳住华北的傅作义集团，并不使蒋介石迅速决策海运平津之敌南下，毛泽东、中央军委决定对杜聿明集团暂停攻击，不作最后歼灭的部署。淮海前线各部队随即转入休整待命，同时展开强大的政治攻势，敦促杜聿明等率部投降。毛泽东还亲自为淮海前线司令部写了《敦促杜聿明等投降书》的广播稿，指出国民党军突围无望，已经到了山穷水尽的地步，唯有全军放下武器，停止抵抗，才是唯一的生路。强大的攻心战在白雪皑皑的淮海战场上持续展开，陷于绝境的国民党官兵冻饿交加、军心涣散，先后有1.4万余人穿越火线或成建制地向我军投诚。

1949年1月初，平津前线已完成对傅作义集团的分割包围，奉毛泽东、中央军委命令，华东野战军即于1月6日发起对杜聿明部的总攻，仅经4天的战斗，即全歼邱清泉、李弥两个兵团共10个军，生俘徐州“剿总”副总司令杜聿明等国民党军政要员。

从1948年11月6日至1949年1月10日,淮海战役历时66天,共歼灭国民党军在华东、中原战场的56个师55.5万余人,蒋介石“五大主力”中所余的第五军和第十八军均在被歼之列,其精锐丧失殆尽。人民解放军直出长江,解放了长江中下游以北的广大地区,国民党反动统治的政治、经济中心南京、上海以及汉口已处于解放军的直接威胁之下。

中国共产党在解放区创立了中国历史上从未有过的,从最基层的村层层而上直至中央的一套完整的组织系统,使原本非常松散的基层社会被有效地组织起来,服从中央的集中统一领导,上传下达,运用自如,确保中央的指示可以在短时间内从上而下通过层层的组织系统付诸实施。这一套组织系统发挥了非凡的作用,非常富于成效,大大弥补了中共领导的解放区在物质层面相对于国民党的弱势。

在现代战争中,后勤保障居于十分重要的地位,没有可靠的后勤保障,战争的进行是不可想象的。人民解放军与国民党军队在物资装备方面的差距很大。国民党从常理出发认为:大规模会战决不是没有后方补给线的中共军队所能胜任的,不单是武器弹药的消耗无法补充,就是几十万人每天所需的粮食,也会无法供应的。但是战争的实践证明,国民党大大低估了中共以其卓有成效的组织系统所可动员的人力、物力及其成效。

以淮海战役为例,华东和中原野战军在东起江苏海州,西至河南商丘,南起安徽淮河,北至山东临城,东西宽350余公里,南北长250余公里,数万平方公里的地域上,进行了长达两个月的战役,有作战部队和民工等共计150万人及军用马匹需要供应粮食及马料,日均消耗粮食及马料350万斤到500万斤,加上大量的武器弹药补给,后勤供应创下中共部队有史以来之最。

为了给淮海前线大规模会战提供有力的后勤保障,中共组织动员了华东、中原、华北区的543万民工,21万副担架,88万辆大小车,35万副挑子,77万头牲畜,8500余艘民船,将前线11万名伤员转运到后方。运输物资最远自千里之外起运,主要以人力运至前线,其间还需克服诸如道路、河川阻隔,敌机轰炸等自然与人为的困难。在整个战役过程中,人民解放军得到鲁、苏、豫、皖、冀5省人民有力的支援,车推肩挑、络绎于途的数百万人次的民工支前大军，生动地显示了人民战争的深厚伟力。

淮海战役总前委领导人之一陈毅说过：淮海战役的胜利是人民群众用小车推出来的。这是历史事实。基本以人力运输的方式，完成牵涉如此众多方面、消耗如此巨大数量的后勤供应，实在是战争史上的奇观，也充分说明中共的组织动员能力已经达到了现有条件所可达到的高度。陈毅总结说：“数十万劳动人民的组织和指挥，逐渐形成系统和秩序，这是一门巨大精深的组织科学，这是在我党领导下中国劳动人民高度的政治觉悟与组织天才的伟大表现，这是我军能保持常胜光荣成绩的有力因素之一，没有这样一支伟大劳动人民志愿运输大军，我们休想战争能够胜利。”①

淮海战役所呈现的人民解放军决战决胜的态势，令蒋介石的美国支持者无比沮丧和震惊。美国驻华大使司徒雷登召集美国联合军事顾问团高级人员开会讨论急遽恶化的局势，一致认为无论是国民党政府或是美国，“都不能得到采取军事措施的充分时间以挽救军事局势”。司徒雷登向美国国务卿马歇尔报告说：“我们非常不愿意地得到这样的结论：国民党现政府之早日崩溃是不可避免的了。”

以战逼和创造平津方式

北线辽沈战役的硝烟未尽，淮海战役便以赫赫声势在南线国统区腹地全面展开；华东战场鏖兵正急，夺取华北最后几个重要点线的平津战役又揭开了战幕，并创造了以战逼和解决国民党残余军队的天津方式和北平方式。三大战役环环相扣，如同钢浇铁铸没有丝毫焊接痕迹的铰链，以雄奇的力量拖拽着中国革命战争的航船穿过

① 《陈毅军事文选》，解放军出版社1996年版，第403页。

惊涛骇浪，驶向夺取全国胜利的彼岸。

先解决东北，后解决华北，是毛泽东在1948年春形成的战略意图。当辽沈战役接近尾声的时候，远在西柏坡的毛泽东便成局在胸，开始筹划华北问题的解决。此时，一个偶发事件加快了毛泽东、中央军委的决策进程。

1948年10月下旬，蒋介石为解救东北危局，曾亲自飞到北平与傅作义密谋策划抽调两个军的兵力组成一支快速部队，准备以突然行动经保定偷袭石家庄，进而直抄距石家庄仅90公里的西柏坡。这是十分阴险的一着棋，妄图袭扰中共中央机关和解放军总部以刺激人心。从当时的情况来看，华北军区的主力部队均远在外线作战，石家庄实际上是座不设防的空城。敌军出动骑兵和汽车，来势凶猛，行动迅速，情势十分险峻。在接到华北局城工部这一紧急情报后，毛泽东、周恩来立即商议对策，令华北第七纵队主力紧急开赴保定以南阻击；第三纵队以5天行程，不顾疲劳，赶到望都地区协同作战；并令保石线及两侧各县全部民兵和地方武装紧急动员起来，沿途袭扰敌人。

在预作各项军事准备的同时，毛泽东独具匠心地运用了新闻武器，于10月25日为新华社写了一篇电讯稿，直截了当地揭穿了蒋傅军决定集中九十四军3个师及新二军2个师，经保定向石家庄进袭的阴谋；公开宣布“华北党政军首长正在号召人民动员起来，配合解放军坚决彻底干净全部地歼灭敢于冒险的敌军”；并严正警告“蒋傅军此种穷极无聊的举动，是注定要失败的”。接着，毛泽东又于27日、29日、31日，每隔一天就写一篇新闻稿，要求当日即通过广播电台播出，并同时在《人民日报》刊发。这些新闻电讯稿短小精悍，四五百字便将来犯之敌的兵力、装备、指挥官姓名及敌军进展、动向昭示于众，字里行间无不透出似有千军万马严阵以待、聚而歼之的气势和决心；行文尤为周密、具体，使人一看便懂，且深信不疑。譬如毛泽东写的第一篇口播稿一经播出，就立见成效。敌九十四军军长郑挺锋当即报傅作义称：昨收听广播，得知彼方对此次袭击行动似有所警惕，必然预作准备，故袭击恐难收效。

为了进一步粉碎敌人的冒险计划，毛泽东于10月29日连电林彪、罗荣桓等，指示东北野战军速派2个纵队，3个独立师及1个骑兵师取捷径入关，进至蓟县、三河、宝坻地区，主要威胁北平，调动进犯石家庄之敌一部回头，以利华北部队给其余部以歼灭性打击。两日后，傅作义迫于人民解放军已有充分准备，令其进犯军全部回窜。此番冒险行动非但没有损伤中共中央机关和解放军总部一根毫毛，反使国民党军徒然损失兵力3700余人、战马240匹、汽车90辆及其他大宗作战物资。由此，毛泽东“巧设空城计”“一纸吓退敌人五万兵”的美谈在解放区广为传颂。但更重要的是，随着蒋介石、傅作义的冒险计划的彻底破产，一支东北野战军的先遣兵团已在毛泽东、中央军委的调遣下，不动声色地悄悄入关，向着指定地点迅速挺进。一个新的大规模战役计划，正在西柏坡最高统帅部里形成。

10月31日，毛泽东为中央军委起草致林彪、罗荣桓、刘亚楼的电报，指出：东北主力除先遣兵团两个纵队即行南下，进至蓟县、遵化地区休整待机外，其余在沈营线战斗结束后，应休整一个月左右，约于12月上旬或中旬出动，攻击平津一带，准备于1949年1月至6月期间，协同华北力量歼灭傅作义主力，夺取平津及北宁、平绥、平承、平保各线，完成东北与华北的统一，以便尔后以主力向长江流域出动。这是毛泽东、中央军委关于解放华北的最初设想。辽沈战役刚刚结束，毛泽东又为中央军委拟电，要求林彪、罗荣桓等即向全军正式提出攻打平津及在平津战役中歼灭傅作义集团的任务。并要求早日筹划粮食，争取一个月内修通沈阳、锦州等铁路线，并修整热河及冀东境内的主要公路，以利大战役中繁忙的军运。

当时华北“剿总”傅作义集团，包括蒋系中央军和傅系察绥军合计60余万人，其主力4个兵团部、12个军约55万人，分布在山海关、唐山、天津、北平、张家口及承保铁路沿线；其余则分布在归绥、包头一线，已被人民解放军割断联系。鉴于在兵力对比上，华北地区人民解放军不占优势，毛泽东、中央军委决定将东北野战军这支战略总预备队投入关内作战，与华北部队共同发动平津战役，实现歼灭傅作义集团的任务。只是最初预期战役从1949年1月开始发动，准备打半年解决问题。

及至11月上旬，随着淮海战役的发动和胜利进行，孤悬于华北的傅作义集团已成惊弓之鸟，开始以北平、天津为中心收缩兵力，蒋、傅两系军队随时有可能分别从海路和平绥线逃跑,或极力南逃。毛泽东洞悉了傅作义既想固守平、津、张地区,又想在形势不利时西撤或南逃的心理,分析敌人或逃走或收缩均对大局不利,故把整个战役作战方针的重心放在“不使敌人撤退,不让敌人收缩”的基点上,同时考虑改变原定计划,提早发动平津战役。

11月16日,毛泽东为中央军委拟电致林彪、罗荣桓、刘亚楼,提出东北野战军主力早日入关,在包围天津、塘沽、唐山的态势下进行休整,使敌军无法从海上逃跑的方案。林彪、罗荣桓、刘亚楼考虑到辽沈大战刚结束,部队需要休整、补充和动员等情况,复电表示“东北主力提早入关很困难”。毛泽东从战役全局出发,判断华北战局变化很快,战机稍纵即逝,于是不为局部困难和一时的不同意见所左右,于11月18日为中央军委拟电,要求林彪、罗荣桓、刘亚楼等立即命令东北野战军各纵队,以一二天时间完成出发准备,于21日或22日全军或至少8个纵队取捷径以最快速度行进,突然包围唐山、塘沽、天津3处敌人,防止其逃跑并争取其不战而降。这个决策,完全符合全国战局急剧发展的要求和敌军西逃南撤可能性增大的实际,是进行平津战役的重要作战方针,也是全歼傅作义集团于华北地区的最关键的一环。这样,就使东北主力入关后会同华北野战军和军区部队共计100万人,无论在战略态势上,还是在兵力和作战的人力、物力资源等方面,都占据绝对优势,完全具备了同傅作义集团进行战略决战的有利条件。

为了抑留傅作义集团于平、津、张地区就地歼灭,毛泽东、中央军委预先命令华北军区第三兵团主动撤围归绥;第一兵团缓攻太原,以免刺激傅作义提早逃跑。嗣后,又令华北第二、第三兵团协同作战,迅速包围张家口、宣化,诱使傅作义派兵西援,以掩护东北野战军主力秘密入关。为了保持战役的突然性,毛泽东电报指示东北野战军主力务必迅速、隐蔽入关,不要走有敌军防守的山海关,而取道热河的崇山密林直出冀东;除部队行动必须十分隐蔽外,新华社及东北各广播电台在两个星期内,多次发布沈阳、营口、新民、锦州等地我军主力部队庆功祝捷、练兵、开会的消息,以迷惑敌人;在林彪、罗荣桓、刘亚楼携带轻便指挥机构先行入关之后,应在沈阳报纸上登出表示林彪尚在沈阳的新闻,造成东北主力部队及指挥机构仍在东北的假象。毛泽东的运筹如此周密、细致，为东北主力秘密进关赢得了先机。

在东北野战军主力尚未大批入关形成东线有利态势的情况下，毛泽东、中央军委决定从敌人防守薄弱，又是傅系军队西逃必经之路的西线开刀，攻其必救，引敌向西，达到拖住傅系军队主力，使其不能舍弃嫡系主力南逃的目的。遵此计划，11月29日，华北第三兵团向西线张家口周围之敌发起进攻，平津战役由此发动。果然不出毛泽东所料，傅作义立即派其嫡系"王牌"第三十五军等部，由丰台、怀来西援张家口，并将5个师兵力西移，以确保平张交通线。毛泽东令前线指挥员务必包围这几部敌人，不重在歼灭，而重在包围，不使其逃跑。12月5日，傅作义获知东北野战军先遣兵团攻克密云，以主力向怀来、延庆急进，遂令西援的第三十五军撤回北平。据此敌情变化，毛泽东又连续为中央军委拟电，令华北第三兵团严密包围张家口，隔断张家口与宣化的联系，使两处之敌不能会合，凡有突围企图，均须以全军堵追歼灭之。同时，令华北第二兵团用全力向东猛追折返北平的第三十五军，务必堵击和抓住该部主力。

在毛泽东、中央军委的部署下，华北第二、第三兵团以迅速、果断的行动，将敌第十一兵团严密包围在张家口，并将敌第三十五军主力紧紧围困在新保安。这时，傅系军队沿平绥线西逃的通路被完全切断。但由于东北野战军主力距离平津尚有一段路程，敌人从东面海上撤退的可能性依然存在；为此，毛泽东于12月11日为中央军委拟电致林彪、罗荣桓、刘亚楼，进一步全面阐明平津战役的作战方针。他指出，为防止敌人从海上逃跑，在两个星期内，基本原则是"围而不打"（例如对张家口、新保安）；有些则是"隔而不围"（即只作战略包围，隔断诸敌联系，而不作战役包围，例如对北平、天津、通州），以待部署完成之后各个歼灭。毛泽东强调："尤其不可将张家口、新保安、南口诸敌都打掉，这将迫使南口以东诸敌迅速决策狂跑。"为了不使蒋介石迅速决策海运平津诸敌南下，毛泽东、中央军委还命令华东、中原野战军在歼灭黄维兵团后，留下杜聿明指挥的邱清泉、李弥两个兵团，两个星期内不作最后歼灭的部署。为了阻止敌人沿津浦线向青岛逃跑，又令山东军区部队在黄河济南段及胶济线上预作准备。

这是一个通贯全局、疏而不漏的周密部署。隔而不围，围而不打，为的是稳住“惊弓之鸟”。当敌人判断东北野战军主力至少要休整3个月才能入关作战而撤守未定的时候，东北野战军主力11个纵队、80万人马，携带粮草、辎重，兵分多路，夜行晓宿，跨越长城，源源入关，以不到一个月的行程，突然逼近平津一线。从12月中旬起，入关雄师以6个纵队向北平急进，先后占领昌平、海淀、石景山、宛平、丰台、黄村、通州和廊坊等地，切断了北平、天津之间的联系，包围了北平；又以5个纵队占领唐山、军粮城、杨村、杨柳青等地，隔断了天津、塘沽间的联系，斩断了敌人自海上南逃的通路。至此，傅作义集团被分割、包围于张家口、新保安、北平、天津、塘沽5个孤立地区，陷于欲逃不能、欲收不拢、欲守亦难的困境。“惊弓之鸟”变成了“笼中之鸟”。

在完成对敌人的战略包围和分割之后，下一个关键就是如何逐一就地歼敌。傅作义从11月中旬起开始试探找中共方面接洽和谈，但又自恃有力量，一面派代表周旋，拖延时间，一面固守待变。鉴于这个复杂情况，毛泽东、中央军委确定对傅作义集团实行军事打击与政治争取并举的方针，通过“先打两头、后取中间”的作战部署，对敌实施军事打击，彻底孤立北平，迫使傅作义接受中共方面的和谈条件。按照“先打两头”的部署，在西线，华北第二兵团3个纵队于12月21日首攻新保安，全歼傅作义嫡系精锐主力、全副美式机械化装备的第三十五军军部及所属两个师共1.6万余人，给其以沉重打击。接着，华北第三兵团及东北第四纵队等部又在张家口守敌倾巢出逃之际，全歼该敌7个师5.4万余人，解放了张家口，使北平之敌西逃的最后一线希望化为泡影。

在东线，为了彻底粉碎敌军南逃的企图，毛泽东、中央军委等采纳了林彪、罗荣桓等前线指挥员的意见，改攻打塘沽为强攻敌人坚固设防的天津。并决定由林彪、罗荣桓、聂荣臻组成平津前线总前委，林彪为书记，统一领导平、津、张、唐地区的作战及城市接管等工作。遵照此部署，东北野战军集中5个纵队、22个师和炮兵、工兵和坦克，共34万人，迅速扫清了天津外围之敌。此时，傅作义仍未在规定期限内接受中共方面的谈判条件，毛泽东为中央军委拟电决定：天津问题不包括在与傅作义代表谈判的范围之内。1949年1月14日，攻城部队向天津发起全线总攻，经29个小时激战，全歼守敌13万余人，俘虏天津警备司令陈长捷等。随着华北第二大城市天津的解放，塘沽之敌仓皇乘船逃跑，塘沽宣告解放。敌人不肯在谈判桌上解决问题，我们就用大炮来解决。这就是毛泽东、中央军委创造的著名的“天津方式”。

在整个战役进行期间，毛泽东在擘画军事部署的同时，特别注重北平作为悠久历史文化名城的特点，他在各部队包围北平的进军中，向前线指挥员指出：沙河、清河、海淀、西山等处是重要文化古迹区，对一切原来管理人员应原封不动，我军只派兵保护，派人联系；尤其应注意与清华、燕京等大学教职员、学生联系，以共同商量如何在作战时减少损失。对于丰台、门头沟、石景山、长辛店等重要工业区，也应充分注意保护。毛泽东进一步强调：在积极准备攻城时，必须做出精密计划，力求避免破坏故宫、大学及其他著名而有重大价值的文化古迹。为此，要使每一支部队的首长完全明白哪些地方可以攻击，哪些地方不能攻击，绘图立说，人手一份，当作一项纪律去执行。在作出上述安排的基础上，为了更切实地保护北平这座驰名世界的文化古城免遭战争破坏，毛泽东、中央军委尽最大的努力，争取用和平的方式解放北平，并为此向傅作义提出了积极的建议。这一系列措施和安排，显示了中共中央领导人在运筹气势磅礴的大战争时的精细、周到之处，体现了对人民创造的祖国历史文化充分尊重和极端负责的精神。

天津被攻克，北平名副其实地成了四面无援的孤城，已被严密包围一个月之久。在一连串沉重打击下，守且不能，遑论再战？经过我方不懈的政治争取，中共北平地下党有力的工作，北平民主人士及傅作义部队内部开明人士的多方劝说，傅作义终于转变了立场，于1月21日与我方正式签署《和平解决北平问题的协议》，将北平守军1个“剿总”总部、2个兵团部、8个军、25个师共25万人开出城外，听候改编。由此，创造了解决国民党残余军队的著名的“北平方式”。

2月23日，毛泽东在西柏坡亲切会见了傅作义，称赞他说：“你做了一件大好事，人民是不会忘记你的。”并表示不仅将全部释放傅作义部队的被俘人员，而且让他们返回绥远，参加起义，将来按起义人员对待。毛泽东的肯定和鼓励，消除了傅作义内心的苦闷和疑虑，促使他后来亲自去绥远，说服其旧部实现起义。由此，又创造了解决国民党残余军队的第三种方式——绥远方式。平津战役中创造的北平方式、天津方式及后来的绥远方式，成为人民解放军最后解决国民党残余军队的主要方式。用这三种方式解决敌军，是毛泽东历来关于军事斗争与政治斗争相结合的思想，在敌军主力被歼后的新条件下创造性的运用和发展。

从1948年11月29日至1949年1月31日，平津战役历时64天，共歼灭和改编国民党军队52万余人。连同辽沈战役和淮海战役，人民解放军在不到4个半月时间内，连续歼灭国民党正规军144个师、非正规军29个师，合计154万余人，使国民党、蒋介石赖以维持其反动统治的主要军事力量基本上被摧毁。

正是在毛泽东为首擘画，周恩来为辅实施，刘少奇、朱德、任弼时共同决策的空前活跃的战争指导下，辽沈、淮海、平津三大战役环环相扣，波澜壮阔，高潮迭起，蔚为战争史上的奇观。在观察家看来，这三大战役如同钢浇铁铸、没有丝毫焊接痕迹的铰链，以“力拔山兮”的雄奇力量，拖拽着中国革命的航船穿过惊涛骇浪，驶向夺取全国胜利的彼岸。辽沈、淮海、平津三大战役取得人民解放战争战略决战的胜利以后，全中国的解放已成定局。

第六章 缔造者的擘画

国家制度和政权组织形式

根据地的政权制度，经历了工农民主政权、抗日民主政权和解放战争时期的人民民主政权三个发展阶段。在这些阶段中，虽然政权的性质及社会基础，依当时的阶级关系状况、国内政治局势和党的中心任务而互有界定，但都属于实行新民主主义制度的范畴。正是在这种长期的政权建设的基础上，最终确定了新中国的国体即实行人民民主专政的国家制度。

随着中国革命迅速走上直接夺取全国政权的道路，制定未来新中国的各项大政方针的任务，已迫在眉睫。经过1948年9月、1949年1月两次中央政治局会议的充分酝酿和准备，中国共产党召开第七届中央委员会第二次全体会议，制定了促进革命迅速取得全国胜利和组织这个胜利的各项方针，并规定了党在全国胜利以后，在政治、经济、外交等方面应当采取的基本政策，着重分析了中国经济各种成分的状况和党所必须采取的正确政策。这一系列卓有成效的工作，实际上规划了建立和建设新中国的蓝图。

中国共产党自1921年成立，经历第一次大革命的洗礼，土地革命战争和抗日战争的熔炼，直到解放战争时期两个中国之命运的大决战，通过独立领导武装斗争，创建农村革命根据地，在中国社会政治结构中建立起一种实行新民主主义制度的崭新的人民政权。它与国民党统治下的反动政权相对立而存在，并在曲折斗争中不断发展。在革命的不同时期或不同阶段，革命根据地政权的名称和组织形式有一些差别，但在政权的构成上，都有一套由上到下的政府行政系统和相应的代表会议机构。总的来说，根据地的政权制度，经历了工农民主政权、抗日民主政权和解放战争时期的人民民主政权三个发展阶段。在这些阶段中，根据地政权的性质及其社会基础的范围，虽然依当时的阶级关系状况、国内政治局势和党的中心任务而互有界定，但它们都属于实行新民主主义制度的范畴。即将建立的新中国的国家制度，就是在长期政权建设的基础上发展而来的。

国体，即各阶级在国家中的地位，国体问题是建立新国家必须首先回答的基本问题。中华苏维埃政权和后来抗日民主政权的长期实践，为全国革命胜利后建立一个新民主主义的中国，提供了比较健全和成熟的政权模型。关于新民主主义共和国的国体，毛泽东在《新民主主义论》中曾初步提出："国体——各革命阶级联合专政。"到1945年在中共七大作《论联合政府》的报告时，毛泽东阐明了中国共产党的一般纲领：第一，中国的国家制度不应该是一个由大地主大资产阶级专政的、封建的、法西斯的、反人民的国家制度；第二，中国不可能，因此就不应该企图建立一个纯粹民族资产阶级的旧式民主专政的国家；第三，在中国的现阶段，在中国人民的任务还是反对民族压迫和封建压迫，在中国社会经济的必要条件还不具备时，中国人民也不可能实现社会主义的国家制度。"那末，我们的主张是什么呢？我们主张在彻底地打败日本侵略者之后，建立一个以全国绝对大多数人民为基础而在工人阶级领导之下的统一战线的民主联盟的国家制度，我们把这样的国家制度称之为新民主主义的国家制度。"①

抗日战争胜利后，中国新民主主义革命的总任务虽然没有改变，但国民党再度破坏统一战线，国内阶级关系发生重大变化，将要建立的新国家的国体，较原先与国民党合作成立民主联合政府的设想必然有重大改变。但是，如果重新采用土地革命战争时期"工农民主专政"的提法，又存在明显的缺陷，不能反映党对民族资产阶级的基本政策，会使政权的社会基础变得十分狭窄。随着共产党领导的人民革命力量在解放战争中迅速壮大，无产阶级由政治上、军事上不占优势到占有极大的优势，一向在"民主共和国"口号下进行的新民主主义革命，进入了更高层次新的发展阶段。根据形势的根本性变

① 《毛泽东选集》第3卷，人民出版社1991年版，第1056页。

化，中共中央、毛泽东对国体问题作了新的思考。

确定国体问题的关键，在于提纲挈领地概括各阶级在未来新国家中的地位。自1947年《中国人民解放军口号》中明确提出“打倒蒋介石，建立新中国”的行动纲领之后，毛泽东多次强调在新中国政权中应有民族资产阶级的政治代表参加。1948年1月18日，毛泽东在为中共中央起草的《关于目前党的政策中的几个重要问题》的指示中，专门论述了未来新中国的政权性质问题，指出：

> 新民主主义的政权是工人阶级领导的人民大众的反帝反封建的政权。所谓人民大众，是包括工人阶级、农民阶级、城市小资产阶级、被帝国主义和国民党反动政权及其所代表的官僚资产阶级（大资产阶级）和地主阶级所压迫和损害的民族资产阶级，而以工人、农民（兵士是穿军服的农民）和其他劳动人民为主体。这个人民大众组成自己的国家（中华人民共和国）并建立代表国家的政府（中华人民共和国的中央政府），工人阶级经过自己的先锋队中国共产党实现对于人民大众的国家及其政府的领导。这个人民共和国及其政府所要反对的敌人，是外国帝国主义、本国国民党反动派及其所代表的官僚资产阶级和地主阶级。①

这段论述，清楚地阐明了新中国国家政权的性质及各阶级在未来新国家中的地位和作用。4月1日，毛泽东《在晋绥干部会议上的讲话》中论述革命统一战线十分广大的时候，进一步说明了人民大众的范围“包括了工人、农民、独立劳动者、自由职业者、知识分子、民族资产阶级以及从地主阶级分裂出来的一部分开明绅士”，“这就是我们所说的人民大众”。5月1日，在中共中央关于召开新政协的号召中，公开宣布民主联合政府将是排除国民党反动派在外的联合政府。

6月1日，中共中央宣传部发出关于重印《左派幼稚病》第二章前言的通

① 《毛泽东选集》第4卷，人民出版社1991年版，第1272页。

知，其中有这样一句话："列宁在这本书中所说的，是关于无产阶级专政。今天在我们中国，则不是建立无产阶级专政，而是建立人民民主专政。"这是在党内文件中最早使用"人民民主专政"这个概念。《通知》明确了这种人民民主专政的内容和无产阶级专政的内容的历史区别：我们的人民民主专政是无产阶级领导的、人民大众的、反帝反封建反官僚资本的新民主主义革命，这种革命的社会性质，不是推翻一般资本主义，乃是建立新民主主义的社会，建立各个革命阶级联合专政的国家；而无产阶级专政则是推翻资本主义，建设社会主义。[①]

在上述论证的基础上，毛泽东在1948年中央"九月会议"的报告中进一步概括说："建立无产阶级领导的以工农联盟为基础的人民民主专政。打倒帝国主义、封建主义、官僚资本主义的反动专政。我们的政权性质是这样：无产阶级领导的，以工农联盟为基础，但不仅仅是工农，还有资产阶级民主分子参加的人民民主专政。"这里在确定的意义上采用了"人民民主专政"的提法。毛泽东在报告中进一步分析了"人民民主专政"这一提法的由来，他说：

> 这个问题的提法，在我们党内有一个历史发展过程。大革命时期我们提的是"联合战线"，当时右的理论是政权归国民党，我们以后再来革命。后来我们搞土地革命了，六大规定的是工农民主专政，没有估计到资产阶级民主分子在帝国主义压迫下还可以跟无产阶级合作。合作是后来发生的，因为有了日本的侵略，现在又有美国的侵略，我们又回到大革命中的正确时期。现在不是国共合作，但原则上还是"国共合作"，现在不是同蒋介石合作，是同冯玉祥、李济深合作，同民主同盟、平津学生合作，同蒋介石那里分裂出来的资产阶级分子合作。"中间路线"、"第三方面"的主张行不通，但我们要同有这种主张的分子合作。我们是人民民主专政，各级政府都要加上"人民"二字，各种政权机关都要加上"人

---

① 中共中央宣传部办公厅、中央档案馆编研部编：《中国共产党宣传工作文献选编(1937—1949)》，学习出版社1996年版，第692—693页。

民”二字，如法院叫人民法院，军队叫人民解放军，以示和蒋介石政权不同。我们有广大的统一战线，我们政权的任务是打倒帝国主义、封建主义和官僚资本主义，要打倒它们，就要打倒它们的国家，建立人民民主专政的国家。①

关于人民民主专政的含义及民主与专政的关系，毛泽东在1949年1月中央政治局会议上作了深入浅出的解释。他说：“人民民主专政也是独裁，人民民主独裁，即以其人之道，还治其人之身。人民内部是民主，对敌人是独裁。”“对这个问题宣传得不够，甚至党内也有人弄不清，一听独裁就脸红，其实独裁是对敌人，对一切反革命分子阶层、集团、党派。这是基本问题，必须讲清。讲清就有主动权，否则就没有主动权，没有道理好讲。”②

半年之后，6月30日，毛泽东在为纪念中国共产党成立28周年而写的《论人民民主专政》一文中，分析了资产阶级的民主主义让位给人民民主主义，资产阶级共和国让位给人民共和国的历史必然，指出在中国的历史条件下，不可能有资产阶级共和国，唯一的路是经过工人阶级领导的人民共和国，到达社会主义和共产主义；阐明了在即将成立的新中国的国家政权中各阶级的地位；驳斥了那些指责人民民主专政是共产党搞“独裁”的论调，将上述道理公开地讲给全国人民听，同时也讲给中外反动派听。他说：“中国人民在几十年中积累的一切经验，都叫我们实行人民民主专政，或曰人民民主独裁，总之是一样，就是剥夺反动派的发言权，只让人民有发言权。”“总结我们的经验，集中到一点，就是工人阶级（经过共产党）领导的以工农联盟为基础的人民民主专政。”“对人民内部的民主方面和对反动派的专政方面，互相结合起来，就是人民民主专政。”“人民民主专政的基础是工人阶级、农民阶级和城市小资产阶级的联盟，而主要是工人和农民的联盟……推翻帝国主义和国民党反动派，主要是这两个阶级的力量。由新民主主义到社会主义，主要也是依

① 《毛泽东文集》第5卷，人民出版社1996年版，第135—136页。

② 胡乔木著：《胡乔木回忆毛泽东》，人民出版社1994年版，第542页。

靠这两个阶级的联盟。”“民族资产阶级在现阶段上，有其很大的重要性……但是民族资产阶级不能充当革命的领导者，也不应当在国家政权中占主要的地位。民族资产阶级之所以不能充当革命的领导者和所以不应当在国家政权中占主要地位，是因为民族资产阶级的社会经济地位规定了他们的软弱性，他们缺乏远见，缺乏足够的勇气，并且有不少人害怕民众。”①

毛泽东从各阶级在国家中的地位及其相互关系上，阐明了人民民主专政的基本思想。从中央政治局“九月会议”到《论人民民主专政》的发表，中国共产党最终确定了新中国的国体，即实行人民民主专政的国家制度。

关于建立新国家的另一个基本问题，是政体问题，即指国家政权构成的形式。对于新国家的政体，毛泽东从《新民主主义论》到《论联合政府》，一直主张应该采取民主集中制的各级人民代表大会制度。他指出：“新民主主义的政权组织，应该采取民主集中制，由各级人民代表大会决定大政方针，选举政府。它是民主的，又是集中的，就是说，在民主基础上的集中，在集中指导下的民主。只有这个制度，才既能表现广泛的民主，使各级人民代表大会有高度的权力；又能集中处理国事，使各级政府能集中地处理被各级人民代表大会所委托的一切事务，并保障人民的一切必要的民主活动。”②

关于新民主主义国家的政权组织形式的问题，在党内的认识是基本一致的。但随着筹备建立新中国的日程迫近，需要进一步加以明确。因为在某些民主党派和民主人士中，仍有主张实行欧美式的行政、司法、立法三权分立和议会制度的看法和建议，因而必须向他们解释清楚，以改变他们对不符合中国国情的西方议会制所抱有的不切实际的幻想。

在1948年“九月会议”上，毛泽东专门阐述了建立民主集中制的各级人民代表会议制度的问题。他指出：

我们政权的制度是采取议会制呢，还是采取民主集中制？过去我们

① 《毛泽东选集》第4卷，人民出版社1991年版，第1478—1480页。
② 《毛泽东选集》第3卷，人民出版社1991年版，第1057页。

叫苏维埃代表大会制度，苏维埃就是代表会议，我们又叫“苏维埃”，又叫“代表大会”，“苏维埃代表大会”就成了“代表大会代表大会”。这是死搬外国名词。现在我们就用“人民代表会议”这一名词。我们采用民主集中制，而不采用资产阶级议会制。议会制，袁世凯、曹锟都搞过，已经臭了。在中国采取民主集中制是很合适的。我们提出开人民代表大会，孙中山遗嘱还写着要开国民会议，国民党天天念遗嘱，他们是不能反对的。外国资产阶级也不能反对，蒋介石开过两次“国大”他们也没有反对。德国、北朝鲜也是这样搞的。我看我们可以这样决定，不必搞资产阶级的议会制和三权鼎立等。①

到1949年3月召开中共七届二中全会的时候，关于新国家的政体问题已成定论。毛泽东在报告中讲到政权组织形式问题时，着重强调吸收党外民主人士参加新政权的建设和工作，并明确指出：“我党同党外民主人士长期合作的政策，必须在全党思想上和工作上确定下来。”随着1949年全国胜利的大局已定，中共中央、毛泽东关于建立新中国的一系列基本问题的构想，业已明晰和成熟。

经济建设总方针及经济政策

毛泽东说，在我们社会经济中起决定作用的东西是国营经济、公营经济。这个国家是无产阶级领导的，所以这些经济都是社会主义性质的。农村个体经济加上城市私人经济在数量上是大的，但是

① 《毛泽东文集》第5卷，人民出版社1996年版，第136页。

不起决定作用。国营经济、公营经济在数量上较小，但它是起决定作用的。我们的社会经济的名字还是叫“新民主主义经济”好，即社会主义经济领导之下的经济体系。

在中国建立的共和国，在政治上必须是新民主主义的，在经济上也必须是新民主主义的。对于这种具有中国特点的经济形态，1940年毛泽东在《新民主主义论》中指出，大银行、大工业、大商业，归这个共和国所有。新民主主义共和国的国营经济是社会主义性质的，是整个国民经济的领导力量，但这个共和国并不没收其他资本主义的私有财产，并不禁止“不能操纵国民生计”的资本主义生产的发展，这是因为中国经济还十分落后。这个共和国将采取某种必要的方法，没收地主的土地，分配给无地少地的农民，实行“耕者有其田”；扫除农村中的封建关系，把土地变成农民的私产。中国的经济，一定要走“节制资本”和“平均地权”的路，决不能是“少数人所得而私”，决不能让少数资本家、少数地主“操纵国民生计”。毛泽东说，这就是新民主主义的经济，这就是中国应该建立和必然要建立的内部经济关系。

有些人不理解共产党人为什么不但不害怕资本主义，反而在一定条件下提倡资本主义的发展。毛泽东在1945年中共七大《论联合政府》的政治报告中回答了这个疑问。他说：“我们的回答是这样简单：拿资本主义的某种发展去代替外国帝国主义和本国封建主义的压迫，不但是一个进步，而且是一个不可避免的过程。它不但有利于资产阶级，同时也有利于无产阶级，或者说更有利于无产阶级。现在的中国是多了一个外国的帝国主义和一个本国的封建主义，相反地，我们的资本主义是太少了。”[①]毛泽东说：“中国也要发展资本主义……我们提倡的是新民主主义的资本主义，这种资本主义有它的生命力，还有革命性。从整个世界来说，资本主义是向下的，但一部分资本主义在反法西斯时还有用，另一部分资本主义新民主主义的资本主义将来还有用，在中国及欧洲、南美的一些农业国家中还有用，它的性质是帮助社会主义的，

① 《毛泽东选集》第3卷，人民出版社1991年版，第1060页。

它是革命的、有用的,有利于社会主义的发展的。”[①]

毛泽东从社会发展规律和生产力发展的客观需要的角度,提出了新民主主义共和国必须借重资本主义一定程度发展的基本战略,反映了中国共产党人的清醒认识和尊重客观经济规律的现实精神。针对党内对于在一定条件下提倡资本主义发展认识模糊的问题,毛泽东在中共七大的口头政治报告中分析说:“我们这样肯定要广泛地发展资本主义,是只有好处,没有坏处的。对于这个问题,在我们党内有些人相当长的时间里搞不清楚,存在一种民粹派的思想。这种思想,在农民出身的党员占多数的党内是会长期存在的。所谓民粹主义,就是要直接由封建经济发展到社会主义经济,中间不经过发展资本主义的阶段。”“我们的同志对消灭资本主义急得很。”[②]

随着新民主主义革命迅速走向全国胜利,毛泽东和中央其他领导人对新民主主义经济问题作了进一步的研究和思考。而在党内较为具体而又系统地讨论这个问题,是从1948年“九月会议”开始的。在“九月会议”的结论中,毛泽东首先解释了为什么在党的三大经济纲领中要提出没收官僚资本的问题。他说:官僚资本在中共六大以后20年中有了很大发展,我们对它的认识有一个过程。中共六大决议里没有没收官僚资本,没有联合中小资产阶级……现在政权里可容纳资产阶级代表,这一条缓和些,经济上没收官僚资本,这一条激烈些。大工业、大银行、大商业不管是不是官僚资本,全国胜利后一定时期内是要没收的。这是新民主主义经济的原则。以往讲到新民主主义经济中的社会主义因素,只讲了政治条件,无产阶级领导,而没有讲没收官僚资本。官僚资本一经没收就属于社会主义部分。[③]

这表明,毛泽东此时不仅从政治条件(无产阶级领导),而且从经济条件方面,来认识和把握新民主主义经济中的社会主义因素,而这个经济条件,就是由没收官僚资本建立国营经济而来的,即没收官僚资本归无产阶级领导的人民共和国所有,就使人民共和国掌握了国家的经济命脉,使国营经济成为

① 《毛泽东文集》第3卷,人民出版社1996年版,第384—385页。
② 同上,第322—323页。
③ 胡乔木著:《胡乔木回忆毛泽东》,人民出版社1994年版,第543—544页。

整个国民经济的领导成分。为此，他着重强调了国营经济的社会主义性质及其在整个国民经济中的领导地位。他说，我们的政权不完全是社会主义的，而是新民主主义的，但由社会主义领导。我们政府、企业、银行的资本是社会主义性质的，合作社在无产阶级领导下也带有社会主义性质，但整个国民经济还是新民主主义经济，即社会主义经济领导之下的经济体系。

当时，党内外流行一种"新资本主义"的提法，毛泽东指出，这个提法有问题，因为"新"字可能理解为新性质，但应该是新条件下的资本主义，即在社会主义经济领导之下的资本主义，它处于被领导的地位。为此，他在报告中专门指出：

> 我们的社会经济呢？有人说是"新资本主义"。我看这个名词是不妥当的，因为它没有说明在我们社会经济中起决定作用的东西是国营经济、公营经济，这个国家是无产阶级领导的，所以这些经济都是社会主义性质的。农村个体经济加上城市私人经济在数量上是大的，但是不起决定作用。我们国营经济、公营经济，在数量上较小，但它是起决定作用的。我们的社会经济的名字还是叫"新民主主义经济"好。①

在"九月会议"上，刘少奇受中央的委托，就新民主主义建设问题作了比较系统的讲话。他首先提出了新民主主义经济的构成：国家经济、国家资本主义经济、合作社经济、私营经济。

关于国家经济，即国营经济，刘少奇说，银行、铁路、大企业等是整个国民经济的领导成分，但是在数量上是较小的一部分，其工业生产是在全国胜利后，顶多占国民经济的10%至20%。正因为这一部分数量很小，困难就来了，不能实行社会主义革命的原因就在于此。但是这一部分又掌握着经济命脉，数量虽小，质量很高，这种国家企业是社会主义性质的，国家经济就是整个国民经济中的社会主义成分，而整个国民经济是新民主主义经济。

---

①《毛泽东文集》第5卷，人民出版社1996年版，第139页。

对于国家资本主义经济，中央政治局委员张闻天于1948年9月为东北局起草了《关于东北经济结构及经济建设基本方针的提纲》，送中央审阅。《提纲》认为，国家资本主义的经济形式，有出租制、加工制、定货制和代卖制四种类型。其特点是国家为了经济上的需要，给私人资本家以进行生产或交换的一定的必要条件，而私人资本家利用这些条件，从生产与交换的活动中挣得一定的利润；国家则根据同资本家依自愿和两利的原则所订立的合同，对资本家的活动进行必要的管理与监督。而国家资本主义经济的发展方向对于新民主主义经济的发展，是有利的。《提纲》提出，我们应该承认“国家资本主义”这个经济范畴，有意识地加以提倡和组织，应该给予有利的条件，并保证其原料、粮食等的供给，以及运输的便利。在新民主主义经济中，这应该成为私人资本主义发展中的有利方向。在国家无力经营的地方，在私人资本的经营有利于国计民生的地方，如果采取排斥私资的政策，那就是错误的。[①]

毛泽东、刘少奇基本同意提纲中的意见，并先后对提纲作了认真修改。10月，毛泽东为修改这份提纲致信刘少奇说：

> 就我们的整个经济政策说来，是限制私人资本的，只是有益于国计民生的私人资本，才不在限制之列。而“有益于国计民生”，这就是一条极大的限制，即引导私人资本纳入“国计民生”的轨道之上。要达到这一点，必须经常和企图脱出这条轨道的私人资本作斗争。而这些私人资本虽然已经纳入这条轨道，他们总是想脱出去的，所以限制的斗争将是经常不断的。[②]

随后，在1949年1月中央政治局会议上，毛泽东就坚持社会主义方向的问题指出：“不要以为新民主主义经济不是向社会主义发展，而认为是自由贸易、自由竞争，向资本主义发展，那是极其错误的，我们历来反对。国营经济

①《张闻天文集》，人民出版社1985年版，第406—408页。
②《毛泽东书信选集》，人民出版社1983年版，第306页。

量不大,但是占统治地位,依靠国营经济向社会主义发展很有前途。"[①]"坚持社会主义方向,一方面必须反对右倾,向资本主义发展;但另一方面,必须谨慎,不要急于社会主义化。现在我们掌握了命脉,对于不操纵国计民生的私人资本主义发展不要怕,对它的积极性要利用,在若干计划性统一性之下,允许自由贸易、自由竞争。要利用一切无害于新民主主义的私人资本主义,而对有害的则加以限制。在十几年之内解决这些问题。总之,这就是要稳健,不要希望太快社会主义化,否则要犯大错误。"[②]

12月,刘少奇在华北财经委员会会议上作《新中国经济的性质与经济建设方针》的报告,明确提出:国家资本主义,是新民主主义国家"在适当条件下监督资本家,使资本家为国家服务的一种制度"。除私营工厂以外,还可考虑在国家银行力不所及时,对私人商业银行也采用国家资本主义的办法来解决,以便替投机资本找一个正当的出路,使之流向合法的生产事业;并在国家监督下,让私商替我们收购物资,利用私人商业资本替我们周转。包括国家尚未开发的矿山,外国人在中国开办的矿山、工厂等,也可采用国家资本主义的办法,可以颁布法律使其接受我们的监督。刘少奇认为,由于我们在革命中联合了民族资产阶级,因此中国可能比俄国"更多地、更长时期地"采用国家资本主义的办法。[③]

关于合作社经济,刘少奇提出,现在要系统地建立合作社,主要是商业性质的、消费的、运销的,下层是农业变工合作,合作社还可以开办一些工厂和作坊。一种合作社是国家投资系统地搞起来的,其方向是照顾劳动人民的,搞了工厂、煤矿、汽车等类的财产,社员退股不能影响到合作社,这种合作社的财产就是社会主义的了。还有一种合作社,是在小生产者的私有财产基础上组织起来的,如变工互助组,它的基础是私有财产,其等价交换的原则也是资本主义性质的,但它已有社会主义性质的萌芽,集体农场的萌芽。

关于私营经济,刘少奇认为,私营经济在整个国民经济中是最大量的。

① 胡乔木著:《胡乔木回忆毛泽东》,人民出版社1994年版,第537页。
② 同上,第538页。
③ 中共中央文献研究室编:《刘少奇论新中国经济建设》,中央文献出版社1993年版,第53页。

其中有的是资本家的，有的是小生产者的。资本家的是资本主义经济。小生产者在国家帮助他以机器的条件下，可以走向合作，走向集体化，走向社会主义；但另一方面，小生产者的发展，也可以走向资本主义，但小生产者本身不是资本主义，而是产生资本主义的基础。

在对经济结构分析的基础上，毛泽东、刘少奇又提出了新民主主义经济中的基本矛盾及有关的政策问题。刘少奇在“九月会议”中指出：在新民主主义经济中，基本矛盾就是资本主义（资本家和富农）与社会主义的矛盾。在反帝反封建的革命胜利以后，这就是新社会的主要矛盾。在解放区搞经济工作，除对外反国民党反帝国主义外，要注意与私人资本家的斗争。斗争的方式是经济竞争，经济竞争是长期的，首先就是反对投机资本。“这种竞争是贯穿在各方面的，是和平的竞争。这里就有个‘谁战胜谁’的问题。我们竞争赢了，革命就可以和平转变，竞争不赢，社会主义性质的经济，就被资本主义战胜了，政治上也要失败，政权也可能变，那就再需要一次流血革命。”[①]

毛泽东指出：“合作社既有退股自由，股票可以转让，就不完全是社会主义的，它是两重性的，小生产者加入了合作社，就带有两重性了。”同私人资本家斗争，“有两种形式，竞争和没收，竞争现在就要，没收现在还不要。现在还要联合它反帝国主义、反国民党，联合发展生产，所以是又联合又斗争，斗争是限制它不利于我们的、不利于国计民生的方面。”他还强调要利用资本主义发展生产，指出：中国由于经济落后，资本主义是分散的，只有国营经济，银行、铁路、矿山等等，才是集中的。中国资产阶级有地方性，是可以利用以发展生产的。刘少奇补充说，有些企业部门是国家没有经营的，或者是国家虽然经营了，但尚不能满足人民需要，在这种情况下，也可以帮助私人资本主义企业发展，现在这里还有很大的真空。

周恩来也谈到利用资本主义的问题。他指出，有三个问题要具体分析，加以区别：一是官僚资本与自由资本的区别，前者是打倒，后者是合作的；二是资产阶级和独立小生产者的区别，不要混在一起反；三是工业与商业的区

① 中共中央文献研究室编：《刘少奇传》下，中央文献出版社2008年版，第562页。

别，要区别垄断性的、投机性的和人民生计所需要的情况，有了这些区别，并对性质有分析性的认识，政策就出来了。这些虽是资本主义性质的，但是受限制的，在人民政权的节制之下，在无产阶级领导的新民主主义制度之下保留资本主义，这是受节制的资本主义。节制方式是多样的，包括群众的、工会的、法律的、税收的、金融的等等，这样，政策就不会发生摇摆。

经过几天的讨论，中央决策层的意见达成一致，就是必须反对过早地采取社会主义政策。毛泽东提出：到底何时采取向资本主义全线进攻？也许全国胜利后还要15年。在"九月会议"的结论中，毛泽东提出了如何准备向社会主义过渡的初步构想。他说："关于完成新民主主义到社会主义的过渡的准备，苏联是会帮助我们的，首先帮助我们发展经济。我国在经济上完成民族独立，还要一二十年时间。我们要努力发展经济，由发展新民主主义经济过渡到社会主义。"①

在上述一系列讨论、研究和思考的基础上，毛泽东在中共七届二中全会上全面系统地阐述了新民主主义的经济结构、经济成分及基本经济方针和有关经济政策等问题。

建国方略集大成的中央全会

中国的工业和农业在国民经济中的比重，现代性工业占10%左右，农业和手工业占90%左右——这便是制定新中国建国方略所依据的最基本的国情，回答了为什么应当采取这样的经济政策而不应当采取别样的经济政策的问题。这也是中国革命胜利以后一个相当长的时期一切问题的基本出发点。从这一点出发，产生了党的一

① 《毛泽东文集》第5卷，人民出版社1996年版，第146页。

系列的战略上、策略上和政策上的问题。

在中国人民解放战争即将取得全国胜利的前夕，经过充分准备，中国共产党于1949年3月5日至13日在河北省平山县西柏坡，召开了第七届中央委员会第二次全体会议。出席这次全会的有中央委员34人，候补中央委员19人。列席会议的有11人。会议由毛泽东、刘少奇、周恩来、朱德、任弼时组成的主席团主持。这是中国共产党为建立新中国奠基的一次具有深远历史意义的会议。

毛泽东主持开幕会议，并代表中央政治局作了《在中国共产党第七届中央委员会第二次全体会议上的报告》。朱德、刘少奇、周恩来、任弼时等27人在会上发言。会议听取并集中讨论了毛泽东的报告，批准1945年6月党的七届一中全会以来中央政治局的工作，批准由中国共产党发起的关于召开新的政治协商会议及成立民主联合政府的建议，批准毛泽东关于以八项条件作为与国民党南京政府进行和平谈判的基础的声明，并通过相应决议。

毛泽东在向全会作的报告中，提出了促进革命迅速取得全国胜利和组织这个胜利的各项方针；说明了在全国胜利的局面下，党的工作重心必须由乡村转移到城市，城市工作必须以生产建设为中心；规定了党在全国胜利以后在政治、经济、外交方面应当采取的基本政策，特别是着重分析了当时中国经济各种成分的状况和党所必须采取的政策，指出了中国由农业国转变为工业国，由新民主主义社会转变为社会主义社会的发展方向。这个报告和根据这个报告所通过的《中国共产党第七届中央委员会第二次全体会议的决议》，是以毛泽东为核心的中共中央为筹建中华人民共和国和指导建设新中国的各方面纲领和政策的集大成。

（一）关于实现工作重心的战略转移

毛泽东在报告中指出：从1927年到现在，我们工作重点是在乡村，在乡村聚集力量，用乡村包围城市，然后取得城市。采取这样一种工作方式的时期现在已经结束。从现在起，开始了由城市到乡村并由城市领导乡村的时期。

党的工作重心由乡村转到了城市。

鉴于城市历来是帝国主义和中国反动势力统治的重心，不甘心失败的敌人必然要以各种方式同我们作拼死的斗争，毛泽东特别指出：我们进入城市后，“必须学会在城市中向帝国主义者、国民党、资产阶级作政治斗争、经济斗争和文化斗争，并向帝国主义者作外交斗争”。在这些城市斗争中，我们必须全心全意地依靠工人阶级，团结其他劳动群众，争取知识分子，争取让同我们合作的民族资产阶级分子及其代表人物站在我们方面，或者使他们保持中立，以便一步一步地去战胜敌人。他强调：“必须用极大的努力去学会管理城市和建设城市”，“从我们接管城市的第一天起，我们的眼睛就要向着这座城市的生产事业的恢复和发展”；城市中的其他一切工作，“都是围绕着生产建设这一中心工作并为这个中心工作服务的”。在一切老解放区，党的中心任务“是动员一切力量恢复和发展生产事业，这是一切工作的重点所在”。[①]

会上，对工作重心转移问题进行了集中讨论。

刘少奇围绕城市工作和发展生产问题谈了自己的看法。他说：要有城乡一体的观点。过去我们只有乡村，现在有了城市，就是说，有了大工业、国营企业（社会主义性质的）、国家资本主义、城乡关系等新问题。我们要以城市工作为中心来领导全党工作，就要考虑到这些问题。他认为，城市的接管工作还有两个问题需要解决：一是私人企业的复工问题，二是企业接收后要迅速安排，交给合适的机关去经营，以便进行正常的生产。接收后的城市管理问题，现在尚未基本解决，七届二中全会后，大家应努力去学习解决。把城市建设起来，生产发展起来，就是管好了，就使工人与农民接近了。

对于依靠工人、发展生产的问题，刘少奇说，在管理城市的问题上，必须依靠工人阶级。具体地说，“我们必须努力工作，使工人阶级完全可靠”。如我们疏忽，不做工作就去依靠，那是靠不住的。我们党过去同工人很有联系，但后来被迫转入乡村。国民党在工人中活动了这么多年，散布了影响，工人内部也复杂起来了；而我们与工人的联系减弱了，我们的干部（包括中央委员

---

①《毛泽东选集》第4卷，人民出版社1991年版，第1424—1439页。

在内)对工人工作生疏了,对工人的面貌也不熟悉了。所以必须努力学习,时刻注意毛主席关于依靠工人的指示,加强工人工作,要尽可能保障工人的生活水平勿使之过低,深入广泛地教育工人,组织工人。

任弼时发言说:全党的工作重心由乡村转到城市,是一个"带历史性的问题"。所谓以城市为重心,意思就是依靠工人阶级,恢复和发展工业生产,包括轻工业、重工业和交通运输业等,并组织贸易;城市中的一切其他工作,如市政建设、民众运动、财政金融、文化教育、党的建设等都应服从于工业的发展。"总之是开始工业化,这是城市工作中最本质的问题。"①这是经济上、国防上实现独立自主的需要,是革命事业向社会主义转变的需要,也是巩固工农联盟,互相促进工业和农业关系的需要。

周恩来在13日发言说:在工作中,原则性和灵活性要结合。离开原则会出乱子;原则性太强,则会变得生硬、急躁。现在我们正处于从根本上打倒国民党走向完全打倒国民党的过渡时期,正在由分散到统一。这不是几个月而是要几年才能走完的。过渡时期是特点,我们要抓住这一特点,不然会犯错误。由于地区的不平衡,出现了区域性的问题、分权的问题。中国不是联邦,但是带区域性的。这么大的中国,如果过分强调集中,会办不好事。所以在组织形式上不能一下子都集权,一定要授权地方,才能发挥积极性。但中央必须成为掌握政策的司令部。根据过渡时期的特点,统一的方针是:在分区经营的基础上,有步骤、有重点地走向统一。

全会号召全党同志学习工业生产的技术和管理方法,学习和生产有密切联系的商业工作、银行工作和其他工作。全会指出:"如果我党在生产工作上无知,不能很快地学会生产工作,不能使生产事业尽可能迅速地恢复和发展,获得确实的成绩,首先使工人生活有所改善,并使一般人民的生活有所改善,那么,党和人民就将不能维持政权,就会站不住脚,就会要失败。"

要实现由农村向城市的转变,还有一个非常突出的问题,就是大批干部从哪里来? 毛泽东历来重视干部问题。从1948年初起,他多次提出要重视知

① 《任弼时选集》,人民出版社1987年版,第464页。

识分子干部,吸收知识分子特别是有知识、有经验的工程师、技师及职员加入革命队伍。在由他起草的《中共中央关于九月会议的通知》中,提出准备干部不仅要依靠老解放区,还必须注意从国民党统治的大城市中去吸收干部,那里有许多工人和知识分子能够参加我们的工作。“九月会议”后,中共中央作出《关于准备夺取全国政权所需要的全部干部的决议》。决议根据战争迅速发展的形势,决定从各中央局(分局)和区党委调派五万三千名干部到新解放区工作,涵盖军事、党务、政府、经济、财政、文化教育等各项工作。为完成上述干部的准备工作,也为解决各地干部缺乏的问题,决议要求解放区各级党委把有计划地大量培养和提拔干部,作为当前的重大任务。

1949年2月8日,毛泽东为中央军委写的复第二野战军、第三野战军《把军队变为工作队》的电报,明确指出:在渡江南进和解放全中国的过程中,军队不但是一个战斗队,而且主要是一个工作队。军队干部应当学会接收城市和管理城市,在城市中善于对付帝国主义和国民党反动派,善于对付资产阶级,善于领导工人和组织工会,善于动员和组织青年,善于团结和训练新区的干部,善于管理工业和商业,善于管理学校、报纸、通讯社和广播电台,善于处理外交事务,善于处理各民主党派、人民团体的问题,善于处理城市和乡村的关系,解决粮食、煤炭和其他必需品的问题。总之,过去军队干部和战士不熟悉的一切城市问题,今后均应全部担负在自己身上。这一方针对当时新解放区干部问题的解决和顺利接管大城市起了重要作用。在中共七届二中全会上,毛泽东高瞻远瞩地提出:“现在准备随军南下的五万三千个干部,对于不久将要被我们占领的极其广大的新地区来说,是很不够用的,我们必须准备把二百一十万野战军全部地化为工作队。这样,干部就够用了,广大地区的工作就可以展开了。我们必须把二百一十万野战军看成一个巨大的干部学校。”

通过上述一系列措施,中国共产党基本上解决了接收全国大城市所需要的全部干部的问题,成功地实现了党的工作重心由乡村向城市转移的战略性任务。

(二)新中国成立后党的经济政策

在中共七届二中全会的报告中,毛泽东针对党内在经济工作中存在的各种糊涂思想，首先回答了在当前和革命胜利后，“为什么应当采取这样的经济政策而不应当采取别样的经济政策”的问题，深刻论述了党制定经济政策的基本出发点。他指出：中国的工业和农业在国民经济中的比重，就全国范围来说，在抗日战争以前，大约是现代性的工业占10%左右；农业和手工业占90%左右。这是制定经济政策所依据的最基本的国情，“这也是中国革命的时期内和在革命胜利以后一个相当长的时期一切问题的基本出发点。从这一点出发，产生了我党一系列的战略上、策略上和政策上的问题”。

这个极其深刻的论断，是毛泽东在长期深入观察分析中国国情，坚持从中国社会及经济现状出发制定党的战略、策略和政策的丰富实践基础上得出的。把对中国社会经济实际状况的科学分析，作为党在相当长历史时期内一切问题的出发点，生动地体现了毛泽东思想中“实事求是，一切从实际出发”的活的灵魂。从上述基本点出发，毛泽东分析和论述了各种经济成分的状况及党的相应政策：

首先，中国现代性的工业经济是进步的；虽然它的产值只占国民经济总产值的10%左右，但是它却极为集中，最大的和最主要的资本集中在帝国主义及官僚资产阶级手里。没收这些资本归无产阶级领导的人民共和国所有，就使人民共和国掌握了国家的经济命脉，使国营经济成为整个国民经济的领导成分。这一部分经济是社会主义性质的经济，而不是资本主义性质的经济。谁要是忽视或轻视了这一点，谁就要犯右倾机会主义的错误。

其次，中国大约90%左右的个体的分散的农业经济和手工业经济，是落后的，和古代没有多大区别。一方面，它们在今后一个相当长的时期内，就其基本形态来说，“还将是分散的和个体的”；但另一方面，是可能谨慎地、逐步地而又积极地引导它们向着现代化和集体化的方向发展的，任其自流的观点是错误的。必须组织生产的、消费的和信用的合作社，这种合作社是以私有制为基础的在无产阶级领导的国家政权管理之下的劳动人民群众的集体经济组织。单有国营经济而没有合作社经济，我们就不能领导劳动人民的个体经济逐步地走向集体化，就不可能由新民主主义发展到将来的社会主义社会，就不可能巩固无产阶级在国家政权中的领导地位。谁要是忽视或轻视这一点，谁就要犯大错误。

再次，中国的私人资本主义工业，“占了现代性工业中的第二位，是一个不可忽视的力量”。“在革命胜利以后一个相当长的时期内，还需要尽可能地利用城乡私人资本主义的积极性，以利于国民经济的向前发展。这个时期内，一切不是于国民经济有害而是于国民经济有利的城乡资本主义成分，都应当容许其存在和发展。这不但是不可避免的，而且是经济上必要的。但是中国资本主义的存在和发展，不是如同资本主义国家那样不受限制任其泛滥的。”我们将从活动范围、税收政策、市场价格、劳动条件等方面，“对于资本主义采取恰如其分的有伸缩性的限制政策”。“但是为了整个国民经济的利益，为了工人阶级和劳动人民现在和将来的利益，决不可以对私人资本主义经济限制得太大太死，必须容许它们在人民共和国的经济政策和经济计划的轨道内有存在和发展的余地。”认为现在不要限制资本主义，或者认为应当对私人资本限制得太大太死，都是完全错误的。

毛泽东概括说：社会主义性质的国营经济、半社会主义性质的合作经济、私人资本主义经济、个体经济，加上国家和私人合作的国家资本主义经济，这些是人民共和国的几种主要经济成分，构成了新民主主义的经济形态。同时，毛泽东指出：对内的节制资本和对外的统制贸易，是新中国经济斗争中的两个基本政策；限制和反限制，将是新民主主义国家内部阶级斗争的主要形式。

毛泽东在中共七届二中全会上对新民主主义经济形态的分析，从国营经济的领导地位，各种经济成分的性质、状况及其相互关系，到经济结构内部矛盾斗争的形式及所应把握的尺度等，都有系统的阐述，从而论证了“在革命胜利以后一个相当长的时期内”中国的经济发展战略问题。其中，把私人资本主义经济列为社会经济结构的重要组成部分，明确私人资本主义工业是现代工业中一支不可忽视的力量。这对于全国胜利以后充分利用私人资本主义这部分近代生产力，渐次扩大现代工业在整个国民经济中的比重，逐步把落后的农业国转变为先进的工业国，并为将来向社会主义转变奠定物质技术基础，具有至关重要的意义。

（三）人民民主专政的历史任务

由于“九月会议”已经基本确定新中国的国体是实行人民民主专政的国家制度，毛泽东在中共七届二中全会的报告中，着重明确的是人民民主专政的任务。他指出：无产阶级领导的以工农联盟为基础的人民民主专政，要求我们党去认真团结全体工人阶级、全体农民阶级和广大的革命知识分子，这些是这个专政的领导力量和基础力量。没有这种团结，这个专政就不能巩固。同时也要求我们党去团结能够同我们合作的城市小资产阶级和民族资产阶级的代表人物，以便在革命时期使反革命势力陷于孤立，彻底地打倒国内的反革命势力和帝国主义势力；在革命胜利以后，迅速地恢复和发展生产，对付国外的帝国主义，使中国稳步地由农业国转变为工业国，把中国建设成为一个伟大的社会主义的国家。

在这里，毛泽东明确了人民民主专政的国家政权首先担负组织恢复和发展生产，对付帝国主义，进行新民主主义建设的任务；同时，带有前瞻性地指明，它将以政权的力量，保证中国稳步地由农业国转变为工业国，由新民主主义国家转变为社会主义国家。这表明，人民民主专政实际上担负着双重历史任务。但是，这是否意味着新民主主义革命转变到社会主义革命，可以“毕其功于一役”呢？对此，毛泽东在中共七届二中全会的结论中作了具体分析。他说：“毕其功于一役”，我是在流血的革命这一点上说的，也就是说，流血的革命只有这一次，将来由新民主主义转变到社会主义革命那一次不用流血，而可能是和平解决。但这只是可能，将来是否不流血，还要看我们工作的努力。如果国家，主要的就是人民解放军和我们的党腐化下去，无产阶级不能掌握这个国家政权，那还是有问题的。至于说“政治上、经济上都毕其功于一役”，那是不能这样说的。[①]

在这新民主主义革命与社会主义革命的衔接问题上，毛泽东态度鲜明地

① 中共中央文献研究室编：《毛泽东年谱（1893—1949）》，人民出版社、中央文献出版社1993年版，第466页。

摒弃了在经济上,即发展生产力方面,把新民主主义与社会主义两个革命"毕其功于一役"的错误观念。更值得重视的是,毛泽东以高度的政治敏锐性和预见性,提出了要特别警惕国家权力、国家机器和党的机构可能会走向腐化的问题。其中的历史内涵和警示意义是极其深刻的。

(四) 确定对外关系的基本原则

1948年以后,随着解放战争的迅猛推进,英、苏、法等国政府看到国民党政府在中国统治的根基业已动摇,先后通过其各自的渠道向中共方面试探,表示愿与预期不久将要建立的新的政府建立某种形式的外交关系。这就使从建立新国家的角度来考虑对外关系的问题,提上了日程。当然,一个国家的外交事务从来不是单方面的,在正式成立新政府之前,中共中央、毛泽东需要缜密地分析研究各国政府的真实意图和建交条件,观察各方面对中国革命及其所创建的新国家、新政府的反应。但是,从1949年1月起,为即将成立的新的中央政府制定外交政策的基本原则问题,已经纳入中共中央筹备建立新中国的整体部署,并成为其中的重要一环。到中共七届二中全会召开时,主要的外交政策和基本的原则立场已经提出,但某些重大的外交决策直到1949年4月人民解放军占领南京之后才最后确定下来。

作为彻底摧毁反动的国家机器而建立起来的新的中央人民政府,在对外关系方面首先要采取的一项基本原则,就是不承认旧政权在半殖民地半封建的社会条件下所建立和维持的一切外交关系。这一点是在1949年1月中央政治局会议上确定下来的。毛泽东在这次会议上说:现在帝国主义在中国没有合法地位,不必急于要它们承认。我们是要打倒它,不是承认它。但政策不能乱,要保护侨民。将来通商问题可以考虑,但也不急。急的是同苏联及民主国家通商并建立外交关系。

周恩来在会上说,外交政策以不承认为好,对帝国主义国家要观察,根据需要将来再说。总的观念是中国人民百年来受压迫,现在站起来了。要有这样的气概。在外交上应注意三点:要划分新民主主义阵线与帝国主义阵线,区别帝国主义与人民,帝国主义之间的矛盾要加以利用。要宣传帝国主义不足畏惧，要认识到我们能够自力更生，但并不拒绝外援。总的精神是按问题的性质及情况分别处理，以对我们有利为主，坚决禁止帝国主义分子的一切非法活动。我们现在已摆脱了锁链，有些事他非找我们不可，我们不必急。现在我们经验少，但将来会摸索出一套办法来。

1949年1月中央政治局会议后，由周恩来根据这次会议的精神，起草了《中共中央关于外交工作的指示》。这个指示经毛泽东修改后，于1月19日发出。其中对“不承认”这一主要外交政策作了原则的说明，指出：目前我们与任何外国尚无正式的国家的外交关系。许多帝国主义国家的政府，尤其是美帝国主义政府，是帮助国民党反动政府反对中国人民解放事业的，因此，我们不能承认这些国家现在派在中国的代表为正式的外交人员，实为理所当然。我们采取这种态度，可使我们在外交上立于主动地位，不受过去任何屈辱的外交传统所束缚。在原则上，帝国主义在华的特权必须取消，中华民族的独立解放必须实现，这种立场是坚定不移的。但是，在执行的步骤上，则应按问题的性质及情况，分别处理。总之，在外交工作方面，我们对于原则性与灵活性应掌握得很恰当，方能站稳立场，灵活机动。[①]上述基本方针和原则立场，毛泽东后来用简练而生动的语言作了概括，这就是“另起炉灶”和“打扫干净屋子再请客”。

在中共七届二中全会上，毛泽东着重强调了中国革命的彻底的反帝国主义的性质，揭示了整个帝国主义制度在第二次世界大战以后大大削弱的趋势，明确提出这使得我们可以采取和应当采取“有步骤地彻底地摧毁帝国主义在中国的控制权”的方针。他指出：

帝国主义者的这种控制权，表现在政治、经济和文化等方面。在国民党军队被消灭、国民党政府被打倒的每一个城市和每一个地方，帝国主义者在政治上的控制权即随之被打倒，他们在经济上和文化上的控制权也被打倒。但帝国主义者直接经营的经济事业和文化事业依然存在，

① 中央档案馆等编：《中共中央文件选编》第18册，中共中央党校出版社1987年版，第44页。

被国民党承认的外交人员和新闻记者依然存在。对于这些,我们必须分别先后缓急,给以正当的解决。不承认国民党时代的任何外国外交机关和外交人员的合法地位,不承认国民党时代的一切卖国条约的继续存在,取消一切帝国主义在中国开办的宣传机关,立即统制对外贸易,改革海关制度,这些都是我们进入大城市的时候所必须首先采取的步骤。在做了这些以后,中国人民就在帝国主义面前站立起来了。剩下的帝国主义的经济事业和文化事业,可以让它们暂时存在,由我们加以监督和管制,以待我们在全国胜利以后再去解决。①

关于帝国主义对我国的承认问题,不但现在不应急于去解决,而且在全国革命胜利以后一个相当长的时期内也不必急于去解决。我们是愿意按照平等原则同一切国家建立外交关系的,但是向来敌视中国人民的帝国主义,决不会很快就以平等的态度对待我们,只要一天它们不改变敌视的态度,我们就一天不给帝国主义国家在中国以合法的地位。

明确宣布新中国将联合苏联,站在国际和平民主阵营一边,这是筹备建国时中共中央采取的另一项重要外交方针。中国共产党自成立以来,就同苏维埃俄国及后来的苏联保持了密切的党与党之间的关系。进入1949年,形势的迅速发展要求从国家关系的角度来考虑中苏关系问题。毛泽东对中苏关系极其重视,把它置于新中国对外关系的首位。1949年1月底,斯大林委托米高扬来华了解中国革命形势,毛泽东借此机会向斯大林的使者全面介绍了中国革命的情况及中共的内政外交政策。这次会谈对之后中苏两国关系的发展起了重要的推动作用。由于中苏两党在国家关系问题的沟通上有了初步的进展,3月13日,毛泽东在中共七届二中全会的总结发言中,明确地指出:

我们不能设想,没有苏联,没有欧洲的及美国的工人运动吸引美帝

① 《毛泽东选集》第4卷,人民出版社1991年版,第1434—1435页。

国主义的力量在西方，我们中国革命也能胜利。我说，东方的空气比较稀薄，而西方的气压很重，我们就在东方冲破帝国主义力量比较薄弱的这一环。中国革命胜利以后的巩固也是一样，帝国主义是要消灭我们的，没有各国无产阶级，首先是苏联的援助，巩固是不可能的。自然，我们受人帮助，也要时刻准备帮助别人。这就是国际主义。中苏关系是密切的兄弟关系，我们和苏联应该站在一条战线上，是盟友，只要一有机会就要公开发表文告说明这一点。现在对非党人士也要说明这一点，也要做这种宣传。①

中共七届二中全会后不久，4月3日，毛泽东亲自草拟，并以中共中央主席名义同李济深、沈钧儒等各民主党派领导人联名发表《反对北大西洋公约联合声明》，第一次公开点明苏联是新中国的“盟友”，表明将与苏联和各国和平民主势力携手并进，向侵略战争的发动者作坚决斗争的政治立场。后来，毛主席又在6月30日发表的《论人民民主专政》一文中，提出了著名的“一边倒”方针。当然，这里所说的并不是倒向某个具体国家，而是“倒向社会主义”一边。

（五）共产党走向执政地位的预警

从乡村到城市，从革命战争到经济建设，对于即将执政的中国共产党来说，是一个十分重大而紧迫的新课题。在1949年1月中央政治局会议上，毛泽东就提出“不要使胜利冲昏自己的头脑”。他说：胜利冲昏头脑，今天更有可能，胜利越大，包袱越大，紧张困难时易团结。这必须警惕，要教育干部，首先是要使高级干部懂得，战争打完了，真正要做的事情才开始，届时很可能感觉打仗还容易些。在中共七届二中全会上，毛泽东再次告诫全党：

因为胜利，党内的骄傲情绪，以功臣自居的情绪，停顿起来不求进步

① 《毛泽东文集》第5卷，人民出版社1996年版，第262页。

> 的情绪，贪图享乐不愿再过艰苦生活的情绪，可能生长。因为胜利，人民感谢我们，资产阶级也会出来捧场。敌人的武力是不能征服我们的，这点已经得到证明了。资产阶级的捧场则可能征服我们队伍中的意志薄弱者。可能有这样一些共产党人，他们是不曾被拿枪的敌人征服过的，他们在这些敌人面前不愧英雄的称号；但是经不起人们用糖衣裹着的炮弹的攻击，他们在糖弹面前要打败仗。我们必须预防这种情况。夺取全国胜利，这只是万里长征走完了第一步。……中国的革命是伟大的，但革命以后的路程更长，工作更伟大，更艰苦。这一点现在就必须向党内讲明白，务必使同志们继续地保持谦虚、谨慎、不骄、不躁的作风，务必使同志们继续地保持艰苦奋斗的作风。[①]

在这里，毛泽东提出要预防资产阶级“糖衣炮弹”的袭击和“两个务必”保持党的优良传统作风，成为中国共产党走上全国执政地位的一个预警，也是新中国成立后党的建设问题上历久弥新的重大命题。

任弼时在发言中也十分重视党的建设问题。他提出，随着工作重心的转移，党的建设也要与之相适应。他认为，大革命失败后，中国共产党长期在农村奋斗，现在党员的成分85%到90%是农民，“这是很自然的，但这也是一个弱点，就是容易产生散漫无纪律等偏向”。入城以后，如果我们在工人中没有党的基础，不能与工人阶级建立密切的联系，就谈不上真正依靠工人阶级。因此，在城市党的发展对象主要是产业工人，其次是手工业工人和店员等。如何保证党的质量呢？他提出：一是要严格审查，新党员要举行入党仪式，这对于党员是有教育意义的。二是要加强教育，健全组织生活。三是要经常检查党员的工作，开展批评和自我批评，严格执行纪律。任弼时指出，必须重视党务工作，包括支部建设、党的领导方式、工作作风、党员的思想动态等，忙于各种经济建设和行政事务，而放松了党的建设，忘掉了党务工作，那是

---

① 中共中央文献研究室、中央档案馆编：《建党以来重要文献选编（1921—1949）》第26册，中央文献出版社2011年版，第171页。

很危险的。

在全会闭幕前，毛泽东作会议结论，简要评价了各地的工作，系统地讲述了党委会的工作方法，其中提出了中国共产党人不应当和马、恩、列、斯并列的问题，他说："如果并列起来一提，就似乎我们自己有了一切，似乎主人就是我，而请马、恩、列、斯来做陪客。我们请他们来不是做陪客的，而是做先生的，我们做学生。对科学的东西不能调皮，不能比国家的大小，不能因为保加利亚小，苏联也只有两万万人口，而我们国家大，一下就搞了四万万多人口，就应该占先。在这里，数量不等于质量。如果硬要比较，那末马克思的祖国，那里今天还没有革命，那又应当怎么看呢?""中国革命的思想、路线、政策等，如再搞一个主义，那末世界上就有了几个主义，这对革命不利，我们还是作为马克思列宁主义的分店好。"①

毛泽东的上述讲话，是针对党内一种不符合实际的思想情况来说的。例如在1948年8月，吴玉章曾致电中央请示想在华北大学成立典礼上提出"主要的要学习毛泽东主义"，"把毛泽东思想改成毛泽东主义"，毛泽东当即复电指出：

> 那样说是很不适当的。现在没有什么毛泽东主义，因此不能说毛泽东主义。不是什么"主要的要学毛泽东主义"，而是必须号召学生们学习马恩列斯的理论和中国革命的经验。这里所说的"中国革命经验"是包括中国共产党人(毛泽东也在内)根据马恩列斯理论所写的某些小册子及党中央各项规定路线和政策的文件在内。另外，有些同志在刊物上将我的名字和马恩列斯并列，说成什么"马恩列斯毛"，也是错误的。……必须坚决反对这样说。②

正是基于上述看法，毛泽东在会议结论的讲话中，提出要禁止给党的领

① 中共中央文献研究室、中央档案馆编：《建党以来重要文献选编(1921—1949)》第26册，中央文献出版社2011年版，第195—169页。

② 《毛泽东书信选集》，人民出版社1983年版，第303页。

导者祝寿,禁止用党的领导者的名字作地名、街名和企业的名字,防止对个人的歌功颂德。根据毛泽东的提议,全会作出党内的六条重要规定,即:不祝寿、不送礼、少敬酒、少鼓掌、不准用党的领导人名字作地名、不要把中央领导同志与马恩列斯平列。

中共七届二中全会,是中国共产党在进城之前召开的一次极其重要的会议,也是民主革命时期最后一次中央全会。会议规划了新中国的宏伟蓝图,确定了新中国的大政方针,为促进和迎接全国胜利的到来,为保证中国将来由新民主主义向社会主义的转变,从政治上、思想上和理论上作了重要准备。

工作重心向城市转移

中共中央进驻北平,工作千头万绪,要抓党的领导,抓党对城市各项政策的宣传和执行,要使各界人士都能认清形势,以国家和民族的利益为重,同我们合作,恢复和发展生产,繁荣市场,医治多年来战争带来的创伤,为将来工农业的恢复和发展打下基础。党的工作重心从乡村转移到城市由此开端,要求共产党不但能够解放大城市,而且还要能管理好大城市。

鉴于北平已经解放,各项接收工作进展顺利,社会秩序基本恢复,中共七届二中全会决定党中央办公地点由西柏坡迁往北平。3月23日,中国共产党关于中共七届二中全会的新闻公报经由新华社向全国发布。当天上午,中共中央机关及所属机构陆续离开西柏坡和附近的村庄,向北平进发。

蒋家王朝的覆灭已成定局,广大干部党员沉浸在胜利的喜悦中。可是毛泽东这时却想得很多、看得很远。他思考着矛盾着的事物“相互依存又相互转化”的辩证关系,思考着怎样才不会重蹈李自成进京后转而败亡的覆辙。

关于这个问题，郭沫若在1941年皖南事变后写了《甲申三百年祭》一书，讲述明朝末年李自成率农民起义军攻进北京城，推翻明王朝，后因骄奢淫逸很快失去政权而败亡的历史，供后人借鉴。该书于1944年3月在《新华日报》全文连载。此时正值抗日战争准备进入反攻阶段，毛泽东洞悉其重大政治意义，立即批示在《解放日报》全文转载，并加发《编者按语》，同时把它作为整风文件，印发全党学习。毛泽东在写给郭沫若的信中说："你的《甲申三百年祭》，我们把它当作整风文件看待，小胜即骄傲，大胜更骄傲，一次又一次吃亏。如何避免此种毛病，实在值得注意。"[①]中国共产党的自信和胆略建立在对必然性的认识之上，同时又要防止各种偶然性发生。从这种意义上讲，中共七届二中全会提出"两个务必"，体现了中共中央、毛泽东对中国历史上一些农民战争尤其是李自成农民起义失败教训的深刻总结。

1945年7月，黄炎培等6位国民参政员应邀访问延安。黄炎培在延安窑洞里和毛泽东谈话时，痛感于历史的无常，感慨地说："我生六十多年，耳闻的不说，所亲眼看到的，真所谓'其兴也浡焉'，'其亡也忽焉'，一人，一家，一团体，一地方，乃至一国，不少单位都没能跳出这周期率的支配力。"这里提到了一个世代兴亡的历史周期率问题。

那么，什么是历史周期率发生的内在原因呢？黄炎培讲道：

> 大凡初时聚精会神，没有一事不用心，没有一人不卖力，也许那时艰难困苦，只有从万死中觅取一生。既而环境渐渐好转了，精神也渐渐放下了。有的因为历时长久，自然地惰性发作，由少数演为多数，到风气养成，虽有大力，无法扭转，并且无法补救。也有因为区域一步步扩大了，它的扩大，有的出于自然发展；有的为功业欲所驱使，强求发展，到干部人才渐渐竭蹶、艰于应付的时候，环境倒越加复杂起来了，控制力不免薄弱了。一部历史，"政怠宦成"的也有，"人亡政息"的也有，"求荣取辱"的也有。总之，没有能跳出这个周期率。中共诸君从过去到现在，我略略

① 《毛泽东书信选集》，人民出版社1983年版，第241页。

了解的了，就是希望找出一条新路，来跳出这个周期率的支配。[①]

黄炎培对共产党的事业是赞同和支持的，希望共产党进行的伟大事业能够兴旺发达，世代相传。面对这样的厚望，毛泽东十分高兴，他自信地说：“我们已经找到新路，我们能跳出这周期率。这条新路，就是民主。只有让人民来监督政府，政府才不敢松懈。只有人人起来负责，才不会人亡政息。”这就是毛泽东与黄炎培著名的“窑洞对”。当然，找到了民主这条新路，并不意味着就能跳出历史周期率。能否跳得出去，还要看民主这条新路具体怎么走，走得好不好，能不能对这个历史周期率时刻保持清醒的头脑和高度的警惕。从这种意义上讲，毛泽东在中共七届二中全会提出“两个务必”，与他和黄炎培在延安的那次著名谈话有着一脉相承的关系。正是在这样的鞭策下，越是临近全国胜利，就越是需要警醒谨慎。这也是毛泽东在中共七届二中全会上，告诫全党不要被“糖衣炮弹”击中，不要被资产阶级的捧场所征服的重要原因。

在决定迁往北平时，毛泽东就对周围人员说：“同志们，我们就要进北平了。我们进北平，可不是李自成进北平，他们进了北平就变了。我们共产党人进北平，是要继续革命，建设社会主义，直到实现共产主义。”

出发前，毛泽东只睡了四五个小时。他兴奋地对周恩来说：“今天是进京的日子，不睡觉也高兴啊！今天是‘进京赶考’嘛，进京‘赶考’去，精神不好怎么行呀？”周恩来笑着说：“我们应当都能考试及格，不要退回来。”毛泽东说：“退回去就失败了。我们决不当李自成，我们都希望考个好成绩。”

11辆小汽车、10辆大卡车载着中国革命的最高统帅部，进入一马平川的华北大平原。在路上，干部、战士们感慨最深的，就是没有想到这么快就打败了武装到牙齿的国民党几百万军队。毛泽东深入浅出地向大家解释说：我们没想到，蒋介石更没有想到。他天天想消灭我们，反而被我们消灭了。道理很简单，这就是因为蒋介石发动的战争是反人民的、非正义的战争。人心的向背，决定了我们必胜，蒋介石必败。

---

① 黄炎培：《八十年来——黄炎培自述》，文汇出版社2000年版，第204—205页。

在听取沿途军政首长的工作汇报时，毛泽东提纲挈领地指出：工作千头万绪，要抓党的领导，抓党对城市各项政策的宣传和执行，要使各界人士都能认清形势，以国家和民族的利益为重，同我们合作，恢复和发展生产，繁荣市场，解决多年来战争带来的创伤，为将来工农业的恢复和发展打下基础。他还说：我们不但能够解放大城市，我们还要能管理好大城市。人民解放军和全体党政干部学会管理城市，学会做经济工作，在当前非常重要。

3月25日清晨，中共中央五大书记到达北平清华园火车站，暂到颐和园休息。下午5时，在西苑机场举行了庄严、简朴的入城式。毛泽东同朱德、刘少奇、周恩来、任弼时一道，检阅了军威雄壮的人民解放军受阅部队。在这里，毛泽东等中共中央领导人，受到各界代表1000多人的热烈欢迎，并同在场的100余名民主党派领导人和无党派民主人士见面。毛泽东同李济深、沈钧儒、郭沫若、黄炎培、马叙伦等许多老朋友久别重逢，备感亲切；其他各界人士经一一介绍，彼此均有相见如故之慨。正是历尽沧桑共患难，终于迎来了携手共商建国大计的吉时良辰。入城式后，中共中央和解放军总部机关当晚进驻北平西郊的香山，毛泽东入住香山双清别墅。他在这里住了半年，到9月21日才移居至北平城内中南海的菊香书屋。

3月31日，毛泽东和中共中央其他领导人在香山接见并宴请第四野战军师以上干部。毛泽东自豪地对大家说：在两年半的解放战争中，我们消灭了国民党反动派的主要军事力量和一切精锐师团。国民党反动统治机构即将土崩瓦解，归于消灭了。我们三路大军浩浩荡荡就要下江南了，声势大得很，气魄大得很，同志们，下江南去！我们一定要赢得全国的胜利！

第七章 国际局势新动向与外交抉择

百费周折的沟通

在美、苏既相对抗又在若干问题上互有妥协的世界格局下，毛泽东认为很有必要利用斯大林邀请他去莫斯科休养的机会，亲自与斯大林交换对中国革命一系列重大问题的看法。经过长达一年多时间的电报联系，一切准备停当，却因各种复杂因素还是取消了去莫斯科的计划。毛泽东同意斯大林委派他的特使米高扬到西柏坡听取中共领导人的意见。

中国人民革命和人民解放战争，是在第二次世界大战结束后不久、世界政治格局发生巨大改变的国际环境下进行的。从1948年到1949年，整个国际社会都将目光转向中国发生的历史性事变，予以特别的关注。以美苏为首的世界两大阵营，从不同角度、不同层面注视着中国局势的演变，有着复杂、微妙反应。随着筹建新中国的进程日益迫近，如何对待来自各外国方面的接触、试探，使即将诞生的新国家、新政府尽可能在现实的国际格局中处于有利地位？如何争取获得必要的国际支持和援助，以利于国家重建和经济恢复？这些问题，已成为中国共产党的领袖们密切注视并需要即时作出应对的重要问题。

中国革命的反对帝国主义的性质，使它天然地归属于世界和平民主阵营，归属于战后形成的以苏联为首的社会主义阵营。然而，战后美苏之间在世界许多地方展开激烈的斗争，其战略争夺的重点在欧洲。美苏两国的对华政策是它们世界战略的组成部分。在对待中国的问题上，它们既有激烈争夺的一面，又有力求妥协的一面，双方都不愿因中国问题而卷入直接的军事对抗。美苏之间的相互斗争和妥协，对中国形势的发展不能不产生直接而复杂的影响。

在1946年4月中国全面内战将要爆发的时候，毛泽东曾经对反法西斯战争胜利后国际格局的演变作了透彻的分析，他在《关于目前国际形势的几点估计》中判断说：美英法同苏联之间的妥协，并不要求资本主义世界各国人民随之实行国内的妥协。各国人民仍将按照不同情况进行不同斗争。[①]正是基于这种对国际形势的分析和判断，中国共产党领导中国人民坚决以革命的战争反对反革命战争。但在战争开始时，关于“美苏迟早会妥协，而这种妥协并不妨碍中国人民按照自己的情况进行斗争”的原则，只在中央高层领导人中间掌握。直到1947年底，参加中央“十二月会议”的各方面负责人才首次看到这个文件，并一致同意这个文件的内容。人民解放战争一年半来的胜利发展，已经证明中央根据对国际形势的估量所作的一系列决策是完全正确的，是富有预见性的；而根据对国际形势的正确估计进行国内工作的部署，对于直接夺取全国政权更具有重大意义。为此，1948年1月中央在关于“十二月会议”决议事项的通知中，全文引用毛泽东关于国际形势的几点估计，使全党的高级干部能够从全局的高度把握这一点，在国内外形势的演变中保持清醒的头脑。直到1949年革命走向全国胜利的形势下，毛泽东对国际形势的上述判断，仍然是指导筹备建立新中国期间中央处理对外关系的基本依据。

在美苏既相对抗又在若干问题上互有妥协的世界格局下，苏联政府对于中国内战双方的态度，客观上不能不受到《雅尔塔协定》等国际条约的束缚。它一方面不愿看到中国完全成为受美国支配的附庸国，努力扼制美国在东方的扩张行动，并暗中对中共领导的人民军队收复东北给予一定支持和帮助；另一方面又过高估计美国和国民党的力量，过低估计中国人民革命力量，倾向于战后应由以蒋介石为“领袖”的国民党来实现中国的统一。当全面内战爆发后，以斯大林为首的苏联党和政府认为中共显然不能抵抗国民党军队强大的进攻；及至中共撤离延安时，又听信国民党宣传机构散布的谣言，误以为中国共产党领导的军队经过国民党军的追剿，恐怕已经剩不下多少人。故在

① 《毛泽东选集》第4卷，人民出版社1991年版，第1184—1185页。

中共中央转战陕北期间，斯大林曾来电建议毛泽东去莫斯科休养。

苏共及斯大林对中国革命和解放战争的实际进程是如此隔膜，使毛泽东很想有机会到莫斯科去，亲自与斯大林交换对中国革命一系列重大问题的看法。在转战陕北一年左右时间里，由于军情紧迫，戎马倥偬，没有可能作出国打算，毛泽东便通过斯大林派来给他治病的阿洛夫，向苏联方面报告中共中央在陕北的实际情况。沙家店大捷后，毛泽东又给斯大林写了一封长信，对中国解放战争总的形势及陕北、山东战况作了总的描述和初步估计，指出敌人已没有力量发动大规模的进攻，我方军事力量不断扩大和加强，中国的解放战争出现很大转折，已进入新的阶段。

1948年春中共中央东渡黄河后，毛泽东根据形势的发展，认为加强同各民主党派、各人民团体的相互合作，讨论成立民主联合政府，并拟定联合政府的施政纲领等事项，业已成为必要，时机也已成熟。因此，他一到达河北省遂平县城南庄，便着手准备召开中央书记处扩大会议，讨论以发布纪念“五一”劳动节口号的方式，号召“各民主党派、各人民团体、各社会贤达迅速召开新政治协商会议，讨论并实现召集人民代表大会，成立民主联合政府”。

同时，毛泽东还决定了一项对全党、对他自己来说都十分重大的行动——远赴莫斯科去见斯大林。毛泽东认为，中国革命已经迫近全国胜利，而我们的主要盟友苏联共产党及其领袖斯大林对此却不甚了解，未能就一些紧迫问题同我们取得相互理解。考虑到在解放区召开新的政治协商会议，成立具有中国特点的民主联合政府，不仅在国内要做好各项准备，在国际上也要做好准备工作，力争获得必要的国际支持，首先是苏联的支持，使新中国更好地站住脚，在国际上产生更大的影响，毛泽东认为很有必要利用斯大林邀请他去莫斯科休养的机会，亲自会见斯大林，共同商讨有关重大问题。

中共中央同意毛泽东的这个提议，即由周恩来、任弼时率中央机关人员先期到西柏坡，与刘少奇、朱德率领的中央工委会合，毛泽东则暂留城南庄等待征询斯大林的意见。

据中共中央文献研究室《党的文献》译载的《米高扬与毛泽东的秘密谈判》一文中“俄罗斯总统档案”披露：1948年4月26日，毛泽东致电斯大林说:“我决定提早动身赴苏联,拟于月初从河北省石家庄北100公里处阜平县出发,在军队掩护下过平张铁路……可能于6月初或中旬到达哈尔滨。然后从哈尔滨到贵国……我将就政治、军事、经济和其他重要问题同苏联共产党中央委员会的同志们商量和请教……此外,如果可能,我还想往东欧和东南欧国家一行,考察人民阵线工作和其他工作形式。”

4月29日,斯大林回电说:“4月26日函收悉。偕行者和人数请视必要自定。两个俄国医生应与您同行。我们同意把一部电台留在哈尔滨。其他事待面议。”

但是5月10日,斯大林又致电毛泽东称:“鉴于您所在地区的事态发展,尤其是傅作义已经开始进攻蔚县,也就是说,您来苏途中拟经过的三个地区都是火线上。我们担心,您的出行会影响事态的进程,况且您路上也不太平。有鉴于此,不知您是否应推迟来苏。您若决定不推迟动身,请通知我们并请告如何向何处派飞机接迎。盼复。”

毛泽东马上回电说:“斯大林同志,今天收到尊函。非常感谢。鉴于目前局势,我的出访贵国以稍做推迟为宜……我需要略加休息,尔后方可乘坐飞机。机场和空港容查清情况后奉告。”

又等了近两个月,毛泽东于7月4日再次致电斯大林:“与前两个月相比,我的健康状况大为好转。我拟近期动身前往贵国。有三条路线可去:陆海空。但不管怎么样,我们务必经过哈尔滨,因我要同东北的一些负责同志商谈。望派飞机于本月25日前后到……如果您决定接我们走海路,望在本月底派船赴指定的港口……如果我们不能乘飞机,也不能乘船,那我们无论如何本月15日前后也要动身北上。”毛泽东说,将有20人与他同行,如果乘飞机前往,请派两架飞机。

可是,毛泽东没有料到,斯大林7月14日来电却说:“鉴于征粮工作已经开始,从8月份起领导同志要分赴各地,至11月方回,所以苏联共产党(布)中央委员会请毛泽东同志把来莫斯科的时间安排到11月底,俾能同所有同志见面。”这个电报,实际上不同意毛泽东立即启程。

当时苏联与南斯拉夫领导人铁托在巴尔干半岛问题上发生严重分歧,乃至共产党情报局通过了开除南共联盟的决议；接着，又因为在德国东西柏林之间修筑隔离带问题，苏联与美英之间关系变得十分紧张。斯大林认为这个时候，不是在莫斯科接待毛泽东的好时机，只好找了一个“忙于征粮”的借口予以婉拒。

毛泽东对苏共领导人这个于理不通的借口，很不以为然。他对身边的两位苏联医生阿洛夫和米利尼科夫说：“难道苏联把征粮看得这么重要，乃至党中央的领导人都要出去参加吗？”尽管如此，毛泽东还是请阿洛夫通过电报转达了他的回答：“斯大林同志：同意您7月14日电报中所述意见。我们前往贵国的时间推迟至10月底至11月初。”

直到7月下旬，中共中央才得知共产党情报局开除南共联盟的决定。这一消息并非直接来自莫斯科，而是东北局从苏联驻哈尔滨总领事馆那里听说的。当东北局把这个消息转报中央后，中共中央即于8月4日发出指示，要求高级干部认真学习共产党情报局的这一决定，批判“反动的资产阶级民族主义”。

8月28日，阿洛夫在致莫斯科的一封电报中，向斯大林转告说：毛泽东表示，他所以想尽快到莫斯科去，是因为1948年形势变化了，有许多事要在那里讨论，一些问题要请教，另一些则涉及尽可能争取援助之事。该电附毛泽东准备在莫斯科讨论的问题要点。

鉴于人民解放军准备组织战略决战的态势发展迅速，毛泽东无法按照预定时间动身赴莫斯科，他致电斯大林，请求把访问时间推迟到12月底。此后，毛泽东集中精力组织指挥三大战役，处在高度紧张的工作状态。因为国内形势瞬息万变，毛泽东的访苏计划尽管做了不少准备工作，但总是受到情况变化或其他方面条件的限制，始终未能成行。时间拖到了1949年的1月。但这时，斯大林却明确表示毛泽东赴莫斯科访问是不适宜的。

1月10日，斯大林致电毛泽东，向他通报南京国民党政府请求苏联出面调解国共和谈之事，商量对策，并在电报的末尾讲了这样一番话：至于说到您的莫斯科之行，十分抱歉，我们以为，鉴于上述情况，您还得将您启程的日期再推迟一些时日，因为在此种情况下您的莫斯科之行会被敌人利用来败坏中国共产党的声誉,攻击中共是依附于莫斯科的附庸力量。这无论对中国共产党还是对苏联当然都是不利的。

1月14日,斯大林在复毛泽东13日电时,再次谈到:我们依然坚持认为,您最好暂缓您的莫斯科之行,因为目前您留在中国是非常必要的。如您愿意,我们可马上派一位政治局负责成员到你们那里去,在哈尔滨或其他什么地方就你们感兴趣的问题进行商谈。

经过长达一年多时间的电报联系,百费周折,原拟邀请毛泽东前往,变为斯大林派使者来。可见在那个局势动荡的年代,中苏两党的直接沟通是何等艰难,又受到多少复杂因素的制约。事情的结果是,毛泽东取消去莫斯科的计划,同意斯大林委派的特使——苏共中央政治局委员米高扬到西柏坡听取中共领导人的意见。

向远方传递的信息

对西柏坡的秘密访问,给米高扬留下了很深的印象。他在给斯大林的电报中评价说,必须指出,与我交谈的中共中央政治局委员们,在一般政治、党务、农民及整体经济问题上完全是行家,并且都很有自信。米高扬带回了中国共产党人现时正在从事的伟大事业的最直接、最权威的信息,这对于沟通、建立和发展中苏两大党、两大国之间的关系,具有十分重要的意义。

1月31日下午,米高扬一行经大连乘飞机到石家庄,辗转到达西柏坡。这是受斯大林委派进入中国解放区的最高级别的苏共中央代表。米高扬首先向毛泽东等中共中央领导人转达了斯大林对中国革命形势发展的关心,并说明了自己的来意。

米高扬说：中国革命形势发展迅猛异常，在这关键的时候，毛泽东同志不能离开指挥岗位；再者，中国境内交通不便，还要通过敌人的封锁线，也要考虑到安全问题；到苏联往返的时间太长，怕影响毛泽东同志的身体健康。因此，斯大林不主张毛泽东到苏联去。斯大林十分关心中国革命形势的发展，派我代表他到中国来听取你们的意见。你们所讲的话，我回国后会如实向斯大林汇报，任何事都将由斯大林作出决定。

为了使斯大林全面了解中国革命胜利发展的形势，并在革命胜利后取得苏联在国际上的真诚支持，中共中央领导人，主要是毛泽东主席与米高扬连续谈了3个整天。这次谈话的范围，包括中国国内的军事、政治形势；革命胜利后所要建立的新的国家政权问题；恢复生产和进行经济建设问题；军队整编问题；国际关系和中国对外政策的总方针问题；民族资产阶级和私营工商业问题，以及中国的少数民族问题和中共的民族政策问题，等等。

据当时担任翻译的亲历者师哲的回忆录《在历史巨人身边：师哲回忆录》记载，毛泽东主要向米高扬谈了以下五个方面的问题。

第一，胜利后建立新政权的问题。

毛泽东说：新政权的性质、形式、组成、名义等的明确化已经提到日程上来了。这个问题，我党已思考过。

首先，这个政权的性质简括地讲就是：在工农联盟基础上的人民民主专政，而究其实质就是无产阶级专政，不过对我们这个国家来说，称为人民民主专政更为合适，更为合情合理。

其次，是它的组成及其成员问题。我们认为它必须是个联合政府。名义上不这样叫，而实际上必须是联合政府。现在中国除共产党外，还有好几个各色各样的民主党派，有的已同我们合作多年了。虽然他们的力量都不算强大，人数也不多，他们在工农群众中或武装力量中没有什么影响；但他们在知识界、海外侨胞中有一定的影响，我们准备继续团结他们，照顾他们，给他们在政府部门的各个岗位上留下一定的位置。但国家政权的领导权是在中国共产党的手里的。这是确定不移的，丝毫不能动摇的。

毛泽东说：这种联合性质的政权，能合得来，能步调一致吗？这是一个实际问题，也是工作方法与制度问题。一方面，制度、秩序可以逐渐建立、完善、健全起来，工作方法也可以在工作中逐渐协调和改进。工作中的矛盾、磨擦一定会有的，但也一定可以克服和改善。总之，将来政府的组成大概就是这样的，中国共产党是核心，是骨干，新政权需要不断加强和扩展统战工作。

第二，胜利后接踵而来的任务，即恢复生产和经济建设。

毛泽东说：战争一结束，我们不但要恢复生产，而且要建设崭新的、现代化的、强大的国民经济。这不是发出几个口号、几次号召，或作出几项决定就可以完成任务的，必须要有正确的政策。我们正在研究苏联经历的两次（十月革命成功后与二次世界大战后）经济恢复工作的经验，作为参考和借鉴。中国有4亿多人口，对他们的发动、组织和安排，谈何容易。当前摆在我们面前的迫切任务是解决人民的衣食住问题和安排生产建设问题。

国家建设这个课题，对我们来说是生疏的，但是我们可以学习。苏联走过的道路可供我们借鉴。中国革命成功后，生产建设工作的发展可能会快些，因为中国的处境要比1917年至1918年的苏联好些，敌人是无法围困我们的。

毛泽东指出，人民群众拥有最强大、最可靠的战无不胜的雄厚力量。我们的工、青、妇组织在战争年代发挥了巨大的作用，在生产建设中也将会发挥更充分、更伟大的作用。目前，在全国范围内，群众还没有完全被组织起来，这是摆在我们面前的一项艰巨任务，至于现成的组织形式，工人阶级有职工代表大会；妇女有妇女联合会；而青年，这个几乎占全国近半数人口的群众，除青年团那样的组织形式外，恐怕还得建立发展其他类型的组织，如学生联合会或其他青年组织形式等。

第三，军队问题和解放全国领土问题。

毛泽东说：目前我们的军事力量发展得很快，除解放区的青年踊跃参军外，我们还大批大批地收容和改造俘虏人员，缴获的武器、物资也不少。现代战争的人力、物力补充主要靠前线。解放军本身也需要逐步现代化。目前解放军除完成作战任务外，还得驻守解放区和城市，维护治安、剿匪等，并在条件许可下进行生产自给，改善生活。将来中国无需维持过于庞大的军力，而应实行寓兵于民的方针。

关于解放全国领土，毛泽东说：目前，还有一半的领土尚未解放。大陆上的事情比较好办，派军队去就行了。海岛上的事情就比较复杂，需要采取另一种较灵活的方式去解决，或者采用和平过渡的方式，这要花较多的时间。在这种情况下，急于解决香港、澳门的问题，也就没有多大意义了，相反，利用这两地原有的地位，特别是香港，对我们发展海外关系、进出口贸易更为有利。总之，要根据形势的发展再作最后决定。

毛泽东还指出：中国有大批侨胞留居世界各地，特别在东南亚各国、日本、美国都有相当数量的华侨。他们当中有相当数量的进步分子、爱国主义者，如陈嘉庚这样的人。他们不仅关心祖国的命运，而且在实际行动中也想为祖国做出贡献。我们党在这些人中也享有一定的威望，今后要注意加强这方面的工作，并保护他们的利益。

毛泽东特别指出，较麻烦的问题有两个：台湾问题和西藏问题。其实，西藏问题并不难解决，只是不能太快，不能过于鲁莽，因为：一是交通困难，大军不便行动，给养供应麻烦也较多；二是涉及民族问题，尤其是在受宗教控制的地区，解决它更需要时间，须稳步前进，不应操之过急。毛泽东指出，台湾是中国的领土，这是无可争辩的。现在估计国民党的残余力量全要撤到那里去，以后与我们隔海相望，不相往来。那里还有一个美国问题。台湾实际上是在美帝国主义的保护下。这样台湾问题比西藏问题更复杂，解决它更需要时间。

第四，国际关系问题和中国对外政策的总方针问题。

毛泽东用“打扫干净屋子再请客”譬喻说，我们的屋子本来就够脏的，因为帝国主义分子的铁蹄践踏过。某些不客气、不讲礼貌的客人再有意地带些脏东西进来，那就不好办了。我想，朋友们走进我们的门，建立友好关系，这是正常的，也是需要的。如果他们又肯伸手援助我们，那岂不是更好！但我们知道，对我们探头探脑，想把他们的脚踏进我们屋子里的人是有的，不过我们暂时还不能理睬他们。至于帝国主义分子，他们抱着不可告人的目的，一方面想进来自己抓几把，同时也是为了搅浑水。我们不欢迎这样的人进来。

关于外国对未来新政府的承认问题，毛泽东提出两个方案：一是外国承认新政府，苏联则立即率先承认；另一个是不去力争对新政府的承认，如果某外国政府表示有意承认，那就不予排斥，但暂时也不表示认可，好处是新政府可以不受约束地对中国之内的一切帝国主义事物施加压力，而不必顾及外国政府的抗议。毛泽东明确表示，在考虑对外政策问题时，将把对苏联及东欧国家的关系置于中心位置。

关于外国干涉问题，毛泽东说：我们的解放战争正在胜利声中向前发展，到目前为止，尚未遇到帝国主义的严重干涉和阻拦。小的冲突有过好几次。那都是他们逃之夭夭，索性撤走了。在长江以南会遇到什么情况，还不知道。到现在为止的经验是：美军并不想直接卷入中国内战，只是间接干预，把军队、军用物资大量供应给蒋军。其他帝国主义目前是泥菩萨过河——自身难保，各自苟且偷安，保全自身，谁也不愿意、实际上也没有能力去冒险。目前，我们面临的国际形势就是这样的。这也是解放战争取得最后胜利的有利条件之一。这个形势，在往昔的中国是难以得到的。我们绝不会错过这个机会。

帝国主义同我们国家之间是有几笔大账要算的。第一，他们在我国的一切特权必须全部彻底废除；第二，他们欠我国的一切债务和款项必须偿还；第三，帝国主义的武装部队、警察等必须撤离中国。至于侨民居留问题，则按一般外侨居留办法和国际惯例来处理。帝国主义分子历来是看不起中国人的，对他们也得教训教训，使他们的头脑清醒过来。

第五，对民族资产阶级的政策问题。

毛泽东说：中国民族资产阶级是很软弱的，只有少数几家像点样子，其余许多连中等资产阶级都够不上，更谈不上亿万富翁了。他们虽然属于剥削阶层，但同时也受外国资本家的压迫和剥削，在政治上软弱无力，甚至受到压抑和排挤。我们对这部分人采取联合、利用、改造的方针，使其为祖国建设服务。这个政策他们是乐于接受的。我们利用了他们的积极性，也给了他们以施展才能的机会、参与国事的权利和应有的社会地位。他们的能力、物力、财力确实有限，但为发展生产建设，应使人尽其才，物尽其用。总之，在恢复和发展生产中，必须发挥和利用民族资产阶级的积极性。对资产阶级分子的使用，也可能出现某些消极方面的现象，我们也应注意防止和纠正。我们准备成立一个工商联组织，这可以把工商业方面的活动人物组织起来。这样，不仅使他们的思想可逐渐得到改造，也使他们的行为受到监督，不敢过于放肆地违法乱纪。

此外，毛泽东还谈到中共的民族政策问题。他向米高扬指出：中国是多民族的国家，有几十个民族，汉族人数最多。我们在民族政策上主要是反对大汉族主义，民族压迫必须取缔，民族间的纠纷必须妥善排解。我们提倡各民族互相团结、互相友爱、互相合作、共同建国。目前主要是要防止和反对大汉族主义，同时也要反对地方民族主义，这两者是妨碍和破坏民族团结、共同发展的祸根。

毛泽东还介绍了中共党内的情况。其中特别谈到中共对犯错误干部的政策。如王明、李立三这些犯有路线错误、给党造成巨大损失的同志被选入中央委员会。这一点给米高扬留下了深刻的印象。

在西柏坡这几天的会谈中，中苏双方还就苏联大使移驻广州等一些敏感或有争议的问题交换了看法。

几天来的会谈，双方还广泛讨论了苏联对未来新中国的援助和中苏经济合作问题。2月2日，朱德和任弼时同米高扬会谈。任弼时强调，在制定国民经济计划中，我们尤其重视东北的重要作用，力争把它变成中国的国防基地。东北应该能够生产汽车、飞机、坦克和其他武器。他指出，希望苏联帮助东北的工业开发，并提出几种提供帮助的方式：1. 苏中经济联合体。2. 苏联贷款。3. 由苏联办租让企业。任弼时说，开采沈阳、锦州和热河省的稀有矿藏，如铀、镁、钼和铝，需要苏联的帮助。过去日本从中国掠夺了1吨铀矿。如果苏联对这些矿藏感兴趣，可以考虑合作开发或请苏联来办专门的租让企业。任弼时说，东北的工业开发需要高水平的专家。请求苏联向中国派遣不少于500名国民经济各领域的专家。

2月3日，刘少奇在会谈中也提到苏联援助问题。他说：如果没有苏联和其他人民民主国家的帮助，解放后中国工业基础的建立是不可想象的。这种帮助将对我们起决定作用。我们想早一点知道，苏联究竟能给予我们多大规模的帮助，以供我们在制定国民经济计划时考虑。刘少奇还谈到如何对待民族资产阶级的问题等。刘少奇说:我们政策的基本问题是中国向何处去的问题。而党内在这个问题上还存在着右的和"左"的两种倾向。一些人认为,应该尽力发展并依靠资本主义。这是对资本主义因素的让步,向资本主义投降。另有一些人"左"倾、盲动,急于建设社会主义。他说:"我们将坚决同这些倾向作斗争,同时也请苏联在这方面给我们提出意见。"他估计,全面向资本主义势力发起进攻,要等上10年至15年的时间,那时我们才能着手将工商企业收归国有,从而加速向社会主义发展的进程。米高扬对此表示赞成。他说明,莫斯科的意见是,目前还谈不上对民族资产阶级的企业实行国有化的问题,最好是彻底了解它,待政权完全巩固之后再来提这个问题。

2月4日,毛泽东在会谈中,首先表示了对苏联援助的感谢。但他同时表示:中国革命是世界革命的一部分,因而局部利益应该服从全局利益。我们请求苏联援助的时候,总是考虑到这一点。比如说,假如苏联不能提供什么援助的话,那我们也不会抱怨。罗荣桓动身赴莫斯科之前问我,他们应如何向苏方提出援助问题。我对他说,不要把我们的处境说得一筹莫展、束手无策。但也要强调,我们希望得到苏联方面对东北的适当援助。林彪就经常向莫斯科提出有关援助的问题。毛泽东说:我已经指示高岗,苏方给我们的所有东西,我们将来一定要付款;某些物资不足,可以从国民党占领区获取,中国同志应该合理地利用苏联援助。

2月6日,毛泽东在谈话中提到中国方面共需要3亿美元贷款、3000辆汽车,以及各种必要的物资等援助。毛泽东略带歉意地说:"迄今为止,我们得到的武器都是无偿的,我们明白,苏联的武器生产中包含着苏联工人的有偿劳动。""我们需要3亿美元,我们不知道,你们能否提供这个数目,是少还是多。但是,如果你们不给,我们也不会埋怨什么。""如果苏联方面可以提供这笔贷款,希望能够从1949年起在3年内分期提供,中国会连本带息如数归还。"

对西柏坡的这次秘密访问,给米高扬留下了深刻的印象。他在2月7日晚上给莫斯科的电报中总结说:必须指出,与我交谈的政治局委员们,在一般政治、党务、农民及整体经济问题上完全是行家,并且都很有自信。但他们对生产业务知识了解不多,对工业、交通、银行的概念比较模糊……对那些准备接收的作为国家经济支柱的部门(大银行、大工业及其他),他们还没有提出具体的计划。

为此,米高扬建议中共领导人向莫斯科提供更具体的信息,说明需要,写明准备从苏联方面获得何种帮助。双方商定,过一段时间派一个专门代表团到苏联去,具体讨论各项重大政策问题以及新中国成立前必然要遇到的其他问题,同时签订贷款协议。

在为米高扬送行的晚宴上,毛泽东举杯为斯大林的健康干杯。他说,列宁斯大林的学说是现在中国革命胜利的基础;我自己就是斯大林的学生;我自己的著作并没有什么伟大之处,不过是把马列主义学说在中国加以实践而已,我本人没有做出什么贡献。

米高扬说,马列主义在中国不是机械地搬用,而是在考虑中国特点和具体条件的基础上加以运用的。中国革命有自己的道路,具有反帝革命的特点。所以,阐述中国共产党的经验必然有很高的理论意义,必然丰富马克思主义科学。主宾双方在相互尊重、彼此协调的和谐气氛中,结束了这次会谈。

2月8日凌晨,米高扬轻车简从,秘密离开西柏坡,从原路返回莫斯科。米高扬的这次访问,带回了有关中国革命和中国共产党人现时正在从事的伟大事业的最直接、最权威的信息,这对于在筹建新中国的关键时刻以及在新中国成立以后,沟通、建立和发展中苏两大党、两大国之间的关系,具有十分重要的意义。

意欲脱身与观望试探

毛泽东、周恩来同意美国驻华大使司徒雷登以私人身份赴北平,在观察家看来"几乎是一个邀请",实际上是中共为以后有可能同西方国家建立外交关系预作准备。尽管这在当时还只是一种不确定的估计，中共中央仍然即时作出了适度的应对，不致使未来新政权与美国改善关系失之交臂。这在外交事务的处理上，无论如何是一种非常现实和灵活的态度。

第二次世界大战以后，美国在“遏制苏联扩张”的旗号下，推行其争霸世界的战略。为了遏制苏联在远东的发展，美国政府在中国竭力推行“扶蒋反共”“助蒋内战”的政策，以图由它的“盟友”国民党来控制战后的中国。在此过程中，美国一方面担心国民党政府由于腐败无能而被中共领导的人民革命力量所击败，另一方面又担心苏联插手中国，支持中共。为此，美国政府在确定“扶蒋反共”政策的前提下，还试图促使国民党政府实行一定的民主改革，使它成为可以容纳共产党及其他民主力量的代表，建立类似欧美国家“代议制”式的“联合政府”；同时，美国又在一些问题上与苏联达成某种妥协，拉拢苏联支持国民党政府，并以此影响、诱迫共产党交出军队和解放区，达到限制以至扼杀中共发展的目的。

在这一套既定的对华政策下，中国内战一爆发，美国政府从政治上、经济上、军事上不遗余力地扶植和援助蒋介石集团，即美国人出钱出枪，帮助蒋介石打内战。然而，随着中国局势的急剧演变，美国的决策者们逐渐意识到国民党政权的崩溃已经不可避免，从1948年秋冬起，他们开始考虑适当调整其对华政策。

1948年9月24日，人民解放军一举攻克国民党军坚固设防的华东重镇济南，美国朝野为之震动。30日，美国国务院专电美国驻华使馆，要它对共产党在济南取得速胜的原因作出分析。司徒雷登复电称：主要是由于政府军士气太差，毫无斗志；而共产党方面士气高涨，进攻勇猛、激烈，完全是按既定计划打的。

不到两个月时间，人民解放军对整个东北的军事占领，又一次让美国震惊。辽沈战役刚结束，11月6日，美国驻华使馆召集驻华军事使团和武官开会讨论中国内战的军事形势。与会者一致认为，除非美国军队直接参加作战，否则“任何数量的军事援助都不能挽救目前更趋恶化的形势”，而使用美国军队来作战显然是不可能的。因此，与会者认为：“中国（指国民政府）或美国都没有充分的时间来采取措施挽救这一军事形势”。

基于对中国军事形势的这种分析，美国政府开始制定从中国“脱身”的政策。1948年9月8日，美国国务院政策设计司出台一份题为《重申并制定美国对华政策》的文件，文件认为美国无法挽救国民党的败亡，中国革命有其内在的深刻原因，非美国的力量所能左右，美国应及早“脱身”，争取主动。该文件提出，美国对华的“近期政策必须是极其灵活和初步的”，建议把美国对华政策的目标，从过去的“尽力阻止中共在中国取胜”，改变为“尽力阻止中国变为苏联的附庸”。

正是基于这种近期试图改变的对华政策，1949年1月13日，美国国务院抢在苏联的前面，让司徒雷登向南京政府转交美国的外交答复，拒绝做居中调停国共和谈的不利角色，并指示美国大使馆继续留在南京，不随同国民党政府迁往广州，以坐观局势变化。美国决策者对南京政府的请求作出如此迅速、消极的反应，令莫斯科和苏联驻华使馆大为惊异。斯大林当时甚至怀疑，中共内部有人把他与毛泽东商量对策之事泄露出去，让美国方面占了主动，使苏联政府陷于尴尬境地。米高扬来西柏坡时，曾就此疑惑谨慎地提醒毛泽东注意内部保密问题，注意中共周围的人，是否有不可靠者会把情况传到美国那里。毛泽东断然否认这种可能性，并说英美人士早在得知我们的态度之前就已公开报道说，苏联和中共将反对调停。此事在米高扬西柏坡之行中，是一个不愉快的小插曲。

由此看来，美国政府欲从中国“脱身”的政策，的确一时赢得了外交上的主动。自9月以后，又经过几个月的观察，到1949年2月4日，杜鲁门总统终于正式批准美国国家安全委员会为落实国务院设计司的这份文件的行动建议书，肯定美国当前的对华政策目标是“阻止中国成为苏联的附庸”。当然，美国实际上并未真正从中国内战中“脱身”，这一时期美国政府所执行的对华政策是，维持对李宗仁“主持”的国民党政府的有限度、有条件的援助，但不指望在中国事务上发挥更多的影响力。

这表明，自1949年初艾奇逊接替马歇尔任国务卿后，美国政府已不愿为改变中国的事态再下更大的赌注了。他们开始着手采取行动，“和国民党这艘沉船拉开距离”。当然,美国并未因此而放弃为国民党内部“换马”以及“划江而治”的和谈推波助澜,力图保住美国在华利益最集中的长江中下游地区,并企图在中国革命阵营内部组织反对派,极力使革命就此止步。但局势的发展,使美国人很快就认清共产党不会接受“划江而治”,国民党大势已去。因此,美国政府拒绝了李宗仁要求其出面调停和再次借款的要求,以免大失面子,以后不便与中共新政权打交道。即使在渡江战役时,发生了英国军舰“紫石英”号被中共军队重创的事件,美国官方也没有作出强烈的反应。很明显,美国人这时采取的是“观望”态度,在“等待尘埃落定”。这样一来,国民党这艘“沉船”下沉的速度也就更快了。

美国和多数国家的外交使节,没有像苏联大使那样随国民党政府南迁,而仍在南京逗留。这一重要动向得到了中共中央、毛泽东的重视。此前,中央已经制定了“另起炉灶”和“打扫干净屋子再请客”的基本外交政策;毛泽东在中共七届二中全会上也宣布,不急于解决帝国主义对我国的承认问题。但同时,中央也强调要恰当地掌握原则性和灵活性,在外交工作上,既要站稳立场,又要灵活机动。

为此,中共中央根据所掌握的情况,采取了相应措施:一是适度处理“紫石英”号事件,不予扩大;指示在交涉中,如英舰不听劝告仍开往南京,“只要不向我军开炮及不妨碍我军渡江”,我军无须攻击。二是毛泽东亲自拟电批评入南京部队擅自派兵侵入司徒雷登住宅一事,要求“必须立即引起注意”;之后发布入城部队遵守城市纪律的指示,规定要保护外侨(包括领事馆)不加侮辱;没有命令一律不得进入外侨住宅,不准住外侨房屋、教堂、学校;“一切有关外侨事务,不论大小均由最高机关办理,各部无权处理”。三是进一步指示:“我方对英美侨民(及一切外国侨民)及各国大使、公使、领事等外交人员,首先是英美外交人员,应着重教育部队予以保护。”

同时,周恩来特意选派在天津外事处工作的黄华,即随南下干部工作队赶赴南京,并指示他以燕京大学学生的身份,与曾任燕京大学校长的司徒雷登进行私人接触。4月中旬,周恩来在向一部分民主人士作关于和平谈判的报告时,就外交问题说:和平实现后,我们会实事求是地处理。各国大使馆那里，我们既不断绝，也不急于建立外交关系。如果急于要求承认，就会陷于被动。帝国主义若要同我们建立外交关系，就要按平等原则进行谈判。

4月28日，毛泽东在为中央军委起草的致渡江战役总前委的电报中指出：英美军舰已于26日由上海撤至吴淞口外，“英、美采取此种态度于我有利”，“现美国方面托人请求和我方建立外交关系，英国亦极力想和我们做生意。我们认为，如果美国及英国能断绝和国民党的关系，我们可以考虑和他们建立外交关系的问题”。“美国援助国民党反共的旧政策已破产，现在似乎正在转变为和我们建立外交关系的政策。”[①] 尽管这在当时还只是一种不确定的估计，毛泽东仍然即时作出适当应对，不致使未来新政权与美国改善关系失之交臂。

4月30日，毛泽东亲自起草《中国人民解放军总部发言人为英国军舰暴行发表的声明》，要求美英等国的军事力量迅速撤离中国的领水、领海、领土、领空，并郑重宣布：中国人民军事委员会和人民政府愿意考虑同各外国政府建立外交关系。这种关系必须建立在平等、互利、互相尊重主权和领土完整的基础上，首先是不能帮助国民党反动派。外国政府如果愿意考虑同我们建立外交关系，它就必须断绝同国民党残余力量的关系，并且把它在中国的武装力量撤回去。[②]

这是中国共产党第一次公开、明确地提出同包括西方国家在内的各外国政府建立外交关系的最基本的条件。在外交基本方针和原则立场已经明确并对外宣布的情况下，中共中央注意观察各国特别是美、英的反应，谨慎地保留着政策调整的余地。

这时，司徒雷登已得到艾奇逊政府的授权，让他“不仅以美国政府官方代表的资格”，而且以因其长期居住在中国而“不会被完全漠视”的“个人资格”，和共产党高级领导人进行接触，对美国与中共新政权的关系问题进行试探。司徒雷登颇有信心地声称：“影响中共的努力是完全值得一试的。”[③] 接下来，

---

① 《毛泽东文集》第5卷，人民出版社1996年版，第285—286页。

② 《毛泽东选集》第4卷，人民出版社1991年版，第1461页。

③ [美]爱德温·马丁著，姜中才、于占杰译：《抉择与分歧——英美对共产党在中国胜利的反应》，中共党史资料出版社1990年版，第31页。

司徒雷登的私人秘书傅泾波拜会了南京军管会外事处黄华处长，安排二人进行私人接触。

5月10日，毛泽东致电南京市委并告华东局，同意黄华与司徒雷登见面，以了解美国之意向为目的，并交代谈话时应注意的问题：多听司徒雷登讲话，少说自己意见，说意见时应根据4月30日声明，不要讲“要求美国做更多有益于中国人民的事”这样不妥当的话，而是要求美国停止援助国民党，割断和国民党残余力量的联系，并永远不要干涉中国内政等。

5月13日，根据毛泽东的指示，黄华与司徒雷登第一次见面。谈话中，司徒雷登表示希望恢复美中过去的友好关系，希望中国新政府能广泛地吸收民主人士参加；并说美国已停止援助蒋介石，不愿参加中国内战。但当黄华提出建立新关系必须以平等和互利为先决条件时，司徒雷登说在共产党尚未建立任何意义上的国家政府之前，美国和其他国家除了等待中国的事态发展外，其他什么事情也不能做。其后，司徒雷登又通过傅泾波传话说，美国舰队已于5月21日撤离青岛，解放军进入上海后，美国舰队即行撤走。但因对日和约尚未签订，台湾在法律上尚非中国所有，因此台湾附近还有美舰。黄华严正指出台湾是中国领土的一部分，不容国民党政府出卖或外国政府借口对日和约问题另生枝节。

6月6日，黄华第二次与司徒雷登谈话，按照中央和毛泽东的指示，指出：“我方久已宣告，不承认国民党反动政府有代表中国人民的资格，现在国民党政府已经逃亡，不久即可完全消灭，各外国不应再与该逃亡政府发生关系，更不应和该逃亡政府讨论对日和约问题，否则，我们及全国人民将坚决反对。”[①]司徒雷登仍强调外国要与共产党打交道，只有成立了国家性质的政府机构才有可能，并表示，如果国民党政府再由广州他迁，则美国代表不拟前往。随后，司徒雷登又通过傅泾波向黄华提出，美国对新中国的关系“现在很难作正式表示”，要待他回美后努力，但需要知道中共更高层的意见，回去讲话才有

① 中共中央文献研究室编：《毛泽东年谱（1893—1949）》下卷，人民出版社、中央文献出版社1998年版，第514页。

分量;他希望能与周恩来会面,并顺便到燕京大学看看。

收到黄华的报告后,毛泽东、周恩来经斟酌,决定司徒雷登此时来北平,通过非官方途径为宜。周恩来即会见燕京大学校长陆志韦,让其致信司徒雷登,如要求来北平,可望获得当局批准。6月28日,黄华正式答复傅泾波,"已获北平来电:同意准许司徒去燕京一行,彼希望与当局晤面事亦有可能"[①]。

这时,中共中央、毛泽东在考虑两种做法。在建交问题上,帝国主义提出足以束缚我们手脚的条件,我们当然不能答应。但我们可以采取积极的办法争取这些国家的承认,以便我们能够取得合法地位去进行国际活动;另一种是可以等一等,不急于争取这些国家的承认,以便肃清内部,避免麻烦。两种做法各有利弊。不过,"如果帝国主义各国采取承认中国的新政府的政策,那我们就要准备和这些国家建立外交关系"。[②] 毛泽东、周恩来在这个时候同意司徒雷登以私人身份赴北平,在观察家看来"几乎是一个邀请",实际上就是中国共产党人为在改善同美国关系方面预作准备的一个重要步骤。这在外交事务的处理上,无论如何是一种非常现实、灵活和主动的态度。当然,不论美国方面什么人来谈,坚持已经提出的建立相互关系的原则立场,在共产党方面是不言而喻的。

"一边倒"方针与白皮书

上海解放后,针对美蒋反动派封锁长江口以至禁运战略物资的行径,毛泽东提出打破帝国主义封锁之道:在外交政策上,向社会主义阵营"一边倒"愈早表现于行动愈有利,"这样是主动的倒,免得将

① 外交部外交史编辑室编:《新中国外交风云》,世界知识出版社1990年版,第30页。

② 中共中央文献研究室、中央档案馆编:《建国以来刘少奇文稿》第1册,中央文献出版社2005,第14页。

来被动的倒”;内部政策上,强调“认真的从自力更生打算”,“更主要的从长远的新民主主义建设着眼来提出这个问题”。由此道出了未来新中国在政治、经济和外交方面的战略方针。

尽管司徒雷登口口声声称美国已经停止援助国民党,美国国会还是在1949年4月14日,决定将1948年的援华法案,即拨4亿美元给国民党政府的实施行动,延长一个期限,认为不应突然停止这项援助。艾奇逊政府自食其言,实际上仍在继续支持国民党政府进行内战。

司徒雷登的试探性接触尚待结果,6月间,蒋介石命令国民党驻长江口的海军,对长江三角洲外的海面实行封锁、布雷,并派空军对已解放的上海进行轰炸,企图切断上海依赖外界供应的水上通道。据撤出长江三角洲的英国海军巡洋舰报告:国民党有足够的军舰对这条大江实行封锁。这就给上海解放后生产的恢复和经济生活的正常运转带来很大困难。对于国民党封锁长江口,英国表示强烈不满,从维护其在华利益出发,最关心的是在上海的英国侨民的安全及生活保障。为此,英国政府立即派员同美国政府紧急磋商,准备用军舰护航,组织基本物资援救在上海的外国人,保证其在沪公用事业不致崩溃。美国政府对此则处于矛盾的心态中,它一方面向蒋介石表示“最友好的同情”;另一方面又迫于盟国及国内舆论的压力,照会广州国民政府,宣布对于港口及其附近海域的封锁,“不能认为是合法的”。出于“再观望”的态度,美国未对英国人的建议立即作出反应。

帝国主义试图以武力保护其在华商业利益的动向,同国民党的空袭封锁交织在一起,形成一种十分复杂、扑朔迷离的局面。人们理所当然地要追究在国民党封锁、轰炸上海的背后,是否有美国的支持和策动。譬如美国商会在致国务院的长篇备忘录中就这样认为:“国民党的最后抵抗是封锁中国的港口和空袭中国的城市,而这一行动成为可能,则是由于有美国提供的军舰、飞机、燃料、炸弹和弹药……”为此,美国商会建议国务院在美国人的安全得到保障之前,不要怕同国民党破裂,起码不要向其提供支持。很显然,由于美国长期推行援助国民党的对华政策,使中外人士普遍认为美国政府是国民党封锁中国海面行动的幕后推手。

这时的种种迹象表明，美国政府实际上并未停止援助国民党，也不准备断绝与国民党政府的关系。包括美国国会批准延长1948年援华法案的执行期限，司徒雷登关于美国对与中共的关系“现在很难作正式表示”的言论，以及声称对中共领导的新政府，需待证明其“为中国人民所拥护的民主政府”，“愿意并有力量担负其国际义务”，否则不会采取步骤予以承认，等等，都表现了美国决策者所谓“等待尘埃落定”的既定政策和僵硬态度。在这种情况下，中国共产党不能不在必要的场合清楚地表明自己政治路线上的原则立场。

早在4月3日，中共中央主席毛泽东和各民主党派领导人发表的《反对北大西洋公约联合声明》，已第一次公开声明苏联是中国的盟友，并表示将团结中国人民，采取必要的方法，与苏联和各国和平民主势力携手并进，向以美国为首的侵略战争的发动者作坚决的斗争。

6月30日，毛泽东发表他为纪念中国共产党成立28周年写的文章《论人民民主专政》，其中批驳了中外反动派指责共产党“独裁”“一边倒”的论调，论述了人民民主专政就是要对人民的敌人实行“独裁”，就是要倒向社会主义一边的道理。毛泽东批驳说：

> “你们一边倒。”正是这样。一边倒，是孙中山的四十年经验和共产党的二十八年经验教给我们的，深知欲达到胜利和巩固胜利，必须一边倒。积四十年和二十八年的经验，中国人不是倒向帝国主义一边，就是倒向社会主义一边，绝无例外。骑墙是不行的，第三条道路是没有的。我们反对倒向帝国主义一边的蒋介石反动派，我们也反对第三条道路的幻想。①

毛泽东指出：“我们在国际上是属于以苏联为首的反帝国主义战线一方面的，真正的友谊的援助只能向这一方面去找，而不能向帝国主义战线一方

① 《毛泽东选集》第4卷，人民出版社1991年版，第1472—1473页。

面去找。”

“一边倒”的外交抉择，有出于意识形态方面的考虑，但更主要的因素是对国家利益、战后建设的考虑，尤其是对国家安全的考虑。中国革命反对帝国主义的性质，共产党领导的新民主主义国家将逐步走向社会主义的历史导向，决定了新中国从属于世界社会主义阵营，当然要“倒向社会主义一边”。从战后的国际形势上看，事实上已形成两大阵营的严峻对立，以苏联为首的社会主义阵营同情、支持中国革命，而以美国为首的资本主义阵营却没有改变它们敌视中国革命的态度。在这种情况下，非但不能指望西方资本主义国家对新中国提供援助，还不能不考虑来自帝国主义方面武力威胁、武装干涉的可能性，正如毛泽东所说，我们只能向社会主义阵营寻求真正的国际援助，“不能同时两面树敌”。

“一边倒”，并不意味着倒向某一个国家，而是在现实表明帝国主义迟早要对新中国实行封锁的形势下，适时地表明中国在国际两大阵营中的政治定位，以此作为一条“打破帝国主义封锁之道”。但是，这并不意味着中国将放弃独立自主的原则。关于这一点，中共中央、毛泽东当时有一个十分辩证的分析，这就是1949年7月19日，邓小平在给中共中央华东局各同志的信中所传达的毛泽东给他的口头指示：“我们提出的外交政策的一面倒，愈早表现于行动则对我愈有利（毛主席说，这样是主动的倒，免得将来被动的倒）；内部政策强调认真的从自力更生打算，不但叫，而且认真着手做（毛主席说，更主要的从长远的新民主主义建设着眼来提出这个问题），毛泽东说这两条很好，与中央精神一致。我们这样做，即占领全国，一面倒和自力更生，不但可以立于坚固的基础之上，而且才有可能迫使帝国主义就我之范。”①

同样，一边倒并不妨碍同资本主义国家建立正常的贸易往来。毛泽东在中共七届二中全会上指出：关于同外国人做生意，那是没有问题的，有生意就得做，并且现在就开始做；我们必须尽可能地首先同社会主义国家和人民民主国家做生意，同时也要同资本主义国家做生意。6月15日，毛泽东又在新政

① 《邓小平文选》第1卷，人民出版社1994年版，第134页。

协筹备会上明确指出:“中国人民愿意同世界各国人民实行友好合作,恢复和发展国际间的通商事业,以利发展生产和繁荣经济。”这是代表即将建立的新中国向包括美国等西方国家在内的世界各国所发出的明确信息。

事实上,在中共提出“一边倒”方针之际,司徒雷登曾通过赴北平参加新政协筹备会的民革人士陈铭枢,向中共领导人转达美国方面对中共外交政策的迹象“感到不安”;认为在经济方面,中共的官方言论似乎“妨碍”了同美国进行贸易。周恩来立即通过有关人士转达口信,向美国方面指明:“一边倒”,并不意味着“依靠别人”,而完全属于中国共产党的一条独立的“政治路线”;要把党的“政治路线”与“国家立场”两者区别开来;“政治上必须严格,经济上可以做生意”。这充分体现了中共在原则基础上的灵活性。这样,新中国与美国之间能否进行外交谈判或建立经贸关系,就取决于美国政府的态度了。

可是,在中国革命席卷全国的形势下,美国国内完全被中国已“丧失”给共产主义的极端反共情绪所笼罩。7月1日,司徒雷登接到艾奇逊的电报:“根据最高层的考虑,指示你在任何情况下都不能访问北平。”这一决定,意味着美国政府自己已关上了同新中国交往的大门。这大门一关就是20多年。

紧接着,7月间,美国对国民党封锁长江口的态度出现了一个大转弯,由原来滑稽的“抗议”改为支持,这使英国人很不满。随后,美国纠集西方国家很快摊出对共产党国家实行封锁之牌。1949年11月,西方国家在巴黎成立了一个国际联合组织——巴黎统筹委员会(COCOM),简称“巴统”。这个阴暗组织在相当长时期造成了对苏联、东欧国家经济、技术封锁的局面。1950年朝鲜战争爆发后,在“巴统”对中国禁运的货单上,有500多种物资被列为所谓禁运的“战略物资”。

迫于美国政界围绕“是谁丢掉了中国”的激烈争吵,1949年8月5日,美国国务院发表了由艾奇逊主持起草的《美国与中国的关系》的白皮书,它详述了战后美国实施的扶蒋反共政策及其失败的过程,但却使出“金蝉脱壳”之计,把责任全推到国民党政府的腐败无能之上,以此洗刷美国扶蒋反共政策的失误,推卸“丢掉中国”的责任,为调整其对华政策制造舆论。

白皮书是一部美国对华政策失败的记录和辩护书。它一方面披露了美国侵华和国民党腐败的若干事实，不得不承认中国革命“是中国内部各种力量的产物”，其“结果非美国政府的控制所能及”：另一方面又极力歪曲中国革命发生和胜利的原因，掩盖美国侵华政策的实质，并坚持与中国人民为敌的政策，公然声称，美国将鼓励“中国民主个人主义者再显身手”，以推翻被称为受“外来羁绊”的新中国政权。白皮书的发表激起了中国人民的极大愤慨。8月12日，新华社发表了以《无可奈何的供状》为题的评论。

在中国革命已经取得决定性胜利的形势下，人民民主阵营内部还有一些人出于对美国物质文明和民主制度的向往，被美国一贯标榜“是中国人民的朋友”的外交姿态所迷惑，主张在对外关系上采取对美苏并重的“协合外交”方针，对美国援助新中国建设抱有一厢情愿的幻想。鉴于这种情况，毛泽东对讨论美国的白皮书这件事非常重视，认为这是教育中国人民的一次极好机会。他指出，现在全世界都在讨论中国革命和美国的白皮书，这件事不是偶然的，它表示了中国革命在整个世界历史上的伟大意义。就中国人来说，我们的革命今天基本上胜利了，但是很久以来还没有获得一次机会来详尽地展开讨论这个革命和内外各方面的相互关系，这种讨论是必需的，现在已找到机会，这就是讨论美国的白皮书。

为此，毛泽东指示新华社社长胡乔木，“应利用白皮书做揭露帝国主义阴谋的宣传，应将各国评论摘要评介”。8月24日，民主建国会以发言人名义在《人民日报》发表题为《加强内部团结和警惕，答告美帝好梦做不成》的声明，严正指出：白皮书所提的发展“民主个人主义”的好梦是做不成的。中国民族资产阶级和帝国主义基本利益的矛盾，决定了它对一切帝国主义（包括美帝国主义在内）的态度，中国民族资产阶级不会变成美帝发展“民主个人主义”的资本或条件。只有新民主主义才是中国民族资产阶级唯一的光明幸福的道路。

毛泽东看到这篇声明后十分高兴，他函告胡乔木：“民建发言人对白皮书的声明写得极好，请予全文广播、口播，并播记录新闻，当对民族资产阶级的教育起很大作用。”他还接连给民主建国会领导人黄炎培写了两封信。第一封信中说：“民建的这一类文件（生动的、积极的、有原则的、有前途的、有希望的），当使民建建立自己的主动性，而这种主动性是一个政党必不可少的。”在第二封信中说："民建此次声明，不但是对白皮书的，而且说清了民族资产阶级所以存在发展的道理，即建立了理论，因此建立了民建的主动性，极有利于今后的工作。"[①]

从8月14日到9月16日，毛泽东连续写了《丢掉幻想，准备斗争》《别了，司徒雷登》《为什么要讨论白皮书》《"友谊"，还是侵略？》《唯心历史观的破产》5篇评论。这组评论深刻揭露了美国政府对华政策的侵略本质及其对中国革命的仇视，批评了存在于一部分人中间的对于帝国主义的不切实际的幻想，号召他们"丢掉幻想，准备斗争"；用历史唯物主义的观点批驳了白皮书对中国革命的唯心主义的解释，论证了资产阶级共和国方案在中国的破产，并对中国近代革命的发生和中国革命胜利的原因作了理论上的说明。这几篇分析透辟、文字犀利的新华社评论，引起了全国各民主党派、各人民团体、各报社、各学校以及社会各界人士的广泛注意和讨论。

八九月间，在已解放的各大城市的政府工作人员、工人、知识分子、各民主党派中，掀起了讨论和谴责白皮书的热潮。学生们举行抗议示威游行，各民主党派、民主人士、人民团体纷纷发表声明、谈话和文章，表示对美国侵略政策的反对。这些活动，对于提高中国人民对帝国主义和中国革命的认识，对于加强各革命阶级、各民主党派在中国共产党领导下的革命团结，起了十分重要的作用。

小兄弟和老大哥

刘少奇率中共中央代表团秘密访苏，不仅解决了新中国成立后得到苏联和东欧人民民主国家迅速承认的问题，还解决了苏联向我

① 《毛泽东书信选集》，人民出版社1983年版，第333—335页。

国提供援助的问题，不仅有物质援助，还派遣了技术专家，这些都是新中国经济恢复和国家建设所急需的。这次访问消除了两党之间历史上的隔阂，建立了相互信任的关系，从而为建立和发展中苏两国的关系开辟了道路。

1949年2月，米高扬到西柏坡同中共中央领导人就中国革命形势、夺取全国胜利的部署及新政府的内政外交方针等重大问题交换意见，中苏两党通过这次访问消除了彼此间的一些隔阂，密切了相互关系。至中共中央进驻北平，并着手筹备新政协的召开，有关苏联及东欧人民民主国家对即将诞生的新中国的支持，需要进一步具体化。中共中央根据在西柏坡同米高扬的商定，于当年5月决定由刘少奇率中共中央代表团秘密访问苏联。这是新中国诞生前夕的一次极其重要的外交活动，它将决定中苏两党和未来两国间的一系列重大问题，还将对世界形势，特别是远东形势产生重大的影响。

6月21日，刘少奇离开北平乘火车北上，于26日到达莫斯科。

第二天晚上，中共中央代表团应斯大林邀请来到孔策沃别墅做客。斯大林率苏共中央政治局委员伏罗希洛夫、莫洛托夫、马林科夫、布尔加宁、贝利亚、卡冈诺维奇、米高扬等在门前迎接。宾主相互握手问候，斯大林首先表示对毛泽东身体健康的友好祝愿。刘少奇当即感谢斯大林对毛泽东的关心，并递交了毛泽东给斯大林的亲笔信。在这封信里，毛泽东对苏联给予中国共产党的巨大帮助，向斯大林表示了感激之情。随后，斯大林设宴招待刘少奇和代表团其他同志。这天的晚宴持续了4个多小时。

刘少奇首先提出贷款问题，说明中共中央希望从苏联方面得到3亿美元的贷款，并就此签订一个正式协议。对此，斯大林说：苏联可以将3亿美元贷款按照1%的年利率，分为5年，每年平均6000万美元，以设备、机器和各种材料、商品的形式提供给中国。中国可以在贷款生效后10年内偿还。

斯大林说，毛泽东同志在他的电报中曾表示，对于这样的贷款，1%的年利率太低了，应当提高。的确，苏联向东欧国家提供贷款的年利率是2%，提供给中国的贷款利率少了一个百分点，但这是因为中国的情况与东欧国家不同，他们那里没有战争，经济也比较稳固，而你们中国还在打仗，经济持续恶化，因此，对中国应当按照更优惠的条件提供大的帮助。刘少奇又提出向中国派遣专家的问题。斯大林对此答复说，我们准备在最近按照你们的要求，派出第一批专家。只是希望按照你们给中国高水平优秀专家的报酬标准给苏联专家提供报酬，既不要超过、也不要低于这个标准，不足的部分将由苏联政府予以补足。

在谈到有关军事援助的问题时，斯大林首先主动表示愿意派遣专家或提供扫雷艇，帮助中国清除上海港口国民党军队撤退时布下的水雷。同时，他强调不要拖延进军新疆的时间，以免引起英国对新疆事务的干涉，因为新疆有储量丰富的石油和棉花，而这些正是中国所急需的。斯大林接着询问中共有没有建立起自己的舰队，是不是已经从国民党那里缴获了一些舰只。刘少奇回答说：我们目前还没有自己的舰队，缴获的舰只也很少；吨位大些的舰只，不论是军用的还是商用的，不是被国民党弄走了，就是被搞沉了，我们目前还没有力量打捞它们。对此，斯大林表示要给予中共帮助：一是帮助中共建立自己的舰队，因为中国必须有自己的舰队；二是帮助打捞那些沉船，并帮助中国把它们修好。之后，斯大林在回答刘少奇关于希望苏联帮助建立莫斯科至北京的空中航线问题时，又特别提出帮助中国建立飞机装配修理工厂，以及向中国提供“最新型的歼击机”的建议。

这次谈话结束时，刘少奇提出，希望能够有机会向斯大林全面报告一次有关中国政治、军事和经济形势的问题，并就一系列重要问题交换看法。这是取得苏联领导人对中国革命和中国共产党的真正理解，并听取他们有益的意见和建议的必要步骤。毕竟长期以来，中共中央与斯大林以及苏共中央之间，几乎没有直接交换意见的机会，双方确实需要加深相互了解和理解。斯大林对刘少奇的提议表示赞同，并同意给中共代表团三四天时间来准备这个报告。他强调说，苏联方面将召开一次中央政治局会议来听取这个报告。

7月2日，刘少奇致电中共中央，请示可否用书面报告方式向斯大林通报情况等问题。3日，毛泽东复电同意。因在国内已有较充分的准备，4日，刘少奇完成了以他的名义提交给联共(布)中央和斯大林的这份报告。报告根据行前与毛泽东和党中央商量好的意见，分别汇报了中国革命目前的形势、新的政治协商会议与中央政府、外交问题、中苏关系问题四个方面的内容。①

报告首先介绍了中国目前的形势，指出：中国人民革命战争现在已基本取得胜利，不久就要取得完全的胜利，基本结束对国民党的战争。剩下台湾、海南岛、新疆和西藏。西藏须用政治方式去解决。台湾、海南岛与新疆须待明年解放。报告认为，帝国主义派遣上百万军队打入中国的大规模的武装干涉似乎没有可能，但对中国实行封锁政策是很有可能的，但且已经开始实行。这将在船舶和对外贸易方面给我们带来困难。但是，不能阻止中国革命的迅速胜利。报告认为：在中国革命中，有成功地组织反帝民族统一战线的经验，土地改革的经验，在乡村中长期进行武装斗争，包围城市，然后夺取城市，在城市中进行秘密工作与合法斗争以配合武装斗争的经验，以及在中国这样的国家内建设马列主义政党的经验。这些经验，对其他殖民地、半殖民地国家，可能是很有借鉴作用的。

在谈到新政治协商会议与中央政府问题时，报告指出：我们已决定今年8月召开新的政治协商会议，并成立联合政府。现正积极进行各项准备工作。在内阁之下，将成立财政经济委员会、文化教育委员会及政治委员会（管理公安、内务、司法等），并准备设立铁道、农业、林业、商业、金属、纺织、燃料、交通、邮电、工业等部。毛泽东为主席，周恩来为总理，刘少奇、任弼时不参加政府。

报告特别阐述了中国新民主主义的国家性质与政权性质：它是以无产阶级为领导、以工农联盟为基础的人民民主专政的国家。工人阶级是这个专政的领导力量，工人、农民与革命知识分子的联盟是这个专政的基础力量。要团结尽可能多的能够和我们合作的民族资产阶级及其代表人物和政治派别参加这个专政。

在外交方针问题上，报告阐述了新中国的外交将坚持反帝、维护民族独

---

① 中共中央文献研究室、中央档案馆编：《建国以来刘少奇文稿》第1册，中央文献出版社2005年版，第1—17页。

立、利用资本主义国家之间矛盾等原则；新中国不急于得到各帝国主义国家的外交承认，将集中精力先搞好国内的事情；无论帝国主义国家承认与否，苏联和东欧国家都将尽快承认新中国；国民党与外国签订的条约和协议，将以对中国人民及世界和平民主是否有利为标准分别处理，或废除，或承认，或修订；在国际活动中坚持与苏联一致，并说服国内各民主党派；对于各帝国主义国家在中国的宣传及文化机构，除上海须暂时过渡外，其他地区已决定停止其活动；对外国宗教机关，一方面允许其继续活动，另一方面将开展反宗教的宣传，对教会和教堂的土地将予以没收和分配。

关于如何解决1945年国民党政府与苏联政府签订的《中苏友好同盟条约》问题，刘少奇代表中共中央向苏联提出3个方案：1. 由新中国政府宣布这个条约继续有效，不加任何修改；2. 由两国政府代表重新签订一个新的中苏友好同盟条约；3. 由两国政府代表换文，暂时维持这个条约的原状，但准备在适当时机重新加以签订。斯大林对此的态度是：等毛泽东到莫斯科后再决定这个问题。

关于苏军撤出中国东北时强行拆走重工业设备的问题，报告说，中国的民主党派和学生、工人中有人对此表示不满，中共中央对此作了解释，“我们说，这些机器是日本人的，苏联把这些东西当作胜利品运走，去建设社会主义，免得落在反动派手中以此反对中国人民，是完全正确的”。这样解释，不知对否？斯大林在这段文字旁边批道：“我们从东北运走的日本资产只是一部分，远不是全部。”

关于向苏联学习，刘少奇在报告中说：我们长期处在农村游击战争的环境中，对外面的事情知道得很少，现在要来管理一个如此大的国家，并进行经济建设和外交活动，我们还需要学习很多东西。在这方面，联共(布)给予我们的指示和帮助十分重要。除派苏联专家外，我们还希望苏联派一些教授来中国讲学，并由中国派参观团、大学生前往苏联参观和学习。同时，应该尽可能地密切两党的相互联系，相互派遣适当的政治上的负责代表，以便处理两党有关的问题并增进两党相互的理解。

7月11日晚，苏共中央政治局在克里姆林宫召开会议，邀请中共中央代表团列席。在会上，斯大林对刘少奇的报告作了充分肯定，并就报告中所提出的问题做了解答。[①]

斯大林强调说，你们与民族资产阶级合作，并吸收他们参加政府的做法，是正确的。

斯大林很赞赏毛泽东关于不急于同帝国主义国家发生外交关系的主张。他表示，还是不要急于要求各帝国主义国家承认为好，这样更便于观察和了解情况，看它们表现如何。现在这样做没有多大的危险，因为你们还有很好的法宝，那就是和帝国主义国家做买卖。你们可以先同它们做买卖，然后再谈承认的问题。帝国主义国家的经济危机已经开始了，它们不得不重视与中国的贸易，它们不得不承认中国。谁不承认中国，中国在贸易上就不给它任何优惠。同时，斯大林又主张“不要很快同帝国主义列强把关系搞僵了”，为此，他不同意对帝国主义在华企业采取没收政策，甚至对报告中提出的在某些方面加以限制的办法，也认为“不忙采取，等一等再看”为好。

关于中苏关系，斯大林明确表示：中国新政府一成立，苏联就立即承认；两国关系建立之后，毛泽东同志就可以访问苏联，如他不便来，苏联可派代表团到中国去。

对于中苏条约问题，斯大林说，他此前与毛泽东往来的电报中对此已有过声明，指出这个条约是不平等的，那时与国民党打交道，不能不如此。美国在日本驻兵很多，蒋介石又勾结美国，苏联在旅顺驻兵是为了抵制美蒋武装力量的自由行动，保护苏联，同时也保护中国革命的利益。他表示，如果中共需要苏联从旅顺立即撤兵，以便中共在政治上有更多的回旋余地，苏联军队现在就可以从旅顺撤退。他还说，中共方面所提的3个处理方案都不需要，毛泽东来莫斯科时可以解决这个问题。后来的情况是，毛泽东1950年访苏，斯大林在处理这个问题时并不像他所表示的那样痛快，双方还是经历了一场斗争才签订了《中苏友好同盟互助条约》，实际上采纳了中共提出的第二种解决办法。从当时的历史条件来看，这是对中国最有利的方式。

---

① 中共中央文献研究室编：《刘少奇传》下，中央文献出版社1998年版，第649—652页。

谈话中,刘少奇反复谈到中共中央希望得到斯大林和联共(布)中央的“指示”,斯大林声明说:一个国家的党服从另一个国家的党,这是从来没有过的,而且是不许可的。两党都要向自己的人民负责,有问题互相商量,有困难互相帮助,谈不到哪一个服从哪一个。

会后,斯大林招待刘少奇看了4部资料片,其中包括第一次向外国客人放映的苏联试验原子弹爆炸的现场纪录片。斯大林想借此向中国客人表明,美国搞核讹诈并不足惧,原子弹苏联也有,不要迷信西方。如果敌人真的要用原子弹袭击我们,他们就会得到相应的报复,而我们的朋友也会得到原子武器的保护。

7月27日,斯大林再一次、也是最后一次正式接见刘少奇及中共代表团。参加会见的有刘少奇、高岗和王稼祥,苏共方面是斯大林、布尔加宁和华西列夫斯基等人。

会见开始后,斯大林再次提到中共对美国和西方国家的外交政策问题。他说:上次我们谈话时,共同的意见是暂时保留英美等帝国主义国家在华的经济文化事业。但这一点,你们不要宣布,以便从帝国主义方面获得对你们的让步。他们想保护自己在中国的利益,就要付出代价,包括商业方面的有利条件,甚至借款等等。

关于各国共产党关系问题,斯大林认为中国共产党参加共产党情报局不合适。因为东欧各民主主义国家与中国有根本不同的情况:一是中国是个长期受帝国主义压迫的国家,帝国主义的威胁现在远未解除,因此,中国还要用极大的力量去对付帝国主义的压迫。二是中国的资产阶级与东欧的资产阶级不同,他们不是跟着法西斯主义和帝国主义走的,而是反对帝国主义,中共在反帝斗争中需要与他们合作。这两点不同,决定了中国不能采取与东欧国家一样的政策。不过,斯大林提出,东亚各国有许多情形是和中国相同的,或者可以设想在将来组织一个东亚共产党联盟。苏联一半在欧洲,一半在亚洲,也可以加入这个联盟。

晚上,斯大林在孔策沃别墅举行宴会,招待中共中央代表团。在接受中国客人敬酒时,斯大林十分感慨地谈到革命中心东移的问题。他说:西欧人由于骄傲，在马克思、恩格斯死后，他们就落后了。革命中心由西方移到了苏联，现在又将移到中国。他指出：关于马克思主义，在一般理论方面，也许我们苏联人比你们知道得早一些，多一些。但是，把马克思主义的基本原则应用于实际中去，则你们有许多经验值得我们学习。为此，斯大林对刘少奇说：今天，你们称我们为老大哥，但愿弟弟能赶上和超过老大哥。这不仅是我们大家的愿望，而且也合乎事物发展的规律，后来者居上嘛！现在，请大家举杯，为弟弟超过老大哥而干杯！

斯大林态度诚恳，举起酒杯向刘少奇等祝酒。刘少奇则表示不便接受，说：老大哥还是老大哥，小弟弟还是小弟弟！我们永远向兄长学习！斯大林解释说：世界革命中心东移，你们的历史责任加重了，这是我们衷心的愿望！在场的苏联同志也劝道：弟弟赶上和超过老大哥，这是规律。斯大林同志的祝酒应该接受。刘少奇谨记毛泽东在中共七届二中全会上讲过的话：不要把中国同志与马恩列斯并列，他推让了许久，最终还是没有喝下这杯祝“小弟弟”超过“老大哥”的酒。

斯大林又主动提议为中国革命的胜利，为毛泽东以及中共其他马克思主义的领导人的健康干杯。他接着告诉刘少奇说，中国的马克思主义者做出了重要成就。他明确肯定了刘少奇报告中的判断，即中国革命的经验对于其他殖民地、半殖民地国家的革命，将是很有用的。他表示，苏联人以及欧洲人都应当向中国共产党人学习。

斯大林指出，中苏两党以后要分工：你们多做东方和殖民地、半殖民地国家的工作，与东南亚各国建立密切的联系，在这方面多发挥你们的作用和影响。我们对西方多承担些义务，多做些工作。

刘少奇马上说，其实中国共产党人在革命过程中也有过不少的挫折，也受到过不小的损失。比如第一次国共合作时，因为国民党叛变革命，我们毫无准备，结果遭到很大的损失，上了大当。但这样也就教训了我们，到抗日战争结束后，蒋介石叛变，我们就有准备了。

听到这里，斯大林多少有些敏感地问道：我们是不是扰乱或者妨碍了你们呢？刘少奇立即意识到，斯大林这里所指的可能是1945年8月莫斯科那封要求毛泽东必须去重庆谈判、有些危言耸听的电报。于是赶紧回答说：没有。毛泽东同志当时或可以不去，周恩来同志去就够了，但毛泽东同志到重庆去，结果还是很好的，使我们在当时立即有了政治上的主动权。

斯大林听了摇摇头说：毛泽东同志到重庆是有危险的，CC系特务有害毛泽东同志的可能。斯大林承认，当时他坚持要毛泽东去重庆和平谈判，是因为美国人的作用，因为美国人不断在问：中国国民党要和平，为什么中国共产党不要和平？斯大林又问道，你们在美国人参与的和平运动中是否受了损失呢？我们是否也妨碍过你们呢？刘少奇答复说：在马歇尔访华期间，中共中央对和平运动的头脑是清醒的，只有个别负责同志有过幻想，因此受了不大的损失。但那次和平运动还是有意义的，结果是我们孤立了美蒋，有助于我们后来推翻国民党，打倒蒋介石。没有一个人说我们这样做不对。

听到这里，斯大林说了一句传之很广的话：胜利者是不受审判的，凡属胜利了的都是正确的。这实际上是斯大林就苏共在中国抗战结束后向中共提的一些不恰当的建议，委婉地表示了歉意。

接下来，刘少奇表示同意斯大林对解放台湾等问题的看法，并将中共中央请求苏联提供作战飞机、派遣专家和向苏联派专门代表团的建议，转达给斯大林。斯大林当即委托华西列夫斯基元帅帮助中共代表团解决这方面的问题。刘少奇因此致电中共中央，提议迅速派遣空军负责人前来莫斯科谈判具体的援助细节。8月9日，空军司令员刘亚楼等到达莫斯科，很快与苏联军方达成协议，约定苏联向中国出售434架作战飞机，派遣878名飞行员，并帮助开办6所航空学校。

8月14日，刘少奇结束对苏联的访问，踏上了归国的列车。

刘少奇这次秘密访苏，取得了不少重要成果。不仅解决了新中国成立后得到苏联和东欧国家迅速承认的问题，还解决了苏联向我国提供援助的问题，不仅是物质援助，还派遣技术专家，这些都是新中国成立后经济恢复和国家建设所急需的。这次访问还消除了两党之间历史上的隔阂，建立了相互信任的关系，从而在一个良好的基础上，为建立和发展中苏两国关系开辟了道路。

第八章 危急存亡之秋

穷途末路

在短短两年多时间里，从信誓旦旦的军事“戡乱”、制颁法统的政治“戡乱”，到疯狂劫掠的经济“戡乱”，蒋介石的“戡乱建国”大计连遭破产，就连出钱出枪帮助蒋介石打内战的美国“友邦”也要中途抛弃他了。一切征象都显示出，1948年与1949年之交，蒋介石的独裁统治已经病入膏肓，陷于穷途末路了。

1948年末，人民解放军已取得辽沈战役的辉煌胜利，淮海战役也进入全歼国民党军华中战略集团的尾声，平津战役已将天津收入囊中，即刻发动总攻击，孤立无援的北平亦将传檄而定。人们稍加思索便可得出结论，中共的下一步行动，必然是渡江作战，摧毁蒋家王朝，解放全中国。在人民解放军的沉重打击之下，蒋介石的“戡乱”政策与“分区防御”战略遭到彻底的破产，更糟糕的是南京政府的财政也已走向破产，其所依恃的日伪产业和外汇黄金储备已被变卖殆尽，而内战消耗则有增无已，财政开支只能靠课以重税尤其是滥发纸币来维持，结果使法币呈百万分之一地贬值，通货膨胀达到骇人听闻的程度。

物价飞涨使国统区的社会经济陷于全面的混乱、衰退之中。工商企业纷纷倒闭，连官僚资本的企业也不能幸免。人民生活水平急剧下降，靠工资生活的家庭普遍入不敷出，对国民党的不满和反抗愈演愈烈。黄金、外汇储备的枯竭，使完全依赖于美国金钱物资“输血”的国民党军队及航空、陆海运输等重要经济部门有彻底瘫痪之虞。恶性通货膨胀给贪官污吏混水摸鱼造成可乘之机，国民党统治集团自抗战胜利后大搞“劫收”而日益腐败的程度进一步加深。

1946年国民政府还都南京后，即以抗战前实行的法币本位金制度取代了原沦陷区的伪币。然而，大规模的内战给国内金融市场造成极大的破坏。从1948年初开始，国统区的法币由恶性通货膨胀迅速走向崩溃。至8月份，法币发行量剧增至604万亿元，再加上国民政府在东北发行的流通券，货币发行总额达到660万亿元这一天文数字。国统区的物价如脱缰的野马般猛涨，每个月都有一两次剧烈波动。以物价水平而言，1948年8月的物价指数比抗日战争爆发时上升了150万倍。商家纷纷开始拒收法币，城市中出现将金银、外币变为流通手段的趋势，农村中出现实物交换的情况。

为了应付法币崩溃的局面，国民党政府决定实行所谓"币制改革"，即以中央银行所存的黄金和证券作保证，发行金圆券以代替法币，以政治力量来收兑或收存全国人员所持的金银、外币，实行管制经济，在全国设若干管制督导员负责执行。

1948年8月19日，南京政府颁布《财政经济紧急处分令》，开始实行所谓币制改革。其要旨为：1. 由即日起，以金圆券为本位币，十足准备发行金圆券，限期收兑发行之法币和东北流通券；2. 限期收兑人民所有黄金、白银、银币及外国币券，逾期任何人不得持有；3. 限期登记本国人民存放国外之外汇资产，违者予以制裁；4. 整理财政并加强管制经济以稳定物价，平衡国家总预算和国际收支。

蒋介石决定实行币改的目的，就是企望金圆券的发行能彻底扭转混乱的经济状况，重演1935年法币推行的成功，防止白银外流，稳定金融市场，促使物价回升，刺激生产复苏，借以榨取国民党区域内仅存的民脂民膏来为内战补充大量军费，推行其所谓"经济戡乱"。但是，这项币制改革不仅没有改变通货膨胀恶性发展的状况，相反，限期收兑民间的黄金外币和超限额地发行金圆券，构成对国统区民众从工商资本家至升斗小民的穷凶极恶的掠夺，而金圆券的币值很快一落千丈，导致无可挽回的经济总崩溃，更进一步加深了国民党统治集团政治、经济、军事与外交的全面危机。

1947年，中国私人持有的外汇、黄金约值5亿美元。到1948年10月底，南京政府通过币制政策搜刮到的金银外汇价值2亿美元。其中，上海中央银行在币改后一个月内，即收兑黄金、白银、外币总值1.7亿美元。也就是说，国民党采取超经济强制手段，已将2/5的私人外汇、黄金攫夺到手，以抵南京政府黄金、外汇储备的严重亏空。

国民党搞的金圆券改革，不过是一场买空卖空的把戏。当局宣称金圆券准备十足，限额发行，完全是谎言。所谓限额发行的20亿元金圆券，以300万法币兑换1元金圆券，折合法币为6000万亿元，已超过市场流通的法币总额将近9倍，本身就是一种膨胀的纸币，发行后自然引起物价狂涨。按照币改方案，全国各地各种物品及劳务价格，应按8月19日各地各种物品及劳务价格依照兑率折合金圆券出售，由当地物价部门严格监督执行。但实际上金圆券一经发行，9月份全国的物价批发指数就比8月份上涨7.4%，以地区来看，截至9月4日，汉口物价上涨21%，重庆物价上涨40%，广州物价上涨83%。

9月24日，济南被人民解放军攻克，上海人心浮动。10月初，上海当局宣布7种烟酒税额增加71倍，成为点燃经济崩溃的导火索。10月2日，上海首先出现抢购商品的狂潮，市民见物即买，市场上的生活日用品甚至非日用品被一扫而空。各商店在当局的限价令下，既不敢抬价，又不敢停业，只得用各种办法尽量减少损失，或者以无货相告。至10月下旬，抢购风潮遍及全国。11月9日，京沪发生抢米风潮，南京全市“被抢米2505石，米店被抢者计22家”。至此，金圆券信誉大跌，民怨沸腾。

为了以政治高压推行金圆券，掠夺金银外币和管制经济，蒋介石以上海为中心向各大城市派出经济管理督导员，其长子蒋经国被委以上海协助督导的重任，杀气腾腾地宣称“刑乱世用重典”，扬言要借“一二颗人头祭刀”。但是，豪门权贵的胡作非为，却无情地证实国民党高层的腐败已达到无可救药的地步。如孔祥熙的大公子孔令侃开办的扬子建业公司，照旧囤积居奇，在上海的仓库里举凡粮食、棉花、棉纱、布匹、钢材、汽车、汽油等物资，应有尽有，堆积如山；其所拥有的巨额外汇、金银等则分文不缴。社会各界人民，尤其是被搜刮得倾家荡产的民族资产家对此愤怒已极。

迫于舆论压力，奉蒋介石之命领衔“打虎”的蒋经国，不得已下令封存扬子公司所有仓库。但孔家的姻亲宋美龄立即面诉蒋介石求情，蒋介石只得下令住手，事遂不了了之。同样，对于阎锡山、宋美龄、刘峙等高官显贵在沪囤积的巨量物资，蒋经国也不敢过问。他无可奈何地慨叹："商人可恶，政客更可恶，两种力量，已经联合在一起了。今天是处在进退两难之间。"蒋经国对"打虎"行动一筹莫展，只好黯然离沪。临行时发表《告上海市民书》，承认自己未能尽责，向上海市民表示"最大的歉意"。

11月28日，南京行政院举行会议，检讨币制改革问题，与会者均承认失败。经济实业界人士认为从币制发展的角度看，发行金圆券是历史的倒退；从具体做法上讲，是很背人心的。一些政府高官也抨击说，金圆券的办法以政治的力量施行不兑现的货币，比法币丧失币值更加危险；一旦发行数量超过市面流通必需量，必定导致突破政治力量，不过几个月即会崩溃。

鉴于金圆券的发行量已超过限额，行政院不得不决定金圆券发行总额不以20亿元为限，而改为"另以命令定之"，这无异于随意扩大发行量。此后，金圆券的发行量犹如决堤之水，无边无际地泛滥开来。截至1949年5月18日，金圆券发行总额已达到294722亿元的天文数字。发行的票面额从100元到1万元、10万元，最后竟出了50万元、100万元一张的巨额大票。社会各阶层，从富商大贾到平民百姓，纷纷车载手提大卷纸币购物，都被金圆券狠狠敲了一笔。仅仅9个月，金圆券就几乎形同废纸，这在世界货币史上可谓最短命的货币了。国民党政府以币制改革为依托的所谓"经济戡乱"，以彻底失败而告终。

蒋介石统治根基的动摇，就连国民党的喉舌《中央日报》也不讳言，该报11月4日的社论承认国民党政权处于"风雨飘摇之秋"，日益失去人心，其根本毛病就在自身腐败，那些"享有特权的人享有特权如故"，"靠着私人或政治关系而发横财之辈，不是逍遥海外，即是倚势豪强如故"，致使民不聊生，苦不堪言。社论呼吁从"政治改革"入手，以切实动员长江以南广大地区的人力物力，实现"戡乱"大业。而最根本的关键是收拾人心，社论疾呼："赶快收拾人心，只有这一个机会了。"

民心丧尽之时侈谈"收拾人心"，实在是莫大的讽刺。蒋经国评论当时国民党面临的形势，可谓入木三分："在战场上的军心涣散，损兵折将，在政坛上的动摇怕死，变节投降，在经济上的物资匮乏金融紊乱，真是败象之征，江河溃决。”

悲观、失望、走投无路的情绪笼罩着国民党，连蒋介石的一些最忠实的追随者也对国民党的前途感到绝望。11月13日，蒋介石的“文胆”、首席幕僚，曾任侍从室第二处主任、后任国策顾问的陈布雷，因力谏同中共和谈以保住半壁江山而遭到蒋介石的拒绝，绝望地发出“油尽灯枯”的悲鸣，于当晚服毒自杀。1949年2月12日，蒋介石的“至交”和主要谋士，长期担任国民政府考试院院长、后任国史馆馆长的戴季陶，也因心灰意冷在广州自杀身亡。

这两个国民党重臣的自杀，给行将瓦解的国民政府投下了更加浓重的阴影。面对风雨飘摇的国民党统治与破败不堪的财经局面，蒋介石固然痛心疾首，但仍硬着头皮坚称“戡乱方针早已确定，必以全力贯彻到底”“我们今日有力量也要打到底，没有力量也要打到底”。而国民党靠什么“打到底”呢？除了向美国乞怜求援之外，已别无他途。

1947年至1948年国民政府的对美外交，事实上成了求援外交。蒋介石集团的头面人物几乎倾巢出动，想方设法地向华盛顿求援。从1947年5月要求10亿美元的财政贷款，到11月请求每月2500万美元的紧急救济，年底则要求制定为期4年、总额15亿美元的援华法案。1948年美国的援华法案中，又授权拨给美国总统以1.25亿美元的数额，用赠与方式作为对华额外援助。这笔额外援助的大部分款项，经国民党政府7月、9月两次请求拨款，已由美国财政部支付，用于购买飞机、舰船、枪炮、弹药及第二次世界大战时期其他剩余军用物资，陆续运往中国支持蒋介石打内战。

然而，从当时的国际形势来看，美苏两国正值在欧洲争夺势力范围、局势紧张之际，冷战的局面已经形成。美国面临着称霸世界的宏大计划与其有限力量之间的矛盾，不得不采取“先欧洲后亚洲”的战略安排。在这种安排之下，在所谓关涉美国“国家安全重要性”的国家里，中国只列在第14位。显然，美国尽管已在极大程度上卷入中国内部事务，但却不可能像蒋介石所期望的那样，无限制地援助已濒临绝境的国民党政府了。

这时，人民解放军已在东北大获全胜，不仅占领了东北全境，而且百万大军，厉兵秣马，火速入关，令国民党在整个华北处于危急存亡之势。华中的人民解放军也在徐州附近地区展开了攻势作战，直接威胁南京政府的心腹地带。迫于形势，蒋介石不得不厚着脸皮再乞美援。

11月9日，蒋介石亲自致函连任美国总统的杜鲁门，言称："华中之共产党军队现在已到达距沪宁甚近之地区。如果我们不能阻遏这一浪潮，中国便将失去民主。我因此不得不向阁下再作直接与迫切之呼吁。""我以反对共产主义在全世界进袭与侵入之民主共同防卫者之资格，要求你迅速给予并增加军事援助，并发表关于美国政策之坚定的声明，支持我国政府从事之奋斗目的。""阁下如能尽速派遣一高级军官与本政府共商有关军事援助之具体计划，包括美国军事顾问参加指挥作战，本政府当无任欣快之至。"然而，杜鲁门复蒋的回函，仅告以"美国正尽一切可能以加速依援华计划采购在本国可以获得之武器与弹药，运往中国"，并未就蒋介石的上述请求作出新的表示和承诺。

11月21日，中共中央就南京国民党政府要求美国给予军事保护事发表声明，揭露国民党政府为挽救其垂死命运，竭力想把朝不虑夕的统治置于美国的军事保护之下。国民党上海市长吴国桢连日与美国西太平洋舰队司令白吉尔中将交谈，又与美国驻华大使司徒雷登举行会谈，讨论由美国"保护"上海的所谓计划；在山东沿海，则拟请驻青岛的美国海军陆战队接管青岛市政等情。中共中央严正声明：坚决地反对国民党反动政府任何此类的叛国行为，并坚决地否认此类叛国行为的任何法律效力。美国政府如果派出其军事力量对于国民党政府实行无论是全面的或局部的保护，均为于中国神圣的领土主权之武装侵略，其一切后果，应由美国政府担负。

这时，蒋介石虽受到杜鲁门的冷遇，却仍不甘心，决定再派夫人宋美龄赴美求援。12月1日，宋美龄带着创造"奇迹"的期望登上赴美的专机。不同的是，此次宋美龄的美国之行，被要求以"私人资格"前往。时过境迁，罗斯福在世时她抵美时受到的盛大欢迎场面已经一去不复返了。宋美龄先后访晤了马歇尔、杜鲁门，提出一整套要求美国援助蒋介石的计划，包括：1. 美国政府发表支持蒋介石政府反共目标的正式宣言；2. 派一高级军官来中国主持反共战争之战略与供应计划；核准一项对蒋介石政府提供军援和经援的三年计划，每年约需10亿美元。但这些要求都遭到美方拒绝。失望的宋美龄离开华盛顿，隐居在孔祥熙纽约的乡间别墅里，从此再也没有踏上过中国大陆的土地。

在短短两年多的时间里，从信誓旦旦的军事“戡乱”，制颁法统的政治“戡乱”，到疯狂劫掠的经济“戡乱”，蒋介石的“戡乱建国”大计连遭破产，现在就连“友邦”美国也见死不救，要中途抛弃他了。一切征象都显示出，1948年、1949年之交，蒋介石的独裁统治已经病入膏肓，陷于穷途末路了。

中途换马与“和平”烟幕

不退难以支撑残局，退则可求“彻底整顿”党政军之痼疾，以图重振旗鼓，卷土重来——这便是蒋介石几十年政治生涯中每逢危机时刻所惯用的纵横捭阖的手法，似乎每次都有起死回生之效。然而，蒋介石所谓“下野谋和”，即使在他的“友邦”的官方代表眼里，也只不过是企图再次玩弄“以退为进”的伎俩，是一出施放“和平”烟幕的把戏。

跨入1949年，在人民解放战争取得决定性胜利的时刻，从国民党统治集团营垒中传出“求和”的吁请。渴盼能早日消弭战祸的人们，似乎在四处烽烟的扑朔迷离中看到一线休战言和的希望。国共双方的最高统帅——蒋介石和毛泽东，都为1949年新的一年到来发表了历史性的文件。蒋介石那一份叫作《元旦文告》，国民党方面借此发动了一场颇富戏剧色彩的“和平攻势”；毛泽东那一份则为《新年献词》，斩钉截铁地号召中国人民务必“将革命进行到底”。这两份历史文献堪载史册，在世人面前立此存照：国共两党在军事战场上的搏击，一时化为政治舞台上的较量。

国民党政权走向全面崩溃，加剧了其统治集团内部的派系争斗。同时给美、蒋关系蒙上了一层阴影。特别是人民解放军三大战役以摧枯拉朽之势，使美国政府认为蒋介石的统治地位已经动摇，以蒋介石为首的国民党已不可救药。正如美国驻华大使司徒雷登于1948年8月和10月给美国国务卿马歇尔的报告中所说，很难期望现在的中国政府或者任何一个反共的中国联合政权，能够用军事手段或任何其他手段来完全消除共产党的威胁。除蒋介石的直属亲信人员和某些高级军官外，没有多少中国人继续心悦诚服地支持他了；这个政府，特别是蒋介石已较过去更加不孚众望，并且更加众叛亲离了。

到1948年3月下旬至5月初，国民党政府召开所谓"行宪国大"，进行马拉松式的"总统""副总统"的"选举"。美国人瞩目于李宗仁，对他竞选副总统寄予厚望。实际上是为在适当时机"中途换马"预作准备。随着蒋介石的地位日益衰落，华盛顿的"换马"策略同桂系的"倒蒋"活动结合在一起，趁机活跃起来。10月23日，司徒雷登就中国局势的演变在给马歇尔的报告中提出五项建议，其中第二项为，是否建议蒋介石退休，让位给李宗仁或国民党内其他较有前途的政治领袖。不言而喻，这项建议是想找出一个像李宗仁这样的人物取代蒋介石，以谋求休战，避免国民党军事力量的最后毁灭。

马歇尔对此建议的答复，虽然冠冕堂皇地称美国政府不应置身于建议委员长退休或其他华人为中国政府领袖的地位，但司徒雷登的建议实际上为美国政府所采纳。

为了摸清美国的底牌，蒋介石除了派宋美龄赴美外，又派他的新闻局长董显光到美国打探，并派张群会见司徒雷登。司徒雷登告诉张群说，"曾和我交谈的多数美国人的印象确实是认为，广大中国民众感到蒋委员长是结束战争的主要障碍，应当削除蒋委员长的职位"，并称这是"美国制定政策的主要因素"。这实际上是向张群明示：希望蒋介石下台。

"戡乱"失败，"美援"无望，蒋介石身陷绝境。李宗仁、白崇禧为首的桂系利用这一有利时机，大造"逼蒋下野谋和"的舆论。

与此同时，河南省政府主席张轸、湖南省政府主席兼长沙绥靖公署主任程潜，以及湘、鄂、豫、桂四省参议会议长也先后发表通电，要求蒋介石下野，接受和谈主张。

在内外交逼之下，蒋介石再一次陷入他政治生涯中的危机时刻，不得不考虑陈布雷曾经“死谏”的“和战”问题。经反复权衡，蒋介石对其个人的进退作了如下判断：“进之原因：甲、勉强支持危局，维系统一局势；乙、等待国际形势之转变；丙、静观共党内部之变化。”“退之原因：甲、党政军积重难返，非退无法彻底整顿与改造；乙、打破半死不活之环境；丙、另起炉灶，重定革命基础。”

看来，不退难以支撑残局，退则可求“彻底整顿”党政军之痼疾，以便重振旗鼓，卷土重来。这是蒋介石每逢政治危机时所惯用的纵横捭阖的手法，总有起死回生之效。苦思既定之后，蒋介石召集国民党中央执监委员40人，于1948年12月31日晚在总统府官邸聚餐。饭后，蒋介石冷冷地对众人说：“现在局势严重，党内有人主张和谈。我对于这样一个重大问题不能不有所表示。现拟好一篇文告，准备在元旦发表。现在请岳军（即张群）朗读一遍，征求大家意见。”

文告的大意是：愿与中共“商讨停止战事，恢复和平的具体办法”。但同时又开出对和平的五项先决条件，归结起来就是要在保存国民党的“宪法”“法统”和军队等条件下，才能同中共重新和谈。一句话，就是不要触动国民党现存的独裁统治体制。张群念完文告之后，蒋介石征求众人意见。在座的人默然不语，蒋介石只好先问李宗仁，李宗仁答：“我与总统并无不同的意见。”谷正纲、张道藩、王世杰极力反对发表这个文告。张治中等几人则持相反意见，力主抓住这次机会，与中共和谈。

1949年1月1日，南京《中央日报》发表蒋介石的《元旦文告》，内称：今日“戡乱”军事已进入了严重的阶段，大家都希望战事及早结束，和平及早实现。而中共发动全面武装“叛乱”，危害国家的生存，政府迫不得已，从事“戡乱”。今日时局如何，先要问明共党其对和平的意向如何，只要共党一有和平的诚意，能作确切的表示，政府必开诚相见，愿与商讨停止战争、恢复和平的具体方法。文告开列了蒋介石对和平的所谓先决条件，称：“只要和议无害于国家的独立完整，而有助于人民的休养生息；只要神圣的宪法不由我而违反，民主宪政不因此而破坏，中华民国的国体能够确保，中华民国的法统不致中断，军队有确实的保障，人民能够维持其自由的生活方式与目前最低生活水准，则我个人更无复他求。”在文告的最后，蒋介石不免虚张声势一番，煞有介事地宣称：“如果共党始终坚持武装叛乱到底，并无和平诚意，则政府亦惟有尽其卫国救民的职责，自不能不与共党周旋到底，别无他途。……我深信政府不仅在此有决胜的把握，而且整个国家转危为安和全体人民转祸为福的枢机亦在于此。我同胞今日惟有军民一致，坚持自卫战争，而在决战之中获得胜利，才能争取真正和平。”①

蒋介石的《元旦文告》，实在是那个地火奔涌、炽流澎湃，陷蒋家王朝于灭顶之灾的大时代里的一篇奇文。这篇求和声明发表后，发自上海的外电称：“上海对于蒋介石新年演词的反应是冷淡的。”司徒雷登以其美国人的观察，颇似公允地认为，它是一篇外表冠冕堂皇的富于修辞的文章，却没有提到许多不愉快的事实：军事力量的实际崩溃、最近的货币改革措施的失败、人民几乎是普遍的对和平的愿望以及只要蒋介石在位一天，和平没有可能等等。司徒雷登还说，另一个问题是更为严重的，蒋介石又撤销了他在本周之初所作的直截了当的决定，也就是自行引退，让副总统自由地去实行他自认为有利于国家的任何政策。

由此可见，蒋介石所谓“下野谋和”，即使在他的“友邦”官方代表的眼里，也只不过是企图再次玩弄“以退为进”的伎俩，以便积蓄力量，东山再起。

农夫和蛇的故事

毛泽东从“怜惜蛇一样的恶人而受到恶报的”寓言中，引出了现在尖锐地摆在面前的一个问题：是将革命进行到底呢，还是使革命半途而废呢？中国每一个民主党派，每一个人民团体，都必须考虑

① 吴汉全著：《中国现代政治史》下卷，人民出版社2015年版，第1149页。

这个问题，都必须选择自己要走的路，都必须表明自己的态度。这里是要一致，要合作，而不是建立什么“反对派”，也不是走什么“中间路线”。

当蒋介石准备在他的总统官邸举行“最后的晚餐”的时候，1948年12月30日，中国共产党的领袖毛泽东发表了一篇雄文，这就是为新华社写的新年献词——《将革命进行到底》。

其实，中共中央对于国民党反动派在形势于它不利时惯于采用政治斗争的方法，以“和谈”花招保存反革命势力，伺机卷土重来的阴谋，早已洞若观火。还在1947年12月，中共中央在陕北米脂县杨家沟举行会议，一方面确认当时人民解放军转入战略进攻，使中国人民的革命战争已经达到了一个历史的转折点，强调这是蒋介石的20年反革命统治由发展到消灭的转折点，是100年以来帝国主义在中国的统治由发展到消灭的转折点，并由此确定了夺取全国胜利的转折期党在各方面的纲领和政策；另一方面，会议还特别作出一项决定，即：“中国人民革命战争应力争不间断地发展到完全胜利，应该不让敌人用缓兵之计（和谈）获得休整时间，然后再来打人民。”[①]由此可见，中国共产党对于蒋介石的一贯伎俩及其行动规律，是早有科学预见的，并且已在高级领导层中未雨绸缪，做好了应付这类政治迂回发生的思想准备。

12月30日这一天，蒋介石的《元旦文告》尚未发表，而毛泽东在他为迎接1949年到来所写的《新年献词》中，把美蒋反动派的政治图谋揭示得淋漓尽致。毛泽东指出：“中国人民将要在伟大的解放战争中获得最后胜利，这一点，现在甚至我们的敌人也不怀疑了。”但是，无论是中国的反动派，或是美国帝国主义在中国的侵略势力，都不会自行退出历史舞台。他们看到中国人民解放战争在全国范围的胜利，已经不能用单纯的军事斗争的方法加以阻止，就一天比一天地重视政治斗争的方法：一方面利用现存的国民党政府来进行“和平”阴谋，以组织残余军事力量在长江以南和边远省份继续抵抗；另一方

①《毛泽东选集》第4卷，人民出版社1991年版，第1244页。

面在革命阵营内部组织反对派，极力使革命就此止步；如果再要前进，则应带上温和的色彩，务必不要太多地侵犯帝国主义及其走狗的利益。

当中国人民的敌人忽然竭力装作无害而且可怜的样子乞求“和平”的时候，应该怎样对付这些君子国的先生们呢？毛泽东说，这里用得着古代希腊的一段寓言：“一个农夫在冬天看见一条蛇冻僵着。他很可怜它，便拿来放在自己的胸口上。那蛇受了暖气就苏醒了，等到恢复了它的天性，便把它的恩人咬了一口，使他受了致命的伤。农夫临死的时候说：我怜惜恶人，应该受这个恶报！”

毛泽东指出：“外国和中国的毒蛇们希望中国人民还像这个农夫一样地死去，希望中国共产党，中国的一切革命民主派，都像这个农夫一样地怀有对于毒蛇的好心肠。但是中国人民、中国共产党和中国真正的革命民主派，却听见了并且记住了这个劳动者的遗嘱。况且盘踞在大部分中国土地上的大蛇和小蛇，黑蛇和白蛇，露出毒牙的蛇和化成美女的蛇，虽然他们已经感觉到冬天的威胁，但是还没有冻僵呢！”

毛泽东从这个寓言中，引出摆在面前的一个尖锐问题：是将革命进行到底呢，还是使革命半途而废呢？前者就是用革命的方法，坚决、彻底、干净、全部地消灭一切反动势力，不动摇地坚持打倒帝国主义、封建主义、官僚资本主义，在全国范围内推翻国民党的反动统治，建立无产阶级领导的以工农联盟为主体的人民民主专政的共和国；后者则是违背人民的意志，使国民党赢得养好创伤的机会，然后在一个早上猛扑过来，将革命扼死，使全国回到黑暗世界。对此，毛泽东尖锐地指出：

> 现在的问题就是一个这样明白地这样尖锐地摆着的问题。两条路究竟选择哪一条呢？中国每一个民主党派，每一个人民团体，都必须考虑这个问题，都必须选择自己要走的路，都必须表明自己的态度。中国各民主党派、各人民团体是否能够真诚地合作，而不致半途拆伙，就是要看它们在这个问题上是否采取一致的意见，是否能够为着推翻中国人民的共同敌人而采取一致的步骤。这里是要一致，要合作，而不是建立什

么“反对派”，也不是走什么“中间路线”。①

在这里，毛泽东主要针对民主阵营中尚对国民党“求和”抱有幻想的人，敦促他们作出正确的选择，表明态度，站到人民革命一边。毛泽东的新年献词向中外宣告：“已经有了充分经验的中国人民及其总参谋部中国共产党，一定会像粉碎敌人的军事进攻一样，粉碎敌人的政治阴谋，把伟大的人民解放战争进行到底。一九四九年中国人民解放军将向长江以南进军，将要获得比一九四八年更加伟大的胜利。”

1949年1月4日，新华社又接着发表毛泽东针对蒋介石的《元旦文告》写的一篇评论：《评战犯求和》。文中以犀利的语言风格，对蒋介石所提求和五项条件逐条进行剖析和批驳：

“无害于国家的独立完整”——就是说“和平”万万不可有害于四大家族和买办地主阶级的国家的“独立完整”，不可有害于“中美商约”等项条约和美国在中国攫取的一切特权。

“有助于人民的休养生息”——就是“和平”必须有助于已经被击败但尚未消灭的中国反动派的休养生息，以便休养好了之后，卷土重来，扑灭革命。

“神圣的宪法不由我而违反，民主宪政不因此而破坏，中华民国的国体能够确保，中华民国的法统不至中断”——就是要确保中国反动阶级和反动政府的统治地位，确保这个阶级和政府的“法统不至中断”。

“军队有确实的保障”——就是务须“保障”而且“确实”保障买办地主阶级维持其统治的“命根”。

“人民能够维持其自由生活方式与目前最低生活水准”——就是必须维持中国买办地主阶级向全国人民实行压迫剥削的自由和他们目前的骄奢淫逸的生活水准，中国劳动人民则必须维持其被人压迫剥削的自由和他们目前的饥寒交迫的生活水准。

这是毛泽东为新华社写的揭露国民党利用和平谈判来保存反革命实力

① 《毛泽东选集》第4卷，人民出版社1991年版，第1375页。

的系列评论的第一篇。其他的评论是:《四分五裂的反动派为什么还要空喊“全面和平”?》《国民党反动派由“呼吁和平”变为呼吁战争》《评国民党对战争责任问题的几种答案》《南京政府向何处去?》等。这些评论,引起各民主党派和无党派民主人士的广泛注意和讨论。随后,各民主党派、各人民团体相继在“将革命进行到底”的问题上表明了自己的态度。

1月6日至8日,中共中央召开政治局会议。毛泽东在第一天会上的讲话指出:“军事方面的形势,比九月会议时不同了。那时说五年左右根本上打倒国民党,但慢一点对外公布。9、10、11、12,几个月情况变了。阶级力量对比也发生了变化。现在看得很清楚:解放了的城市中,人不走,学生教师不走,资本家不走,职员不走,大群大群地脱离国民党,站到我们方面来。自由资产阶级向我们找出路。民主党派、人民团体的代表人物到解放区来。整个国民党的军事、政治、经济战线都在崩溃和混乱中。”

毛泽东说:“今年和明年是我们在全国范围内胜利的两年。我们必须将革命进行到底。今天以前还不能下这个决心。美国是不是不出兵?不要去肯定它。准备它和我们打,以免在事情发生时处于手足无措的境地。我们愈坚决,美国军事干涉的可能性愈少。最近3个月,美国的政策是摇摆不定。几年来证明一点:美国人并不可怕。我们不乱搞,对侨民不损害他。党内有进步,大多数干部在过去几年、特别是去年,学会了政策和策略,1949年还要普遍地进行政策教育。”接着,毛泽东提出了1949年党在各方面的十六项任务。

1月8日,毛泽东在会上作结论时说,如果完成了全国革命的任务,这是铲地基,花了30年。但是起房子,这个任务要几十年工夫。高级干部要懂得,全国打开,事情方开始,那时会感觉比打仗还难。他说:“打完一仗之后,要立即提出新任务,这样他就不骄傲了,否则就会停止前进。”

1月,中央政治局会议讨论并通过毛泽东起草的《目前形势和党在1949年的任务》的党内指示,再次强调必须将革命进行到底,而不容许半途而废。其中规定:1949年必须召集没有反动派代表参加的以完成中国人民革命任务为目标的各民主党派各人民团体的政治协商会议,宣告中华人民民主共和国的成立,组成共和国的中央政府,并通过《共同纲领》。

把和平旗帜握在手里

南京政府发出外交照会，要求苏联充当国共和谈的“调停人”。毛泽东在致斯大林的电报中，着重阐述了中国共产党坚持一定要将革命进行到底的根本原则立场，其实质是“应该坚决阻止国民党反动派通过广泛的和谈，使中国革命出现不应有的曲折”。而在实际应对上，中国共产党人是决不会让和平这面旗帜落在悍然发动内战的战争祸首手里的。

蒋介石发表1949年《元旦文告》之后，南京政府监察院通过宣言，呼吁国共立即停战谋和。行政院长孙科也做出了和谈的姿态，提出要谋求“光荣的和平”。1月8日，南京政府外交部分别向美国、英国、法国、苏联驻华使馆递交照会，要求四国政府出任国民政府与中共和平谈判的“调解人”。对各国的外交照会上还注有如下附言：“南京政府认为该建议不宜公布。”

当然，同情和支持中国革命的苏联领导人斯大林，很快将上述外交照会的内容通报给中共方面，并就如何答复和对待南京政府的“调解”请求及“谋和”行动，同中共领导人毛泽东电报往还，进行反复磋商和讨论。这里牵涉一个重要而又复杂的问题，就是在“两个中国之命运”的决战中，共产党应当怎样掌握和平旗帜。[①]

1月10日，斯大林在给毛泽东的第一封电报中提出他对这件事的看法。电报说，整个来看，南京政府的建议是在美国人的授意之下搞出来的，该建议的用

① 以下电报内容，参见中央编译局列宁斯大林著作编译室编：《斯大林研究》第4辑，中央编译出版社1995年版。

心乃是要宣告南京政府赞成停战，主张实现和平，而中国共产党若是断然拒绝与南京政府进行和平谈判，那就是主张将战争继续打下去。苏联政府准备这样答复：苏联政府过去赞成，现在仍然赞成在中国结束战争，实现和平，但在同意担当调停人之前，苏联政府希望了解另一方，即中国共产党方面是否同意接受苏联的调停。因此，苏联希望另一方——中国共产党也能被告知中国政府的这一和平之举，希望能就苏联充当调停人一事征得另一方的同意。中共是否同意此议，请告。如不同意，请秘示更为妥帖的答复。

对于斯大林的这封电报，毛泽东于1月13日致电回复，对苏联政府拟作的上述答复提出不同意见。电报说，中央认为，美国、英国和法国，特别是美国，尽管对参与结束中国内战的调停工作极感兴趣，从而达到使国民党政权保存下来之目的，但这些国家的政府，尤其是美国政府，已经在中国人民的心目中信誉扫地，同时，人民解放军在全国取得胜利已为期不远，国民党政权的覆亡也已成为定局，在这样的情况下，列强是否还愿意继续扶植南京政府，从而继续与人民解放军作对，看来都成为问题了。只有苏联在中国人民中间享有崇高的威望。因此，如果苏联在给南京政府的复照中采取1月10日来电中所陈述的立场，那么美国、英国和法国势必会认为它们也应当参与调停，国民党也就会找到诬蔑我们为好战分子的口实。

鉴于上述原因，毛泽东在电报中提出：中共认为，对南京政府建议由苏联出面调停以结束中国内战的照会，苏联政府似应作如下答复：苏联政府过去和现在一贯希望看到一个和平、民主、统一的中国。然而，通过什么途径去实现中国的和平、民主和统一，那是中国人民自己的事。苏联政府根据不干涉别国内部事务的原则，认为不能接受为中国内战双方进行调停的工作。

就在毛泽东13日电发出之前，斯大林曾于11日向毛泽东发出一封续前电，进一步说明他在10日电中的观点，追加如下一些内容：十分明显，国民党不会在没有外国列强，尤其是美国充当调停人的情况下进行和平谈判。同样明显的是，国民党也不愿在没有蒋介石及其他战争罪犯参加的情况下进行谈判。因此，料想国民党会拒绝按照中共提出的条件举行谈判，其结局是，中共是赞成和谈的，因而不能指责它欲将内战继续下去，于是，国民党就成了破坏和谈的罪人。这样一来,国民党与美国的和谈花招就会被戳穿,中共也可以将必胜的解放战争继续进行下去。

斯大林十分担心倘若“和平”这张王牌被美、蒋一方攥在手里,会使中共陷于不利地位。于是,斯大林在1月14日再次致电毛泽东,一是表明苏联政府对南京方面调停建议的答复,同意将根据中共的意愿来起草;二是详尽地阐明他对南京政府和谈建议的看法。

斯大林认为,“毫无疑问,南京方面和美国人的和平建议,是一种欺骗政策”,但这个花招既然出现了,则不能视而不见,而必须予以重视。如果公开地、毫不掩饰地拒绝南京方面的和平建议,这就等于宣布一定要将国内战争继续进行下去,这种回答就可能是危险的。而另一种答案便是:1. 表示愿意在中国实现和平;2. 双方应在没有外国调停人参与的情况下进行谈判,因为中国是个独立的国家,不需要外国调停人;3. 谈判应当在共产党与作为一个党的国民党之间进行,而不是与挑起内战并因此而失去民心的南京政府进行谈判;4. 一旦双方就和平与中国的领导权问题达成协议,军事行动就当立即停止。斯大林认为国民党不会接受这些条件,那么人民就会明白,继续打内战的罪人是国民党而不是共产党。这样,和平的旗帜就落在了共产党手里。这一局面目前尤为重要,因为中国出现了为数众多的厌恶内战的人,他们愿意支持那些主张建立和平的人。

斯大林在14日电中所分析的,反映了在战争与和平的问题上无产阶级政党一般应当采取的策略思想。但是他并不了解,毛泽东在13日电中,着重阐述的是中国共产党坚持一定要将革命进行到底的根本原则立场,其实质是“应该坚决阻止国民党反动派通过广泛的和谈,使中国革命出现不应有的曲折”。而在实际应对上,中国共产党人是决不会让和平这面旗帜落在悍然发动内战的战争祸首手里的。

早在1948年9月,毛泽东就曾直接指出:“如果李宗仁等出来成立政府,搞个曲折……那时可能有两种情形,或者拒绝和谈,或者进行和谈。……如果群众觉悟,要打下去,认识到和谈就是让敌人休息后再打,是费力的,那我们就打。如果群众没有这种觉悟,要和,那就进行和谈,一面谈,一面打,努力做到并在谈判中教育群众，向群众解释和谈完究竟是怎么一回事，事实上还是要继续打下去，不上敌人的当。总之，那时看人民的觉悟，党内党外群众的觉悟，但始终不要把和谈的门关死。”[①]这表明了中共领导层对待和谈问题一贯持有的清醒认识和辩证态度。

毛泽东预计的这种情况很快就出现了。由于党的决策层在思想上、策略上已有所准备，事到临头时的处理就比较主动，应付裕如。这就是：在将革命进行到底的基本前提下，把争取国内和平的旗帜握在自己的手里。正当斯大林为中共有可能失去争取和平的主动权而担忧，写了一篇长长的电文发往西柏坡的时候，1月14日这一天，新华社率先发表《中共中央毛泽东主席关于时局的声明》，明确宣布中国共产党愿意在八项条件的基础上，和南京国民党政府进行和平谈判。这一重要举措，使中国共产党无论是战是和，都牢牢地掌握了政治上的主动权。

也就在14日这一天，毛泽东致电斯大林，内称：就基本方针而言，即阻止与国民党的广泛谈判和将革命战争进行到底，中共与苏联是完全一致的。今天，中共公布了同意与国民党举行和平谈判的八项条件。这些条件是针对蒋介石1月1日在其和谈建议中提出的五项反动条件提出来的。第二天，斯大林复电毛泽东：由此电可以看出，苏联与中共在南京方面的和谈建议一事上观点已达成一致，中国共产党已开始进行“和谈”运动。也就是说，应该认为问题已经解决。

经中苏两党领袖为时6天的电报往复沟通，取得基本共识之后，1月17日，苏联政府外交部向南京国民政府驻苏联大使傅秉常转交苏联政府的复函。复函中指出：为始终不渝地遵守不干涉别国内部事务的原则，苏联政府认为担当中华民国政府照会中所要求的调停工作是不合适的。复函还指出：使中国作为一个民主的、爱好和平的国家恢复统一，那是中国人民自己的事情，这种统一只能通过中国内部的力量，首先是双方在没有外来干涉的情况下通过直接谈判来取得。至此，关于如何把握和平的旗帜问题，在中苏两党

---

① 《毛泽东文集》第5卷，人民出版社1996年版，第145页。

之间基本得到协调一致。

在中苏两党电报往还期间，西方大国却在这个问题上捷足先登。1月13日，司徒雷登受美国国务院的委托，向南京政府转交美国政府的备忘录，其正式答复为："美国政府殊难相信在当前情势下，按中国政府的建议，试图充当调解人，能达到任何有益的效果。"英国、法国政府出于它们静观中国事态发展的需要和考虑，也以相似的外交辞令拒绝了南京政府的请求，决定不出任国共和谈的调解人。

1949年，毕竟不再是抗日战争结束后，要由美国这样的外国政府来调停中国内战的年代了。

历史的车轮，滚滚向前推进。

和平谈判八项条件

正当斯大林为中共有可能失去争取和平的主动权而担忧的时候，毛泽东公开发表声明，批驳了蒋介石《元旦文告》中提出的五项条件"是继续战争的条件，不是和平的条件"，而中国共产党所提的八项条件，才反映了全国人民的公意。在八项条件的基础上，中共愿同南京国民党政府进行和平谈判。这样，无论是和是战，共产党都牢牢掌握了政治主动权。

中国共产党同国民党打交道二十几年，其间不知经历了多少次谈判。远的不说，就在日本侵华、国难当头的危机时刻，共产党"以惊人的努力"，迫使蒋介石接受抗日民族统一战线的主张，正式建立第二次国共合作，实现了全民族抗战。但蒋介石、国民政府却暗藏杀机，背信弃义，制造分裂和磨擦，直至酿成"千古奇冤，江南一叶"的"皖南事变"，发动大规模的反共高潮。幸得共产党深明民族大义，以坚持抗战、反对投降，坚持团结、反对分裂，坚持进步、反对倒退的坚定方针，向国民党进行了有理、有利、有节的斗争，才使全民族抗日战争取得近代以来中国人民反侵略斗争的第一次完全胜利。

近至日本投降以后，中国共产党即尽一切努力向国民党政府要求防止和停止国内战争，实现国内和平，并在全国人民的赞助之下，首先达成1945年10月10日《政府与中共代表会谈纪要》，即“双十协定”的签订；又在1946年1月签订了国共两党的停战协定，并同各民主党派协作，在重庆召开的政治协商会议上，迫使国民党政府接受实行一定政治改革的政协决议。自此以后，中国共产党便同各民主党派、各人民团体一道，坚持不懈地为维护这些协定和决议而奋斗。但是，所有这些维护国内和平和人民民主权利的行动，均不为国民党反动政府所尊重。相反地，被认为是软弱的表现，不屑一顾。

但是，经历14年抗日战争，又经过两年多的国内战争，中国人民迫切需要休养生息，渴望得到真正的和平。中国共产党也愿意实现真正的和平，使国家少受破坏，人民少受痛苦。为此，1月14日，毛泽东以中共中央主席的名义发表《关于时局的声明》，提出和平谈判的八项条件。声明说，虽然中国人民解放军具有充足力量和充足理由，确有把握在不要很久的时间之内，全部消灭国民党反动政府的残余军事力量，但是，为了迅速结束战争，实现真正的和平，减少人民的痛苦，中国共产党愿意在下列条件的基础上进行和平谈判，这些条件是：1. 惩办战争罪犯；2. 废除伪宪法；3. 废除伪法统；4. 依据民主原则改编一切反动军队；5. 没收官僚资本；6. 改革土地制度；7. 废除卖国条约；8. 召开没有反动分子参加的政治协商会议，成立民主联合政府，接受南京国民党政府及其所属各级政府的一切权力。——这便是著名的八项和平条件。

毛泽东在声明中指明，蒋介石《元旦文告》中提出的五项条件“是继续战争的条件，不是和平的条件”，而中国共产党所提的八项条件，才反映了全国人民的公意。只有在这八项条件下所建立的和平，才是真正的民主的和平。毛泽东表示，在上述八项条件的基础上，中国共产党愿同南京国民党政府及任何国民党地方政府和军事集团进行和平谈判。这就彻底击破了蒋介石玩弄假和平，妄图把继续战争的责任推到共产党一方的险恶图谋。

中共和谈八项条件提出后，为了避免党内干部和民主人士产生误解，毛泽东于1月15日向党内发出指示，说明我方提出之八项条件，是针对蒋介石的五项条件的，双方的条件事实上都是对方不能接受的，战争必须打到底。我党提出这些条件的目的，是给人民解放军及国民党区域的被压迫人民一个打击国民党的武器，揭露国民党所提和平建议的虚伪性和反动性。

1月16日，周恩来在河北省平山县李家庄由中共中央统战部召集的民主人士座谈会上作关于时局的报告，对八项条件提出后的形势作了深入的分析。他指出，毛主席提出的“八条”，区别了真和平与假和平。蒋介石的五项条件，首先要维护伪宪法。而两年前我们对伪国民大会的斗争，从一开始就不承认它，在座的诸位当时都不参加。“废除伪宪”，是大家一致的要求。其次，当然也不维护伪法统。国民党反动政府所得的法统正是反封建革命的对象，现在我们要挖蒋根，建立“人民的正统”。还有一条是针锋相对的，即“改造军队”。蒋介石要保存军队，这是他的命根子，而我们则主张用人民解放军的制度来改编。一旦实行民主，他的军队还能站得住？同样的，军队无民主也绝对站不住。建立一个对人民秋毫无犯的军队，这一条，人民都会赞成的。不追究战犯，人民不答应。在发表战犯名单时，中共曾顾虑会不会增加他们的团结，同心协力地“戡乱”。但事实上是更增加了统治集团内部的混乱。

周恩来分析说，八项条件发表后，美国方面可能有两种反应：第一种，没有什么好谈的了，认为“八条”无异于无条件投降。对统治阶级来说，这“八条”的确是投降，但国民党内除以蒋介石为首的战犯以外的人，还有机会可以赎罪，甚至个别的人会变成爱国分子，以求谅于人民。第二种，虽然是“八条”，但还是可以派代表去讲讲“价钱”。这种议论虽然不是要蒋介石下台，但会加速其内部的瓦解，也就有利于人民的胜利。

周恩来指出，时局的趋向不外乎三种：第一种是国民党改组政府，并且承认我们提出的“八条”。对此我们还要警觉，不要再上当。第二种是美国出兵，对此我们已经有了准备，并始终将其列在我们的作战计划之内。兵能出多少？二三十万吧，对美国来说，这个数目，在供给上就发生问题。不过是南京、上海这些地方苦一些，人民苦一些，我们可以先礼后兵，做到仁至义尽，再把人民发动起来，逐一解放这些地方。当然，我们不能因为希望美国不出兵，便接受美国的条件，这和全国人民的痛苦及宁沪人民一时的短痛，是不能相比的。而可能性最大的是第三种，这就是继续打下去，将革命进行到底。

毛泽东主席的声明及代表中国共产党提出的八项条件，受到全国人民和各民主党派的热烈拥护和支持，成为揭露和戳穿国民党统治集团假和平骗局的有力武器。

预作引退及撤台布置

下野作为蒋介石的一种权术，总是以自动引退的姿态出现，变被动为主动，为其后来上台铺路。这一次，他做好撤退台湾的各种布置后引退奉化溪口，仍以国民党总裁的身份指挥一切。但是，蒋介石故伎重演，却忽略了中国人民的革命力量已经空前强大这一最根本、最具决定性的因素。蒋介石希冀东山再起的迷梦，在1949年已断无重圆的可能了。

毛泽东《关于对时局的声明》的发表，对于发表求和文告后等待中共反应的蒋介石来说，不啻五雷轰顶。八项条件的第一条就是惩办战争罪犯，而中共所指的首要战犯，非蒋介石本人莫属；接下来废除伪宪法、伪法统等，也条条切中要害，都是直冲着他在《元旦文告》中所提五项条件来的。在蒋介石看来，这简直是要他无条件投降的“哀的美敦书”，是绝对不能接受的。战不能战，和不能和，在走投无路的局面下，他愈发感到如若再恋栈“总统”的名号，就逃脱不了战争祸首的罪责。

1月19日，蒋介石约见李宗仁商讨时局，表示了“引退”之意。他对李宗仁说，就当前局势来说，他当然不能再干下去了。但是在离开之前，必须有所布置。事实上，蒋介石早在发表《元旦文告》之前，就已为他正式“引退”安排退路了。为了在失败后有一个栖身之地，更为有朝一日卷土重来，他最重要的一个布置，就是谋划经营台湾。

台湾位于我国东南沿海，是我国最大的岛屿，面积近3.6万平方公里，气候宜人，物产丰富。1895年甲午战争之后，被日本侵占长达50年之久，使得台湾在经济上与大陆相脱离，自成系统，有着较为先进的工业、交通基础。台湾与大陆之间，隔着100多公里宽的海峡。在蒋介石看来，缺乏现代化海空军的人民解放军，是绝没有能力横渡台湾海峡这道屏障的。

1948年、1949年之交，局势的急转直下，更坚定了蒋介石把台湾建成“反共基地”的想法。蒋介石在下野前后，为了继续遥控大局，更为顺利退保台湾，把台湾建成“反共基地”，在诸多方面作了布置。首先在人事上作重大调整，让心腹干将陈诚在台湾总揽党政军财大权，陈诚运用手中的权力，采取各种政治和经济等措施，控制台湾的局势，为蒋介石退守台湾方针的实施打下了必要的基础。在军事上，蒋介石把国民党的海空军实力逐渐南移，形成一个以台湾为中心，重点经营上海、福建沿海及西南地区的防御计划。并且通过人事安排极力直接控制军政事务，使李宗仁即使代理“总统”职务，也难于成事。

为了经营台湾，充实、稳固“反共基地”，蒋介石尤为重视从大陆抢运金银、美钞、武器、工厂设备及其他物资到台湾。1月14日，蒋介石召见中央银行总裁俞鸿钧和中国银行董事长席德懋，令二人将国库里价值3.7亿美元的黄金、白银及外汇，除给汤恩伯留下一些军费外，全部移存台湾。蒋介石在离开南京时，曾手令提取中国银行所存的1000万美元，汇交蒋介石的内侄、即其原配毛氏的侄子毛邦初，以其私人名义存入美国银行。1949年9月，蒋介石又命令将重庆金银库内的10余万两黄金抢运到台湾。蒋介石还特别规定，所有运台的黄金、白银和外汇，一律由他审批后才能动用。

后来，蒋经国曾评价这批黄金在蒋氏退台初期发挥的作用：“政府在搬迁来台的初期，如果没有这批黄金来弥补，财政和经济情况早已不堪设想了。”美国外交官蒲立德也撰文分析当时台湾财政情况：“台湾面积仅为波多黎各的4倍,它怎能维持60万的武装部队呢?这完全靠蒋经国先生从大陆运台的黄金,才安定了台湾官兵的生活。社会经济的繁荣,没有蒋先生由大陆运台的价值10亿美元的黄金,台湾的经济将被通货膨胀的洪流所淹没。"

蒋介石还不惜出大价钱搬迁工厂设备,带走技术人才。他特别看重官僚资本垄断全国重工业的资源委员会。蒋介石在下野前,命令资源委员会委员长孙越崎将设备一流的南京五厂迁往台湾。殊料孙越崎早已决心脱离国民党这艘"沉船",直到南京、上海解放,国民党政府资源委员会所属工厂及职员、工程技术人员、工人,甚至图纸、档案资料等,大多完整地留在了大陆。

南京五厂未迁成,蒋介石只好命令上海市市长陈良在解放军到来之前,将上海的大批机器设备、原料、车辆、纸张、棉纱、布匹、药品等物资共1500船次抢运到台湾。同时又用飞机抢运了大量物资。在此之前,蒋介石还命人将美国援助的三船军械从上海改运到台湾库存。

除了"抢运"工厂、机器设备和重要物资以外,蒋介石还瞩目于中华文化绵延几千年留下的典籍和艺术瑰宝。抗日战争结束后,原北平故宫博物院大批价值连城的文物,包括铜器、瓷器、玉器、漆器、珐琅、古字画等,悉数从重庆转运南京暂存。1948年底,根据蒋介石的指令,这些历史文物被分三批用军舰运往台湾。据载,这些文物包括中央博物院筹备处文物11729件,故宫博物院文物231910件,中央研究院、中央图书馆、北平图书馆的文物、古籍及外交部档案共3348箱。其中,档案文献共204箱,近40万件。这样,当年为避免日本侵华战争涂炭而运往西南,保存完好的一大批中华艺术瑰宝,开始离散于海峡两岸。

在做了上述一系列撤台布置之后,不论结果如何,蒋介石终于向李宗仁表示了"引退"之意,并邀孙科、张群、张治中、邵力子、吴铁城、陈立夫等党政要员就此交换意见。他说:"毛泽东的时局声明大家想必都看见了。现在有两个方案请大家研究,一个是请李德邻(即李宗仁)出来谈判,谈妥了,我再下野;另一个是我现在就下野,一切由李德邻来主持。"接着又说:"我决定采取第二条办法。"

1月19日，南京行政院政务会议通过决议："愿与中共双方立即先行无条件停战，并指定代表进行和平商谈。"21日，蒋介石"约宴"南京国民政府行政、立法、司法、监察、考试五院院长，"即席报告决心'引退'，并出示同李副总统之联合宣言"；并主持召开国民党中央常委紧急会议，声称："在目前情况下，我个人非引退不可，让德邻兄依法执行总统职权，与中共和谈。我于5年之内绝不干预政治，但愿从旁协助。"会后，蒋介石即飞离南京至杭州，次日返抵其故里浙江奉化溪口。

1月22日，国民党中央社播发了蒋介石的下野文告，内称："中正毕生从事国民革命，服膺三民主义，自15年广州北伐，以至完成统一，无时不以保全民族，实现民主，康济民生为职志，现战事仍然未止，和平之目的不能达到，决定身先引退，以冀弭战销兵，解人民倒悬于万一。爰特依据中华民国宪法第49条，总统因故不能视事时，由副总统代行其职权之规定，于本月21日起，由李副总统代行职权。务望全国军民暨各级政府，共矢精诚，同心一德，翊赞李副总统，一致协力，促成永久之和平。"

蒋介石的这篇下野文告，又是一篇奇文。他在发动一场"惨绝人寰"(李宗仁语)的内战之后，却把自己祸国殃民、昭然若揭的历史罪状一笔勾销，装扮成为"倡导和平""弭战消兵"而自动"引退"之人。无怪乎民主人士评论说："反动政权在摇摇欲坠的当前，和平攻势是愈来愈离奇了。"这的确是滑天下之大稽。

在蒋介石的政治生涯中，这次下野，是他继1927年8月、1931年12月两度下野之后的第三次下野。前两次下野，均归之于国民党内部的派系斗争。这一次则归之为美国人联合桂系扳倒了他，即如他后来所追述的："我之下野的决心，固不能说全无国际环境之影响，但其重要因素是由于我们内在矛盾的关系所致。"

下野作为蒋介石的一种权术，总是以自动引退的姿态出现，变被动为主动，为其后来上台铺路。这一次，他又布置国民党中执委于1月24日发出《特别紧急宣传通报》强调："总裁虽暂不行使总统职权，但仍以总裁地位领导本党。"在溪口，蒋介石频繁接待各地高级将领，听取各方汇报，指挥一切，并没有像他承诺的那样“5年之内绝不干预政治”。

但是，蒋介石故伎重施，以退为进，却忽略了中国人民的革命力量已经空前强大这一最根本、最具决定性的因素。蒋介石希冀东山再起的迷梦，在1949年已断无重圆的可能了。

第九章 围绕和谈的斗争

与“中间路线”彻底决裂

人民民主专政务使人民阵线内部既无反对派立足之余地，亦无中间路线之可言。而在国统区还有一些民主人士对美国和李宗仁主持的南京政府抱有某种幻想，希望能通过和谈来实行英美式的议会制。但是，就全国的政治形势来说，“中间势力”的急速分化，“中间路线”的彻底破产，使得围绕“和谈”所进行的这场政治斗争发生曲折和迂回的几率已降至最低点。

当中国人民革命的洪流自北向南，奔涌而下，直逼国民党反动统治的中心的时候，南京政府的“谋和”活动也浓墨重彩、紧锣密鼓地登场了。于是，在1949年春天，中国的政治舞台上出现了一场围绕“和谈”而展开的有声有色的斗争。

1949年1月22日，国民党桂系的领袖李宗仁以“副总统”代理“总统”职务，在南京就职。就在这一天，《关于北平和平解放问题的协议书》经中共中央批准，与傅作义正式签订。时局的急转直下，战事之颓败无奈，使南京当局完全没有其他任何选择的余地，只好把“谋和”的调子继续唱下去。李宗仁上台伊始，即发表文告称：自今以后，“政府工作目标在集中于争取和平之实现”。并初拟邵力子、张治中、黄绍竑、彭昭贤、钟天心5人为谈判代表。23日，李宗仁派黄启汉、刘仲华飞往北平，向中共方面转达他“愿以最大努力促和平之实现”，并要求人民解放军暂时停止进攻。

李宗仁就任“代总统”后，采取了一些“培养国内和平空气”的措施，摆出一副开明姿态，宣布“取消全国戒严令”“释放政治犯”“恢复各党派的合法地位”，“启封”被查封的报馆、杂志，将所谓“剿匪总司令部”改称“军政长官公署”等。同时，他把“谋和”活动的重点放在“争取第三方面”上，电邀已到达解放区的李济深、章伯钧、张东荪等去南京“共同策进和平运动”；又派邵力子、甘介侯去上海访晤宋庆龄、章士钊、颜惠庆、罗隆基、张澜等，请他们“赞助”李宗仁的和谈运动。

很长一个时期以来，在国共两党之结局围绕“建什么国”的问题，中国政治舞台上历来有一种“第三势力”或称“第三方面”，他们主要代表中等资产阶级和上层小资产阶级的利益，试图在中国实行欧美式的资产阶级民主制度。在决定中国命运的生死博弈中，中间势力站在哪一边，直接关系到建国斗争的历史结局。共产党对此给予高度重视，坚持以民主联合政府和保护民族工商业相号召，把尽可能多的中间势力争取到人民革命一边来。国民党政权之所以江河日下、日暮途穷，败就败在众叛亲离，丧尽民心。归根结底，建国斗争胜负成败的决定性因素是人心的向背。

自1947年10月中国民主同盟被国民党当局“严加取缔”后，中间势力的人们对“第三条道路”的幻想已经被严酷的现实所碾碎。特别是经历了1948年响应中共“五一”口号蓬勃开展的新政协运动，各民主党派、各界人士坚决抛弃了对“中间路线”的幻想，基本接受了新民主主义革命的纲领。到了1949年，各界民主人士已分批北上进入解放区，形成了百川归流、筹备建国、共策共进的蔚为壮观的政治局面。各民主党派“同声相应，同气相求”，紧密团结，业已融入中国共产党领导的空前强大的人民民主统一战线，其间再也不容所谓“中间势力”的插足。然而，在国统区某些民主人士中间，仍不免存在一些思想残余和观望态度，而李宗仁“谋和”活动的重点，恰恰放在“争取第三方面”上。因此，必须进行彻底清算“第三方面”“中间路线”影响的工作。

毛泽东的新年献词及中共和谈八项条件的相继发表，在已经到达解放区的民主人士中间引起强烈的反响，他们多次举行座谈会进行了热烈讨论。1月7日，在李家庄的符定一、周建人、韩兆鹗、翦伯赞、刘清扬、楚图南、田汉、胡愈之等人，联名致电在哈尔滨的李济深、沈钧儒、章伯钧、马叙伦、王绍鏊、陈其尤、彭泽民、沙千里等，针对蒋介石的《元旦文告》严正指出，民主人士对于国民党战犯求和必须认清三点：

一、养痈贻患，芟恶务尽，时至今日，革命必须贯彻到底，断不能重蹈辛亥革命与北伐战争之覆辙。

二、薰莸不同器，汉贼不两立。人民民主专政，决不容纳反动分子……务使人民阵线内部既无反对派立足之余地，亦无中间路线可言。

三、经纬万端，实有赖于群策群力，有赖于中国共产党的继续领导与团结所有忠于人民革命事业之党派团体及民主人士一致行动，通过合作，方可完成人民革命之大业。①

1月15日，在李家庄的民主人士开会讨论毛泽东《关于时局的声明》。大家说：和平有两种，一种是维护反动势力和战犯利益的“南北朝”式的假和平；一种是毛主席提出的维护人民利益的真和平。因此，只有将“八条”作为和谈的先决条件，才能实现人民所要求的真正的、民主的、彻底的、永久的和平。与会者一致同意与哈尔滨的民主人士联系，共同起草一个支持毛泽东八项条件的声明。翌日，周建人、胡愈之、楚图南、符定一、田汉、吴晗等联名致电哈尔滨方面，略谓：1.“毛主席所提的八条实为完成中国革命之最低限度的先决条件”；2.“中国人民正注视着所谓国际干涉阴谋之酝酿，并坚决反对美、英、法等帝国主义国家借调停为名而干涉中国内政”。并提议：“以上两点倘蒙赞许，请连同前电所陈意见，由诸公发起，联衔向国内外发表声明。”

同日，在哈尔滨的李济深、沈钧儒等就符定一、周建人等1月7日复电云：“顷奉来电，对完成人民民主革命提出宝贵意见三点，高瞻远瞩，谋国情深，业经详细讨论，一致决议发表告国人文件，严正表示吾人对革命进行到底之态度。”

1月22日，即蒋介石宣布“引退”的第二天，抵达解放区的各民主党派、各人民团体的代表人物及无党派民主人士李济深、沈钧儒、马叙伦、郭沫若、谭平山等55人联合发表声明，拥护毛泽东提出的八项条件。声明特别强调：今

① 秦立海著：《民主联合政府与政治协商会议——1944—1949年的中国政治》，人民出版社2008年版，第371页。

天是对中国人民的最大考验,我们相信多难的人民决不会再受蒋美反动阴谋的欺骗,但在少数人的气质中也尽有这样的弱点存在,即:“以协调为上德,以姑息为宽仁,在苟且偷安的本质之上披覆着悲天悯人的外表,这就是敌人施行和平攻势的最后心理根据,也就是敌人的最后的奥援。我们为了摧毁残敌,这最后的奥援也是应该连根铲去的。”①

李济深等55人声明轰动全国,昭示了各民主党派一致拥护中国共产党的领导,与“中间路线”彻底决裂的立场,从而为共同筹建新中国打下了重要的政治基础。

随后,中国国民党革命委员会、中国民主同盟、中国民主促进会、民主救国会等民主党派和团体,清华大学、燕京大学等高校的教授们,以及在境外的各界民主人士也纷纷发表声明,热烈响应和拥护毛泽东主席的14日声明及八项和平条件。

2月1日,到达解放区的各民主党派、人民团体的代表人物李济深、沈钧儒、马叙伦、郭沫若等56人致电毛泽东主席和朱德总司令,庆贺人民解放战争伟大胜利。

2月2日,毛泽东与朱德联名复电李济深、沈钧儒、马叙伦、郭沫若等56位先生共鉴:

> 此次人民解放战争之所以胜利,是由于全国人民不畏强御,团结奋斗,各民主党派各人民团体一致奋起,相与协力,从而使人民解放军获得各方面的援助,使人民的敌人完全陷于孤立。胜负之数,因以判明。现在残敌尚存,诡谋时作。求喘息谓为求和平,待外援名曰待谈判。口诵八条,手庇战犯,眼望美国,脚向广州。欲求人民解放斗争获得最后胜利,必须全国一切民主力量同德同心,再接再厉,为真正民主的和平而奋斗。诸先生长期为民主事业而努力,现在到达解放区,必能使建设新中

① 中国人民政治协商会议全国委员会文史资料研究委员会编:《五星红旗从这里升起——中国人民政治协商会议诞生纪事暨资料选编》,文史资料出版社1984年版,第218页。

国的共同事业获得迅速的成功。特电布复,敬表欢迎。[①]

应该说,当时在国民党区域还有一些民主人士对美国和李宗仁主持的南京政府抱有某种幻想,希望能通过和谈来实行英美式的议会制,甚至建议中共给李宗仁、白崇禧多保留一些利益。但是,就全国的政治形势来说,"中间势力"的急速分化,"中间路线"的彻底破产,使得围绕"和谈"所进行的这场政治斗争发生曲折和迂回的几率已降至最低点。而人民中的不同阶层、不同社会界别的人们政治觉悟的提高,却大大超过了以往的任何时期。这表明,中国共产党在人民中进行教育的工作取得了极其显著的成绩。

"谋和"的紧锣密鼓

对于美国政府指挥国民党发动的和平攻势,必须在广大民众、各民主党派中揭露这种欺骗性图谋,尤其要注意争取中间派分子。对国民党的"和平"阴谋,仍以政治斗争手段粉碎之,但不排斥、不放弃军事打击的可能性。考虑到李、蒋矛盾,中国共产党的对策是尽可能地分化、瓦解国民党,争取到李宗仁政府同意以和平方式解决国内问题。

李宗仁上台后虽然对和谈一再表示"诚意",但他的真实意图仍然是希望通过谈判达到"划江而治"。早在桂系"倒蒋议和"的时候,李宗仁就向美国驻华大使司徒雷登透露,他搞"倒蒋"活动,"需要美国毫不含糊的支持,这样就能取得中国西南地区的有力支持,以便把共产党部队阻遏在长江以北地

① 《毛泽东书信选集》,人民出版社1983年版,第317—318页。

区”。后来他又对刘斐说:“我想划江而治,共产党总满意了吧!只要东南半壁得以保全,我们就有办法了。”“如能确保东南半壁,至少是可以在平分秋色的基础上来组织民主联合政府的。”[①]不论李宗仁提出“划江而治”也好,“平分秋色”也好,其结果势必在中国造成像第二次世界大战后朝鲜半岛、越南那样的“南北朝”的局面。这是中国人民和中国共产党坚决不能答应的。

对于李宗仁的“划江而治”和争取“第三方面”的图谋,中共中央一方面继续予以揭露,一方面采取了针锋相对的策略。1月25日,毛泽东为中共中央拟电致各中央局、分局,分析了当前错综复杂的形势,指出:

> 美国政府指挥国民党发动的和平攻势,在我党一月十四日声明打击下已起分化,死硬派中的少数反动头子在美国压力下暂时退入幕后指挥……大谈其和平民主,企图欺骗人民,分化各民主党派,破坏在我党领导下的政治协商会议,阻止我军渡江南进。我们必须在民众中在各民主党派中揭破这种欺骗。[②]

同日,中共发言人就和谈问题发表谈话,指出南京政府方面放出了许多虚伪的和平空气,企图欺骗人民,以达到其保存反动势力,获得喘息机会,然后卷土重来,扑灭革命力量之目的,“全国人民应有清醒的头脑,决不可被那些伪善的空谈所迷惑”,并表明中共方面不能接受主战最力的CC派骨干彭昭贤这样的战犯为和谈代表。中央特别指示上海局、香港分局,要求“迅速将李(济深)、沈(钧儒)、马(叙伦)、郭(沫若)等的声明及我党上述谈话,连同我党1月14日声明向国民党各大城市广为散发,使广大群众不受美帝及国民党的欺骗。尤其要注意争取中间分子”。

1月28日,针对李宗仁进行的假和谈活动,周恩来为中央拟电致上海局吴克坚等,要他们同尚在上海的张澜、黄炎培、罗隆基等交换意见。电文中说,

---

① 中共中央文献研究室编:《周恩来传(1898—1976)》上,中央文献出版社2008年版,第835页。

② 中共中央文献研究室、中央档案馆编:《建国以来重要文献选编(1921—1949)》第26册,中央文献出版社2011年版,第84页。

如果南京反动政府及李(宗仁)、孙(科)、邵(力子)、张(群)等接受毛主席的八项条件,并即逮捕各主要战犯(如蒋介石、陈立夫一大批等),以便实现真和平真民主,那就是好的;如果只提出要南京反动政府释放政治犯,取消特务,恢复民主同盟活动及容许被封报纸、杂志复刊等等,那就是很危险的。因为对前项要求张(澜)、黄(炎培)、罗(隆基)等人不一定肯提出,而对后项要求极易为张、黄、罗等赞同,又易为南京在形式上接受,结果转使民主人士陷入被动,且有承认反动统治之嫌。指示要求着重说服张、黄、罗坚持李济深等55人声明的立场,"以便实现真和平真民主"。

在这方面,已来解放区的民主人士做了许多工作。在李家庄的周建人、翦伯赞、田汉、胡愈之、韩兆鄂、严信民、吴晗、楚图南等,联名致电尚在上海的张澜、黄炎培、史良、陈铭枢、罗隆基等人。电文说:"近闻敌方派人在沪活动,企图分裂民主阵线,淆乱社会视听,以自保全。诸公久居沪上,所闻所见,必更亲切。当能对反动派之阴谋彻底揭发,严予指斥,并请号召国统区人民坚决依中共所提八条,实现真正和平,彻底消灭中国人民之敌人。"

在沈阳的章乃器、施复亮、孙起孟等也致电在香港的俞寰澄及民主建国会诸同仁。在电文中表示,现在国民党反动派的"和平"攻势方兴未艾,章、施、孙等人正在进一步以团体名义分别发言,给予打击。请他们以在港理监事负责方式,陆续发言,以资配合。

与此同时,中央还向上海等地党组织发出指示,要求他们配合这一斗争,在国统区各大城市发动工人、学生等群众运动,在条件成熟的地方,如工会、学生会等团体可公开活动,被启封报纸可自动复刊,并注意使中间阶层人士的民主运动和群众运动相配合,以揭露李宗仁和平谈判的欺骗性。实际上,李宗仁虽然想采取一些旨在争取中间力量的做法,但在国民党顽固派的阻挠下,所谓"释放政治犯""恢复各党派的合法地位""启封停刊报纸"等命令,多未兑现。这样就在广大人民面前暴露了国民党并无和平诚意,反使李宗仁处于政治上更加被动的处境。

在中共中央的周密部署下,在已到解放区的民主人士的积极助推下,当时抑留在上海、香港的民主党派人士,坚持了李济深等55人声明的立场,不受南京当局各种手段的利诱与蒙骗。李宗仁“争取第三方面”的努力终归于失败。至1月27日,李宗仁只好致电毛泽东,代表南京政府“承认以贵方所提的八项条件作为和谈的基础”。

同日,北平市军管会主任叶剑英接待了从南京前来的黄启汉、刘仲华。黄、刘二人转达李宗仁的话表示愿意以和平方式解决问题,具体办法是:1. 实现局部和平;2. 切实在八项条件之上内应外合,推动全面和平。叶剑英答应将其谈话内容转陈中共中央。

2月1日,周恩来为中共中央拟电致彭真、叶剑英,指出:要刘仲华迅速返南京,面告李宗仁,如其果有反蒋、反美、接受八项条件的诚意,即应迅速与蒋分裂。如此才能进行和谈,否则中共便无此余暇与之敷衍。“中间道路是万万走不通的”。

黄启汉回到南京,向李宗仁作了汇报。李宗仁显得很高兴,说:“总算很快就搭上了关系。”在此期间,李宗仁还直接、间接地安排了一些人士组成“南京人民和平代表团”“上海人民和平代表团”前往北平洽谈,中共方面都采取积极接待的态度。2月6日,“南京人民和平代表团”邱致中、吴裕后等抵达北平,叶剑英在接待他们时,说明了和平必须是在八条基础之上的真正的和平。经过交谈,他们表示认识到共产党是要和平的,战争贩子在南方。

2月14日,由颜惠庆、章士钊、江庸组成的“上海人民和平代表团”抵达北平,邵力子以私人资格随团前来。中央指示叶剑英,对这四位七旬老人,招待要周到,谈话要诚恳,但应强调“八条”,特别是第一条,应痛斥四大家族祸国殃民,说明中共向来是愿意和平的,四大家族发动的和平攻势,并无和平诚意;如果真要和平,就应接受“八条”,在此基础上才能获得真正的和平。

翌日,叶剑英与颜、邵、章、江会晤,并于当晚设宴招待代表团一行,傅作义、邓宝珊也应邀赴宴。初晤结果表明,颜、邵、章、江对中共是友好的,并表示了敬佩之意,也提出了今后工作的某些建议。但他们此次的目的,是想促成国共两党以对等身份实行南北议和。叶剑英坦率地指出:实现民主、和平、统一的新中国的伟大目标基本上有两种方式,即天津方式和北平方式。从中共的愿望讲希望北平方式,但这取决于国民党是否以民族利益为重、以人民利益为重,希望李宗仁认清形势,按照“八条”,同蒋介石真正决裂。

“上海人民和平代表团”到北平后,受到了热情的欢迎和接待。17日,北平召开欢迎大会,副市长徐冰发表讲话。同日,中共中央起草致叶剑英并告林彪、罗荣桓、彭真电:“请告颜、邵、章、江,毛主席欢迎他们来谈”,并电示:欢迎傅作义、邓宝珊一道来此一谈。根据中央指示,22日,叶剑英安排颜、邵、章、江飞抵石家庄,傅作义、邓宝珊同行。中共中央统战部部长李维汉前去石家庄迎接,陪同他们抵达西柏坡。

2月23日,毛泽东、周恩来、任弼时等在西柏坡会见颜惠庆、章士钊、江庸、邵力子,以及同来的傅作义和邓宝珊将军。毛泽东一见面就说,代表们是为和平远道而来,共产党是爱好和平的,有什么事尽可商量。只是时间、地点、人选值得考虑。此后,周恩来同他们就和平谈判和南北通航通邮等问题广泛交换了意见。

24日,在毛泽东同颜惠庆等举行的非正式会谈中,双方达成八点秘密协定:

(一)谈判以中共与南京政府各派同数代表为之,地点在石家庄或北平。

(二)谈判方式取绝对秘密及速议速决。

(三)谈判以中共一月十四日声明及所提八条为基础,一经成立协议立即开始执行。其中有些部分须待联合政府办理者,在联合政府成立后执行之。

(四)谈判协议发表后,南京政府团结力量与中共共同克服可能发生之困难。

(五)迅速召集新政协成立民主联合政府。

(六)南京政府参加新政协及参加联合政府之人选,由中共(包括民主人士)与南京政府商定之。

(七)南方工商业按照原来环境,依据中共城市政策,充分保障实施。

（八）有步骤地解决土地问题，一般先进行减租减息，后行分配土地。[①]

这八条中，最重要的是确定“谈判以中共一月十四日声明及所提八条为基础”。上述秘密协定达成后，颜惠庆、邵力子、章士钊、江庸及傅作义、邓宝珊离开西柏坡返回北平。通过非正式晤谈，他们比较充分地了解到解放区的情况和中共的主张，这对回去后对李宗仁做工作是有重要作用的。2月27日，颜惠庆等带着毛泽东给李宗仁的一封信离平返宁。这样，就为正式和谈铺平了道路。

“划江而治”的图谋

中国共产党的领袖们熟知在历史发展的若干动乱年代，中国也曾出现过以长江为界划分“南北朝”的局面。但这在历史的长河中不过是短暂的一瞬，中华民族伟大的凝聚力与亲和力，总是很快使南北方人民归于统一，没有发生过世界上其他国家那样的民族大分裂。由此得出一个掷地有声的结论：长江在历史上从来不能阻止中国的统一！

李宗仁、白崇禧为首的桂系与蒋介石虽然在争权夺利方面矛盾重重，但在阻挡中国人民解放军渡江、阻止中共将革命进行到底方面却是一致的。蒋介石让李宗仁出面进行“和谈”，是想借此获得一个喘息的机会，以便将残余军队全部撤至长江南岸，组成若干兵团，防止人民解放军渡江，并在长江以南迅速编练新兵组成二线兵团，准备最后的决战。李宗仁积极“谋和”，其立足

① 中共中央文献研究室编：《毛泽东年谱（1893—1949）》下卷，中央文献出版社2013年版，第463页。

点也在于阻拦和延缓人民解放军渡江作战，确保长江以南各省，实现“划江而治”，在南方搞出一个新局面，然后取蒋介石而代之。蒋介石在“引退”时，曾授意李宗仁和谈的方针是“备战求和，仍然以整饬军事为重”。李宗仁上台后，基本上是按照这一方针部署谈判的。

2月22日，李宗仁飞到广州，劝说迁往那里的国民政府行政院和立法院迁回南京，遭到行政院长孙科的坚决拒绝。这时，他从新华社广播中听到中共同意与他进行和谈的消息后，即于25日飞回南京，召开会议商讨对策，决定了“对共和谈三项原则”：

（一）和谈双方必须建筑在平等的基础上。共方不能以战胜者自居而迫我接受屈辱条件；

（二）有鉴于铁幕内各国之惨痛遭遇，政府断不应接受由中共作为执政党之联合政府。政府为此应向共方提议划疆而治；

（三）中共所提八条要求，政府决不能全面接受，只能在两个政府共存的原则下，以其为谈判基础。[①]

这三个原则，其实就是蒋介石的五项条件那一套，实际上制定了一个同中共“讨价还价”的原则方案。

正当李宗仁和他的幕僚在南京忙着制定和部署他们一厢情愿的“划江而治”的预案的时候，中国共产党的七届二中全会正式批准了以1月14日毛泽东的声明及其所提八项条件作为同南京国民党政府和平谈判的基础。3月19日，周恩来派齐燕铭到北平，会见了住在六国饭店的黄启汉，向他透露：不日即将宣布定期举行正式和谈，并暗示他可以先对李宗仁打个招呼。

第二天，黄启汉通过长途电话把这个消息报告给李宗仁。李宗仁在电话中告诉他：南京政府的和谈代表人选内定为张治中等五人，张治中为首席代表。当天，黄启汉把代表名单抄送齐燕铭转报中共中央，中共中央没有表示

① 中共中央文献研究室编：《毛泽东传（1893—1949）》，中央文献出版社2004年版，第954页。

异议。南京政府遂在行政院院务会议上正式通过代表团名单。后又加派刘斐为代表。3月24日，南京政府公布其和谈代表团成员：张治中（首席）、邵力子、黄绍竑、章士钊、李蒸、刘斐。

3月25日，中共中央从西柏坡进驻北平。26日，中共中央通过新华社广播电台，就和平谈判事宜通知南京政府如下：1. 谈判开始时间：4月1日。2. 谈判地点：北平。3. 派周恩来、林伯渠、林彪、叶剑英、李维汉为代表[①]，周恩来为首席代表，与南京方面的代表团举行谈判，以1月14日毛泽东主席对时局的声明及其所提八项条件为双方谈判的基础。中共中央要求将上列各项经广播电台即日通知南京国民政府，按照上述时间地点，派遣其代表团，携带为八项条件所需的必要材料，以利举行谈判。

国共和谈在即，有许多人不明白：既然蒋介石、李宗仁企图通过和谈达到"划江而治"的目的如此昭然，乃至会导致分裂中国的"南北朝"局面，为什么中国共产党仍然同意接待南京政府代表团，还要不怕麻烦地同他们进行谈判呢？如南洋侨领陈嘉庚所直言：这岂不是"无异于与虎谋皮"？关于这一点，深谙中国历代王朝兴衰更替的毛泽东、周恩来并非没有考虑。他们熟知在历史发展的若干动乱年代，中国也曾出现过以长江为界划分"南北朝"的局面。但这在历史的长河中不过是短暂的一瞬，中华民族伟大的凝聚力与亲和力，总是很快使南北方人民归于统一，没有发生过世界上其他国家那样的民族大分裂。中国共产党的领袖，以他们深邃锐利的目光和成熟的思考，得出一个掷地有声的结论：长江在历史上从来不能阻止中国的统一！

中国共产党人历来认为，南京国民党反动政府早已没有代表中国人民的资格了。之所以允许南京政府派出代表进行谈判，只是因为这个政府手里还有一部分反动的残余军事力量。如果南京政府感于自己已经完全丧失人民的信任，感于它手里的残余反动军事力量已经无法抵抗强大的人民解放军，而愿意接受中共的八项和平条件的话，那么，用谈判的方法去解决问题，使人民少受痛苦，当然是比较好的，是有利于人民解放事业的。北平问题的和平

① 4月1日，加派聂荣臻为代表。

解决，就是一个实例。

南京政府究竟是确实地接受并执行反映全国人民公意的八项条件，实现人民所需要的和平，并借此获得悔过自新、将功折罪的机会呢？还是假借所谓“合理的、公平的、全面的和平”的名义，求得保存反革命势力，并掩护其继续战争呢？经毛泽东修改发表的新华社《评南京政府伪代总统李宗仁任命内阁阁员》新闻稿一语中的地指出：“证明这一点的时机已日益迫切，只待举行和平谈判就可以见分晓。”

周恩来也曾就这个问题向部分爱国民主人士作报告说：“我们为什么这样做呢？因为今天胜利已定，用战斗方式可以解决是毫无问题了，只是时间早迟而已。我们现在要考虑的是如何用和平方式来达到胜利，以便使国家少受破坏，多保存一些人力物力，使将来的和平建设多一份物质力量。”“但是，都要双方同意。李宗仁既然表示愿意接受，和平总算有了可能，我们就要抓紧，并将这一可能性加以发展。”总之，是要尽一切可能争取李宗仁等国民党军政要员，能够在此重要历史时刻向人民靠拢，真正实现国内问题的和平解决和整个国家的统一。

——这就是中国共产党人对于“和谈”这场错综复杂的斗争，所采取的现实的、辩证唯物主义的态度。

打开北平和谈局面

“对于北平和谈我们的原则性必须是坚定的，我们也要有为了实现原则性的一切许可的和必需的灵活性。”毛泽东对刘斐说，只要和了就好。周恩来则要黄绍竑转告李宗仁、白崇禧：在和谈期间，人民解放军暂不渡过长江，但和谈后，谈成，解放军要渡江，谈不成，也要渡江——这便是中国共产党的既定方针。

李宗仁虽然公开表示愿意以中共八项条件作为谈判的基础，但他所制定的“对共和谈三原则”及所谓九条“腹案”，条条都是针对中共八项条件的“讨价还价”，证明他所策划的和谈，一开始就是假的。李宗仁在台上谈论和平，总要强调“和谈必须建筑在平等的基础上”“建议立即停火，在两党控制区之间划一条临时分界线”，总之是要保存国民党政府及其军队，占有长江以南数省，以期东山再起。蒋介石在台下，则加紧实施在3至6个月内完成大规模扩军的计划。其备战计划包括：重建400个师；征募250万新兵；重新召集退役军官；编制新的装甲兵团；扩充空军。这是中国共产党和全国人民完全不能让其得逞的。因此，谈判的焦点就集中在：南京政府是真接受“八条”还是假接受“八条”。

对于即将开始的和谈，毛泽东3月5日在中共七届二中全会上作了这样的要求和说明：

> 我们既然允许谈判，就要准备在谈判成功以后许多麻烦事情的到来，就要准备一副清醒的头脑去对付对方采用孙行者钻进铁扇公主肚子里兴妖作怪的政策。……不论是全面的和平谈判，或者局部的和平谈判，我们都应当这样去准备。我们不应当怕麻烦、图清静而不去接受这些谈判，我们也不应当糊里糊涂地去接受这些谈判。我们的原则性必须是坚定的，我们也要有为了实现原则性的一切许可的和必需的灵活性。①

3月29日，在南京政府和谈代表团赴北平之前，张治中前往奉化溪口，向蒋介石报告了有关情况，并把李宗仁等拟定的“腹案”交给蒋介石看，蒋介石没有表示异议。

4月1日下午二时，南京政府代表团乘坐的中央航空公司的“空中行宫”号飞机在北平降落，同来的除代表外，还有代表团顾问屈武等和工作人员共20

---

①《毛泽东选集》第4卷，人民出版社1991年版，第1436页。

多人。当晚6时,周恩来、林伯渠、林彪、叶剑英、李维汉、聂荣臻设宴招待。饭后,周恩来、林伯渠邀张治中和邵力子谈话。周恩来一开始就问张治中:“你为什么在离开南京前要去溪口见蒋介石?”张治中解释说,蒋介石退到溪口,但力量还在他手上,如果得不到他同意,即使商谈达成协议也没用,这是一种现实的做法。周恩来表示,这样做只会加强蒋介石的地位,淆乱视听,证明蒋介石仍有力量控制代表团。这种由蒋介石导演的假和平,中共是不能接受的。

谈到和平问题时,周恩来问:“我们的广播(指3月26日的广播通知)你们听到了,你们带来了为实施八项条件所必需的材料吗?对和谈有何具体的意见?”张治中回答:“我们没有具体的方案,想听听你方的——当然是以八项原则为基础。”周恩来说:“这是前提,是没有疑义的。我们设想,采取今天这样个别对话的形式,充分听取你方的意见,如果可能,经过三四天的商谈后,然后在5日左右提出成熟的东西,供双方讨论。”接着,双方还就其他问题交换了意见。

4月2日,按照前一天商定的办法,周恩来、叶剑英、林伯渠、李维汉、聂荣臻、林彪分别与张治中、黄绍竑、章士钊、邵力子、李蒸、刘斐进行了个别交谈。

晚上,周恩来在六国饭店接见了随南京代表团来北平的黄启汉。在谈到八项条件为谈判基础的问题时,周恩来说:“现在就是他们并没有接受八项原则为基础。根据这两天来和他们六个代表个别交换意见的情况看,除邵力子外,其余几个人都异口同声地说:‘惩治战犯’这一条不能接受。这是什么话呢?李宗仁不是公开宣布承认毛主席提出的八项原则为谈判基础的吗?怎么,代表团来了,又变了卦呢?”他继续说:“还有,南京代表团到北平来之前,张治中还到溪口去向蒋介石请示,这就产生另一个问题:你们代表团究竟是代表南京,还是代表溪口呢?这两个问题不解决,和谈怎么进行呢?”周恩来同意黄启汉3日乘代表团的专机回南京把这两个问题向李宗仁问明。原定在4月5日开始的正式和谈推迟。

黄启汉回南京后,李宗仁邀桂系重要将领白崇禧、夏威、李品仙等到南京密议。白崇禧始终坚持要以长江为界,组织联合政府,实行南北分治。他表示,只要中共坚持渡江,便不能接纳和议。在这样的情况下,黄启汉的活动只能是“枉飞南北徒劳返”,没有任何实质性结果。

4月7日,李宗仁致电毛泽东,称“主政以来,排除万难,决心谋和”“协谈问题亦已采贵方所提八条为基础”“况复世界风云,日益诡谲,国共合作,尤为迫切”“今日所冀,惟化干戈为玉帛,登斯民于衽席”。

4月8日,毛泽东在香山双清别墅接见张治中,周恩来在座。张治中将前一天收到的李宗仁的电报转交给毛泽东。毛泽东对张治中说:德邻先生虽同意按八项条件作为基础进行谈判,看来对战犯的问题还是不放心,你也感到有困难吧?好,为了减少你们代表团的困难,可以不在和平条款中提出战犯的名字。又说,和谈方案先由中共方面草拟,拿出方案后再正式谈判就容易了。将来签字,如李宗仁、何应钦、于右任、居正、童冠贤等都来参加则更好。

毛泽东同张治中长谈了4个小时,还邀请他共进午餐。张治中因得知毛泽东、周恩来昨夜通宵未眠,辞谢而归。

当天,毛泽东即复电李宗仁指出:

> 贵方既然同意以八项条件为谈判基础,则根据此八项原则以求具体实现,自不难获得正确之解决。战犯问题,亦是如此,总以是否有利于中国人民解放事业之推进,是否有利于用和平方法解决国内问题为标准,在此标准下,我们准备采取宽大的政策。
>
> …………
>
> 为着中国人民的解放和中华民族的独立,为着早日结束战争,恢复和平,以利在全国范围内开始生产建设的伟大工作,使国家和人民稳步地进入富强康乐之境,贵我双方亟宜早日成立和平协定。中国共产党甚愿与国内一切爱国分子携手合作,为此项伟大目标而奋斗。①

---

①《毛泽东文集》第5卷,人民出版社1996年版,第276页。

4月10日,毛泽东又同黄绍竑、刘斐谈话。毛泽东在询问了黄、刘到北平的生活情况之后,对刘斐说:“刘先生,你是湖南人吧?”

刘斐说:“我是醴陵人,与主席邻县,是老乡。”

毛泽东很高兴地说:“啊,老乡见老乡,两眼泪汪汪哩!”

刘斐说:“蒋介石打不下去,让李宗仁出来求和,人民需要休养生息,和平是大势所趋。”

毛泽东说:“人民的要求,我们最了解。我们共产党是主张和平的,否则也不会请你们来。我们是不愿意打仗的,发动内战的是以蒋介石为头子的国民党反动派嘛,只要李宗仁诚心和谈,我们是欢迎的。”接着说:“李宗仁现在是六亲无靠哩!”

毛泽东留黄、刘二人吃饭。刘斐在饭桌上问毛泽东:“您会打麻将吗?”毛泽东回答说:“晓得些,晓得些。”刘斐趁机试探地问:“您爱打清一色呢,还是喜欢打平和?”毛泽东明白了刘斐问话的用意,差点失笑喷饭,立即说:“平和、平和,只要和了就行了”。[①]在决定中国命运的历史决战就要最后见分晓的时刻,胜算在握的毛泽东仍谨记古代先师前贤的名训:和为贵。

为了促成和谈成功,毛泽东作了许多相应的部署。从4月2日至11日,分别致电总前委邓小平、陈毅,第二野战军领导人刘伯承、张际春、李达,第三野战军领导人粟裕、张震,告诉他们:李宗仁、白崇禧要求我军勿攻安庆,驻安庆桂军可以撤退;我们认为可不攻安庆,让安庆守军向武汉撤退;依据谈判情况,决定我军推迟一星期渡江,即由十五日渡江推迟到二十二日渡江;目前数日内请令各部不要发生任何战斗。

根据中共最高统帅部的部署,在军事斗争的前线,一切静候政治斗争的进展和结局……

---

① 中共中央文献研究室编:《毛泽东传(1893—1949)》,中央文献出版社2004年版,第958页。

国内和平协定及和谈落幕

张治中首席代表就达成国内和平协定慨言，如果能了然于“败战求和”、“天下为公”的道理，不囿于一派一系的私利，以国家元气、人民生命财产为重，那么，就只有毅然接受国内和平协定，则对国家、对人民、对国民党保全者实多，总比顽固到底、失败到底的好。在周恩来动之以情、晓之以理的劝诫下，张治中首席代表和南京代表团其他代表终于留在了北平。

经过10来天的交换意见，4月13日早晨，周恩来向南京政府代表团正式提交《国内和平协定草案》一份，并通知在当晚9时开始正式会谈。这个《协定草案》是周恩来起草的。它的内容是根据毛泽东1月14日提出的八项条件，分列出具体条款。金冲及主编的《周恩来传》中，对北平和谈的这一幕有权威的记述：

晚上九时，正式会议在中南海勤政殿举行。大厅中间横放着一张长条桌，两侧由双方代表分坐。周恩来率中共代表团由勤政殿东向进入会场，张治中率南京代表团由勤政殿西向进入会场，空气十分严肃。

会议一开始，先由中共首席代表周恩来提出《国内和平协定草案》，并作一个概括的说明。他说：这个草案是根据毛泽东所提的八项条件为基础而草拟的。他回顾了战争发展的历史过程，指出：事实是很清楚的，战争的全部责任应该由南京国民政府担负。因为这是一个历史性的协定，是保证今后国内和平的一个文件，所以必须在条款的前言里明确这个责任。

接着，他对《协定草案》各个款项的具体内容逐项作了说明。关于惩办战争罪犯问题，他说：这次战争中主要的战犯必须惩办。对于能"认清是非，翻然悔悟，出于真心实意，确有事实表现，因而有利于中国人民解放事业之推进，有利于用和平方法解决国内问题者"，可以取消战犯罪名，给以宽大待遇。

关于依据民主原则改编一切反动军队问题，他说：反动军队就是压迫人民的工具，也就是祸根的所在。我们今天都希望获得永久的和平，就必须消灭这一祸根。如何消灭它？我们希望以和平的方式改编，而不用军事的方式来解决；同时必须给他们以出路，使他们感到不会像过去国民政府所谓的裁兵，其实是按照派系观点去裁并，或者以复员退役的口号使他们流离失所。周恩来对改编计划提出分两个阶段：第一阶段，按照各地区的情况，分区而且分期，依照原编制、原番号、原人数，定出集中地点，开到那里去整理。第二阶段，从事分区改编。这些军队改编成为人民解放军正规军时，其中士兵有老弱残废，确实需要退伍，或者愿意退伍的，都分别予以安置和回家的便利。对于军官也是一样。

关于接收问题，他说：国民政府和它所属政府的一切权力必须接收。我们和平解决的目的，就是把国家的一切担负起来，进行伟大的生产建设。在接收中，乃至于在将来全国范围内，我们应该对国民政府所属的广大的公教人员负责，有如要向国民政府所属的军队官兵负责一样。绝不能使他们有国事和平解决而我们反流离失所的感觉，甚至使他们觉得毫无出路。在和平协定签字之后，民主联合政府成立之前，南京政府还要暂时维持下去，尤其它的首脑部分——府、院、部、会等机构，应该保留到联合政府成立以后，实行交代，宣告自己的结束。

周恩来最后说：如果上述这些和平条款都能实现，我们相信国内的和平就有了永久的保证，南京政府代表团及南京政府中的爱国分子，努力于这个全国人民共同希求的和平事业，当然可以得到人民的谅解，也可以得到人民的赞许。在这种情形之下，中共代表团愿意在这里提出保证，当新的政治协商会议召开时，以及在筹备开幕时，接受南京爱国分子

> 的参加，同时也参加联合政府。
>
> 周恩来讲完后，由南京方面首席代表张治中发言。他在发言中申明：对国民党的错误，有诚意承认；对国民党的失败，也有勇气接受。他把《协定草案》中不能接受的各点逐一提出。最后表示愿就中共所提草案再加研究，提出修正案。张治中发言后，双方同意再作会外协商，然后定期召开第二次会议。[①]

14日，南京代表团经过一天的研究，提出一个修正案。张治中后在回忆录中写道："当时代表团同人有这样的一个共同认识：对国民党方面，认为失败是肯定的，我们既然注定失败，何必还一定拖累国家和人民。"南京方面代表团提出的修正案，包括修改意见40多条，主要是词句力求和缓，避免刺眼的词句，同时对军队改编、联合政府两项也有若干修正。当晚，张治中把这个修正案交给周恩来。两人进行了很长时间的交谈。次日，其他代表也同中共方面代表分别交换了意见。

15日晚7时，周恩来同张治中会面，把《国内和平协定(最后修订案)》送给他，并定于当晚9时在勤政殿举行第二次会议。周恩来向张治中表示：这是最后的一个文件。张治中说："所谓最后的文件，是不是解释为最后的通牒？是不是只许我们说一个对或者不对？"周恩来表示：这是最后的态度。张治中说："也好，干脆！"

9时，举行第二次会议。周恩来先把定稿的修改之点，也就是接受南京方面代表团所提修正之点，作了说明。他着重指出，在定稿所作修改中，最重要的是中国人民革命军事委员会的权力问题。他说：文白先生(即张治中)和其他代表都希望能有变动。经过我们的考虑，觉得为使和平事业能实现，我们愿意让步。在联合政府成立之前，双方成立的机构，还是用一种合作的办法，南京国民政府暂时行使职权，一直到自己宣告结束之时，也就是联合政府成立以后，同时与人民革命军事委员会合作协商，以解决过渡时期一切问题。

---

① 中共中央文献研究室编：《周恩来传(1898—1976)》上，中央文献出版社2008年版，第838—840页。

在军事方面，成立整编委员会，依照定案上所规定情形办理，上面不再冠以人民革命军事委员会统率和指挥字样。军事整编委员会双方合作，政权方面则互相协商解决。这是我们一个重大让步。

接着，周恩来又说明曾经讨论而不能接受的两处，那就是关于军队改编程序和人民解放军开往江南接收一部分地方政权之事。他说：以上两点我们决不能让步，若让步就失掉了毛泽东主席所提八项条款的基本精神。至于划分时期我们不会急躁。急躁反而发生错误，招致乱子，所以我们对军队改编要分期而且分区，初期设想只能在江、浙、皖、湘、鄂、赣、陕、陇东这些地区先接收，其他地区则后一步。联合政府大概可在接收中或接收后成立，或还早一点，只要不出别的乱子。

在作了这些说明后，周恩来提出：这个《国内和平协定》当然是中共代表团最后的定案，现在提交南京国民政府代表团。我们期待南京代表团同意这个协定，接受这个协定，签字在协定上，使全国人民所热望的所关切的伟大和平事业，能在我们双方代表团合作如同一家人的精神上搞好。昨天文白先生已说过，要把我们提出的最后稿子带回南京，说服南京当局。但愿能如此，不然我们解放军就会向前推进，因为他们正在等待着向江南推进的命令。

他说：人民解放军没有宣布过停战。我们今天正式地告诉文白先生，请转告李宗仁和何应钦，我们只能约束到本月20日为止。到那时还不能获得协议签字，那我们就只有渡江，不能再拖延到20日以后了。

周恩来讲完后，张治中简单地发表了自己的意见和感想，声明明天即派人到南京请示，再行答复。

周恩来得知黄绍竑被推举回南京请示后，已是深夜了，他仍在凌晨二时左右在六国饭店约见黄绍竑，勉励他努力完成这个任务。黄绍竑说："照我看，至多是五十对五十的希望，或者还要少一些，我总努力去进行就是了。"

关于南京政府可能不接受《国内和平协定》，中共方面是有充分估计和准备的。4月16日，毛泽东致电前线指挥员："南京是否同意签字，将取决于美国政府及蒋介石的态度。如果他们愿意，则可能于卯哥（4月20日）签字，否则谈判将破裂。"他历来主张遇事要作好应付各种可能的准备，叮嘱前线指挥员：

“你们的立脚点应放在谈判破裂用战斗方法渡江上面，并保证于22日（卯养）一举渡江成功。”

4月17日，周恩来在向北平的部分民主人士和大学教授作《关于和平谈判问题的报告》时，也指出：国内和平协定“这八条二十四款，南京代表团表示可以接受。我们限定南京国民党政府在20日以前答复，如不接受，则20日我们一定打过江去。再不过江，连南京代表团都说，江南人民实在受不住了。所以不能再延了，再延就太对不起那里的人民了。当然，打过江后，如果他们又愿意签字也可以。总之，门是开着的。”

黄绍竑、屈武携《国内和平协定（最后修订案）》回到南京后，李宗仁即召集白崇禧、夏威等商议。曾扬言“汉曹不两立”的白崇禧一看完《协定》，立刻怒气冲冲地对黄绍竑说，“亏难你，像这样的条件也带得回来！”说完就站起来往外走了。李宗仁面如土色，默不作声。沉吟良久，才对黄绍竑说：“难呀！即使这个协定签了字，没有蒋介石的认可，还是一张废纸啊！如今我这个代总统，是有其名无其实啊！”说罢，便托张群带着《协定》去溪口向蒋介石请示。

果然不出所料，蒋介石一看，大光其火，拍着桌子大骂道：“文白无能，丧权辱国！”

4月20日深夜，李宗仁、何应钦奉蒋介石之命复电张治中并各代表，拒绝接受《国内和平协定》。至此，国民党政府自己彻底戳穿了“呼吁和平”的假面具。

鉴于南京政府拒绝签署《国内和平协定（最后修订案）》，4月21日，中国人民革命军事委员会主席毛泽东、中国人民解放军总司令朱德发布《向全国进军的命令》，要求人民解放军“奋勇前进，坚决、彻底、干净、全部地歼灭中国境内一切敢于抵抗的国民党反动派，解放全国人民”。

还在谈判开始前，毛泽东就从西柏坡电示周恩来，不论南京政府代表签字与否，要让他们“全体留平”，如有些人要回去，“则必须争取”张治中、邵力子、章士钊三代表及屈武等四顾问“留在北平”。和谈破裂后，张治中准备回南京“复命”，认为别人不回去可以，他是首席代表，论情论理都不能不回去。周恩来知道后，立即到六国饭店去看望张治中，向他表示恳切的挽留。

周恩来情词恳挚地对张治中说:“西安事变时,我们已经对不起一个姓张(指张学良)的朋友,今天再不能对不起你了。”在周恩来动之以情、晓之以理的劝阻下,张治中和南京代表团其他代表终于留在了北平。在周恩来的事先安排下,张治中的夫人和家属也由上海地下党组织秘密送到了北平。

6月26日,张治中发表了《对时局的声明》,以坦诚的态度表示:“我们国民党执政二十多年,竟弄到这样的地步,也不是偶然的事。”“今日我们就应该以诚意承认错误、以勇气承认失败。”他劝告国民党中央和各地负责人能“正视现实,以反省自咎的胸襟,作悬崖勒马的打算”“为军民减少牺牲,为国家多保元气”,不要再“继续作毫无希望的战争”。就这样,在国民党败局已定,敌人营垒内部一切矛盾急遽扩大的条件下,不仅国民党许多军队整师、整军地宣布起义或投诚;被蒋介石委以重任、统兵60万的傅作义将军毅然接受了和平改编;就连国民党政府派出的首席谈判代表、曾经参加过蒋介石的“黄埔练兵”、被视为蒋介石“嫡系中的嫡系”的张治中先生,也被争取到人民革命方面来了。

不久,南京政府代表团留北平的代表都作为特别邀请代表,参加了中国人民政治协商会议。前“上海人民和平代表团”的四位“和平老人”,也应邀参加了政协会议。黄绍竑在携《和平协定》文本回南京遭到拒签后,立即转赴香港。他联合在香港的国民党军政人员龙云等44人共同发表《我们对于现阶段中国革命的认识和主张》,坚决拥护中共的领导,站到了人民的一边。

谈判桌上的政治角逐就此落下了帷幕。剩下的便是战斗解决问题,“打”过长江去。当然,经过20多天谈判而形成的《国内和平协定》仍具有巨大的影响力。毛泽东主席、朱德总司令在人民解放军渡江命令中指示:“向任何国民党地方政府和地方军事集团宣布国内和平协定的最后修正案。对于凡愿停止战争、用和平方法解决问题者,你们即可照此最后修正案的大意和他们签订地方性的协定。”[1]

在解放战争的最后阶段,国民党军政人员接受和平条件和率部起义的极

---

① 《毛泽东选集》第4卷,人民出版社1991年版,第1451页。

多。最著名的有程潜、陈明仁接受《国内和平协定》率部在湖南起义；陶峙岳、包尔汉率新疆10万军政人员归向人民；卢汉、刘文辉等在云南、西康通电起义，等等。这些都是与《国内和平协定》的政治作用分不开的。当时有个说法，《国内和平协定》的八条抵得上百万军队。的确，《国内和平协定》的有关条款，对绥远、湖南、新疆、云南、西康等局部地区的和平解放，起到了不可忽视的重要作用。

第十章 向全国进军

百万雄师强渡长江

从南京政府拒绝在《国内和平协定》上签字的那一刻起，早已万船待发的人民解放军，犹如脱弦利箭，又似猛龙过江，在1000多华里的战线上，分东、中、西三路横渡长江，迅速突破敌阵，占领长江南岸广大地区。大军所至，“击刺之加，迅雷惊电”，直捣南京，攻入沪杭。长江阻挡不了中国统一的预见，在一切中外人士的瞩目下应验了。

南京国民政府最终会撕下“和平”假面具，一直计算在中国共产党的整个战略部署之内。在辽沈、淮海、平津三大战役以后，为实现1948年九月会议提出的军队和作战的正规性必须在战争的第三年内再进一大步的任务，中央军委作出关于进一步统一全军组织及部队番号的决定：根据战争的发展，各野战军冠以军区地名已不适合，改为按序数排列，西北、中原、华东、东北四个野战军，依次改称第一、第二、第三、第四野战军。遵照中央军委的指示，人民解放军于2月至4月的休整期间进行了整编。

西北野战军改称第一野战军，彭德怀任司令员兼政委，下辖第一、第二兵团，共15.5万余人；中原野战军改称第二野战军，刘伯承任司令员，邓小平任政委，下辖第三、第四、第五兵团，共28万余人；华东野战军称第三野战军，陈毅任司令员兼政委，下辖第七、第八、第九、第十兵团，共58万余人；东北野战军改称第四野战军，林彪任司令员，罗荣桓任政委，下辖第十二、第十三、第十四、第十五兵团，共90万人。原华北军区三个兵团改称第十八、第十九、第二十兵团，直属中央军委指挥。不久，军委决定将第十八、第十九兵团调归第一野战军建制。新组建的铁道兵团直属军委总部。通过这次整编，人民解放军统一了全军编制，充实了各级军政干部，补充了大量兵员，总兵力达到400万人，全军士气高昂，装备得到进一步改善，大兵团作战的经验更加丰富，已完全有把握在全国范围内战胜国民党军队。

经历了三大战役以及在战略决战阶段的其他战役，国民党军大部主力已被歼灭，其正规军还有71个军227个师约115万人，加上特种兵和地方部队，总兵力为204万人，其中能用于作战的部队为146万人。这些部队多是新建或被歼后重建的，且分布在从新疆到台湾的广大地区，在战略上已无法组织有效防御。蒋介石为了赢得时间，依托长江以南半壁山河重整军力，等待时机卷土重来，一方面宣布引退，另一方面仍以国民党总裁身份总揽军政大权，积极扩军备战。将京沪警备总司令部扩大为京沪杭警备总司令部，任命汤恩伯为总司令，统一指挥江苏、浙江、安徽3省和江西省东部的军事，会同华中"剿匪"总司令部(4月改称华中军政长官公署)白崇禧集团组织长江防御。

2月11日，渡江战役总前委在河南商丘张菜园村成立，中央军委决定由刘伯承、陈毅、邓小平、粟裕、谭震林组成总前委(邓小平为书记)，统一指挥渡江作战。

3月上旬，毛泽东、周恩来在中共七届二中全会期间，同邓小平、陈毅、谭震林等人一起研究了渡江作战问题，决定于4月份发起渡江作战，歼灭汤恩伯集团，夺取国民党统治中心京沪杭地区，并准备粉碎美国可能的武装干涉。以第四野战军第十二兵团会同中原军区部队钳制武汉的白崇禧集团，策应第二、第三野战军渡江作战。根据当时各方面的情况判断，美国在解放军渡江时出兵干涉的可能性较小，但又不可不防。中央决定派出第二、第三野战军百万雄师并肩作战，直指东南，就是准备在必要时对付美国的干涉。渡江时间越短，消灭敌军就越多，江南解放得就越快，美国出兵的可能性也就越小。

3月初至4月初，百万大军陆续到达长江北岸，开始进行渡江作战的准备工作。同时，以一部分兵力拔掉了枞阳、仪征、三江营等敌据点10余处，从北岸控制了长江航道。3月下旬，渡江战役总前委移驻蚌埠南郊孙家圩子，研究了渡江作战的具体问题，拟制了《京沪杭战役实施纲要》上报中央军委。4月1日，邓小平、陈毅率领新组成的精干指挥部移驻合肥东南的瑶岗村主持全局；

刘伯承主持二野前委并指挥西集团作战；粟裕主持三野前委并直接指挥东集团作战；谭震林指挥中集团作战。各突击集团的指挥部同时分赴桐城、无为、泰州等地。

在北平和谈期间，中共中央、中央军委继续部署渡江战役。4月3日，中央军委批准了总前委制定的《京沪杭战役实施纲要》。决定以第二、第三野战军组成东、中、西三个突击集团，采取宽正面、有重点地多路突击的战法，于4月15日实施渡江作战。

百万大军渡江作战，面临着很多很大的困难。长江是中国第一大河，自西向东横贯中国中部，下游江面宽达2至10余公里，自古被兵家视为"天堑"。长江水位每年四五月间开始上涨，5月桃花汛期，风浪高达半米，沿江多为水网稻田，不利于大兵团作战。国民党军为阻止解放军渡江，在宜昌至上海间1800公里的长江沿线，部署了115个师70万兵力。江西湖口至上海800公里部署有汤恩伯部75个师45万人；湖口至宜昌近1000公里部署有白崇禧部40个师25万人，另有海军舰艇122艘沿江巡弋，空军285架飞机支援陆军作战。

为了摸清对岸的敌情，渡江部队在沿江地方党组织和江南游击队的配合下，对敌军的防御部署、工事情况、火力位置和地形、水情等进行了全面的侦察，做好了摧毁敌人的江防工事、掩护渡江部队顺利登陆的充分准备。同时，各部队针对指战员多是北方人，不习水性的特点，抓紧进行强渡江河、在水网稻田地带作战的战术、技术训练，号召"人人学泅水，个个当水手"，争当渡江突击队员。几十天的艰苦训练，使部队基本达到了渡江作战的要求。陈毅高度评价这次练兵，说："这次坚韧卓绝的渡江准备，把北方人变成了南方人，把陆军变成了水兵，把浩荡长江变成了平阳大道！"

横渡长江，需要有大量的船只，还需要许多熟悉长江风浪、善于掌舵的水手随军参战。这是摆在指战员面前的十分复杂的组织工作。当时，江北岸的木帆船大多已被敌军毁坏或劫持到了南岸。为了迅速收集船只，渡江部队组成船舶管理委员会，四处访问，向群众宣传我党我军的政策，号召群众支援人民解放军过江，最后消灭国民党反动派。在地方各级党政机关的大力动员下，刚刚从国民党统治下解放出来的广大人民群众焕发出极大的热情，出现了父子、兄弟甚至全家男女报名参加船工队的热潮。

沿江群众积极为解放军筹集船只，打捞沉船、修复旧船、建造新船。解放军还自制了一部分机帆船。至4月初，渡江部队已筹集到木帆船9400余只，招募了随军出征的船工万余人，同时培训了从部队选调的水手数千人。广大人民群众的支援，切实做到了使渡江部队“要粮有粮，要人有人，要船有船”。

在此期间，国民党军中的一些有识之士，秘密同中共组织和解放军联系，积极策划弃暗投明工作。2月25日，国民党海军最大的巡洋舰“重庆号”的官兵570余人，在舰长邓兆祥率领下毅然起义。嗣后，“重庆号”遵中共指示驶离烟台港，在中共东北局的策应下到达葫芦岛。然而国民党不甘心这次重大损失，连续多日派飞机到葫芦岛上空进行轰炸，终将该舰炸沉。为此，毛泽东、朱德复电慰问重庆号巡洋舰舰长邓兆祥及全体官兵，对他们的英勇起义表示嘉奖。在“重庆号”起义的影响下，长江下游江阴要塞的部分守军，经中共地下党组织做工作，也准备在解放军渡江时发动起义。

随着时间的推移，渡江南下的军情日益紧迫。这时，南京政府和谈代表团正在北平与中共进行谈判。从谈判的进展来看，不排除南京政府有签字的可能。和谈如能成功，武装强渡改为和平渡江，其意义之重大是不言而喻的。为此，中央军委估计渡江时间将推迟半个月左右。但从蓄势待发的各部队反映上来的情况来看，推迟渡江面临的形势是十分严峻的。4月下旬开始雨季，长江水势将迅速上涨，南风大起，雨多流急，渡江会变得非常困难。另外，现有船只中有2/3为内河船，江中行驶困难；雨季稻田放水，部队展开不易；时间越长，部队粮草越困难，若行动推迟过久，将不得不后撤以就粮草。综合上述情况，渡江战役总前委向中央建议，先打过江，然后争取和平接收。

在上述情况下，中央军委既要考虑政治斗争的需要，又必须顾及渡江客观困难的严峻性，无论如何要在渡江日期上做出明确的决断。4月15日，中央军委电示总前委：“（一）和平谈判决以4月20日（卯哿）为限期，本日即向南京代表团宣布，彼方是否签字，必须在该日以前决定态度，该日以后我军即须渡江。（二）和平协定草案最后修正稿本 日交付南京代表团，彼方明日派黄绍竑飞宁请示，南京是否愿意签字尚难预料，有可能拒绝签字。（三）你们接到此电，请立即准备好，于20日（卯哿）确实攻占除安庆、两浦以外的一切北岸及江心据点。勿误为要。”

17日15时，总前委向中央军委报告，提出渡江时间提前到20日夜，整个渡江部队于20日夜至21日夜发起渡江作战。18日9时，中央军委复电，表示“完全同意总前委的整个部署”，决定二野、三野各兵团于20日开始攻击，22日进行总攻，一气打到底，并强调“不得有任何改变”。

4月20日，南京国民政府拒绝在《国内和平协定》上签字。渡江战役立即按预定计划进行。

——最先发起攻击的是中突击集团。19时30分，谭震林向中突击集团发出开始攻击的命令。20时，渡江战斗正式打响。中突击集团的4个军共20多个团，在强大炮火的掩护下，冒着江上敌舰和对岸江防炮火的拦截，在安徽无为沿江一线首先起渡，实施中心突破。

——东突击集团先头部队在粟裕、张震的指挥下，于长江下游渡江，以英勇顽强、有进无退的战斗精神，乘船直冲敌岸，攻击汤恩伯的重点防御地带。

——西突击集团也于当夜在预定地段顺利突破敌人江防阵地。总指挥刘伯承于部队渡江之时，在作战指挥室里度过了一个不眠之夜。他不停地下命令并及时了解部队进展情况，计算航速、航次和渡过的兵力。

4月21日，中国人民革命军事委员会主席毛泽东和中国人民解放军总司令朱德发布了《向全国进军的命令》。《命令》指出：“由中国共产党的代表团和南京国民党政府的代表团经过长时间的谈判所拟定的国内和平协定，已被南京国民党政府所拒绝。……国内和平协定八条二十四款，表示了对于战犯问题的宽大处理，对于国民党军队的官兵和国民党政府的工作人员的宽大处理，对于其他各项问题亦无不是从民族利益和人民利益出发作了适宜的解决。拒绝这个协定，就是表示国民党反动派决心将他们发动的反革命战争打到底。”为此，毛泽东主席、朱德总司令命令各野战军全体指挥员、战斗员，南方各游击区人民解放军“奋勇前进，坚决、彻底、干净、全部地歼灭中国境内一切敢于抵抗的国民党反动派，解放全国人民，保卫中国领土主权的独立和完整”。这个进军命令发布的时候，已渡过长江的中突击集团部队正乘胜猛打猛冲、猛追猛击，迅速占领铜陵、顺安等地沿江南岸重地。

22日凌晨1时，中央军委发来贺电：“庆祝七、九两兵团渡江胜利！”紧接着，凌晨2时，毛泽东为新华社写了第一条渡江新闻——《我三十万大军胜利南渡长江》，即著名的“新华社长江前线二十二日二时电”。这条不到200字的消息，以极其洗练、生动的语言写道：

> 英勇的人民解放军二十一日已有大约三十万人渡过长江。渡江战斗于二十日午夜开始，地点在芜湖、安庆之间。国民党反动派经营了三个半月的长江防线，遇着人民解放军好似摧枯拉朽，军无斗志，纷纷溃退。长江风平浪静，我军万船齐发，直取对岸，不到二十四小时，三十万人民解放军即已突破敌阵，占领南岸广大地区，现正向繁昌、铜陵、青阳、荻港、鲁港诸城进击中。人民解放军正以自己的英雄式的战斗，坚决地执行毛主席朱总司令的命令。

同一天的22时，毛泽东又为新华社写了第二条渡江新闻——《人民解放军百万大军横渡长江》。这条新闻极富感染力地报道了百万雄师横渡长江的壮举：

> 人民解放军百万大军，从一千余华里的战线上，冲破敌阵，横渡长江，西起九江（不含），东至江阴，均是人民解放军的渡江区域。二十日夜起，长江北岸人民解放军中路军首先突破安庆、芜湖线，渡至繁昌、铜陵、青阳、荻港、鲁港地区，二十四小时内即已渡过三十万人。二十一日下午五时起，我西路军开始渡江，地点在九江、安庆段。至发电时止，该路三十五万人民解放军已渡过三分之二，余部二十三日可渡完。这一路现已占领贵池、殷家汇、东流、至德、彭泽之线的广大南岸阵地，正在向南扩展中。和中路军所遇敌情一样，我西路军当面之敌亦纷纷溃退，毫无斗志，我军所遇之抵抗，甚为微弱。此种情况，一方面由于人民解放军英勇善

战,锐不可当;另一方面,这和国民党反动派拒绝签订和平协定,有很大关系。国民党的广大官兵一致希望和平,不想再打了,听见南京拒绝和平,都很泄气。战犯汤恩伯二十一日到芜湖督战,不起丝毫作用。汤恩伯认为南京江阴段防线是很巩固的,弱点只存在南京、九江一线。不料正是汤恩伯到芜湖的那一天,东面防线又被我军突破了。我东路三十五万大军与西路同日同时发起渡江作战。所有预定计划,都已实现。至发电为止,我东路各军已大部渡过南岸……我军前锋,业已切断镇江、无锡段铁路。

钟山风雨起苍黄

对于英舰“紫石英”号闯入长江内河阻挡解放军渡江事件,美国记者评论道:刚刚学会使用缴获的美式装备的中共炮手轻蔑地把英国皇家海军撂到了一边。这一天标志着那些把全部希望寄托于中国旧政权的西方各国政府,不得不承认一支崭新的、性质完全不同的力量已经取得了统治亿万中国人民的权力。这无疑证明旧秩序已经完蛋。

人民解放军百万雄师渡长江,其势锐不可当。但在渡江作战之际,也发生了一段历史偶然性寓于历史必然中的插曲,打了一场反对外国干涉的战斗,一下子引起了全世界对中国扬子江上发生的军事行动的密切关注。

4月20日上午约9时,英国皇家海军远东舰队“紫石英”号等4艘军舰溯江而上,侵入长江内河,不顾人民解放军鸣炮警告,闯进三野部队防区江面,双方发生军事冲突。英舰开炮打死打伤人民解放军252人。“紫石英”号中弹30发,受重创而起火,有23名英国人被打死,被迫悬挂白旗停泊于镇江附近江中。其余3艘英舰挂起白旗逃窜。当天下午1时半，英舰“伴侣”号由南京下驶增援，复被我军炮火击伤，不得不逃往江阴，转赴上海抢修。

事件发生后，粟裕立即把这一突发涉外事件的经过报告中央军委，请示处理办法。电报中说：“我已令部队：如悬挂外国旗号之舰向我射击以阻我渡江时，应予还击，并建议新华社广播，警告外籍船舰在此战时停止行驶，妥否请示。”中央军委当即复电指示：“凡擅自进入战区妨碍我渡江作战的兵舰，均可轰击。”

英国皇家海军远东舰队得知“紫石英”号受创后，即由副总司令梅登中将乘排水量7000吨的旗舰巡洋舰“伦敦”号，并率驱逐舰“黑天鹅”号从上海全速驰援，于21日9时左右驶入我军控制的江面，并不顾我军警告，停泊在七圩港附近，挡住我军渡江的通道，随即发生激烈的炮战。英舰中弹，冒起阵阵浓烟，旗舰舰长卡扎勒受伤，“黑天鹅”号被迫溃退上海。

4月22日，新华社广播毛泽东撰写的述评新闻《人民解放军战胜英帝国主义国民党军舰的联合进攻》。4月24日，新华社发表《抗议英舰暴行》的社论，驳斥英国外交部发言人宣称“英国军舰有权进入长江”的谬论，并正告英帝国主义者，中国现在不是1926年英舰炮轰万县的时候了，也不是1927年英美等国联合炮轰南京的时候了，长江已属于中国人民及其人民解放军，而不再属于奴颜婢膝的卖国贼，英国的侵略者的军事力量必须退出中国。任何帝国主义国家的侵略势力，首先是它们驻在中国领水、领土上的海、陆、空军，都必须退出中国！

中国人民解放军炮击英舰的新闻震动世界，宣告100多年来帝国主义对中国的“炮舰政策”的破产。纽约各大报纸均以特大字体发表这一新闻。美国权威人士对英国海军死伤之重感到惊讶。驻上海的美国海军陆战队员在观看被击伤的英舰的创痕之后，评论说，解放军的炮兵技术“简直像是表演射击教范似的”。

在伦敦，舆论为之大震。保守党的报纸称赞英国军舰向解放军开了炮，甚至荒诞地声称中国人民解放军反击英舰侵入长江，是“对于英国的侵略”。自由党的报纸却质问英国海军是否有在中国内河航行的权利？称：“英国人想知道，怎么我们的一些军舰会介入中国共军的渡江作战之中？‘紫石英’号在这个时候驶向南京，难道是绝对必要的吗？”美联社伦敦4月20日电援引英国外交部发言人称，“英国有权派军舰进入中国内河，只要得到中国政府同意”。另一些报道却指出：没有理由相信“国民党政府的允许在中共方面也是会被接受的”。4月26日，英国首相艾德礼声明：“英国军舰有合法权利开进长江执行和平使命。”保守党领袖丘吉尔则要求英国政府“派一两艘航空母舰到中国海上去……对中国实行武力报复”。

中国共产党和中国人民解放军的强硬立场，给国际舆论以强烈的震动，各国媒体纷纷对此发表评论。其中《纽约先驱论坛报》的评论尤为引人注目：

> 这个日子很可能永垂史册，因为在这天，刚刚学会使用缴获的美式装备的中共炮手轻蔑地把英国皇家海军撂到了一边。这一天标志着已经破产的中国旧政权被迫承认自己的无能。而那些把全部希望寄托于这个政权的西方各国政府，不得不承认他们无法挽救这个政权，也不得不承认一支崭新的、性质完全不同的力量已经取得了统治亿万中国人民的权力。这无疑证明旧秩序已经完蛋。无论是中国的有产阶级也好，大英帝国也好，或是美国的“门户开放政策”也好，都不足以为中国人民开辟一条解决当代各种错综复杂问题的行得通的途径。[①]

4月30日，毛泽东拟写了中国人民解放军总部发言人的声明，斥责丘吉尔“实行武力报复”的狂言，驳斥艾德礼首相所谓人民解放军让英舰“紫石英”号开往南京“协助解放军渡江”的谎言。声明人民解放军有理由要求英国政府承认错误，并道歉和赔偿。声明严正提出：“中国的领土主权，中国人民必须保卫，绝对不允许外国政府来侵犯。”“人民解放军要求英国、美国、法国在长江黄浦江和在中国其他各处的军舰、军用飞机、陆战队等项武装力量，迅速撤

---

① [美]杰克·贝尔登著，邱应觉等译：《中国震撼世界》，北京出版社1980年版，第570页。

离中国的领水、领海、领土、领空，不要帮助中国人民的敌人打内战。”[①]表明了中国人民不怕任何威胁，坚决反对帝国主义侵略的严正立场。

考虑到在外交问题上要恰当地掌握原则性与灵活性，毛泽东在中国人民解放军总部发言人的声明中，借“紫石英”号事件向各国表示，愿意在平等、互利、互相尊重主权和领土完整的基础上与外国建立外交关系，但是建交国必须断绝同国民党残余力量的关系，并且把它在中国的武装力量撤回去。同时，根据事态发展，决定适度处理“紫石英”号事件，不予扩大。

事件发生后，英国当局令其远东舰队司令官布朗特经过“紫石英”号舰长同人民解放军代表进行谈判，要求将“紫石英”号放行。中央军委指示三野派出谈判代表，与英方代表进行有理、有利、有节的交涉。经多次谈判，英方仍拒不签署文件承认“侵犯中国水域”。在谈判进行中，“紫石英”号在长江里泡了101天，至7月30日夜，强行靠近中国客轮“江陵”号作掩护，向长江口逃逸。

在随后进行的上海战役中，毛泽东为中央军委起草给粟裕、张震并告总前委的电报，明确指示：“黄浦江是中国内河，任何外国军舰不许进入，有敢进入并自由行动者，均得攻击之；有向我发炮者，必须还击直至击沉击伤或驱逐出境为止。”——中国人民不畏帝国主义武力威胁的凛然正气跃然纸上。

人民解放军百万雄师，以木帆船为主要渡江工具，在西起九江东北的湖口，东至江阴的500公里的宽大江面上，分10处强渡长江，仅两天时间，就一举摧毁了敌军苦心经营的长江防线，打破了国民党统治集团企图利用长江天堑阻挡我军南进的迷梦，创下了中外战争史的壮举。在渡江战役中，人民解放军争取了江阴要塞的7000名守军举行起义。国民党海军第二舰队司令林遵也率25艘舰艇在南京以东的江面起义。

有“紫石英”号的殷鉴在先，在渡江战役、上海战役、广州战役等一系列作战中，包括美国在内的各外国军舰都不得不先行退避中国内河口外，谨慎观望。随着人民解放军大举进军江南，一切外国在华的驻军及各种侵略势力随

---

① 《毛泽东选集》第4卷，人民出版社1991年版，第1460、1461页。

之被扫地出门。1949年在中国发生的伟大事变，使巴颜喀拉冰山雪水融汇的这条横亘中国大陆的浩浩长江，没有像中外某些人所希冀的那样，成为第二次世界大战后亚洲朝鲜、越南式的现代“南北朝”的分界线。

天堑既已突破，国民党反动统治的中心南京顿时门户洞开。23日晚，三野第八兵团三十五军从南京的北大门——浦口渡江进占南京，此刻国民党守军已仓皇撤离，我军一〇三师顺利进入市区，直捣南京政府“总统府”。24日，二野第四兵团司令员陈赓在自己的日记里写道：“原定我们攻占南京的任务已不需要我们了。想不到国民党一点抵抗都没有，呜呼哀哉！”

毛泽东随即为新华社写了《南京国民党反动政府宣告灭亡》的新闻稿，其中写道：“在人民解放军百万大军攻击之下，千余里国民党长江防线全部崩溃，南京国民党反动卖国政府已于昨日宣告灭亡。”

自1927年蒋介石国民党叛变革命，致人民涂炭，外敌入侵，内战绵延，百业凋零，长达22年之久的反动独裁统治而今一朝覆亡，毛泽东感慨系之。不几日，他欣然命笔，赋诗《七律·人民解放军占领南京》一首：

钟山风雨起苍黄，百万雄师过大江。
虎踞龙盘今胜昔，天翻地覆慨而慷。
宜将剩勇追穷寇，不可沽名学霸王。
天若有情天亦老，人间正道是沧桑。

4月28日，人民解放军南京市军事管制委员会成立，刘伯承、宋任穷就任南京市军管会正、副主任，刘伯承兼任南京市市长。南京城一夜之间苍黄巨变。昔日的总统府、国防部大楼、行政院上空飘扬起象征人民革命胜利的鲜红旗帜，大街小巷到处簇拥着欢庆胜利的人群。随着蒋家王朝的灭亡，南京这座历史名城迎来了它的新生。

全面接管大上海

陈毅在中共七届二中全会上提出，希望中央像过去抢占东北那样，为解放上海抽调强有力的干部。中央先后派往丹阳参加集训的城市工作干部在5000人以上，充分显示了实现工作重心向城市转移的巨大魄力。毛泽东透彻地指出："我们进上海是中国革命过一难关，它带全党全世界性质。"道破了占领上海在整个中国革命中极其重大的历史意义。

人民解放军占领南京后，于5月3日乘胜解放了浙江省省会杭州。这样，上海便成为实施京沪杭战役计划的下一个重要攻占目标。上海是亚洲最大的工商业城市，是远东闻名的金融、贸易中心。上海作为一个国际性的大都会，人民解放军对它的军事占领和全面接管，带有特殊的意义。它既是中国革命真正由农村进入城市的历史标识，又是国际社会关注中国共产党能否在城市站住脚并长远掌握政权的焦点所在。因此，毛泽东在部署上海战役之际透彻地指出："我们进上海是中国革命过一难关，它带全党全世界性质。"[①]一语中的，道破了占领上海在整个中国革命中极其重大的历史意义。

为了夺取大上海，中共中央组建了以邓小平为第一书记的华东局，内定华东局第二书记饶漱石为上海市委书记，华东局第三书记陈毅为上海市市长，负责领导接管上海的各项准备工作。3月，陈毅在中共七届二中全会上提出，希望中央像过去抢占东北那样，为解放上海抽调强有力的干部。为此，中央要求东北、华北、山东各解放区紧急抽调、培训从事各方面工作的干部，为

① 中共中央党校中共党史教研部编：《中国共产党执政历程》第1卷，人民出版社2011年版，第526页。

解放和接管大上海预做充分准备。

中共中央高度重视占领上海这一重大行动的特殊性。4月7日，毛泽东为中共中央起草致邓小平、饶漱石、陈毅电，指出："上海民主建国会主要负责人黄炎培、章乃器、盛丕华、包达三、张絅伯、施复亮等已到北平，表示向我们靠拢。他们是上海自由资产阶级的代表。我们认为，接收及管理上海如果没有自由资产阶级的帮助，可能发生很大的困难，很难对付帝国主义、官僚资本及国民党的强大的联合势力，很难使这些敌对势力处于孤立。这件事，你们现在就应开始注意。因此，请你们考虑，是否有必要在没有占领上海以前，即吸收他们参加某些工作。而在占领上海以后，则吸引更多的这类人物参加工作。""不但上海如此，整个京沪杭区域都应注意此点。"①

4月上旬，毛泽东、周恩来在香山双清别墅专门听取由香港赶赴北平的上海局书记刘晓汇报上海情况；又多次邀请已到达北平的陈叔通、黄炎培、章乃器、盛丕华等座谈，征求他们对接管上海的意见和建议。经过深入调查研究、全面了解情况，为中央制定江南城市政策和接管上海的方针提供了依据。

4月24日，即占领南京后的第二天，渡江战役总前委、华东局机关和第三野战军指挥部便进驻江苏丹阳，远道而来的南下干部纵队也随之到达。沿途不断有成队的干部前来报到，从各解放区抽调来的有关各方面的负责干部，包括中央特地从香港急调的潘汉年、夏衍、许涤新等，也汇聚丹阳。一时间，小小的丹阳城集结了一大批在财经、工商、金融、政法、文教等各方面学有专长的人才。除中共干部外，还有相当数量的非中共人士和青年知识分子参加工作。原国民党资源委员会的起义人员，由孙冶方带队组成随军服务团，风尘仆仆地由南京赶赴丹阳。陈毅向他们转达了毛泽东对资委会人员的重视和关怀，并从他本人赴法国勤工俭学的经历，说明"不解决政治和社会问题，光靠工业是救不了国的"。并勉励他们说，我们的革命就是为工业建设扫清道路，新中国成立后将进行大规模经济建设，你们可全力发挥工程技术上的聪明才智。先后参加丹阳集训并陆续分流出去的城市工作干部，总数在5000

① 《毛泽东文集》第5卷，人民出版社1996年版，第274页。

人至8000人之间。这充分反映了中国共产党在实现工作重心向城市转移的战略转变方面所表现的巨大魄力和决心。

在丹阳集训的将近一个月时间里，全体人员着重学习中央有关接管城市的各项文件，反复深入地进行城市政策教育、入城纪律教育和接管城市的经验教育，切实完成由农村到城市的方针原则的转变，政策思想的转变和思想观念的转变。同时，华东局将各方面搜集来的、特别是上海地下党组织提供的有关上海的大量资料，按机关、部门、产业分类，汇编成册，详尽介绍了国民党中央各院、部、会驻沪机构，上海市政府、驻军、财经、邮电、交通、文教等各部门的机构、编制、设备及物资储备情况，乃至各军政要人的住址、电话号码等。这些百余万字的资料，为周密制订接管计划和顺利实施接管任务提供了重要依据和方便条件。在此期间，华东局和渡江战役总前委在丹阳举行多次会议，研究决定了解放上海的具体作战方案、入城政策、纪律等一系列紧迫问题，并为保证人民生活筹集了大量粮食、食油、煤炭等物资。这样，就从思想上、组织上和物质上，为占领和接收上海做了充分的准备。

解放上海采取的是"天津方式"，即通过战斗去解决敌人，最终实现对上海的军事占领。当时蒋介石准备一旦撤离上海，即实施搬空、打烂、炸光的"焦土"政策，变上海为一片废墟。针对这一情况，中央在制订上海战役计划时，提出了既要歼灭防守上海之敌，又要完整保全上海的指导方针。在作战部署上，着重考虑如何既能迅速占领这座全国最大的城市又能保全市区免遭战火破坏，既要夺取军事斗争的胜利，又要扩大我党我军的政治影响，即争取"军政全胜"。为实现这一战略意图，中央要求推迟时间占领上海，以便充分完成准备工作；并明确指示：何时占领上海，不以攻城部队是否准备就绪为准，"仍须依照我方准备工作完成的程度来作决定"。

5月12日，人民解放军向上海外围之敌发起攻击，上海战役发动。九兵团先后攻占平湖、奉贤、南汇和松江、青浦等地，进逼川沙；十兵团攻占昆山、太仓、嘉定、浏河后，继续向月浦、杨行、刘行猛进。27日，上海战役结束，敌军除汤恩伯率5万人登舰逃跑外，其余15万余人全部被歼。

5月26日午夜，进入市区的人民解放军部队在蒙蒙细雨中，和衣抱枪，彻夜露宿在“十里洋场”的大马路两侧。为了不影响市场金融秩序，入城部队一律不允许在市区购买东西，包括香烟和日用品，甚至部队每日的伙食饭菜，都要在几十里外的郊区做好后，再送到市区来。著名科学家竺可桢在永嘉路与衡山路口也见到穿草绿色制服的解放军数百名，席地而坐。他在当天的日记中写道：“解放军在路边站岗，秩序极佳，绝不见欺侮老百姓之事”；“解放军之来，人民如大旱之望云霓。希望能苦干到底，不要如国民党之腐败”。上海市民正是在这种从未有过的强烈感受中，第一次领略了共产党领导的人民军队的风貌。

由于攻城部队在市区作战中，严格遵守不使用火炮等重武器的命令，从而把战火造成的损失减少到最低程度，使上海的城市建筑、工厂、码头等重要设施得以完整保存下来。与此同时，中共上海地下党组织发动广大工人、学生和市民群众卓有成效地进行反遣散、反迁移、反裁员、保厂、保校、保业等斗争，给人民解放军以有力的支持与配合，整个城市在战役进行之中，电灯通明，电话畅通，煤气、自来水正常供应，甚至公共交通车辆也照常运营，创下了城市攻坚战例中令人叹为观止的奇迹。

上海战役进行之中，5月14日，第四野战军从汉口以东的团风、武穴一线南渡长江，逼近汉口。5月16、17日，人民解放军相继解放汉口、武昌、汉阳三镇，有“九省通衢”之称的湖北省省会武汉市全部解放。

此时，四野十二兵团突破敌长江中游防线后，即沿南浔线挥师南下，与进至江西樟树镇的二野四兵团桴鼓相应，对南昌形成夹击之势。5月22日，中国人民解放军的诞生地、中国革命史上的英雄城——江西省省会南昌获得解放。

与渡江战役相呼应，西北战场也捷报频传。

4月24日，华北军区十八、十九、二十兵团攻占山西省省会太原，结束了阎锡山在山西38年的反动统治。

5月20日，第一野战军在陕中战役中，解放了陕西省省会西安，打开了人民解放军解放大西北的第一道大门。

…………

人民解放军的渡江战役，自4月20日开始强渡，至6月2日攻占长江入海口的崇明岛结束，历时42天，一举突破国民党陆海空军组成的长江防线，占领国民党统治中心的南京，攻克敌军坚固设防的上海及华中重镇武汉等重要城市，共歼灭国民党军11个军部、46个整师共43万余人，并一鼓作气解放了杭州、宁波、南昌等200余座城市，解放了苏、皖、浙的广大地区和赣、鄂、闽的部分地区，为尔后继续向福建及华南、西南地区进军奠定了胜利的基础。

横扫千军如卷席

对人民解放军扫荡残敌的作战，毛泽东、中央军委电报指示："均不采取近距离包围迂回方法，而应采取远距离包围迂回方法，才能掌握主动"；对各部敌军，"均取大迂回动作，插至敌后，先完成包围，然后再回打的方针"，即远远超过敌军，占领其后方，截断其退路，迫其不得不与我作战，就地歼之。这是一个天网恢恢，疏而不漏的战略部署。

根据"打过长江去，解放全中国"的号令，在解放上海前夕，5月23日，毛泽东为中共中央军委起草给各野战军的电报，对渡江后人民解放军向全国进军、追歼逃敌的作战行动作了基本战略部署：

第一野战军向西北进军。预计年底以前占领兰州、宁夏、青海。然后兵分两路：一路位于西北，准备经营新疆；一路经营川北，以便与二野协作解决贵州、四川、西康三省。

第二野战军应准备于两个月后以主力或以全军向西南进军，经营川、黔、康。目前主要任务是准备协助三野对付可能发生的美国军事干涉，此项准备是必需的。有此准备即可制止美国干涉的野心，使美国有所畏惧，而不敢出兵干涉。待占领上海、宁波、福州以至攻占青岛以后,美国出兵干涉的可能性减少了,第二野战军就可以西进了。

第三野战军向福建进军。应当迅速准备提早入闽,争取6、7两个月内占领福州、泉州、漳州及其他要点,并准备相机夺取厦门。入闽部队只待上海解决,即可出动。

第四野战军向中南进军。7、8两个月进至湘中、湘南,9月休息,10月即可向两广前进,预计11月或12月占领两广。

渡江战役后,国民党的残余军队主要盘踞在中南、西南和西北的若干省份内,其中的白崇禧集团、胡宗南集团为国民党军仅存的主力集团。当时,蒋介石、何应钦及桂系正在做迁都重庆、割据西南的准备,为消灭胡宗南及四川、西康国民党军,非从南面进军断其后路不可。为此,中央军委要求除第二野战军应准备经贵州入川外,第四野战军在消灭白崇禧集团占领广西之后,亦应以一部经百色入云南作战。考虑到这几个敌军集团相互勾结,负隅顽抗,一面又极力避免同人民解放军主力进行决战,随时准备逃往僻远的桂、滇、黔地区或个别海岛,甚至逃出国境线外的情况,为避免增加我军全歼这些残敌的困难,毛泽东、中央军委强调要反对一般追击战中赶着敌人跑的消极战法,明确规定:人民解放军的战略追击,“均不要采取近距离包围迂回方法,而应采取远距离包围迂回方法,才能掌握主动”,对各部敌军,“均取大迂回动作,插至敌后,先完成包围,然后再回打之方针”,即远远超过敌军,占领其后方,截断其退路,迫其不得不与我作战,就地歼之,避免国民党残余部队逃往国外,遗留后患。

遵照毛泽东、中央军委的战略部署和向全国进军作战计划,人民解放军在渡江战役以后,继续向东南、中南和西北、西南进军,以秋风扫落叶之势,挥戈猛进,扫荡残敌。

在东南战场,5月,陈毅、粟裕指挥的第三野战军,继续分路向浙江进军,到7月上旬,解放除舟山群岛外的浙江全省。第十兵团于7月冒酷暑向福建进军,8月6日从闽北分两路向福州实行钳形攻击,17日解放福建省省会福州。继而进行漳厦战役,解放泉州、漳州等闽北地区。10月15日,发动厦门战役，经激烈战斗后全面突破敌军防线，解放了厦门全岛，闽南地区随之全部解放。嗣后，第十兵团发起金门岛战役，由于对敌情、海情缺乏周密调查研究，船只准备不充分，先头部队3个团登上金门岛后，因渡船搁浅而陷于孤立无援的境地，虽与敌军激战三个昼夜，给敌以重创，终因势单力薄，后援不继而失利，9000多名解放军指战员（包括350名船工民夫）大部壮烈牺牲，其余被俘。这是解放战争以来在胜利在望的大好形势下人民解放军的一次重大失利。它为尔后人民解放军进行解放海南岛的渡海作战，提供了重要经验教训。第三野战军在头两个多月的作战中，共歼灭福州绥靖公署朱绍良等部近10万人，使整个华东地区除台湾、金门、马祖、定海等部分沿海岛屿外，全部获得解放。

在西北战场，7月，彭德怀、贺龙指挥的第一野战军（属华北军区第十八、十九兵团），开始解放西北各省的作战。继5月解放西安之后，继而在扶风、眉县地区歼灭了胡宗南部4万余人。胡宗南退据秦岭以南地区，我第十八兵团跟踪牵制该敌。一野主力3个兵团则分左右两路追歼向西逃窜的马步芳、马鸿逵集团，连克平凉、固原、海原、天水、通渭等地。8月20日，右路第二、第十九兵团进抵兰州城郊，21日发动兰州战役，经4昼夜惨烈的攻坚作战，全歼守敌4万余人，于26日解放甘肃省省会兰州。9月5日解放青海省省会西宁，随即发起宁夏战役，于9月23日解放宁夏省省会银川，重创胡宗南集团，全歼马步芳、马鸿逵集团。

9月19日，在人民解放军声威的震撼下，9月25日、26日，国民党新疆省警备总司令陶峙岳和新疆省主席包尔汉先后通电起义，新疆宣告和平解放。至此，西北5省全部获得解放。为接管新疆的防务、改编起义部队，一野第一兵团穿越渺无人烟的戈壁荒滩，涉过风沙弥漫的沙漠瀚海，行程1000多公里，于11月初进驻新疆首府迪化（今乌鲁木齐），胜利完成了挺进西北边陲的壮举。

在中南战场，7月，林彪、罗荣桓指挥的第四野战军和暂归四野指挥的二野第四兵团，兵分中、西、东三路，发起解放中南各省、消灭白崇禧集团的作战。7月初到8月上旬，西路军举行宜（昌）沙（市）战役和湘赣战役，迫使白崇禧部迅速南撤，解放了鄂西、湘北及赣西北地区。8月4日，国民党长沙绥署主任、湖南省政府主席程潜,第一兵团司令官陈明仁接受《国内和平协定》,率部宣布起义,湖南省省会长沙及宁乡、湘潭等地和平解放。10月初,中路军发动衡(阳)宝(庆)战役,将白崇禧主力4个师歼灭于祁阳以北五峰山地区。东路军沿粤汉路前进,直入广东进攻余汉谋集团,10月14日解放了华南最大的城市——广东省省会广州。敌主力向西南方向逃窜,我军第四兵团跟踪追击,于26日将余汉谋部4万余人歼灭在阳江、阳春地区。

11月6日,第四野战军以9个军的兵力发动广西战役,以大迂回大穿插的果敢动作,发扬不怕疲劳连续打几仗的精神,截断敌人西逃南撤之路,追歼逃敌一直到中越边境的镇南关(今睦南关)。11月29日解放广西省省会桂林,12月4日解放南宁。最后一部残敌17万人被歼灭在容县、博白、廉江、钦州地区,从而实现了在广西境内全歼国民党基干部队白崇禧集团的作战计划,解放了广西全境。在整个战役过程中,仅李弥所部残敌两万余人逃往缅甸。

在西南战场,原在华东负责警戒美国干涉的第二野战军,于9月初开始行动,经武汉、常德迫近川东,准备解放西南和消灭胡宗南集团。遵照中央军委命令,第二野战军总部于10月20日从南京出发,向西行动。刘伯承、邓小平在北京参加人民革命军事委员会第一次会议之后,第二天即沿津浦路南下与部队会合,再转陇海路抵达郑州。他们将率领这支屡建奇功的英雄部队,去完成肃清国民党反动军队残余、解放祖国西南边陲的光荣使命。

这时的蒋介石不甘心失败,亲临重庆部署所谓“大西南防线”,妄图以四川为反攻基地,与人民解放军作最后的顽抗。按照中央军委、毛泽东的战略意图,第二野战军作出大军欲从陕西入川的假象迷惑敌人,而主力部队则迅速、隐蔽地完成了向湘西的集结。11月1日,刘邓数十万人马偃旗息鼓,突然袭击敌人薄弱部位——川湘鄂边和湘黔边,以迅雷不及掩耳之势西出贵州,14日占领贵州省省会贵阳,继而占领遵义重镇,打开了进军四川的门户。随后,以主力直入川南,控制了宜宾、泸州一带广阔地域,截断川敌逃往康、滇的退路。

11月23日,邓小平在湖南常德受命组建中共中央西南局,出任西南局第一书记。这时,解放大军正迅猛进击川东,攻占綦江、涪陵和江津,从东、南、西三面向重庆合围。30日凌晨，蒋介石偕其“国民政府”要员狼狈登上飞机逃往成都，当其“美龄”号座机起飞时，二野的先头部队已进抵距重庆白石驿机场仅10公里的地方。蒋介石险些成为刘伯承、邓小平的“阶下囚”。当日下午，西南地区的中心城市重庆获得解放。

12月9日，在解放大军的威慑下及中共统一战线政策的感召下，国民党云南省主席卢汉在省会昆明宣布起义；西康省主席刘文辉同西南长官公署副长官邓锡侯、潘文华等在雅安联名通电起义。云南、西康两省遂告和平解放。蒋介石见大势已去，于12月10日仓皇飞往台湾，留胡宗南在成都地区组织顽抗。刘邓大军和进入川北的第一野战军贺龙部，迅即对成都形成口袋状包围，胡宗南弃军事指挥权于不顾，只身逃往海南岛，更加剧了国民党军的分化瓦解。在成都战役中，敌军5个兵团中有4个兵团举行战场起义，胡宗南集团30余万军队就此覆灭。12月30日，成都解放。

解放大西南战役，是解放全中国的关键一役。它歼灭了国民党最后一支基干部队胡宗南集团及宋希濂的主力兵团，宣告了蒋介石“确保西南，准备反攻”的梦想彻底破灭，标志着“蒋家王朝”在大陆统治的最后终结。随着1950年人民解放军向西昌地区挺进，西南诸省除西藏以外全部解放。

解放战争后期，长期坚持在南方各省斗争的中共领导的游击武装，经过艰苦卓绝的斗争，到1949年1月，已经发展到5万余人，活动地区遍及江苏、安徽、浙江、福建、江西、湖南、广东、广西、贵州、云南等省的200多个县。在人民解放军渡江作战前夕，为了更好地发挥这些游击武装的作用，遵照中央军委命令，南方游击队先后整编成为人民解放军游击纵队，即粤赣边纵队、闽粤赣湘边纵队、桂滇黔边（滇桂黔边）纵队、闽浙赣边纵队，同时还有在海南岛长期坚持武装斗争、以“红旗不倒”而著称的琼崖纵队。这些游击纵队在国民党后方积极开展武装斗争，钳制了国民党军的部分兵力。在人民解放军渡江南进时，则成为配合解放军主力作战的重要力量，对解放广大南方地区起了重要作用。

经过第一阶段的战略追歼作战，至9月底，除西南和广东、广西部分地区外，全国大陆绝大部分地区获得解放。总计从1946年7月到1949年9月，人民解放军在3年多的解放战争中，共歼灭国民党军625万余人，摧毁了国民党各级反动政权，为建立中华人民共和国奠定了基础。

黎明前的争夺

> 清华大学有几千名师生，只走了一个校长。学生、教员、技师、工程师、医生、科学家、文学家、公务人员，都造反了，或者不愿意再跟国民党走了。而共产党却获得了数万万人民群众的拥护，其中，也获得了大多数知识分子尤其是青年学生们的拥护。毛泽东评论道：到后来，帝国主义及中国的反动政府只能控制其中的极少数人。

不惜出大价钱将工厂设备搬迁到台湾，带走工程技术人员和科学研究力量，是蒋介石预作“引退”布置中的一个重大计划。他首先看重的是官僚资本垄断全国重工业的资源委员会。

资源委员会是南京政府负责工矿事业建设和管理的机构。1949年在管辖的国有厂矿包括煤炭、石油、电力、钢铁、有色金属、机械、电工、水泥、耐火材料、化工、造纸、制糖等许多行业，共121个总公司和事业机构，近1000个生产企业，拥有技术和管理人员3.2万余人，其中40%以上具有大学学历，从国外留学回来的高级人才达3000多人，所属企业的工人分布在全国，共有70多万人，其中技术工人22万余人。在抗战期间，资源委员会在极其艰难的条件下，曾发动并资助上海150多家民族工业内迁，在川、滇等地建立了国有重工业基地，形成后方军需民用生产力，大大支援了抗日战争。可以说，资源委员会集中了旧中国工业基础和技术人才的精华。尤其是抗战胜利后用美援新建的“南京五厂”，即电照厂、有线电厂、无线电厂、高压电瓷厂、马鞍山机器厂，都是当时国内设备一流的企业，被蒋介石视为一份大“家当”。为此，蒋介石在下野之前，亲自找资源委员会委员长孙越崎谈话，要他将这五个厂立即迁往台湾。

这时的孙越崎已下决心脱离国民党这艘“沉船”，并以中共接管鞍钢后重视管理技术人员为例，暗示大家不必害怕共产党接管，号召大家坚守岗位，保护中国这点工业基础。会上大家都拥护孙越崎的意见。不久，南京政府各部南迁广州，孙越崎只象征性地把资委会由宁迁沪，设法留下来迎接解放。蒋介石找孙越崎谈话后，孙越崎故意拖延，先把马鞍山厂的机器设备拆卸装船，未动手拆卸其他四厂设备；后又让停泊在南京长江江面上的“新康”号货轮先驶赴上海，将设备卸在上海，不去台湾。蒋介石电令淞沪警备司令汤恩伯多次严加催促，被孙越崎借李宗仁名义推诿，最终将这五个工厂完整地保留在大陆。

资源委员会会领导人在反搬迁斗争中，积极寻求并获得中共地下党的支持和指导，作了一系列周密的部署，上下同心同德、不畏艰险，在长达三个多月时间内，多次巧妙地抗拒了国民党军、政、特几个系统催逼他们撤退物资、人员赴台的压力。有些机器设备尽管已被运抵下关码头，又秘密拉回原厂重新安装，尽快恢复了生产。孙越崎还以经费困难为由，向蒋介石索要“拆建专款”132亿台币，除租用船只经费外，余款数额巨大，银行无法承汇。主持财务的季树农即采取将台湾糖业公司在上海出售食糖的钱款交与南京五厂，由台湾银行将“拆建专款”划给台湾糖业公司的办法，把蒋介石拨的“拆建专款”全部调回大陆，对鼓励和支持各厂矿职工坚守岗位、迎接解放，起了极大的作用。

上海解放前夕，资源委员会从中央银行提出历年节余外汇400多万美元，换成资金和物资，分拨给全国各厂矿维持生产和职工生活，或做应变资金；剩余专用的外汇100余万美元、黄金500两、银元2万枚和美钞全部封存后交给国家。资委会还拒绝将由它直接掌管的大批重要物资运去台湾，而把美国援助的价值2000万美元的煤业和发电设备器材，经长江转运汉口、长沙、株洲等电厂。从台湾运沪的白糖1.6万吨，进口汽油1800万加仑，原油10万吨，一套炼油厂的全部设备，铝、钨、锑、锡等矿产品都被完整保存在了上海仓库内，成为解放后稳定上海经济的重要物资储备。

资源委员会作为国民党政府管理国有工矿企业的机构,从正副委员长到处室职员、厂矿技术管理人员、技术工人等,全部留在大陆工作岗位上,仅大学毕业学历以上的技术人员和管理人员即达1.3万余人,技术工人约22万人;资委会及所属厂矿的图纸、档案资料等也都得到完整保留。这是新中国进行生产建设所必需的一笔重大的、宝贵的资源和财富。蒋介石拆迁工厂、搬去台湾的计划化为泡影,大骂孙越崎"拆烂污",说他向共产党送了一份"厚礼"。事后,孙越崎经广州赴香港,宣布脱离国民党政府。他在香港组织推动资源委员会国外贸易事务所员工起义,于1949年11月离开香港赴北京。对于新中国国营经济的建立和重工业的发展来说,孙越崎和他领导的资源委员会做出了功载史册的特殊贡献。

黎明前的争夺,直接关涉中国科学、教育、文化各界高级的人才去留和人心向背。蒋家王朝在1949年仓惶败逃时,带走了故宫的古董字画、国库的金条珠宝,还带走了"光复大陆"的幻想。蒋介石也盘算着日后大业,即便退守也总是需要一些知识分子来支撑门面的,更何况将这些大科学家、大学者留给共产党,无疑是助长"赤焰",于是开始对一些知识分子进行争取工作。

蒋介石主要倚重傅斯年与朱家骅负责实施"抢救大陆学人"计划。在具体执行上由傅斯年、陈雪屏和蒋经国三人组成小组磋商、谋划细节和办法,来"抢救"平津学术教育界知名人士。于是,在国民党败离大陆之前就出现了"抢救大陆学人"的一幕。这一计划与蒋介石在经济上抢运国库储存的黄金美钞并行,以为国民党日后在台湾经济文化的复苏上打下基础。

计划中有四种人必须"抢救"送赴台湾:一是各院、校、会负责首长;二是中央研究院院士;三是因政治原因必须离开大陆者;四是在学术上有贡献者。傅斯年、陈雪屏和蒋经国很快商议拟定出需要"抢救"的名单。在第一份名单里,院校负责人当中,包括汤用彤、饶宗泰等,因政治原因抢救的如毛子水等,在学术上有所贡献的如杨振声、罗常培等,而胡适自然是抢救的首选和重点。

1948年12月初,陈雪屏奉命由南京飞北平,召集梅贻琦、胡适等清华大学、北京大学的校长、教授开会，商讨“抢救学人”实施办法。蒋介石亲自下手谕派飞机冒着解放军的炮火飞抵北平，至北平南苑机场随时待命，被“抢救者”可以即时登机南飞。但在这次沉闷的会议上，在座各位相顾无言，不置可否。

在北平陷入围城的形势下，蒋介石指令安排飞机到北平去“抢运学人”，对于不少“只问学术，不问政治”的国内一流学府来说，似乎并无多大影响。尽管南京政府教育部要求各大学及文化单位的首长、与政府有接触的文化界人士、中央研究院的院士和学术界有地位的学者等四种人，须乘飞机南下撤离。然而，当南京派来的飞机降落在被围得铁桶一般的危城的时候，只有集学人和幕僚于一身的北京大学校长胡适，以及清华大学校长梅贻琦，北平研究院院长李书华等少数人，匆匆飞往南京。另有清华大学和北京大学的陈寅恪、毛子水、钱思亮、英千里、张佛泉等几位著名教授携眷属同机抵达南京明故宫机场。

南京来人约请一些教授吃饭，席间宣布南京派了一架专机，来接诸位先生去，如果愿意去，可以同他们一起出发。清华大学教授冯友兰当即拒绝。北京大学文学院院长汤用彤也没有走，胡适离开后曾写信劝其南下，并派人送来两张机票，汤用彤不为所动，并义无反顾地挑起重任，担任北京大学校务委员会主席，领导北京大学师生迎接新中国。辅仁大学校长陈垣也决心留下，胡适邀他同机飞走时被他断然拒绝。

当时为“生为中国人，死为中国士”而留在大陆的知识分子数不胜数。比如像张伯苓、张元济、竺可桢、储安平、罗隆基等，都是大名鼎鼎的社会贤达。文学艺术界留下的人更多，如沈从文、老舍、巴金等。新闻界有影响的知识分子，比如王芸生、徐铸成、赵超构、陈铭德和邓季惺夫妇，等等，几乎都是从香港北上迎接新政权的。

当年抗日战争爆发时，北京大学、清华大学教授毅然走出书斋，封存实验室，不顾一切地走到大后方去，创办西南联大，厉行抗战教育。而今，北京大学、清华大学、燕京大学等著名学府的大多数教授，包括北平研究院的许多学者，并不愿意搭乘国民党的飞机南逃，都毅然选择留在北平。尽管耳闻校外隆隆的枪炮声，教授们的书斋里仍然堆满书籍，实验室甚至连星期天都不关闭，照常一丝不苟地给学生们授课。有教师在讲课时，忽被零星炮响震落手中粉笔，依然镇定自若继续讲授，一时传为美谈。

原来信心满满地以为还会有许多名教授忠于"党国"，大义凛然地飞回南京，结果竟让人大失所望，飞机上下来了许多不相干的人。原来飞机上有不少空位，有的教授连家里的老妈子也跟来了。而"抢救"名单上的很多人却不愿与国民党同流合污，甚至有一天派了五架飞机到机场，却应者寥寥。蒋介石懊恼不已，不得不停止派飞机"抢救"。

12月13日，解放军向北平城近郊推进，隆隆的炮声震撼着清华园。为了保护北平的文物古迹，部队一到颐和园，立即派员到清华大学找到建筑学家梁思成教授，请他画一幅简图，标明北平城的重要历史文物古迹，以在万不得已实行炮轰时避开这些目标。解放军为了保护有世界声誉的清华大学和燕京大学，在这一地区附近不采取炮轰，以保证两校的安全。

值得一提的是，即令随机飞往南京的一些学者，如清华大学的著名国学大师陈寅恪，仅在南京停留一晚，即经上海赴广州，拒绝跟随蒋介石国民党政权逃往台湾。梅贻琦不久也坚辞南京政府教育部部长之职，去往美国。后来，蒋介石不得不采用恐吓、欺骗等手段，裹胁南京中央研究院的3个研究所和一些科学家、学者前往台湾。也有一些知名大学、研究机构及其学者、技术人员，出于种种原因而去往台湾。但是，国民党政府所属中央研究院的90多名院士中，有60位选择留在大陆。这场"抢救学人"的争夺战，以蒋介石国民党败北而告终。

人民解放军发动渡江战役前后，在江浙沪一带又演出了一幕幕"争抢学人"的活剧。4月28日，国民党政府教育部部长杭立武给浙江大学校长竺可桢拍电报："望早莅沪。教授愿离校者，到沪后设法。"竺可桢回电称："沪校疏散，浙大师生震惊，此时暂难离杭。"蒋介石见此电报颇为震怒，因有密报说，其实竺可桢已到了上海。于是，蒋介石立派蒋经国到上海，交代他"把我们需要的人，找一批"，并一定要找到竺可桢。

竺可桢是"中国气象学之父"。中国近代气象学有一个"竺可桢时代"。他最重要的贡献之一是在南京北极阁建成了当时最现代化的气象台，统一用无线电台拍发气象电报，绘制天气图，进行天气预报并发布台风警报，打破了由外国人垄断我国天气预报的局面。1936年后他出任浙江大学校长，使该校名噪一时。对于这位著名科学家，国民党当局竟指控竺可桢"包容奸伪匪谍学生之一切非法活动于不问不闻……无怪社会人士认浙大为共匪之租界"，云云。竺可桢一次次收到教育部要他去台湾的指令，知道蒋介石不会放过他，便想了个"金蝉脱壳"之计，假托"暂不离杭"，却去了上海。

到上海后，竺可桢不断变换住所，先到侯德榜院士之子处住下，又到枫林桥对面永利公司宿舍，再转移到岳阳路中央研究院宿舍。不料冤家路窄，杭立武找到竺可桢，要他去台湾，或去厦门，他都未答应。5月2日，竺可桢上街买早点，看到报上登了条消息："钮永建与竺可桢飞台湾"，不觉吃了一惊。6日，竺可桢外出"途遇蒋经国"。蒋经国向竺可桢转达了蒋介石请他去台湾之意。竺可桢答曰："我看不必了。"蒋经国询以原因，竺可桢说："大势已去，台湾将维持多久，顶多半年？一年？"并劝蒋经国"你也不必去台湾"。言语不合，二人不欢而散。此后，杭立武从广州来电报，催他乘机飞穗；傅斯年也从台北来电报，请他去台湾大学任教，竺可桢都拒绝了。不出半个月，他便迎来了上海的解放。

南京解放前夕，国民党计划将在南京的国立中央大学迁至台湾。著名教授潘菽与进步师生一起，在地下党和"教授会""学生会"的领导下，进行了"反迁校"斗争。尽管国民党已经在台湾选好了校址，许多教学仪器也都装好箱，但由于师生们齐心协力地作斗争，终于使迁校的企图没有得逞。这座有着较高水平的高等学府完整地保留下来。由于潘菽多次与国民党作对，积极靠拢共产党，又是中共香港分局负责人潘汉年的堂弟，他和另外两名教授梁希、涂长望被列入大逮捕的黑名单。地下党得到情报后，立刻通知三位教授迅速离开南京。1949年4月8日，三位教授在地下党的周密安排下离开南京，来到上海，又乘船辗转香港、天津，最后到达已获解放的北平，避过了反动派的毒手。

与高级人才"留下来"同等重要的，是争取把科研机构和设施"留下来"。这是自中国有了近代科学以来，科学家们经过数十年奋斗结下的科学之果。中央气象局隶属南京政府交通部领导，少数亲国民党的人员力主移去台湾，局长、气象学家吕炯对国民党一向不满，在其亲属、地下党员吕东明的劝说下，先去往广州，上海解放前夕又悄悄地回到上海等待解放。最终，中央气象局人员、设备、图书、资料等得以基本保留下来。

中央地质调查所，是国民党统治时期规模最大、人员设备最充实的地学调查和研究机构，职工近100人，主要从事地质、矿产调查研究，此外还承担土壤、地震调查和地图测绘等方面的任务，它由著名地质学家丁文江、翁文灏等创建。1948年底，南京政府命令“迁所台湾”。所长、地质学家李春昱等所领导对国民党政府虚与委蛇，派人去广州，挂出中央地质调查所牌子，并在长沙设立过境联络处，实际上直到南京解放，主要业务人员和设备都没有离开南京。就这样，当时中国最大的地质机构得以完整无缺地保存下来。

资源委员会矿产勘测处，是南京政府专门负责矿产地质与勘探的机构。处长、地质矿床学家谢家荣院士，以发现淮南煤矿等成就闻名，其子女思想都较进步。在淮海战役后的动荡时期，父子商妥矿产勘测处不迁移。其子谢学锦乘国民党封江前的最后一班渡船，回到父亲身边，帮助父亲做所内人员的思想工作。由于领导态度明确，矿产勘测处人员、设备完好地保存了下来，迎接解放。

水力发电工程总处，是资源委员会领导下的另一技术机构，有100人左右。淮海战役时，在留英归国的工程师王宝基（中共党员）组织下，开始反搬迁斗争，组成11人的高、中级技术人员小组，相约不仅本人留下，而且要劝说其他人留下来迎接解放。他们把装有过去20年水力资源普查资料和有关三峡工程的水文地质等重要资料的箱子，送到上海苏州河边一个地下仓库保存下来，而另装若干箱次要、重复与报废的资料，交资源委员会运往台湾。大家同心协力，团结一致，迎接解放。

中国地理研究所，是由教育部领导的科研所。所长林超是广东人，力主迁所广州。一些粤籍研究人员愿意随往。地貌与冰川学家施雅风和一些科技人员抵制迁移，他们留下较重要的图书设备，还到南京政府教育部争取到一笔经费，坚持下来。

雷达研究所原属国民党国防部第六厅，是当时装备先进的国内唯一的雷达研究机构。1948年底，南京国防部命令雷达研究所迁往台湾。情况紧急之际，所内人员经过商量，认为通过一些上层关系可以争取离南京到杭州暂驻，杭州有浙江大学，易于通过浙江大学的学生与中共取得联系，因此确定先迁杭州的方针。雷达研究所迁杭后不久，在杭州党组织的指导下，对所内职工进行团结教育工作，顶住了国民党国防部催促继续南迁的压力，完整地保存了该所。杭州解放时，雷达研究所由解放军顺利接管。

…………

对于这场黎明前的争夺战，毛泽东在《丢掉幻想，准备斗争》的新华社评论中指出："为了侵略的必要，帝国主义给中国造成了数百万区别于旧式文人或士大夫的新式的大小知识分子。对于这些人，帝国主义及其走狗中国的反动政府只能控制其中的一部分人，到了后来，只能控制其中的极少数人，例如胡适、傅斯年、钱穆之类，其他都不能控制了，他们走到了它的反面。学生、教员、教授、技师、工程师、医生、科学家、文学家、公务人员，都造反了，或者不愿意再跟国民党走了。"而共产党却"获得了数万万人民群众的拥护，其中，也获得了大多数知识分子尤其是青年学生们的拥护"[①]。这番评论，值得国内外一切关注中国局势演变的人们咀嚼品味。

在中国革命取得全国胜利的形势下，中国绝大多数知识分子都选择留在了大陆，反映了社会各界的人们对建设一个独立、自由、民主、统一和富强的新中国的众望所归和热情向往。

① 《毛泽东选集》第4卷，人民出版社1991年版，第1485页。

第十一章

在城市站稳脚跟

原封不动整套接收

毛泽东早在解放军攻克洛阳时就提出“城市已经属于人民，一切应该以城市由人民自己负责管理的精神为出发点”的基本方针。陈云总结了接管沈阳“各按系统，自上而下，原封不动，先接后分”的成功经验，创造了完整接收大工业城市，尽快恢复生产的范例。到天津、北平和上海等大城市解放时，接收工作已经做得有条不紊了。

城市，在近代中国历来是反动势力的坚固堡垒。但同时，城市又是现代生产力最集中的地方，也是社会开放进步、教育科学文化发展到相当程度的产物。自近代以来，由于外来帝国主义的奴役和国内封建主义势力的根深蒂固，中国始终处在城市化进程缓慢、发展程度很低的状态。1949年，在全国总人口中，城市人口不足10%。但在拥有这部分人口的地方，却几乎囊括了维持一个国家经济社会正常运转和发展所必需的知识、技术、行政管理和公共管理等各方面的设施和人才。

由于共产党长期在农村活动，国民党嘲笑共产党是“乡巴佬”“土包子”，不懂得管理城市。外国某些观察家们直到1948年还坚持认为，共产党不会去想着占领沿海的大城市。即使是解放北平、天津这些大城市的时候，中外反动派仍顽固地预言中国共产党不可能管理好城市，在城市只能造成混乱，等待着的只能是失败的结局。

然而，时隔不久，这些观察家发现：共产党人不仅从军事上成功地占领了一个又一个大城市，而且很快从政治上牢牢地控制了这些大城市，并且显示出他们管理城市经济、文化事业的才能。而共产党在城市的成功，则在于采取了一系列适合城市情况的、稳妥的接收方针和政策。

中国共产党作为马克思主义与中国工人运动相结合的产物，一开始就诞生在城市，而且是大工业相对最发达的城市——上海。后来，由于反革命统治集团实行白色恐怖和残酷屠杀政策，中共被迫撤离城市，到农村建立革命根据地。因为长期处于偏僻、封闭的农村环境里，大多数干部不熟悉城市工作，还有一些人难免用一种小生产者的观点去看待城市。所以各地在最初接管城市的时候，走过一些弯路。如华北地区在收复井陉、阳泉等工业区时，曾经发生部队、民兵、民夫和后方机关乱抓物资、乱搬机器的现象，使很多工业机器受到致命破坏。

1947年10月，人民解放军攻克石家庄。这是共产党领导的军队第一次攻克坚固设防的敌占大城市，接管工作虽然有所改进，但由于没有做好相应的准备工作，进城以后还是发生了一些混乱现象。一些部门不是着眼于恢复工商业生产经营，而是热衷于搞资财，搞“斗争”。有不少士兵跑到城里拿东西，一些部队随意将各种生产资料作为战利品分掉。还有些干部、战士把农村作风带到城市，他们不但自己拿，还鼓励城市老百姓去拿，采取的还是过去“打土豪、分田地”的办法，把大批生产资料、生活资料随意分给市民群众。有的还像在敌占城市中一样，鼓励工人向工商资本家提出过高的用工要求。周围地区的农民也蜂拥进城，最初是搬取公物，后来就哄抢私人财物，甚至许多公共建筑的门窗、设施都被取走或破坏。外地机关也纷纷派人前去购买物资。最后，不得不实行戒严，并枪决了少数极端分子，才制止了混乱局面。邯郸、焦作、运城等几个城市也发生过类似的情形。

上述问题的相继出现，尤其是城市中对于上层小资产阶级和中等资产阶级经济成分所采取的过左错误政策，引起中共中央的高度重视。为了着眼于领导和管理城市的长期打算，使全党从思想上和组织上做好接管城市工作的各项准备，也为了使旧中国不多的现代工业得以保存，并作为新中国经济建设的基础，毛泽东在1947年十二月会议上，及时地提出新民主主义革命的三大经济纲领，其中重要的一条是“保护民族工商业”。他指出：在新民主主义的国家权力到达的地方，对于上层小资产阶级和中等资产阶级，必须坚决地毫不犹豫地给以保护，“新民主主义国民经济的指导方针，必须紧紧地追随着发展生产、繁荣经济、公私兼顾、劳资两利这个总目标。一切离开这个总目标的方针、政策、办法，都是错误的”[①]。这实际上提出城市工作在经济方面的总纲领和基本指导方针。

1948年4月上旬，人民解放军攻克洛阳。毛泽东当时正在由晋绥向晋察冀解放区行进途中。在繁峙县伯强村，一个春雪骤降之夜，毛泽东特为中共中央起草了《再克洛阳后给洛阳前线指挥部的电报》，比较具体地规定了应该注意的各项城市政策：

> 一、极谨慎地清理国民党统治机构，只逮捕其中主要反动分子，不要牵连太广。
>
> 二、对于官僚资本要有明确界限，不要将国民党人经营的工商业都叫作官僚资本而加以没收。……对于小官僚和地主所办的工商业，则不在没收之列。一切民族资产阶级经营的企业，严禁侵犯。
>
> 三、禁止农民团体进城捉拿和斗争地主。对于土地在乡村家在城里的地主，由民主市政府依法处理。其罪大恶极者，可根据乡村农民团体的请示送到乡村处理。
>
> 四、入城之初，不要轻易提出增加工资减少工时的口号。在战争时期，能够继续生产，能够不减工时，维持原有工资水平，就是好事。将来是否酌量减少工时增加工资，要依据经济情况即企业是否向上发展来决定。
>
> 五、不要忙于组织城市人民进行民主改革和生活改善的斗争。要等市政管理有了头绪，人心已经安定，经过周密调查，弄清情况和筹有妥善解决办法的时候，才可以按照情况酌量处理。
>
> 六、大城市目前的中心问题是粮食和燃料问题，必须有计划地加以处理。城市一经由我们管理，就必须有计划地逐步解决贫民的生活问题。不要提“开仓济贫”的口号。不要使他们养成依赖政府救济的心理。

① 《毛泽东选集》第4卷，人民出版社1991年版，第1256页。

七、国民党员和三青团员，必须妥善地予以清理和登记。

八、一切作长期打算。严禁破坏任何公私生产资料和浪费生活资料，禁止大吃大喝，注意节约。

九、市委书记和市长必须委派懂政策有能力的人担任。

在这封电报中，最重要的是提出接管城市的一个基本原则：

城市已经属于人民，一切应该以城市由人民自己负责管理的精神为出发点。如果应用对待国民党管理的城市的政策和策略，来对待人民自己管理的城市，那就是完全错误的。[①]

由乡村转移到城市，由城市领导乡村，首先应该考虑的是如何顺利地接收城市，进而管理和建设城市，迅速恢复和发展城市的生产事业，切实改善城市人民的生活。这是保证新生的人民政权在城市、在全国真正站稳脚跟的关键所在。中央认为这封电报的内容不但适用于洛阳，也基本适用于一切新解放的城市，所以将这个电报同时发给了其他前线和其他地区的领导人。

4月28日，周恩来在西柏坡与去哈尔滨参加工会会议的代表谈话时，再次突出讲了城市政策问题。他指出："在城市和工厂，过去我们实行的是破坏政策，因为那是对付敌人；解放后，管理城市和工厂是人民自己的事了，必须按'发展生产，繁荣经济，公私兼顾，劳资两利'的方针去作。要克服过去的'左'的现象。我们中心是反对官僚资本。对于私人资本，虽然一方面他们压迫剥削工人，但他们自己也受官僚资本的压迫，工人应联合他们为推翻蒋政权而斗争。在公营企业中，要建立生产管理委员会监督生产。剥削阶级的知识分子只要愿意为人民服务，我们是欢迎的。"[②]

---

① 《毛泽东选集》第4卷，人民出版社1991年版，第1324—1325页。

② 中共中央文献研究室编：《周恩来年谱（1898—1949）》（修订本），中央文献出版社1998年版，第789页。

由于及时注意到了城市接管中出现的问题，并规定了相应的政策，此后，人民解放军攻克较大的城市时，在整个城市接管方面，都坚持这样一个总的指导思想：一场大革命除必须破坏的以外，应尽量多保存一些有用的东西。这样做，政治上主动，经济上也便于恢复和发展生产力，有利于国家的重建和长治久安。

1948年下半年，人民解放军陆续接管了若干较大的城市。其中沈阳的接管工作对于接管其他大城市提供了比较系统、可行的成功经验。辽沈战役胜利后，东北局抽调了4000名新老干部，由陈云率领接管沈阳并兼任军管会主任。11月28日，陈云写出《关于接收沈阳经验简报》，呈报中共中央东北局并转中共中央。沈阳的经验，解决了城市接管中的两大难题：怎样做到接收完整和怎样迅速恢复秩序。这个报告总结了沈阳“各按系统，自上而下，原封不动，先接后分”的快速完整接收方法，并指出，迅速恢复秩序，做到比较稳当而无大的波动，要抓紧解决五个关键问题：迅速恢复电力供应；解决金融物价问题；收缴警察枪支，让其徒手服务；利用报纸传播政策；妥善处理工资问题等。陈云强调：“要保证接收得好，最重要的还必须入城部队有良好的纪律教育。此次入沈部队很多，都懂得保护工厂、保护城市。”

陈云在《简报》中还建议组织专门的接收班子。他说：“接收一个大城市，除方法对头外，需要有充分准备和各方面能称职的干部。依目前形势看，中央和各战略区野战军，均需准备有专门接收大城市的班子，待工作告一段落，即可移交给固定的市委等机关。这样的接收班子，可以积累经验，其中骨干可以暂成专职，依次接收各大城市。”[①]沈阳的成功接收，创造了完整接收大型工业城市，尽快恢复生产的范例。中共中央非常重视沈阳经验，将陈云的报告转发给各中央局和各前委，并提议东北局将接管沈阳、长春两个城市的人员组成两个班子，为南下接管大城市之用。有了沈阳这一成熟的经验，到北平、天津和上海等大城市解放时，接收工作已经做得有条不紊了。

1949年1月，天津、北平相继解放。中共中央决定把接管平津的任务交给华北局，由彭真任北平市委书记，叶剑英任军管会主任兼市长；黄克诚任

---

①《陈云文选》第1卷，人民出版社1995年版，第379页。

天津市委书记兼军管会主任，黄敬任市长。接管前，毛泽东满怀期望地对他们说："这次接管北平，影响到中外，你们务必达到像沈阳、济南那样的接收和管理成绩，不要落在沈阳和济南之后，特别要防止出现一些'左'的做法。"[①]毛泽东还特别嘱咐华北局：城市接收工作主要是接收官僚资本；对民族工商业要好好保护，接收工作要"原封原样，原封不动"，让他们开工，恢复生产，以后再慢慢来。做好城市工作要依靠工人阶级，还要团结好民族资产阶级，跟他们保持长期的统一战线；现在是人民民主专政，不是搞无产阶级专政。毛泽东还反复强调：我们不能像李自成进北京，一进城就变了。要约法几章。

为了做好接管城市、没收官僚资本的工作，中共中央发出《关于接收官僚资本的指示》。《指示》分析了官僚资本企业的特点，指出：

> 现时资本主义的工厂、企业管理制度是资本主义生产长期发展的结果，资本主义不仅为我们准备了科学技术，同时又为我们准备了一套管理制度。资本主义的管理制度，不仅有适应高度剥削需要的一面，也还有适应高度技术需要的一个方面。……我们的任务是批判地接受资本主义管理制度，发扬其合理性和进步性，去掉其不合理性和反动性。……只有机器照常运转，人员照常工作，才是真正接收了企业，才有可能开始其他的必要改革工作和建设工作。[②]

上述接收政策的内容，后来被概括为"原封不动、整套接收"。遵照这一政策原则，接管人员进入天津、北平后，有区别地对待不同性质的旧机构、旧人员、旧办法、旧制度，把破坏限制在最小范围和程度，能够保存的尽量保存，可以利用的尽量利用，哪怕是暂时的也好。北平的接收工作历时3个多月，进行得稳妥、周到、顺利，没有出现大的乱子，赢得了中外舆论的赞扬。

根据中央指示，对于旧有的教育事业，不能采取像摧毁反动政权机构那

---

① 《叶剑英传》，当代中国出版社1995年版，第407页。

② 中共中央文献研究室、中央档案馆编：《建党以来重要文献选编（1921—1949）》第25册，中央文献出版社2011年版，第434、435、436页。

样的做法，而应采取先妥善接收，再逐步改革的谨慎政策。对原国民党政府办的各类公立学校，一律实行接管，各学校的教职员，除个别极为反动的分子需听候处理之外，按照原职原薪继续工作。对私立学校，一律维持原状，学校工作照常进行。这样，既维护了学校的教学秩序，使一大批知识分子的思想稳定下来，又尊重教育事业的传承性不宜割断的特点。实行这种政策，受到学校教职员和社会各界的拥护和支持。

废除旧中国签订的不平等条约，取消帝国主义在中国的特权，肃清帝国主义在中国的势力和影响，是中国共产党的既定方针。过去在不平等条约和特权的保护下，外国侨民、法人、团体在中国境内享受所谓“国民待遇”，拥有一大批工商企业和金融机构，占有大量房地产。城市解放前夕，虽然外资企业在中国整个国民经济中所占比重不大，但多集中于公用事业、航运业、制造业、金融业等重要部门，在某些地区的某些行业中占有明显优势，甚至处于垄断地位，对这些地区的国民生计具有重要影响。有些外国政府、团体和侨民还在中国设立和开办了不少宣传、文化、教育、卫生、救济机构以及教会等机构。这些机构在宣传西方思想、培植帝国主义在华势力、扩大帝国主义影响方面，起过不同程度的作用。

进入城市后，处理外国人在华拥有的企业和房地产以及外国政府、私人和团体在中国开办的宣传、文教、卫生、宗教等事业，是一项十分复杂的工作。中共七届二中全会提出，对外资企业应按照国籍、系统、行业等各种不同的具体情况采取区别对待的方针，根据轻重缓急给予正当解决措施。按照这一方针，各地对在华外资企业的资本和经营状况进行了调查。对于外国政府、私人和团体在中国设立的宣传机构，在城市接管中即开始清理，首先停止各地“美国新闻处”的活动。随后，不允许外国人继续在中国办报纸和杂志，停止与中国无外交关系的外国通讯社和记者的活动。对于外国人经办的或接受外国津贴的文化、教育、卫生、救济等机构，仍允许它们在遵守中国政府法令的前提下继续存在。

随着人民解放军接管的城市不断增多，接管任务日益繁重，中国共产党逐渐把配备接管干部提上重要议程。1948年9月8日，中共中央在西柏坡召开了自撤出延安后举行的第一次政治局会议。会后发出的《中共中央关于九月会议的通知》中指出，要迅速地有计划地训练大批能够管理军事、政治、经济、党务、文化教育等项工作的干部。战争的第三年内，必须准备好三万至四万下级、中级和高级干部，以便第四年内军队前进的时候，这些干部能够有秩序地管理大约五千万至一万万人口的新开辟的解放区。考虑到新解放区的范围将比原来预计的大，10月28日，中共中央又发出一个决议，将调配干部增加到53000人左右，分配给华北17000人、华东15000人、东北15000人、西北3000人、中原3000人，其中在大城市工作的7000人左右。上述干部的工作性质，包括军事、党务、机要、政府、工农青妇等民众团体、经济、财政、银行、贸易、通讯社及报纸，以及为办大学和党校用的学校教育工作等项。

对于广大的新解放区来说，53000个干部仍远远不够。为了解决接管干部问题，中央除抽调干部外，还采取其他措施来充实干部队伍：一是大胆利用企业中的职员和公教职员；二是吸收国统区城市中的工人和知识分子参加工作；三是把210万野战军变为工作队，从军队中提拔大批干部。对所有调配的干部，各地在接管工作开展之前都进行培训，以使他们明了各项城市政策和策略，并制定了严格的城市接管工作纪律。这些措施，使共产党基本解决了接收城市所需的全部干部问题。

中共七届二中全会是中国共产党的工作重心由农村转向城市的一个历史转折点。1927年大革命失败以后，中共的工作重点从城市转移到乡村，经过22年坚苦卓绝的奋斗，在乡村不断聚集力量，再由乡村包围城市，现在已面临着以城市领导农村的新任务。进入城市后，要依靠工人阶级，城市工作的中心是恢复和发展生产。

中共七届二中全会通过的决议指明党的城市工作的总方针，即：全心全意依靠工人阶级，团结其他劳动群众，争取知识分子，争取尽可能多的能够同我们合作的民族资产阶级分子及其代表人物，以便一步一步地战胜帝国主义、国民党、官僚资产阶级。同时，即开始着手建设事业，一步一步地学会管理城市，恢复和发展城市中的生产事业。

毛泽东在纪念中国共产党成立28周年写的《论人民民主专政》一文中指出：

党的二十八年是一个长时期，我们仅仅做了一件事，这就是取得了革命战争的基本胜利。这是值得庆祝的，因为这是人民的胜利，因为这是在中国这样一个大国的胜利。但是我们的事情还很多，比如走路，过去的工作只不过是像万里长征走完了第一步。残余的敌人尚待我们扫灭。严重的经济建设任务摆在我们面前。我们熟习的东西有些快要闲起来了，我们不熟习的东西正在强迫我们去做。这就是困难。帝国主义者算定我们办不好经济，他们站在一旁看，等待我们的失败。

我们必须克服困难，我们必须学会自己不懂的东西。我们必须向一切内行的人们（不管什么人）学经济工作。拜他们做老师，恭恭敬敬地学，老老实实地学。不懂就是不懂，不要装懂。不要摆官僚架子。钻进去，几个月，一年两年，三年五年，总可以学会的。[①]

由此，中国共产党在把工作重心转移到城市的过程中，拿出了如同在领导大规模土地改革运动、大规模革命战争中所表现出来的巨大决心和政治智慧，用极大的努力去学会管理城市和建设城市，去学会在城市中进行复杂的政治斗争、经济斗争和文化斗争，以及向帝国主义者作外交斗争。

恢复城市生产事业

进城以后，一切以谨慎为上，务求稳进，力避生产的停顿或破坏，为此不惜冒政治上的风险，以“宁右勿‘左’”的态度去接收城市，这才使中央坚决纠“左”的精神得到各级干部的充分理解和执行。

① 中共中央文献研究室、中央档案馆编：《建党以来重要文献选编（1921—1949）》第26册，中央文献出版社2011年版，第512、513页。

刘少奇在天津调查研究，指出必须照顾好公私劳资、城乡、内外四面八方关系的方针，毛泽东由此概括出新中国的基本经济方针。

重返城市后，如何恢复和发展生产，这是摆在中国共产党人面前的一项亟待解决的问题。在当时新解放的城市中，天津的问题特别突出。

天津是华北最大的工商业城市，于1949年1月15日回到人民手中。天津的接管工作在1948年12月就开始准备。12月13日，中央任命黄克诚为天津市委书记兼天津军事管制委员会主任，黄敬为天津市市长、市委第一副书记、军管会副主任，黄火青为市委第二副书记。军管会和党政领导机关为完整接管天津做了充分的组织准备，通过种种努力，到2月中旬，接管天津的任务基本完成，社会秩序也恢复得很快。但是，天津的生产恢复却十分缓慢。

解放初期，天津的工商业户约计3.7万家，工业占20%，商业约占80%。1月17日，《天津日报》公布人民币为法定货币，并允许商人可以拒收伪金圆券。同日，人民银行也挂出兑换金圆券的比值。社会上开始出现市场交易以及小摊贩市场。19日后，有些商店陆续开门营业，乡村的肉菜也开始入市，一些工商业品开始向市外输出。2月15日，据111个商业行会统计，原有24944家商店，复业者已达22631家。到了3月，一般商业户均开始安心经营。

工业方面的情况却完全不同。尽管天津市政府提出进城后7天就要看见工厂烟筒冒烟，但为数不多的国营工厂接管后一般都忙于办理接收，复工较晚。更糟糕的是私营企业。据统计，当时天津私营企业开工的不足30%。由于许多工厂不开工，天津上百万人生活没有着落，这一问题是非常严重的。

造成工厂不能复工的原因，除了战争导致的城乡交换阻隔、外贸断绝、原料匮乏、产品滞销、通货膨胀等外，没有处理好公私关系、劳资关系是一个重要因素。当时，资本家和工人都有许多模糊认识。工人认为共产党来了，什么问题都可以解决，“有饭吃，有房住，这就叫共产。在乡村分地，在城市还不一样要分吗”？因此，工人、店员误认为共产党允许分厂、分店，就进行清算斗争。结果，天津解放不到一个月，就发生了53次清算斗争。同时，工人普遍要求增加工资。有的工厂男工工资由60斤小米增加到360斤，学徒工工资由21

斤增加到210斤。另一方面，资本家感到共产党对他们太冷淡，不了解在新民主主义社会中资本家究竟应该放在什么地位，顾虑重重。薄一波在给中央的报告中写道："资本家有三怕：一怕清算，二怕共产党只管工人利益，三怕以后工人管不住，无法生产。"这样，资本家生产经营情绪不高，普遍抱着消极等待、观望的态度，有的甚至跑去香港。

影响复工的关键因素，还是党内的"急性病"，或者说"左"倾思想。许多干部对中共七届二中全会的精神不了解。他们在处理劳资纠纷时，对为工人谋福利这一点很习惯，一听说发动群众就很快发动工人斗争，"斗争谁呢？就是斗企业主，'大肚皮商人'。"他们认为："天津解放后，帝国主义、国民党、官僚资产阶级找不到了，看不到了，于是就把子弹打在资本家头上。"[①]他们对资本家很冷淡，不找他们，资本家主动找来也不见。报纸上对资本家骂得多而表扬少，在劳资关系中的工资和劳动条件都定得过高，"贷款也不贷给资本家，政府也不理他们，又不许他们解雇工人，所以他们说是告贷无门，呼吁无门"[②]。

接管天津出现的这些现象向共产党人提出了一个尖锐的问题：在中国无产阶级夺取政权以后，应当怎样对待私人资本主义经济？怎样根据中国的现实国情发展好新民主主义经济？

天津的问题在新解放城市中带有相当的普遍性。能否正确地贯彻中共七届二中全会精神，妥善处理私人资本主义，迅速恢复生产，发展经济，这不仅关系到天津这一个城市，而且对即将解放的上海、南京、武汉等大城市的接管也有重要影响，并直接关系到人民政权的稳定和巩固。

天津问题引起了毛泽东、刘少奇等中央领导人的极大关注。1949年4月初，中共七届二中全会提出工作重心转移问题不久，中央决定委派刘少奇前往天津调查研究，解决尽快恢复和发展城市生产问题。4月10日晚，刘少奇一行抵达天津，在旧德租界小刘庄的一座二层楼房中住下。

① 中共中央文献研究室编：《刘少奇传（1898—1969）》下，中央文献出版社2008年版，第577页。
② 同上。

第二天，刘少奇就开始了紧张的调查工作。上午，刘少奇视察了中纺一厂、天津机械厂二分厂，召开座谈会，听取工人和资本家两方面的意见；下午，听取了天津市主要领导黄克诚、黄敬、黄火青等对天津接管工作以及接管后天津全面工作情况的汇报。这些使刘少奇对天津的基本情况有了初步了解。当天深夜，刘少奇伏案草拟了一份《天津工作问题》的调查提纲，其中首次提出要照顾四面八方的基本经济政策。他写道：

为在党的总路线之下实现发展生产的目的，必须正确建立与改善以下各方面的关系：公私关系、劳资关系、城乡关系、内外关系。这四面八方的关系，即全面关系，都必须很好地照顾，否则就会犯严重错误。

对于如何正确处理“四面八方”的关系，刘少奇在《提纲》中作了原则的分析：

——必须切实组织对外贸易，争取出口，进口必须的原料和器材。国家对外贸的管理和统制，不应妨害正当的进出口。

——必须切实迅速通畅城乡关系，物畅其流。方法是与私商合作收购，税收改善，价格相宜。形式要多样：收购原料的会议与经理处、百货商场、农民招待所、物品交易所、物品市场、内地电讯、机关合作社、机关信托局。

——必须贯彻公私兼顾的政策。公营企业与贸易局必须主动地去联合私人工厂，在原料及市场和价格各项问题上协议出适当的兼顾和两利的办法。

——必须贯彻劳资两利的政策。目前私人企业中有些工人的要求是过高的，使企业负担不起，或不能长期负担。如果不迅速加以纠正，很可能成为一种系统的偏向。因此，必须由军管会迅速宣布劳资纠纷暂时处理办法。必须说服工人为了长远的利益，不要把资本家挤垮；必须教育工人注意生产，只有生产发展才于工人有利。

在《提纲》最后，刘少奇勾画了下一步的行动方案：

迅速了解情况；
找资本家谈话；
找各厂长和工程师谈话；
找出进口商人谈话；
分工，干部考核与提拔；
一切经济机关如何执行公私兼顾？公私如何结合？如何实现劳资两利？
出进口问题——海关问题；
交易所问题；
物价问题；
金融问题；
机关生产与合作社；
自由资产阶级，农村方式，职员问题，劳资问题，公私问题，内外问题，城乡问题，税收问题；
工会组织与教育；
房屋与工作人员生活；
经济委员会；
交易所，工商登记；
工会不要代替政府，把工人代表会议扩大成人民代表会议，成为政府的权力机关；
天津的工资标准怎样定？各业各厂定。工厂与资本。[①]

这个行动方案，涵盖了一个现代城市经济社会生活正常运转的几乎全部问题。这表明，在指导解决天津工作问题上，对新中国经济建设方针有过深

① 黄小同、李文芳著：《刘少奇与天津讲话》，河南大学出版社1998年版，第63—67页。

入思考的刘少奇是胸有成竹的。特别是刘少奇这份工作提纲，提出了“照顾四面八方”的政策思想，得到毛泽东的充分肯定，并将这个政策思想完整地概括为“公私兼顾、劳资两利、城乡互助、内外交流”这十六字方针，后来成为新中国经济建设的根本指导方针。

4月18日，刘少奇出席中共天津市委员会会议，并作讲话。刘少奇特别强调：天津的主要工作是生产方面。总的路线，中共七届二中全会决议已经指出，就是一步一步地学会管理城市，恢复和发展城市中的生产事业。在同帝国主义者、国民党、官僚资产阶级作坚决的斗争时，自由资产阶级不是斗争对象，一般的是团结的对象、争取的对象，对资产阶级也应有必要的斗争，但重点在团结，如果把他们当作斗争对象，那就犯了路线的错误。因此，公私兼顾、劳资两利政策必须确切执行，这是我们的战略任务中很重要的组成部分。刘少奇说，当然，我们不是主张资本家第一，工人第二，农民第三。过去在宣传中把资本家放在第一位，工人放在第二位，那是错误的。但是，现在我们有的报纸，在宣传上对自由资产阶级连第四位也没有，重点不是团结而是打击，这也是不妥当的。自由资产阶级不能除掉，还要它发展。对这一点不清楚，搞乱自己阵营，等于农村中伤害了中农一样。①

在这次讲话中，刘少奇强调说，在党的总路线下达到发展生产的目的，就要照顾到四面八方的关系。他第一次明确指出：“毛泽东说过，我们考虑问题要全面，要照顾四面八方。四面就是公私关系、劳资关系、城乡关系、内外关系；八方就是城乡关系的城乡两方，内外关系的内外两方，公私关系的公私两方，劳资关系的劳资两方。都要照顾到，这才叫全面照顾。”②刘少奇这番话，一针见血，把处理好四面八方关系的利弊得失问题讲清楚了。

4月24日，刘少奇在天津市干部大会作报告，讲了资本家的剥削在一定历史条件下是有进步性的问题。他说：“不论怎样讲，剥削是事实。但在一定历史条件下的剥削是有进步性的。”“马克思在一百年以前，就认为资本家对发

---

① 黄小同、李文芳著：《刘少奇与天津讲话》，河南大学出版社1998年版，第157—158页。
② 中共中央文献研究室编：《刘少奇传（1898—1969）》下，中央文献出版社2008年版，第576页。

展生产、组织生产是有历史功绩的。”“我国民族资产阶级有功有过，今天是功大于过。但我们也要限制它。”“关于剥削问题，这不是几个资本家可以负责的。剥削行为不是由意识决定的，而是历史发展的必然，是整个社会制度问题。中国工人阶级还要忍受一个时期的剥削痛苦。”“城市里发展生产，第一是发展公营企业的生产，第二是发展私营企业的生产，第三是发展手工业生产。”①

4月28日，天津市职工代表大会在南开中学礼堂隆重召开。刘少奇在会上讲话，向工人们诚恳地指出，现在，只利工人、不利资本家也是不对的。对的政策是两利，就是也允许资本家对工人剥削，剥削不能完全消失。剥削不是好的，但在现在来说，也有一点好处的。

在天津视察期间，刘少奇花费很多时间和精力找资本家谈话，除亲自出面邀请部分知名工商业家参加便宴外，还多次召开座谈会，找资本家面对面地交换想法。在会见的人中，有在天津乃至华北、全国都有一定影响的知名企业家李烛尘、周叔弢、宋棐卿、资耀华、毕鸣岐、朱继圣、边洁清、孙冰如、劳笃文、王翰庭等，也有各行各业的中小工商业者。座谈会每次开得都非常热烈，刘少奇对大家的发言和提出的问题都认真地听，然后入情入理地宣传解释共产党的方针政策。

在4月19日的座谈会上，刘少奇向在座的工商业家指出，目前的主要问题是恢复和发展生产。在工业方面，一部分是国家资本，绝大部分是私人资本。国营和私人企业之间可能有竞争，有矛盾，但是政府的方针是要使国营私营互相合作配合，减少竞争。政府要发展国营生产，也要发展私营生产，这就是公私兼顾。

他说：“我们的主要目的是在发展生产，并不反对哪样生产发展得多”；“政府的方针，是要使国营私营互相合作配合，减少竞争”；“我们希望合作得多，合作得长，使公私两利”；“中国的工业还不很发展，国营企业还是笼罩在头上的，还只是些点点滴滴。私营企业的活动范围很大，可以和国营企业平

① 中共中央文献研究室编：《刘少奇传（1898—1969）》下，中央文献出版社2008年版，第578—580页。

行发展”。为了解除资本家存在的“剥削多,罪恶大,要审判,要枪毙”的顾虑,刘少奇向资本家解释说:“今天在我国资本主义的剥削不但没有罪恶,而且有功劳。封建剥削除去以后,资本主义剥削是有进步性的。今天不是工厂开得太多,剥削的工人太多,而是太少了。你们有本事多开工厂多剥削一些工人,对国家人民都有利。”他鼓励工商业家努力发展生产,说:“今天中国资本主义是在年青时代,正是发挥它的历史作用、积极作用和建立功劳的时候。”[①]刘少奇的这些工作,在很大程度上稳定了资产阶级,使他们出现了积极向上的情绪。

刘少奇在视察过程中,一再指出要全心全意依靠工人阶级,强调这是搞好城市一切工作的基础。刘少奇多次阐述了工人阶级的历史使命和中国共产党同工人阶级的血肉联系,告诫说,工人阶级在新的历史条件下,要分清敌友我,正确认识民族资产阶级的作用,使目前利益服从长远利益。此外,他还对按行业组织工会和组织工人阶级学习等问题,提出了许多具体意见。

即将离开天津的时候,刘少奇出席了在天津召开的华北职工代表大会,再次讲解了党的“四面八方”政策,同时对如何解决工人思想中的错误认识,谈了自己的看法。他说,只顾工人利益,使生产不能继续和发展,是对工人根本不利的,“左”的东西常常是有一股劲的,反“左”的劲头一定要比它原来的劲头更大才行。真正替资本家着想,投降了资本家,那是失掉了立场;如果关系搞好,发展生产,又不失掉立场,这才是贯彻马克思主义。

刘少奇在天津的一系列讲话,特别是根据毛泽东概况的十六字方针对“四面八方”政策的解释和宣传,有力地调动了干部、工人、职员和资本家等各方面的积极性,对天津的经济恢复产生了重大影响。天津的工商业迅速恢复,工业主要生产行业7月以后就恢复到解放前水平。9月,被批准开业的私营工商业户从4月的293户增加到3800户,职工人数增加近20%。天津作为北方大港的对外贸易也活跃起来。天津的经济建设呈现出生气勃勃的兴旺景象。

---

① 中共中央文献研究室编:《刘少奇传(1898—1969)》下,中央文献出版社2008年版,第579页。

刘少奇的天津之行，总的精神是重在纠“左”，这对于全国城市工作产生了重大影响。刘少奇视察天津后，中央办公厅迅速将天津各方面向刘少奇的汇报、座谈会上的发言以及刘少奇在天津的全部讲话、报告、指示印发华北、西北、华东、东北各中央局。这使各级党组织更加明确了中共七届二中全会关于工作重点转移后对私人资本主义经济的政策。许多党组织迅速统一思想，调整政策，从而在很大程度上稳定了各地的资产阶级，防止了南方即将解放的各大城市的资金外流。当时的北平市军管会主任叶剑英谈到北平解放后私营生产恢复和发展的经验时，曾深有感慨地说：“刘少奇同志在天津向私人资本家明确地解释了四面八方的政策，在解除私人资本家的思想顾虑上起了很大的作用。”①

刘少奇在天津的讲话，对指导全国城市工作起了重要作用，但其中在特定环境下肯定资本家的剥削还有一定进步意义的观点，在党内也引起了一些不同看法。新中国成立后，阴谋在党内搞分裂的高岗等人借此对刘少奇进行了猛烈攻击。邓小平后来在中共七届四中全会的发言中公道地指出：

> （刘少奇）那些讲话对我们当时渡江南下解放全中国的时候不犯错误是起了很大很好作用的。……我们刚进城，最怕的是“左”，而当时又确实已经发生了“左”的倾向。在这种情况下，中央采取坚决的态度来纠正和防止“左”的倾向，是完全正确的。我们渡江后，就是本着中央的精神，抱着宁右勿“左”的态度去接管城市的，因为在充其量丧失几个月的时间，而“左”就不晓得要受多大的损失，而且是难以纠正的。②

由乡村进入城市以后，一切以谨慎为上，务求稳进，力避生产的停顿或破坏，为此不惜冒政治上的风险，以“宁右勿‘左’”的态度去接收城市，这才使中央坚决纠“左”的精神得到各级干部的充分理解，并由此获得了执行的力度。

---

① 中共中央文献研究室编：《刘少奇传（1898—1969）》下，中央文献出版社2008年版，第585页。

② 《邓小平文选》第1卷，人民出版社1994年版，第205—206页。

正是在全党统一思想、统一政策、统一步调的前提下，解放战争后期对全国数百座城市的接收，城市生产的恢复，社会经济生活走上正轨，才能如此顺利，如此成功。在这里，刘少奇巡视天津的活动及他阐述的思想观点，在形成党的一系列正确稳妥的城市政策和经济政策方面，占有重要地位。

进城之初的金融战

上海城市解放后，人民币作为本位币进入流通受到投机资本的阻遏。他们狂妄叫嚣“解放军进得了上海，人民币进不了上海！”银元黑市价格轮番上涨，带动各地物价扶摇直上。上海市军管会采取果断行动，一举查封金融投机狂潮的总指挥部证券大楼。银元价格大幅度下跌，全国粮油价格指数旋即回落。

共产党对大上海的接收，是在有比较成熟的经验和充分准备的情况下进行的。短短两个多月，尽管头绪繁多、情况比其他城市更为错综复杂，但一切却进行得有条不紊，令工商界和许多作壁上观的外国人士大为惊叹。

5月27日，上海解放当天，即成立上海市军事管制委员会，以陈毅为主任、粟裕为副主任，着令在上海市辖区内实行军事管制，以便镇压反革命破坏活动，维护社会秩序，接管旧政权的一切公共机关，组织恢复生产等。聚集在丹阳、一切准备就绪的5000名接收干部，浩浩荡荡地随军入城。28日，上海市人民政府成立，由中央革命军事委员会委任陈毅为市长，曾山、潘汉年、韦悫（民主人士）为副市长，即行就职视事。

当日下午2时，上海市军管会主任兼市长陈毅率领所属军事、政治、财经、文教各接管委员会的主要干部，走进上海市政府大厦。陈毅端坐市长办公桌前，令国民党代理市长赵祖康进来。

赵祖康原来是著名的道路与市政工程专家，任旧上海市工务局长。国民党前代理市长逃跑前把市长大印交给他，他便当了4天的代理“代理市长”。一落座，赵祖康便表示要回交通大学教书，陈毅坦诚地对他说：“你不要有其他想法，你留下来是对的，国家需要人才，你可以发挥自己的专长。我们想请你继续担任工务局长的职务。我相信我们一定能够很好合作的。”赵祖康对此感到十分惊异和感激，他把旧市政府的铜制大印一颗、市长小方印一颗郑重交给军管会。然后，陈毅又来到会议室，向200多名旧政府工作人员发表讲话：“诸位老市府的朋友们，这次解放军的胜利，不是共产党一党的胜利，是人民的胜利，希望大家各安职守，办理移交，并听候人民政府量才录用。”[①]陈毅的一番话，博得旧职员发自内心的掌声。至此，上海市的全面接收工作正式开始。

在上海市军管会领导下，分别成立了军事、政务、财政经济、文化教育4个接管委员会，各按照系统分别进驻原上海市政府的各个机构，实施整套接收。

政务接管委员会，对口接管旧市政府所属警察局、社会局、民政局、财政局、地政局、教育局、卫生局、工务局、公用局及市府直属处室，法院、检察署、监狱等旧司法机关，市区公所和郊区公所等，并代接管了直属国民党财政部的直接税局、货物税局及地方驻沪行政机关。以上市府局、处及附属机构共40余个单位，接收旧政府人员4.5万余人。

文教接管工作方面，按照“维持原状，逐步改造”的方针，高等教育处接收国民党中央研究院及国立大专院校19个，包括教授、讲师、助教、研究员及职员工人2800余人；市政教育处接收各种公立学校及教育机关521个单位，教职员工8800余人。新闻出版处接管或军管报馆、通讯社、书店、印刷厂、广播电台及器材厂等47个单位，共2400余人。文艺处接管了国民党在沪的电影管理机构、制片厂、影剧院、美术馆等，接收员工及技术人员千余人。

军事方面，主要接收国民党军队的营房、军事学校、广播电台、文化教育娱乐设施，后勤系统的补给、修械、被服、医疗机构，空军军用机场、飞机修理

① 《陈毅传》，当代中国出版社2006年版，第454页。

厂,海军军械处、通讯器材厂及仓库、码头、印刷所、海道测量局等军事机构、军工企业和军事设备等。所接收的房产、物资、财产、器具、交通工具等,只有接收保管之责,无分配处理之权,未经上级批准,一律不得移动或动用。

就迅速恢复城市生产事业这一工作重心而言,对旧上海财经系统的接管尤为重要并极其复杂。以上海的经济地位,如果出现混乱,不仅是华东的问题,而且是关系全国全党的问题。为此,华东局财经委员会在关于上海财经接管工作应注意问题的指示中,强调"接管尺度要比平津更宽不可更严"。平津不做的,上海就不做,平津做过的,上海还要放宽些。要量力而行,要在维持原有基础上去发展,一时力量不足的,可以少接收些,拖它几个月,只要它继续生产就行。"甚至还可以考虑以官僚资本租与私人经营"。总的精神是:"不能以全国最高的生产水平降低到我们的农村式的水平,要人家来就范",要"主动的自觉的付出代价""要稳定将来""要作长久打算"。中共上海市委也提出接管工作要"放宽尺度,宁缓毋急"的方针。本着这一精神,上海的财经接管工作取得了巨大成功。

在工业接管方面,首先顺利接管了国民党政府资源委员会在沪各机构及所属官僚资本企业。上海解放后第三天,陈毅、曾山即到上海资源大楼,对原资委会各部门主管、所属单位和工矿企业负责人发表谈话,指出资委会是主管工矿电力等企业的一个全国性的管理机构,毛泽东主席很重视这个机构;对它的接管与对国民党政权机构的接管是有区别的;军事任务结束后,即将进入建设时期,希望大家安心在原岗位,共同协力,积极工作,做出贡献。

由于高层重视,工作深入,政策稳妥,对资委会所属机构及官僚资本企业的接管工作进行得十分顺利,并且许多企业都能迅速复工,成为恢复城市生产事业的良好开端。上海的这一做法,当即为南下各路解放大军所仿照,纷纷请原资委会人员随军进入新解放城市办理交接,从而使南北东西资委会系统无一企业遭到损失,无一企业不顺利办理交接。同时,成功地争取和团结了一大批集中在资委会系统内的科学技术和管理人才。从建设新中国的长远眼光来看,这甚至比接管工厂物资更重要。

财经接管,以接收官僚资本企业占最大比重,包括银行、工厂、贸易公司、仓库等。除重工业处接管资源委员会各机构及所属企业外,轻工业处接管中纺、烟草、化工等企业和管理机构;航运处接管招商局、航政局;铁道处接管上海铁路局所属各处、室、会、所、厂、段;邮政处接管市邮政局及所属支局、所;电讯处接管电讯局及国际电台等电讯部门;贸易处接管江海关及中央信托局等大型垄断贸易机构;等等。上述财经各部门共接管了411个单位,其中官僚资本工厂157家,接收职工15.3万余人。

接收上海带直接国际性影响的是如何对待外国在华企业,特别是由外商经营的市政公用事业。旧上海被外国帝国主义势力盘踞100余年,凡电力、电灯、电话、煤气、自来水、公共交通等公用事业,大部分由美、英、法商所控制,平均约占80%以上,华商只占很小份额。上海市委和市军管会对外商公用事业公司,要求必须采取极其谨慎的政策,由军管会选派合适人员,向各主要外商如美商上海电力、法商电气、英商自来水等公司,派出军事特派员或联络员,本着保护生产设备,协助维持业务,了解情况与学习管理的精神,与公司内现有党、行政、工会组织建立联系,协调一致,开展工作,逐步调查掌握各外商公司的资本数额、组织人事、生产设备状况及财务、成本、工资、员工情况等,以利于对它们实行必要的监督,并对它们的实际困难予以适当照顾。

公用事业处担负着监督外商公用事业的重任,及时解决了物价波动中公用事业价格的重新核定,外商公司营业收支全部由人民银行代理,检查或改进其经营业务,审核财务成本,严格各种呈报制度,制定优待或配给办法等一系列复杂的专业性问题。因此,在政府保证公用事业贷款及燃料供应的情况下,上海接管期间直至新中国成立初期,主要由外商经营的水电、煤气、电话、电车、公共汽车等,基本保持了经常供应和正常运营,有效地保证了城市经济生活的正常运转,人民各安生业以及各项生产事业的恢复和发展。

由于在接管中采取了一面接收,一面着手管理的方针,除部分机构必须打破以外,一般都是随接随管,使上海这个拥有500万人口的大都市、中国最大的工业与经济中心,未因接收和新旧交替而陷于停滞和混乱。整个接管工作既遵循稳步前进的原则,又力求快接快收,边接边管,做到有条不紊,纪律严明,秩序良好,受到各界人士的广泛称赞。就城市生产事业的恢复而言,纺织、机械等许多行业在接收工作刚刚开始时即已开工恢复生产；铁路、造船、钢铁等重型产业在接收工作完成时基本恢复了运营和生产；邮政电讯、公交运输、水电燃气供应等公用事业则始终保持正常运转。总之，在上海接管期间，城市生产领域基本保持了机器照常运转，人员照常工作，生产正常进行，财政税收也逐月增加，这就为上海的民主改革和建设工作奠定了良好的基础，并以其经济中心的地位将其影响力辐射到全国。

上海接管对全国影响最大的是进城伊始的“金融战”。早在1948年12月1日，中国人民银行经中央批准在华北解放区石家庄市宣布成立。华北人民政府发出布告，由中国人民银行发行人民币在华北、华东、西北三区统一流通，所有公私款项收付及一切交易，均以人民币为本位货币。随着人民解放战争胜利推进，人民币作为本位币迅速推向广大新解放区。然而，当人民解放军解放上海时，人民币进入上海的流通却遇到了强大的阻力。

上海解放当天，军管会即颁发布告：自即日起，以人民币为计算单位；6月5日以后，禁止金圆券在市面流通。6月1日，中国人民银行上海市分行挂牌，并开始以人民币兑换金圆券，比率为1∶100000。兑换金圆券的工作进展顺利，在短短的7天内就结束了，收兑的金圆券占其发行总额的53%。

金圆券虽然肃清了，但金银外币仍流通于市，人民币并没有因为军管会的一纸法令布告便占领上海的市场。当时人民币遇到的敌人，不是软弱的金圆券，而是强硬的硬通货——银元。渡江之前，人民解放军一般是先解放乡村，然后包围、解放城市。在市场的货币流通上，人民币先在乡村生根，城市一解放，人民币会比较容易占领城市市场，较快恢复城乡经济联系。沈阳、北平、天津解放前后的情况，大体上都是这样。然而渡江以后，情形就完全不同了。在那里是先占领城市，后占领乡村，城市和乡村都是银元占领市场，人民币挤不进去。

上海解放的头一周，人民银行投入了近20亿元人民币流通，数量并不大，但早上发出去，晚上又差不多全部回到了银行。在大上海，人民币根本买不到成批的东西。一些投机分子乘机兴风作浪，进行银元投机。并且狂妄地叫嚣：“解放军进得了上海，人民币进不了上海！”在上海的大街小巷，充斥着银元贩子(上海人俗称“银牛”)。

在这些“银牛”的背后,是上海近200家私人银行和地下行庄。旧中国的私营金融业在连年战争、经济凋敝、社会动荡中,大多脱离正常信贷业务而转向投机,与工商业生产经营实体一向联系薄弱。因此,人民政权对投机资本的打击,正所谓“顽症须用猛药”。经过一番调查与侦察,市军管会发现金融投机狂潮的总指挥部是在上海证券大楼。在那里,投机分子们利用几千部电话同分布在全市各个角落的分支据点保持密切联系,大肆炒买炒卖银元、外币,操纵银元价格。从6月2日到9日,在短短7天内,银元黑市价格轮番上涨,从660元涨到1800元以上。银元价格的暴涨带动了物价的扶摇直上,在上海解放后的13天内,批发物价指数猛涨两倍多,人民生活必需的米和棉纱也上涨了一倍到两倍以上。与此同时,一些私营商店开始用银元标价,拒收人民币。银元投机风严重冲击了金融市场,危害了正当的工商业,严重影响市民生活。

为了稳住市场,上海市军管会最初曾采用经济方法,集中了大量银元拿到黑市上去抛售。但是将10万银元抛出去后,全被投机分子吃进去了,银元价格一点不见回落。经济方法不能奏效。在严峻的形势下,上海军管会急电请示中央批准,断然决定组织一次严厉的政治打击。军管会一方面在报纸上发表社论,一方面宣布“取缔黄金、银元、美钞投机”,发动和组织以工人为骨干的各阶层人民,造成强大的舆论攻势,一方面做好必要的准备,查封投机分子操纵市场的大本营——上海证券交易所。

上海证券交易所设在汉口路422号,建成于1934年,是一幢8层高的大楼,占地4亩余,当时号称是远东最大的交易所,它控制着全市的有价证券,并操纵物价。它还与全国乃至远东各大城市有着密切的联系。6月10日上午8时,市公安局局长李士英先率领200余名便衣干警分散进入证券大楼,分头控制了各活动场所和进出通道。10时,正是投机活动高峰时刻,宋时轮率警卫部队一个营到达证券大楼,对整个大楼实行军事包围。这时,分布在大楼各个场所的公安人员也亮出身份,命令所有人员立即停止活动,就地接受检查。从上午一直到午夜12时,公安人员分头搜查了各个投机字号,并登记了所有封堵在大楼内的人员名单和财物，然后命令全部人员到一楼大厅集中，听政府代表训话。集中到大厅的共有2100人，公安人员当场扣押238名严重违法商人送至市人民法院审判，其余经教育后陆续释放。

上海市军管会的这一果断行动，立刻震动了全上海，各家报纸迅速作了报道。第二天，银元价格便大幅度下跌，粮油价格指数也旋即回落。在查封证券大楼的同时，上海人民银行挂牌收兑银元，公布金银外币管理办法及外汇管理暂行办法，允许人民保有金银，但不挂牌收兑；严禁外币在市场上计价流通，挂牌收兑；设立外汇交易所，指定银行代理买卖外汇及代办国外汇兑。此外，人民银行还迅速开办折实储蓄存单，以保障职工薪水收入的实际价值，对打击银元投机起了配合作用。

为了从根本上稳定人民币地位，中央也准备了若干经济措施。6月8日，陈云致电华东财经委，提出了五条措施：1. 明令铁路交通事业（包括市政公用事业）一律收人民币；2. 税收一律缴收人民币；3. 以地方为单位，首先是上海酌发实物公债；4. 验资，像平津一样，通令各私人银行检验资金；5. 开放各解放区的汇兑，其目的是以老区比较坚强之货币阵地，支持南方新占领的货币阵地。经过一番斗争，不出一个月，猖獗的银元投机风波即被平息下去，人民币开始在上海站稳脚跟，扭转了黄金外币及银元领导物价的形势。

然而，“银元之战”毕竟采取的是“准军事”的方法，虽然使上海工商界大开眼界，但也有不少人对这种强制手段大惑不解。事实上，取缔银元的斗争，只是新的人民政权打击不法投机资本的第一步，行政手段在进城之初的条件下实乃不得已而为之，但只能收一时之效，无法从根本上解决通货膨胀问题。对于这一点，中共中央看得很清楚，从上海金融初战中得出结论，必须加快建立中央统一的财经统帅部——中央财经委员会，全权领导和处理财经战线上的复杂斗争。

维持上海统筹全局

稳定上海，恢复上海的经济，对全国关系重大。中财委成立之后处理的第一件大事，就是稳定上海的市场物价。陈云强调，关键是抓住“两白一黑”，即大米、纱布和煤炭这三种东西。而粮食和纱布，一个是吃，一个是穿，是市场的主要物资，关系到控制市场力量的大小；人心不乱，在城市中心是粮食，在农村主要靠纱布。

由于长期的革命战争，各个解放区的财经工作基本处于分散状态，已经不能适应夺取全国政权的需要。为此，1948年九月会议决定，先由华北财经委员会将华北、华东、西北三大区的财经工作统一起来，作为统一全国财经的过渡性步骤。1949年3月，中共七届二中全会决定建立中央财经委员会来统一领导全国的财经工作。5月底，由刘少奇起草了《中国人民革命军事委员会关于建立中央财政经济机构大纲（草案）》，毛泽东批示：“此件很好”，并立即急电在沈阳的陈云火速来北平，加紧各项筹备工作。

6月4日，刘少奇向各民主党派负责人及在北平的党政机关负责人作《关于财政经济问题》的报告，指出：组织中央财经委员会，这事很紧迫，建立中央财政经济的统帅部，其紧急不亚于军事及其他问题。我们在军事上取得了很大的胜利，接收了很多东西，外国人要来做生意，交通需要统一，因此财政经济上需要高度的集中。[①]

7月12日，由原中央财政经济部和华北财经委员会合并，中央财政经济委员会在北平前清“九爷府”旧址正式成立。陈云任主任，薄一波任副主任。在

① 中共中央文献研究室编：《刘少奇论新中国经济建设》，中央文献出版社1993年版，第129页。

中央人民政府成立之前,中央财经委员会隶属中国人民革命军事委员会,受军委委托,计划并领导全国的财政经济工作。

这时,投机资本已经转向商品流通领域,继5月份华北地区天津、北平、张家口、石家庄等城市第一次物价上涨风潮渐趋平息,7月第二次物价风潮又起。由于人民解放军进展神速,人民币发行速度也随之加快,大量涌入新解放城市。月初,上海粮价在"银元战"之后下跌又复波动,津汉及中原地区也受到影响。此次各地物价普遍上涨了一倍至一倍半。由于国民党的海上封锁和空中轰炸,上海几乎陷于缺粮的境地。大米成了投机商囤积的目标,在一个月里,上海米价上涨了4倍,连带影响华东、华北和中南米价同时上涨。7月3日,华东局向中央告急,希望在上海开会谋求对策。

7月17日,中财委主任陈云风尘仆仆抵达上海,并立即开始调查研究。27日,陈云主持召开由华东、华北、华中、东北、西北五大区的财政、金融、贸易部门负责人参加的财经会议,研究解决问题的办法。

陈云在会上指出:物价上涨的根源是通货膨胀,通货膨胀的根源是军费开支庞大,财政入不敷出,只有在战争胜利结束,财政收支趋向平衡的时候,才有可能稳定物价。在目前,我们能做的是掌握粮食、纱布等重要物资,有计划地吞吐,与投机资本家斗争,控制物价上升。陈云明确提出,解决上海问题和稳定全国物价,关键是抓住"两白一黑",即大米、纱布和煤炭这三种东西。煤炭只要我们能保证运输,问题不是很大。而粮食和纱布,一个是吃,一个是穿,"是市场的主要物资,我掌握多少,即是控制市场力量之大小""人心乱不乱,在城市,中心是粮食;在农村,主要靠纱布"。①

参会人员同意陈云的分析,认为目前的财经困难是胜利中的困难,是战争推进到国统区后出现的暂时困难;全国解放了,新区的工作开展了,困难就会减轻,回旋的余地会更大。会议作出努力增加收税、抓紧征收公粮、发行公债和从各地调拨物资等几项决定,采取多种措施以克服目前的困难。

在农村抓紧征粮,大家没有什么意见,因为征收公粮,一直是财政收入的

① 孙业礼、熊亮华著:《共和国经济风云中的陈云》,中央文献出版社1996年版,第29页。

主要来源；而在城市中增加税收，似乎与减轻人民负担的宗旨不一致。其实，简单地要求减轻税收，是一种“施仁政”的小农意识。陈云对此分析说，过去大城市多数不在我们手里，农业税占总收入的3/4；现在我们有了大城市，情况有了改变。如东北地区，税收及公营企业和对外贸易收入占整个收入的3/4，公粮仅占1/4。为什么过去说敌占城市我占乡村，在经济上是敌强我弱呢？道理就在于城市的税收优于乡村。所以要用增加税收的方法，努力求得收支大体平衡，以便经济走上健全发展的道路。这里面大有文章可做。陈云在这里实际上提出了在财政上实现工作重心转变的思想。

发行公债，是各国政府经常采用的一种手段，它可以起到回笼货币、控制通货膨胀、筹集资金、发展生产等作用。但党内许多人以为这是靠借债过日子，毛泽东对此也非常谨慎。陈云解释说，大中城市游资很多，债币下乡有利于物资交流，又可刺激工业生产，同时可以弥补赤字，减少物价波动，易于收购土产，总之这种影响对于工商业特别是工业资本家是有利的。经中央研究决定，第一期折实公债顺利发行。

按照原来的设想，解决上海困难的办法之一，是搬迁一些工厂出去，用疏散来减轻上海的负担，但是陈云提出这件事要慎重，把解决目前困难同全国长期建设区别开来，目前应力争维持生产。为此，会议决定由中财委主持从各地调拨物资，首先保证上海需要的粮食、棉花和煤炭，稳住上海。各大区共同努力维持上海，承担所分配的调拨任务，上海的工厂恢复生产，全国各地都会受益，下一步就主动了。从这时起，在全国开始实行粮食、棉花等关系国计民生的重要物资的统一调拨，对当时城市生产事业的恢复和发展起到重要作用。

上海会议确定了全力支持解放战争彻底胜利和维持新解放区首先是大城市人民生活的方针，并就统一财政经济、控制市场物价提出了具体措施和步骤，显示了陈云领导的中财委在统帅全国财经工作方面的巨大魄力和重大作用。毛泽东高度重视上海会议，认为必须“维持上海，统筹全局”。他在听取陈云回北平后的汇报后，于9月2日致电华东局指出：

中央同意此次上海会议决定的总方针及许多具体办法。我们必须维持上海，统筹全局。不轻议迁移，不轻议裁员。着重整理税收，以增加收入。三个人的饭五个人匀着吃，多余人员设法安插到需要人的岗位上去。……已裁的二万七千人，是一件大事，已引起很多人不满，应加以处理……现在无事做，也应给以饭吃，维持他们，使他们活下去，否则政治上对我们极为不利。就全局来说，全国养九百万至一千万人是完全有办法的。①

上海会议提出的解决困难的方针、措施，大大提高了党和政府在稳定物价斗争中的主动性和计划性。会后，各大区统一配合的方法立即生效，各地迅速组织车船运输，粮、棉、煤开始源源不断运抵上海。其间，人民银行还开展了“中国人民胜利折实储蓄”，实际上是一种吸引游资、压缩通货流转的保值储蓄，存款时按粮布等实物的时价存入，取款时则依届时的实物所值计算，风险由人民银行来承担。这样，使得在物价不稳的情况下，有余钱剩米的人不急于挤进市场抢购粮、布、煤等物资，减轻了市场压力，促使物价上涨趋缓。由于采取了各项紧急措施，至八九月间，物价暴涨之势已被止住。

然而，这仅仅是进城之初财经战的第二个回合。由于投机资本并没有受到毁灭性打击，物价的平稳只是暂时的。陈云清醒地看到这一点，“估计物价仍将继续上涨，且仍有发生剧烈跳跃的可能”。随着中华人民共和国的建立，陈云主持的中财委又极其成功地组织指挥了另一场“米棉之战”，用经济手段真正制服了猖獗一时、为祸社会的不法投机资本。

① 《毛泽东文集》第5卷，人民出版社1996年版，第335页。

草创城市民主政权

城市解放之初，根据在该城市原有的或可能动员的力量，由军管会及临时市政府出面邀请各方面的代表人物，组成各界代表会，成为军管会和政府传达政策、联系群众的协议机关。中央认为这是实行军管制初期党政领导机关联系群众的“最好组织形式”，是人民代表大会的雏形，要求各地善为运用，并创造出新的经验。

接收新解放城市时，共产党采取了军事管制的形式，作为完成从旧的剥削制度性质的政权向新的人民民主政权的过渡措施。城市军事管制包括两方面：一个既有军事职能又有很强行政职能的管理机构——军事管制委员会；一套与城市接管工作相适应的军事管制制度。

最早实行军事管制的是东北地区。为了使新收复的城市和工商业免于破坏，1948年6月10日，中共东北局决定，在新占领城市实行短期军事管制制度。由攻城部队直接最高指挥机关担任该城的军事管理，所有入城工作的地方党政机关及工作人员，一律听其指挥。为此，可以组织军事管理委员会，吸收地方党政负责人参加，承担保护新占领城市的全部责任。军事管理机关，及以后的市政府和市委，有全权处理一切违反城市政策和法纪的事件和人犯，但必须事先向上级请示，事后作报告。中共中央批准了东北局的这一决定，并要求各地切实遵行。

从1948年9月开始，人民解放军相继发动了济南战役、辽沈战役、淮海战役和平津战役，在东北和华东、华北等地有一批大中城市已被解放或即将被攻占，接管大城市的任务更为迫切地摆在各地党的机构和人民解放军部队面前。根据这一形势，1948年11月15日，中共中央专门发出《关于军事管制问题》的指示，确定在一定时期内，对我军解放的5万以上人口的城市，以军事管制的办法来实施党对城市工作的集中统一领导。中央指出：

> 在军事管制委员会的领导之下，一方面，可成立委任式的临时市政府；另一方面，凡带紧急性、临时性或试验性的处置，均可以军管会的命令行之。行之有效者，将来以法令手续肯定之；行之不便须修改或放弃者，可以军管会命令改变或取消之；行之取得经验而须改进者，或即以军管会命令加以补充，或留待将来在法令上改进。[①]

鉴于大城市政治、经济、文化等方面各自具有的复杂情况和特点，清理反动机构及反动分子，建立新的政权机构及群众团体的繁重任务不可能在短时间内完成，中央指示各地应对军事管制执行情况多做具体研究，不应急于过早地取消军管。中央指出，在新收复的大城市中实行军事管制，时间不能太短，不要以为军事管制的时间愈短愈好，愈早取消愈好，军事管制的时间必须决定于进行军事管制的目的和任务是否达到。指示具体规定了军事管制必须达到的目的，其中包括：建立系统的革命政权机关，建立革命的警察、法庭、监狱，建立物资及生产的管制机关与监督机关，建立临时的各界代表会；在各种工人职员中，在青年学生中，进行切实的宣传组织工作，建立工会、学生会及青年团等，作为城市革命政权可靠的群众基础。关于实行军事管制的时间，中央特地明确：必须在上述各项工作做好以后，才能依靠城市中的党和人民政府以及群众团体进行统治，取消军事管制，其时间，大城市约需3至6个月，甚至更长，小城市约需几个星期或2至3个月；10万以上人口的大城市取消军事管制须先得到中央批准。

随着接管大城市的增多，军事管制制度也得以不断完善。1949年4月，在人民解放军发起渡江战役前夕，中共中央又批准了华东局起草的《关于接管

---

① 中共中央文献研究室、中国人民解放军军事科学院编：《周恩来军事文选》第3卷，人民出版社1997年版，第536页。

江南城市的指示》。华东局的指示规定，对新收复的人口在5万以上的城市或工业区，均应实行一个时期的军事管制制度。军事管制委员会的基本任务为：镇压反革命分子的活动，肃清反动武装的残余势力，恢复并建立革命秩序，保护人民生命财产及一切正当的权利；建立革命政权；保证城市政策的正确执行与有秩序地进行各种接管工作；协助工人职员、青年学生及其他劳动群众组织起来，作为城市革命政权可靠的群众基础。在上述任务大体完成，城市秩序安定，一切市政机关建立并经过上级的批准以后，始得取消军事管制。此后，江南城市的接管，基本上是根据这一规定进行的。

城市军管会特别是大城市的军管会主任和市长，一般是野战部队的首长或党的重要领导干部，其任命一般由各中央局提名，然后经过中央批准。比如沈阳市军管会的干部任命，就是在1948年秋由中共东北局报经中央批准的。也有的大城市军管会主任和市长直接由中央物色和选拔，像天津、北平、上海、南京、广州、重庆，等等。

军管会一进城，便马上发布命令，宣布成立市人民政府，然后根据按系统接收的原则，由新成立的市人民政府机构分别接管旧的市政府机构，并完善各职能机构和办事机构。在基层政权方面，军管会和市政府加强了区人民政府和街道办事处两级机构建设。同时，各地党委着手清理城市中的秘密组织，迅速建立党的公开组织，并先后建立了工会、青年团和妇女联合会等群众组织。这些机构和组织的建立，为实现城市的顺利接收和人民民主政权的巩固提供了有力保证。

总的说来，由于建立了军事管制机关，采取了军事管制的过渡性制度，中国共产党对城市的接管，特别是对沈阳、天津、北平、南京、上海、武汉、广州和重庆、西安等大城市的接收，都比较顺利，取得了成功。

接收城市的一项重要任务，是建立城市人民政权。中国共产党对于建立民主政权，经过了从抗战时期建立发展抗日民主政府的实践，到解放战争时期获得了丰富的经验，已经有了较大规模的民主建政的范例和模型，这就是1948年成立的华北人民政府。自当年5月晋察冀和晋冀鲁豫两大解放区合并为华北解放区后，党、政、军、财经等工作迅速实行统一。经过紧张筹备，于8

月召开华北临时人民代表大会，通过《华北人民政府组织条例》，经过全体代表的无记名投票，选举产生了以董必武为主席的华北人民政府委员会，组成华北人民政府。在27位政府委员中，有8位是民主人士。在政府委员互选主席、副主席这个环节上，毛泽东认为华北人民政府不是一般的地方政府，它是领导多个省市的高级政府，实际上就是未来新中国中央人民政府的前身，所以在副主席中一定要选出一位民主人士，如果选不出来，那么华北人民政府就暂缓成立。根据这个精神，经过党内党外反复酝酿比较，就在8位民主人士委员中选出一位不仅在华北有名望，而且在全国有着很高知名度的蓝公武来担任华北人民政府副主席。这个在华北4400万人口的区域建立的共产党和党外民主人士合作的统一战线的人民政府，就是行将诞生的新中国中央人民政府的雏形。而华北临时人民代表大会的召开，则为在新中国实行人民代表大会制度，进行了一次民主选举产生各级人民政府的成功尝试。

华北临时人民代表大会的召开及华北人民政府的成立，是在解放区长期民主建政的基础上实现的。而在新解放城市，主客观条件都不成熟，首先是群众工作尚无基础，还不可能召开人民代表会议。在这种情况下，如何体现城市政权的民主性质，是当时面临的新的课题。

从解放区长期的实践来看，共产党能否管理好城市，关键在城市里的人民群众是不是真正拥护党的政策。这就要求党在进城之初必须迅速解决党和人民政府同群众的关系问题。随着各大城市的陆续解放，许多城市的军管会按照老解放区民主建政的传统，通过召开工厂职工大会、城市贫民大会、各界各业座谈会或临时参政会等形式，设法同群众建立联系。但这些形式或限于城市解放之初条件不够成熟，或限于形式本身偏重于上层分子及其临时性质，都未能解决同城市广大群众保持密切联系的问题。中共中央认真总结了这方面的经验，创造性地提出了各界代表会议这种过渡性组织形式。

1948年11月30日，中共中央发出《关于新解放城市中组织各界代表会办法的指示》，指出：在城市解放后实行军管制的初期，应以各界代表会为党和政权领导机关联系群众的最好组织形式。各界代表会可根据我们在该城市原有的或可能动员的力量，由军管会及临时政府出面邀请若干人为各界代表，组成各界代表会，成为军管会和临时市人民政府在军管初期传达政策，联系群众的协议机关；各界代表会的人数不拘，均为聘请，其中应以劳动人民及革命知识分子占多数，但必须尽可能地多请原与群众有密切联系的代表，或来自省代表性的团体；各界代表会的职权，由军管会和临时市人民政府赋予；军管会和市人民政府的各项政策及一切市政设施，均可向各界代表会报告，并经过其讨论和建议，再由军管会和市政府作出最后决定，付诸实施。中央认为，各界代表会是市人民代表会议召开以前的临时政府的协议机关，如能运用得好，则我党的一切决议和主张均可经过他们的协助，取得广大人民的拥护，并保持军管会和市人民政府与群众的密切联系，使我们能够听到群众的呼声，探知群众的要求，并取得群众的协助来解决各项困难问题。中央指出，党所领导的人民代表会议是我们的组织武器，而各界代表会则可看作是人民代表会议的雏形及其前身，要求各地善为运用，并创造出新的经验。①

根据中共中央的指示，一些大城市在解放后陆续召开了各界代表会议。1949年8月3日至5日，上海市召开了第一次各界代表会议，由陈毅市长作关于上海市军管会和上海市人民政府6、7两个月的工作报告，会议围绕如何粉碎敌人封锁，建设新上海为主题，进行了热烈的讨论，通过了反封锁六大任务的决议。中央立即给予充分肯定，毛泽东于8月26日欣然复电华东局，并告各局、各野前委指出："你们过去对城市召开各界人民代表会议一项重大问题，没有发出指示，自己亦未在上海执行，故对此事处于被动地位，并因此使城市工作受了相当大的损失。现在你们已在上海开了一次各界代表会议，收到了良好效果，并已于八月二十四日给所属发了指示，你们因此就在此项问题上恢复了主动权。"②

8月9日至14日，北平市召开第一届各界代表会议。出席代表330人，包括各民主党派人士和工人、农民、妇女、青年、学生、小资产阶级、民族资产阶级、少数民族、教育界、文化界、新闻界、艺术界及宗教界民主人士等各方面的

---

① 中共中央文献研究室、中央档案馆编：《建党以来重要文献选编（1921—1945）》第25册，中央文献出版社2011年版，第670—672页。

② 中共中央文献研究室编：《毛泽东年谱（1893—1949）》下卷，中央文献出版社2013年版，第550页。

代表。13日下午，毛泽东亲临会场并作简短演讲，庆祝会议成功，希望全国各城市都能迅速召集同样的会议，加强政府与人民的联系，协助政府进行各项建设工作，克服困难，并进而为召集普选的人民代表大会做准备。他说："一俟条件成熟，现在方式的各界人民代表会议即可执行人民代表大会的职权，成为全市的最高权力机关，选举市政府。依北平的情况来说，大约几个月后就可以这样做了。这样做的利益很多，希望代表们加紧准备。"①周恩来在会上作了《把革命进行到底与建设新中国》的报告，市军管会主任兼市长叶剑英作了北平解放以来的接管与施政工作报告，大会主席彭真作了会议总结。

为了迎接即将举行的新政治协商会议，毛泽东在8月26日的电报中要求各中央局、分局所属3万人口以上的城市，务于9月份一律开一次各界人民代表会议，并一律将开会情形在报纸上公开发表，在广播电台上公开广播，不允许不开会的或不口语广播的。中央强调，以后一切3万人口以上城市至少每月开一次各界人民代表会议，每次一天至多两天就够了，每次讨论和决定的问题有一个或两个就够了。

天津市于9月5日至8日召开了首届各界代表会议。360名代表听取和审议了军管会和市政府关于解放7个月来的工作报告，通过了《关于劳资关系暂行处理办法》。大会审查了提案300余件，对一些重要问题如税收、城市建设、企业投资、疏散非生产人口、救济河北农村水灾、调查工人学徒生活卫生状况等，成立了专门委员会研究解决。大会还决议成立常设机构——各界协商委员会，选举协商委员18人，其中1/3是有社会影响的民主人士。

各界代表会议的召开，对于加强城市政权建设、巩固人民民主政权起到了很大作用。尽管各界代表会是城市人民代表会议召开前的临时政府的协议机关，对政府不具有约束之权，但通过这一形式，使军管会和临时市政府与人民群众保持了密切联系，能够倾听群众的呼声，了解群众的要求，并取得群众的协助来解决各项困难。各地城市的各界代表会议，一般都以当前生产上

① 中共中央文献研究室编：《毛泽东年谱（1893—1949）》下卷，中央文献出版社2013年版，第547、548、559页。

的重要问题为议题，如原料如何供应，产品如何销售，劳资关系如何调整，煤粮如何配给等，许多城市生活中的紧迫问题，都是经各界代表会集思广益而逐一获得解决的。

共产党领导的民主政权建设，对于一些受过英美式教育和西方民主政治影响的社会人士来说，是一种别开生面的教育。如写过《初访美国》《重访英伦》的清华大学教授费孝通，原来对共产党能否实行民主表示怀疑，但在参加北京市第一届各界人民代表会议之后，疑虑一扫而空。他看到参加会议的，有穿制服的、穿工装的、穿短衫的、穿旗袍的、穿西服的、穿长袍的，还有戴瓜皮帽的——这许多一看便知来自不同领域的人物，都在一个会场里一起讨论问题。毛泽东作为会议的一名代表，带来一封人民来信，反映物价高、捐税多和失业等问题，当场交给会议处理。各界代表提交的提案多达248件，大多是社会生活中迫切需要解决的问题，会议分别予以审议和处理。会议还建立了各界人民代表协商委员会，以保持与人民群众的经常联系。亲历了这一切，许多从国民党专制独裁统治下过来的人们，深感上了一堂别开生面的“民主课”。

各界人民代表会议的召开，不仅对建立社会新秩序、恢复和发展城市生产事业、巩固人民民主专政起到重要作用，还有利于全国人民学习如何行使当家作主的权利，开始在民主素质、民主程序等方面得到培养和训练。同时，还可借此克服党的领导机关中的许多人只相信少数人的党内干部会议，而不相信人民代表会议的官僚主义作风。总之，由于在接收大城市的实践中，创造和推广了各界代表会这一过渡性组织形式，党和政府的一切决议和主张，均经过它得到群众的协助，吸收广大人民的意见，取得广大人民的拥护。同时，也使城市人民得到参政议政、行使民主权利的初步训练，为逐步过渡到普遍选举的人民代表大会制度准备了条件。这也是中国共产党工作重心转移到城市之初获得很大成功的重要原因之一。

第十二章 共商国是聚群英

谋国在公预商筹

先期到达解放区的各民主党派人士，一面参观学习，了解解放区的情况与各项方针政策，并就国际国内政治形势进行广泛讨论；另一方面，与尚在国统区的各自党派的负责人密切联系，继续开展反对国民党独裁政权的斗争。同时，就召开新的政治协商会议的诸项问题，与中共方面进行初步讨论和磋商，并就新政协应讨论并实现的基本问题达成协议。

人民解放战争的胜利发展之快，大大超出了人们的预料。全国一切民主力量皈依于中国共产党领导建立新民主主义国家的基本主张，促使人民民主统一战线的阵容扩展到空前的规模。

——铁流南下追歼残敌；

——大城市逐一完整接收；

——各项政策得以顺利施行；

——政治新秩序初步建立；

——帝国主义未敢轻举妄动；

——世界民主阵营伸出友谊之手。

这一切表明，创建一个新的人民共和国，已经获得足够的条件。接下来，就是集中人民的集体智慧，创制革命建国的《共同纲领》，迎接躁动于母腹的新中国的诞生。

自1948年中共中央发布“五一”劳动节口号，拉开了筹建民主联合政府的序幕之后，到这一年的秋冬，各民主党派、各人民团体的代表人物及无党派民主人士，应中共中央的邀请陆续进入华北、东北解放区。

为了加强对新政协筹备工作的组织和具体领导，做好民主人士的接待工作，9月28日，中共中央决定将中央城市工作部改为中央统一战线工作部，任命李维汉为部长，高文华为副部长。此后，组织和接送各民主党派、无党派民主人士到解放区，并进行联络、接待和筹备新政协的各项具体工作，由中共中央统战部负责。

1948年10月初，中共中央统战部同第一批到达李家庄的民主人士符定一、周建人、吴晗、刘清扬、韩兆鄂等商讨，提出了《关于召开新的政治协商会议诸问题（草案）》，报送中共中央。这个草案的内容包括：1. 新政协召集问题；2. 新政协人选问题；3. 召开新政协的时间、地点问题；4. 新政协准备讨论的事项等。

这时，从香港北上的第一批民主人士沈钧儒、谭平山、章伯钧、蔡廷锴等已抵达哈尔滨，另路到达的还有王绍鏊和朱学范。10月8日，中共中央将上述草案电发东北局高岗、李富春，并请他们就其中诸问题，约沈钧儒等民主党派负责人商榷，告知这是中共中央委托东北局与他们商谈的书面材料，正式征求他们的意见，请他们加以斟酌，如有不明了之处，应善为解释。

10月15日，中共中央又电示高岗、李富春："请向各党派在哈尔滨的代表声明，中共所提的名单只是中共的希望，他们完全可以增减和改动。""关于新政协参加者的范围必须照《关于召开新的政治协商会议诸问题》第二项所提出的原则，即在南京反动政府系统下的一切反动党派及反动分子必须除外，而由反美、反国民党反动统治、反封建、反官僚资本的各民主党派、各人民团体及无党派的民主人士的代表人士组成，也要邀请少数右派而不是公开反动的分子参加。"

此前9月，中国国民党革命委员会中央常委、著名爱国将领冯玉祥将军，应中共邀请从苏联归国参加筹备新政协，途中因所乘轮船在黑海失事，不幸罹难。冯玉祥夫人李德全于10月下旬抵哈尔滨。周恩来为中共中央拟电，要李富春、蔡畅代表中共中央为冯玉祥不幸去世向李德全表示诚挚慰问，并邀请李德全参加上述会谈。

10月21日，高岗、李富春、沈钧儒、谭平山、章伯钧、蔡廷锴、王绍鏊、朱学范、李德全和东北解放区代表高崇民，在哈尔滨就召开新政协诸问题举行第一次座谈会。会上，民主党派代表都表示同意中共中央《关于召开新的政治协商会议诸问题（草案）》的各项建议，希望尽快组成将出席新政协的各单位。

10月23日召开第二次座谈会。沈钧儒等各民主党派代表进行了热烈的讨论并大胆地提出自己的意见。

11月3日，周恩来为中共中央拟电，就上述民主党派代表所提出的意见和建议作出答复。关于参加新政协的筹备单位，同意增加“上海人民团体联合会”；同意“平津教授”改为“全国教授”，但因南方城市尚待解放，仍应以平津教授为主要代表；“南洋华侨民主人士”可改为“海外华侨民主人士”，其代表人物仍应以南洋为主，因南洋华侨响应“五一”号召者最广泛，人最多；在筹备单位中列入致公党，因致公党响应新政协最早；“社会贤达”以称“无党派民主人士”并作为一个单位为好。这样，参加新政协筹备会的共有23个单位。

根据沈钧儒等民主党派代表在座谈会上的意见，周恩来为中共中央起草的这封电报中首次提出：“依据目前形势的发展，临时中央人民政府有很大可能不需经全国临时人民代表会议即径由新政协会议产生。”[①]这是一个重要判断，即中国共产党与各民主党派真诚协商建国，听取和采纳民主党派代表的意见，适当调整原拟召开全国临时人民代表会议的设想，改由新政治协商会议直接选举产生中央人民政府。这是缔造新中国在建国程序上合法性遵循的一个重要进展。

11月15日，沈钧儒、谭平山等又提出两条新建议：1. 规定参加新政协的单位由中共及各民主党派、各人民团体、各地区代表共38个单位组成，每单位人数6名。2. 如再有增加单位的提议，可随时协商，在筹备会中作正式决定。20日，中共中央复电高岗、李富春，同意沈钧儒、谭平山等人所提两点意见。特别是第二条补充意见，为国民党内开明人士及其他方面的进步力量的加入，开了大门，留有余地。这是后来政治协商会议获得极大成功的非常关键的

① 中共中央文献研究室编：《周恩来年谱（1898—1949）》（修订本），中央文献出版社1998年版，第815页。

一条。

在到达哈尔滨的民主人士进行上述讨论后，10月30日，中共中央向中共香港分局转发经讨论修改过的《关于召开新的政治协商会议诸问题》的文件，并电请他们于接到该项文件后，即抄送民革李济深、何香凝，民盟周新民，民促马叙伦，致公党陈其尤，救国会李章达、沈志远，第三党彭泽民，民主建国会章乃器、孙起孟，及无党派郭沫若十一人，并由潘汉年、连贯分访他们或邀请他们一起聚谈，征询他们意见。同时，应声明在新政协筹备会未公开宣告成立前，仍请他们暂守秘密，以利各方代表继续北上。

潘汉年、连贯根据中央的指示，分别征求了在港各民主党派代表人物的意见，于11月20日致电中央，报告了在港各民主党派人士座谈《关于召开新的政治协商会议诸问题》的有关情况和提出的意见。其中较重要的一条是：关于共同纲领草案，各党派正在研讨中。对以"新民主主义"为今后建国最高指导原则问题，民革方面有两种意见：一种赞同，一种坚持"革命的三民主义"；民盟方面有的主张用"人民民主主义"，有的主张用"民主主义"，不必加上"新"字，但大多数意见均赞成"新民主主义"。还有人提议，国旗、国歌应事先研讨准备。

在哈尔滨，高岗、李富春代表中共中央与沈钧儒等民主人士，结合香港等方面讨论的意见，继续进行座谈。11月25日，就"关于召开新的政治协商会议问题"达成如下协议：

（甲）关于新政协筹备会

（一）新政协筹备会由中共及赞成中共中央五一口号第五项的各民主党派、人民团体及无党派民主人士的代表组成，计有二十三个单位组成。

（二）新政协筹备会的任务：(1)负责邀请参加新政协的各方代表人物；(2)负责起草新政协文件；(3)负责召开新政协的正式会议。

（三）每单位参加人数一人至四人，其确定数目和人选，经其本单位提出，由筹备会各单位协商定酌；其无团体组织仅有代表性的人士，则由筹备会其他单位共同推定。

（四）筹备会于各单位到有过半数(即十二个单位)时，即可成立。

（五）通过筹备会各种决议的手续：一般的决议，经多数通过，全体负责施行；基本方针的决议，如共同纲领及组织政府等，虽经多数通过，但少数有不同意见的单位有不签名或退出筹备会的自由，不加强制。

（六）筹备会地址，预定为哈尔滨。

（七）筹备会组织条例由中共起草送各方审阅经同意后，俟筹备会集会时正式通过。

（乙）关于新政协

（一）新政协参加范围，由反对美帝国主义侵略、反对国民党反动统治、反对封建主义和官僚资本压迫的各民主党派、各人民团体及无党派民主人士的代表人物组成，南京反动政府系统下的一切反动党派及反动分子必须排除，不得许其参加。

（二）参加新政协的单位预拟由中共及各民主党派、人民团体、各区域、人民解放军各单位等共计38个单位组成。中华职业教育社及民社党革新派是否参加问题，留待筹备会最后决定。如再有增加单位的提议，可随时协商，在筹备会中作正式决定。

（三）新政协每单位代表人数为6人，但如获筹备会同意也可允许个别单位酌增人数。

（四）新政协召开时间定在1949年，具体日期、地点应视各方代表到达情况，由筹备会决定。

（五）新政协应讨论和实现的有两项重要问题：一为共同纲领问题，一为如何建立中华人民民主共和国临时中央政府问题。共同纲领由筹备会起草，中共中央已在起草一个草案，不久可提出，任何单位也均可提出自己的纲领草案。关于如何建立临时中央政府即民主联合政府(即由新政协产生或由人民代表会议产生)问题及宪法草案问题，先行交换意见，留待筹备会讨论解决。

（丙）关于专门委员会

不论筹备会或新政协，均可按工作需要聘请若干民主人士及专家组成专门委员会，研究各项专门问题。[①]

就上述三个方面问题达成的协议，确定了新政协应讨论并实现的基本问题，即制定《共同纲领》，成立中央政府。这就是后来据以召开新政协筹备会，继而召开中国人民政治协商会议的最初方案。这个共同协议，是筹建新中国过程中的一份重要文献。

海纳百川迎北归

同舟共济，荣辱与共，这是缔造人民共和国时期，中国共产党与各民主党派相互关系的真实写照。共产党人以海纳百川的政治胸怀，将各民主党派紧密地团结在自己的周围，正因为他们对所联系的社会各界的人们有着别人不可替代的影响。把全国各方面的民主力量都融汇在一起，就使新政治协商会议带有了代表全中国人民的性质。

随着辽沈战役取得伟大胜利，东北全境的交通业已通畅，中共中央东北局南迁至沈阳，与民主人士商讨召开新政治协商会议诸问题的地点，也由哈尔滨移到沈阳。在已就一些重要问题达成协议的情况下，帮助更多的民主党派成员及无党派民主人士脱离险境，迅速北上共议建国大计，便成为一项紧

① 中国人民政治协商会议全国委员会文史资料研究委员会编：《五星红旗从这里升起——中国人民政治协商会议诞生纪事暨资料选编》，文史资料出版社1984年版，第211—214页。

迫的任务。

周恩来派往香港的钱之光，会同潘汉年、连贯、夏衍、许涤新等，先是把沈钧儒等第一批民主人士送达解放区，继而以新组建的香港华润公司为掩护，对外以租用外国轮船运货的名义，寻机运送在港的爱国民主人士秘密北上。

1948年12月1日，从香港出发的第二批民主人士，包括郭沫若、马叙伦、许广平母子、陈其尤、沙千里、侯外庐、宦乡、曹孟君、韩练成、冯裕芳等20余人，经数日航行到达丹东（今安东），顺利进入东北解放区。

接着，第三批民主人士，包括李济深、茅盾夫妇、章乃器、彭泽民、邓初民、洪深、翦伯赞、施复亮、孙起孟等30余人，从香港秘密乘船，于1949年1月10日辗转到达沈阳。

当从香港北上的第一批民主人士沈钧儒、谭平山等，第二批马叙伦、郭沫若等和第三批李济深、章乃器等齐聚沈阳后不久，天津、北平两大城市相继解放。形势发生了很大变化，中共中央决定将新政治协商会议改在北平召开。

1月30日，北平刚刚获得和平解放，周恩来马上指示中央统战部秘书长齐燕铭等，要他们连夜从李家庄出发，赶到北平筹备新政协，这是首要的任务。其次是接收中南海、香山和北京饭店，准备中共中央进驻北平，并接待来北平的民主人士。周恩来指示齐燕铭，先让住在李家庄的民主人士同他一起前往北平。

2月2日，在齐燕铭等的护送下，这批原从北平接送到李家庄的民主人士，包括符定一、周建人、楚图南、胡愈之、沈兹九、韩兆鄂、何惧、吴晗、雷洁琼、严景耀、费孝通、张东荪、张曼筠、严信民、刘清扬、田汉等，又重新回到已经解放了的北平，住进周恩来特意安排的北京饭店。

2月14日，中共中央派林伯渠为代表，从西柏坡前往东北，专程迎接民主人士进北平。经简短的晤谈和准备之后，2月25日，李济深、沈钧儒、马叙伦、郭沫若等一行30余人，在林伯渠等人的陪同下，由沈阳经天津到达北平。

3月5日，从香港出发的第四批民主人士，包括柳亚子夫妇、陈叔通、叶圣陶、马寅初、刘尊祺、赵超构、徐铸成、郑振铎、包达三、王芸生、曹禺等，在烟台解放区上岸，换乘火车于18日到达北平。

3月14日，第五批民主人士从香港出发，在天津上岸，于25日到达北平。这批北上的有黄炎培夫妇，盛丕华、盛康年父子，还有姚维钧、俞寰澄等。

6月24日，在协助解放军接收上海一段时间以后，张澜应毛泽东邀请，同罗隆基、史良、郭春涛、王葆真等民盟人士由上海抵达北平，参加新政协筹备工作。

那是1948年10月，在上海的张澜、黄炎培、罗隆基听说中共正在向到达解放区的民主人士征询筹建联合政府的意见，经商量，在吴晗离沪北上之时，托他带一封信给已到解放区的沈钧儒，请沈均儒代表民盟向中共中央提出几个建议：一是不要向苏联一边倒，实行美苏并重的“协和外交”；二是民盟成员与中共党员彼此不要交叉；三是如果民盟参加联合政府，要保留其退出的权利，成为在野党。这反映了那个时候久困上海的部分民盟领导人认识上的局限。

时过境迁。张澜在谈话时向毛泽东当面表示，民盟被迫解散，合法在野党的幻想破灭，使他们明白，“第三条道路”在中国是行不通的。张澜深有感悟地说：“从今日的国际关系看，美国不可能放弃支持国民党政权的政策。这样，我们同美国的关系不可能从根本上改善。在这种情况下，没有别的选择，只能如主席所说，一边倒。我理解，这也是不得已而为之。”

毛泽东赞同并表示，民主党派不是在野党，而是在朝党，未来的新政府将是联合政府，民主党派将在这个政府中占有一定的地位。

据不完全统计，这一期间先后到达北平的各路民主人士，至少在350人以上，名副其实汇聚了全中国的民主力量的代表人物。

同舟共济，荣辱与共，这便是缔造人民共和国时期，中国共产党与各民主党派相互关系的真实写照。共产党人以海纳百川的政治胸怀，将各民主党派紧密地团结在自己的周围。这些被从各种险恶环境中千方百计营救出来的数百位民主人士，对与他们有所联系的各社会界别的人们，有着不可替代的影响，而中国共产党则拥有占人口绝大多数的工人、农民、小资产阶级基本群众。把全国各方面的民主力量都融汇在一起，就使新政协会议有了代表全中国人民的性质。

各路民主人士进入解放区后，中国共产党采取不同方式向他们介绍有关政策，组织他们到各地参观，使他们亲身感受到解放区军民为夺取革命最后胜利所显示的伟大力量，并就有关建国的大政方针同他们交换意见。1949年1月中旬，邓颖超在李家庄向民主人士作关于解放区的妇女工作的报告；胡乔木作关于新民主主义的文化政策的报告；安子文作关于干部问题的报告。随着各解放区的民主人士陆续到达北平以后，中共有关方面又有计划地为他们组织了一系列的报告，如叶剑英谈新解放区的城市为什么要实行军事管制以及军事管制的有关政策；戎子和谈物资接管工作的政策、有关经验和存在的问题；李维汉谈新政治协商会议的国家制度、政治制度、经济政策及文化教育政策，等等。

在听取各项政策性报告之后，各民主党派、无党派民主人士分别举行了各种专题座谈会。在5月以前，经济界民主人士就接管上海问题举行了7次座谈会。会上，大家畅所欲言，对共产党接收上海这个远东最大的金融经济中心，包括南方各大城市的接收工作，提出了许多重要的意见和建议。

教育界著名人士马叙伦、卢于道、洪源、张西曼、雷洁琼、许德珩等20多人，举行了4次座谈会，讨论了北平解放后对大学的教育管理问题，包括大学机构的若干调整与合并、国立大学课程的改造、私立大学的管理等；还讨论了新民主主义的教育方针和政策，接管沪宁地区的教育机构等问题。

新闻出版界民主人士胡愈之、刘尊琪、杨刚、赵超构等20多人，就平津地区的报纸、通讯社的接管问题，解放区报纸的印象及其优缺点和改进意见，国营、私营报纸的相互关系、相互配合等问题，进行了多次座谈。

新的政治协商会议召开在即，中共中央、毛泽东特别重视，盛邀孙中山夫人、中国共产党的亲密朋友——宋庆龄北上参加新政协会议。1949年1月19日，毛泽东、周恩来联名致函留居上海的宋庆龄先生：

> 新的政治协商会议将在华北召开，中国人民革命历尽艰辛，中山先生遗志迄今始告实现，至祈先生命驾北来，参加此一人民历史伟大的事业，并对于如何建设新中国予以指导。

宋庆龄接到信后，因身体欠佳不宜出行，加之在上海受到国民党的严密监视，行动不得自由而未能动身。

5月27日上海解放后，毛泽东即委派陈毅前去公馆看望宋庆龄。6月19日，毛泽东再次写信邀请并特派邓颖超前去上海迎接。信中说：

> 庆龄先生：
>
> 重庆违教，忽近四年。仰望之诚，与日俱积。兹者全国革命胜利在即，建设大计，亟待商筹，特派邓颖超同志趋前致候，专诚欢迎先生北上。敬希命驾莅平，以便就近请教，至祈勿却为盼。专此。敬颂大安！①

邓颖超与曾长期在宋庆龄身边工作的廖梦醒随即赶到上海。因孙中山1925年在北京去世，宋庆龄一向深感北平是最伤心之地。经数日考虑并与邓颖超、廖梦醒交谈后，欣然同意北上。当时，宋庆龄表示不参加任何团体，只愿以一个旁听的资格列席新政协会议。邓颖超经与宋庆龄协商，向中央提议：以宋庆龄为特别邀请代表出席。中共中央即复示同意。8月28日，宋庆龄在邓颖超等陪同下，从上海到达北平。毛泽东携朱德、周恩来等中共领导人及李济深、沈钧儒等民主党派负责人50余人亲往火车站盛情迎接。

毛泽东还十分重视团结国外华侨的力量，一起完成中国人民的独立解放事业。1月20日，毛泽东为筹备新政协事务，致电南洋侨领陈嘉庚发出邀请："先生南侨硕望，人望所归，谨请命驾北来，参加会议。"同时致电大洋彼岸的美洲侨领司徒美堂："至盼先生摒挡公务早日回国，莅临解放区参加会议。"陈嘉庚、司徒美堂这两位在海外享有声望的华侨领袖，都铭感毛泽东的盛情，回国参加了新政协会议。司徒美堂尤以83岁高龄，不顾他人再三劝说，毅然回国赴会。

在各方面代表比较齐备的情况下，毛泽东又指示让张治中等留在北平的原南京政府的全体和谈代表，尤其是原为蒋介石嫡系的起义将领陈明仁等，

① 《毛泽东书信选集》，人民出版社1983年版，第326页。

以特邀代表资格参加政协会议。总之，在筹备新政协问题上，以毛泽东为核心的中国共产党人，真正把“统一战线”这篇大文章做到家了。

针对党内一些人看不到民主党派和民主人士在民主革命中的贡献和对建立新中国的重要作用，而在统一战线工作中采取“左”的“关门主义”的倾向，毛泽东在中共七届二中全会的报告中强调指出：

召集政治协商会议和成立民主联合政府的一切条件，均已成熟。一切民主党派、人民团体和无党派民主人士都站在我们方面。

我党同党外民主人士长期合作的政策，必须在全党思想上和工作上确定下来。我们必须把党外大多数民主人士看成和自己的干部一样，同他们诚恳地坦白地商量和解决那些必须商量和解决的问题，给他们工作做，使他们在工作岗位上有职有权，使他们在工作上做出成绩来。①

毛泽东对民主人士十分尊重，每次客人到时，总是走出房间，到院子里迎接，有时还走到大门口去迎接。对于年迈的老人，毛泽东还亲自走到汽车前搀扶他们下车和上台阶。李济深、张澜、沈钧儒、黄炎培、陈叔通、马叙伦、柳亚子、陈嘉庚、司徒美堂、赛福鼎等一批爱国民主人士，包括张治中、傅作义、程潜等前国民党军政要员，正是从与毛泽东等中共领导人的交往中，深深感受到中国共产党人虚怀若谷、不计前嫌、坦诚相待、广揽群贤的宽阔胸怀，从中受到平生最大的鼓舞，更坚定了他们与共产党真诚合作的信心，也增强了他们共同建设新中国的主动性。这样，就使新政治协商会议得以广泛地团结与他们有所联系的军政、经济、文教界以及各少数民族、海外华侨等多方面的社会力量，共同建设新中国。

周恩来进北平后，即投入了极大精力直接领导新政协的筹备工作。他与各民主党派的代表人物和其他爱国民主人士接触得更频繁、更广泛、也更为深入。他总是强调，中国共产党实行的是新民主主义的政治，共产党同各民

---

①《毛泽东选集》第4卷，人民出版社1991年版，第1435、1437页。

主党派，不是在朝党和在野党的互相斗争、互相交替的关系，而是以无产阶级为领导的各民主党派的政治合作。这种合作是政治的分工合作，各民主党派各自联系不同方面的人，向共同的方向前进，建设新民主主义的中国。

所有这一切，标志着中国民主党派地位的根本变化。他们不再是旧中国反动政权下毫无地位可言的在野党，而成为新中国人民民主专政的参加者。他们将在中国共产党的领导下，和共产党一道担负起建设国家、管理国家的责任。

在此期间，中国共产党根据革命迅速走向全国胜利的形势，决定将党所长期领导的、过去分割在解放区和国统区的各界人民团体，扩大改组为全国统一的团体组织。继1948年8月第六次全国劳动大会在哈尔滨举行，恢复中国工人阶级统一的全国性组织——中华全国总工会后，各人民团体加紧进行这方面的筹备组织工作。

1949年3月初，中华全国学生第十四届代表大会在北平举行，正式组成中华全国学生联合会。3月至4月间，全国妇女代表大会第一次大会在北平举行，成立了中华全国民主妇女联合会。4月，根据中共中央的决议在北平召开中国新民主主义青年团第一届全国代表大会，大会通过了新民主主义青年团的工作纲领和团章，成立中国新民主主义青年团，选出青年团中央委员会。5月，全国青年代表大会第一次会议在北平举行，成立了中华全国民主青年联合总会。7月，中国文学艺术工作者第一次代表大会在北平召开，成立了中华全国文学艺术界联合会。随后，全国自然科学工作者、社会科学工作者、教育工作者、新闻工作者的代表也举行会议，分别成立全国性组织的筹备委员会。这些人民团体以及工商界，均分别推选出参加新政协筹备会的代表人选。

随着渡江战役后人民解放军向江南广大地区迅速挺进，随着各民主党派走上新的历史道路，全国性人民团体相继成立和加紧筹备，新政治协商会议的筹备工作进入了实质性的具体操作阶段。

成立新政协筹备会

新政协筹备会的代表，均为各方协商、精心推选的国内知名人士，具有广泛的代表性。周恩来说，我们重视由革命战争中锻炼出来的朋友，在土地改革和敌后根据地斗争中锻炼出来的朋友，在国民党统治时期的民主运动中锻炼出来的朋友，脱离反动派而起义的朋友，保护国家器材有功的朋友。一句话，新政协筹备会堪称中国民主进步阵营的群英聚会。

1949年6月15日傍晚，新政协筹备会第一次全体会议在北平中南海勤政殿举行。与会者由新政协的倡议者中国共产党，积极响应中共"五一"劳动节口号的各民主党派、各人民团体和无党派民主人士共23个单位共134人组成。他们分别是：

党派组织，11个单位共59人。其中包括中国共产党、中国国民党革命委员会、中国民主同盟各7人；民主建国会5人；无党派民主人士6人；中国民主促进会4人；中国农工民主党、中国人民救国会、三民主义同志联合会各5人；中国国民党民主促进会、中国致公党各4人。

人民团体，7个单位共41人。包括中国人民解放军、中华全国总工会、解放区农民团体各7人；中华全国青年联合总会、中华全国民主妇女联合会各6人；中华全国学生联合会、上海人民团体联合会各4人。

此外还有5个单位共34人。包括产业界民主人士、文化界民主人士、民主教授各7人；少数民族代表6人；海外华侨民主人士7人。

以上单位和代表具有比较广泛的代表性，体现了民主、团结、协商的建国精神。参加筹备会的代表，均为各方协商、精心推选的国内知名人士，所以这次会议堪称中国民主进步阵营的一次群英聚会。

7时40分，毛泽东等领导人走进会场，大会临时主席周恩来致开幕词，宣布新政治协商会议筹备会正式成立和筹备会第一次全体会议开幕。

接着，毛泽东从台下走上主席台，发表讲话说："诸位代表先生们：我们的新的政治协商会议的筹备会，今天开幕了。这个筹备会的任务，就是：完成各项必要的准备工作，迅速召开新的政治协商会议，成立民主联合政府，以便领导全国人民，以最快的速度肃清国民党反动派的残余力量，统一全中国，有系统地和有步骤地在全国范围内进行政治的、经济的、文化的和国防的建设工作。全国人民希望我们这样做，我们就应当这样做。"最后，毛泽东充满信心地说：

> 中国人民将会看见，中国的命运一经操在人民自己的手里，中国就将如太阳升起在东方那样，以自己的辉煌的光焰普照大地，迅速地荡涤反动政府留下来的污泥浊水，治好战争的创伤，建设起一个崭新的强盛的名副其实的人民共和国。①

雷鸣般的掌声长时间地在会场内回响。

在朱德接下来的讲话之后，民革中央主席李济深、民盟中央常务委员沈钧儒、无党派民主人士郭沫若、产业界代表陈叔通、华侨民主人士陈嘉庚相继在大会上发言。他们深感人民民主来之不易，对中国共产党领导的新中国充满信心。

6月16日，周恩来在大会上作关于《新政治协商会议筹备会组织条例（草案）》的解释报告。指出筹备会的主要任务是：协商确定参加正式会议的各单位和代表名额；决定召开正式会议的时间、地点、议程；拟定新政协会议组织条例草案、起草共同纲领草案和政府成立方案。会议通过了由中共起草的筹备会组织条例，以及参加新政协筹备会的各单位代表名单；选出由毛泽东等

① 《毛泽东选集》第4卷，人民出版社1991年版，第1467页。

21人组成的筹备会常务委员会。

当晚，筹备会常委会举行第一次会议。推选毛泽东为常委会主任；周恩来、李济深、沈钧儒、郭沫若、陈叔通为副主任；李维汉为秘书长。会议决定在常委会下设立6个工作小组。

第一小组，负责拟定参加新政协的单位及代表名额，组长李维汉，副组长章伯钧；

第二小组，负责起草新政协组织条例，组长谭平山，副组长周新民；

第三小组，负责起草《共同纲领》草案，组长周恩来，副组长许德珩；

第四小组，负责拟定政府方案，组长董必武，副组长黄炎培；

第五小组，负责起草大会宣言，组长郭沫若，副组长陈劭先；

第六小组，负责拟定国旗国徽国歌方案，组长马叙伦，副组长叶剑英、沈雁冰。

筹备会的代表分别参加各个小组的工作。

6月19日，李维汉代表第一小组向全体会议作《关于参加新政治协商会议的单位及其代表名额的规定》的说明。会议通过了这个《规定》。根据规定：参加新政协会议的为45个单位，510个代表名额。并规定，每一单位代表名额满10人以上者，得推选候补代表2人；不满10人者得推候补代表1人。候补代表得列席新政协会议。

会上，周恩来就无党派民主人士的名称作了说明。他说，由于国民党反动统治的严重压迫，许多志士仁人虽然没有组织起来，但却在领导着、联系着很大一批民主人士从事民主运动。因此，严格地和正确地说，无党派民主人士是“没有党派组织的有党派性的民主人士”。

当日，为期5天的新政协筹备会第一次全体会议闭幕。会议结束后，筹建新中国各项准备工作立即全面、紧张地开展起来。

确定参加新政协的单位和代表名额，以及拟定代表人选，是一项十分严肃而又复杂、繁重的任务。以李维汉为首的第一小组，为此做了大量细致的工作。

对于要求参加新政协的一些党派、团体，筹备会进行了慎重考虑和具体研究。首先注意政治的严肃性，对于不符合或不完全符合参加新政协标准者，根据组织条例的规定，不作为党派或团体单位邀请。但对上述组织中有一定代表性的人士，在他们的政治组织宣告结束后，邀请他们以个人身份参加新政协，或安排他们以适当的职务。

另一种情况，是依据在政治上和代表性上都符合参加新政协标准者，增加为党派单位代表。如6月19日通过的“参加新政协的单位及代表名额的规定”中，除中共及在香港公开响应“五一”号召的10个民主党派和无党派民主人士外，依照标准又增加了九三学社、台湾民主自治同盟、新民主主义青年团三个单位。

在各单位代表名额的配备上，筹备会和工作小组尽可能地照顾到各个方面。例如区域单位当中，中共和政府领导人只有一二人参加。其他名额，包括工人、农民、妇女、文化、财经、私人工商业、民主人士等方面。军队单位高级领导人很少，尽量照顾到兵团的指战员、战斗英雄及后勤卫生人员等，并注意起义人员方面；又如农民团体，照顾到各地区，待解放区，照顾各省的分配。此外，还照顾到华侨单位，少数民族的代表，宗教单位，无党派单位，如自然科学、社会科学、文学艺术等方面的代表，都根据照顾各方面的原则来推选代表。

代表提名分为两种情况，一种是由组织或个人推荐，另一种是由本人申请。按照筹备会组织条例的规定，筹备会工作小组对所有提名者都逐一进行了审查，进行了反复研究。有时，毛泽东、周恩来亲自参加讨论，以确定一些重要代表人选。

代表名单初步产生之后，经过筹备会反复协商，征求各方意见，一共花了3个月的时间，才最后确定了参加新政协的单位、名额和名单，共分为5类：党派代表、区域代表、军队代表、团体代表、特邀代表，全部代表总数为662人。

9月7日，周恩来向参加政协会议的代表解释这个名单时表示，在确定代表名额和人选的时候，不是平均主义的，而是有重点的。重点就是“以工农联盟为基础，以工人阶级为领导”；同时又照顾到了各个方面。在各人民团体代表中，除工人代表、农民代表外，还有妇女代表、青年代表、学生代表、文艺工作者代表、自然科学工作者代表、社会科学工作者代表，还照顾到自由职业者、海外华侨和少数民族。但尽管如此还是不够全面，所以又设了一个特邀单位。总之，决定全部代表人选是根据人民民主革命的原则。我们重视由革命战争中锻炼出来的朋友，在土地改革和敌后根据地斗争中锻炼出来的朋友，在国民党统治时期的民主运动中锻炼出来的朋友，脱离反动派而起义的朋友，保护国家器材有功的朋友，使这次政治协商会议成为集中代表人民力量的大会。

中共中央统战部把新政协筹备会确定的参加新政协的单位人选和各项统计印制成表册，呈送中共中央、毛泽东审阅。毛泽东看到这本很厚的表册，幽默地说："这是一部天书。"上了这部"天书"名单的人，具有相当的广泛性，其中包含了各民主党派、各人民团体、各地区、人民解放军、少数民族、海外华侨和宗教界等方面的代表，也包含了中国民族民主革命各个历史时期为人民事业作出过贡献的知名人士和代表人物。

为了尽可能广泛地吸收各方面的代表人物，在参加新政协的单位中，专列"特别邀请人士"一类。这里吸收了从辛亥革命、北伐战争、五四运动、抗日战争到解放战争各个历史时期的代表性人物，甚至前清末期和北洋政府时期较有声望以及后来同情革命，并为人民做过好事的人物，也被推选为新政协特邀代表。

在这个"特邀人士"单位中，列为首席代表的是孙中山先生的夫人，在中国整个民主革命进程中始终站在正义事业一边的坚强战士——宋庆龄。

另外，有清末戊戌变法的发动者之一的梁启超之子梁思成；

有前清翰林张元济；

有中国近代海军耆宿萨镇冰；

有老同盟会会员张难先；

有在北洋政府任过教育总长、司法总长的章士钊、江庸；

有曾经是南京政府和谈代表的张治中、邵力子等；

有国民党的重要起义将领傅作义、程潜、陈明仁等；

有老解放区的民主人士陈瑾昆、安文钦等；

有原国民党中央研究院的陶孟和以及资源委员会的钱昌照等；

有教育界、艺术界知名人士陆志韦、周信芳、梅兰芳、程砚秋、袁雪芬等。

另外，还有劳动界的英雄模范人物刘英源、阎存林、戎冠秀等；有新疆少数民族的代表赛福鼎、阿里木江等。对当时尚待解放的地区，也邀请了一些有代表性的人物参加。

总的来说，新政协筹备会在确定参加单位和代表名单上，考虑得是十分周到的，充分肯定了我国近百年来民族民主革命各个历史阶段和各方面人士的积极作用，并尽可能团结各个方面的力量，在中国共产党领导下共同建设新中国。

创制《共同纲领》草案

《共同纲领》草案中，赋予新政协“执行全国人民代表大会职权”的使命，由它直接选举新的中央政府，这在建国的法定程序上有了重大突破。中共七届二中全会决议规定了全国胜利以后党在政治、经济、外交等方面应当采取的基本政策；毛泽东发表《论人民民主专政》——这两个历史性文件，为《共同纲领》奠定了坚实理论基础和政策基础。

制定一部国内各民主党派、各人民团体和无党派民主人士一致同意和遵循的《共同纲领》，是创建新中国最重要的基础工作。在抗日战争后期，毛泽东在中共七大《论联合政府》的报告中就提出了“共同纲领”这个概念。

1948年九月会议把筹建新中国的任务提上日程后，有关建国的大政纲领即开始着手酝酿。东北局代表中央与在哈尔滨的民主人士就召开新政协诸问题达成的协议，其第二项第五款为：“新政协应讨论和决定两项重要问题：一为共同纲领问题，一为如何建立中华人民民主共和国临时中央政府问题。

共同纲领由筹备会起草，中共中央已在起草一个草案。”这个草案，就是中共中央统战部部长李维汉在李家庄主持起草的《中国人民民主革命纲领草稿》。

这份纲领草稿的第一稿，于10月27日完成上报周恩来，并分送刘少奇、朱德、陆定一、胡乔木、齐燕铭等人审阅。该稿除简短的序言外，分总则、政治、军事、土地改革、经济财政、文化教育、社会政策、少数民族、华侨、外交等10部分，共46条。

在当时辽沈战役尚未结束的形势下，这个草稿的着重点是在“人民民主革命”方面。按照李维汉给周恩来的信的说法，稿子是“勉强凑来”。虽然文字略显粗糙，但还是把即将诞生的新中国应实行的最基本的纲领、政策规定出来。如规定：纲领的基本原则，即新政协各成员“共同奋斗的准则”，是“新民主主义亦即革命三民主义”；“人民为国家的主人，国家的一切权力出自人民大众，属于人民大众”；“中华人民民主共和国各级政权的构成，不采取资产阶级民主的三权鼎立制，而采取人民民主的民主集中制”；国家各级权力机关和行政机关，是各级人民代表大会及其选出的各级人民政府；实行耕者有其田的土地制度；没收官僚资本归国家所有，“国有经济为全部国民经济领导成分”；“发展生产，繁荣经济，公私兼顾，劳资两利，应定为全部国民经济建设的总方针”；有计划有步骤地发展工业，争取若干年内“使中国由农业国地位上升到工业国地位”；“发展民族的、科学的、大众的文化与教育”；各民族一律平等，建立民族自治区等。这些规定，反映了中国共产党长期以来形成的新民主主义的立国思想，有许多都为后来各个稿本所采纳。

11月，《中国人民民主革命纲领草稿》形成第二稿。第二稿的结构不同于第一稿，它分为三大部分：第一部分“人民解放战争的历史任务”，叙述人民解放战争的历程、主要经验及其要完成的推翻三大敌人和国民党反动统治的历史任务，号召全国人民“继续支持人民解放战争直至解放全中国的彻底胜利”；第二部分“建立人民民主共和国的基本纲领”，规定中华人民民主共和国的新民主主义性质以及它的国家构成、政权构成、经济构成、文化教育、外交政策；第三部分“战时具体纲领”，就全力支援人民解放战争、巩固人民解放区、建立临时中央政府三个方面，作出34条规定。

其中，对成立中华人民民主共和国临时中央政府的程序，作了新的规定：由新政协直接选举临时中央政府。这个规定至关重要，它在召开全国人民代表大会的条件远不具备的情况下，实际上赋予新政协“执行全国人民代表大会职权”的使命，由它直接选举新的中央政府，从而在建国的法定程序上有了重大突破。

12月30日，毛泽东在为新华社写的新年献词《将革命进行到底》中明确宣布：“1949年将要召集没有反动分子参加的、以完成人民革命任务为目标的政治协商会议，宣告中华人民民主共和国的成立，并组成共和国的中央政府。”这项任务，规定以召集政治协商会议宣告新中国的成立，正是鲜明地体现了上述纲领草案第二稿新规定的内容。

在《共同纲领》起草过程中，1949年3月，中共七届二中全会决议规定了全国胜利以后党在政治、经济、外交等方面应当采取的基本政策；6月30日，毛泽东发表《论人民民主专政》的重要文章，阐明了新中国的国体即各阶段在国家中的地位及其相互关系。这两个历史性文件，进一步丰富了中国共产党有关革命和建国的理论，从而为《共同纲领》的制定奠定了更坚实的理论基础和政策基础。

新政协筹备会成立后，制定《共同纲领》的工作进入了加快具体实施阶段。6月18日，负责起草《共同纲领》的第三小组召开第一次全体会议。组长周恩来在会上说明了起草《共同纲领》工作的重要性，以及以往工作的情况。他说，这个纲领决定联合政府的产生，也是各党派各团体合作的基础。去年在哈尔滨的各党派代表曾委托中共方面拟定一个草案，中共方面也曾两度起草。但去年工作重心在动员一切力量参加和支援解放战争，而现在的重点却在建设新民主主义中国及肃清反动残余。这是长期性的工作，因此，中共方面的第二稿也已不适用，必须根据新的形势的需要重新起草。

会议决定委托中共方面再次草拟初稿，而小组成员则按照自愿参加的原则，分为政治法律、财政经济、国防外交、文化教育、其他（包括华侨、少数民族、群众团体、宗教等问题）5个分组进行讨论和拟定具体条文，供起草人参考。参加新政协筹备会的各单位、各代表及第三小组成员亦可提出自己的书面意见。为此,各单位代表都不止一次地参加分组讨论,有的小组从早上9时开会,直到晚上11时,每个人都做到知无不言,言无不尽。这样的讨论方式,大家认为是本质上的而不仅是形式主义的真民主。至7月上旬,各分组均拟就出具体条文。

为起草《共同纲领》,6月下旬,周恩来经请示毛泽东,暂时放下繁多事务,在勤政殿"关"了一个星期左右,亲自执笔写出草案初稿全文。这份草案初稿,定名为《新民主主义的共同纲领》。

草案初稿在一般纲领中规定:参加政治协商会议各个单位,要以"奉行新民主主义"作为"长期合作的政治基础",新民主主义是"统一战线的纲领";"新民主主义的国家制度,是工人阶级领导的以工农联盟为基础的团结各民主阶级及中国境内各民族的人民民主专政的国家制度";"新民主主义的政治制度,是民主集中制的人民代表大会的政治制度","在整个新民主主义制度期间,既不是一个阶级专政,也不是一党独占政府",而应是各民主党派及人民团体在新民主主义纲领之下的联合政府。此外还规定了"新民主主义的国防""新民主主义的经济""新民主主义的文化""新民主主义的国际关系"。在具体纲领部分,按"解放全中国""政治法律""财政经济""文化教育""国防""外交侨务"6个方面,共列45条。这份草案初稿,构成了此后不久正式提出的《中国人民政治协商会议共同纲领(草案)》的基础。

《共同纲领》草案的修改,是同筹备会及所有政协会议代表的讨论结合一起进行的。从中共方面正式提出草案初稿,到政协全体会议召开,共经过了7次讨论。此外,政协各参加单位还组织各自成员进行了讨论。代表们字斟句酌,反复推敲,畅所欲言,互相商讨,真正做到了集思广益,讨论中提出的修改意见,有的被采纳或基本被采纳,有的为进一步修改提供了参考。

9月以后,《共同纲领》的起草工作进入最后阶段。毛泽东在这一阶段直接参与了各次过程稿的修改工作。为了创制一部与创建新中国这样的伟大事业相称的建国大宪章,毛泽东夜以继日地工作,不仅对纲领各稿字斟句酌,而且亲自校对文字,督促印刷,恪尽严谨、郑重之责任。

在《共同纲领》起草过程中,有两个很重要的问题得到了确认。一个是新中国的国家结构形式，是采取单一制，还是采取苏联那样的联邦制？二是在《共同纲领》中要不要写入社会主义的前途？

前一个问题是毛泽东提出来的。中国是一个以汉族为主体的统一的多民族国家，如何正确地解决国内民族问题，关系到革命的成功和国家统一。第一次世界大战后，在世界范围出现一个很大的民族自决的浪潮，按照1920年列宁的《民族和殖民地问题提纲》中关于"联邦制是各民族劳动者走向完全统一的过渡形式"的观点，中共早期的纲领曾强调"民族自决权"原则和建立"联邦共和国"。抗日战争时期，中国共产党从团结全民族抗战出发，提出动员一切少数民族，在民族自治的原则下共同抗日的主张。其侧重点转向中国境内各民族联合起来，从帝国主义奴役下争取中华民族独立，而不是各民族的自决和分离。陕甘宁边区在少数民族聚居区试行民族自治，建立了若干回族、蒙古族自治的区、乡级政权，初步取得良好成效。但在严峻的战争环境下，各根据地实行民族自治的成功经验，尚来不及上升到党的纲领中来。

1945年毛泽东在中共七大《论联合政府》的报告中，对党的一般纲领的阐述仍采用历来的提法，即："在新民主主义的国家问题与政权问题上，包含着联邦的问题。中国境内各民族，应根据自愿与民主的原则，组织中华民主共和国联邦，并在这个联邦基础上组织联邦的中央政府。"中共七大通过的党章也规定，党在目前阶段的任务之一，是"为建立独立、自由、民主、统一与富强的各革命阶级联盟与各民族自由联合的新民主主义联邦共和国而奋斗"[①]。

抗日战争胜利后，中国共产党尽最大努力争取和平建国，在重庆谈判后召开的各党派政治协商会议上，以周恩来为首的中共代表团坚持阐明了中共的基本民族政策。经过一系列斗争，1946年1月政协会议通过的《关于宪草问题的决议》中规定："聚居于一定地方之少数民族，应保障其自治权。"另在《和平建国纲领》中规定："边疆少数民族所在之各县，应以各该民族人口之比例，确定其实行选举之省县参议员名额。"尽管蒋介石集团很快撕毁政协决议，发动全面内战，但中共关于民族自治的主张已广为社会各界所了解，并在解放

① 中央档案馆编：《中共中央文件选集》第13册，中共中央党校出版社1987年版，第53页。

区加以实行。在解放战争时期，各解放区陆续建立了一批县级回、蒙民族自治地方，而最重要的是建立了第一个相当于省级的内蒙古自治政府。

1947年4月，中共召开内蒙古人民代表会议，选举产生内蒙古临时参议会和内蒙古自治政府。会议通过《施政纲领》规定：内蒙古自治政府，是内古蒙民族各阶层，联合内蒙古区域内各民族，实行区域性高度自治的地方民主联合政府；以内蒙古各盟旗为自治区域，是中国的组成部分。以5月1日内蒙古自治政府宣告成立为标志，结束了内蒙古东、西两部地区长期分割的历史。这是中国境内在少数民族聚居地区建立的最高的民族自治单位，它为建立省一级民族自治地方提供了成功范例。

1949年，在新政协筹备会修改《共同纲领》草案初稿的过程中，毛泽东考虑到建立新中国的任务迫在眉睫，过去党的纲领中关于建立联邦共和国的内容亟须清理。特别是有了1947年建立内蒙古自治区的经验和范例，是到对这个问题加以辨析和解决的时候了。还有一个重要因素，就是随着蒋介石政权在大陆的崩溃，美国政府开始考虑把台湾与大陆分离的政策。而在中国的西藏及新疆南部，也有一些外部势力在支持所谓“独立”的分裂活动。这些动向，使中共中央、毛泽东不能不从国家结构形式上思考如何维护中国的统一更为有利。为此，毛泽东在党内提出：要考虑到底是搞联邦，还是搞统一共和国、民族区域自治？看来恐怕还是不要搞联邦。毛泽东并就此问题，征询专于民族问题研究的中央统战部部长李维汉的意见，请他加以论证。

李维汉和中央统战部深入研究了这个问题，认为中国同苏联国情不同，不宜实行联邦制。他对此做了具体分析和比较：第一，苏联少数民族人口与俄罗斯民族大体相等，各为7000多万人。我国少数民族只占全国总人口的6%，并且呈现出大分散、小聚居的状态，汉族和少数民族之间、几个少数民族之间往往互相杂居或交错聚居。第二，苏联实行联邦制是逼出来的。本来，马、恩、列、斯都主张在统一的（单一制的）国家内实行地方自治和民族区域自治，只在例外的情况下允许联邦制。但俄国经过二月革命和十月革命，许多非俄罗斯民族实际上已经分离为不同国家，因此，不得不采取联邦制把按照苏维埃类型组成的各个国家联合起来，作为走向完全统一的过渡形式。我国则不同，各民族在中国共产党领导下，由平等联合进行革命，到平等联合建立统一的人民共和国，并没有经过民族分离，始终都是一个统一的国家。

中共中央、毛泽东完全同意李维汉的分析，确定新中国在统一的（单一制的）国家内，实行民族区域自治制度，而不实行联邦制。这一重大决策，是中国共产党将马列主义的民族理论运用于中国实际的一个新的伟大创造。它对于在任何情况下，都始终保持整个国家的完整统一和国内各民族的大团结，具有极其深远的意义。根据这一决策，在对《共同纲领》草案的修改中明确规定："各少数民族聚居的地区，应实行民族的区域自治，按照民族聚居的人口多少和区域大小，分别建立各种民族自治机关。"

9月7日，周恩来在北京饭店向参加新政协的代表作《关于人民政协的几个问题》的报告，专门谈到国家制度问题。他说，中国是多民族的国家，我们主张民族自治，但一定要防止帝国主义利用民族问题来破坏中国的统一。鉴于帝国主义者企图分裂我国的西藏、台湾甚至新疆，"为了这一点，我们国家的名称，叫中华人民共和国，而不叫联邦"。"我们虽然不是联邦，但却主张民族区域自治，行使民族自治的权利"[①]。从这时开始，在统一的国家内实行民族区域自治，就作为新中国的一项基本国策和基本制度确定下来。

关于第二个问题，即社会主义目标问题，是在政协代表讨论《共同纲领》草案过程中提出来的。一部分代表认为，既然新民主主义的目标是实现社会主义，那就应该把这一目标写进《纲领》，使全国人民了解未来社会的远景以及共同奋斗的目标。一些代表则认为，在今天的政协中提出社会主义问题过早，《共同纲领》是新民主主义性质的，以不写社会主义为好；而且，新民主主义本身就预示着社会主义方向。

对于这个问题，中共中央明确支持后一种意见。8月26日，毛泽东在新政协筹备会上指出，纲领中只说现阶段的任务，如果再说得远一点就变得空洞了。这就是说，《共同纲领》是属于国家在现阶段的施政纲领，它不应去描绘

① 《周恩来统一战线文选》，人民出版社1984年版，第140页。

现阶段尚不能实现的未来社会的远景。

9月21日，刘少奇在第一届中国人民政治协商会议全体会议上发言时，对这一问题表明了中国共产党的态度。他说："在协商过程中，有些代表提议把中国社会主义的前途写进共同纲领中去，但是我们认为这还是不妥当的。因为要在中国采取相当严重的社会主义步骤，还是相当长久的将来的事，如在共同纲领上写上这一个目标，很容易混淆我们在今天所要采取的实际步骤。"[①]

9月22日，周恩来在关于《共同纲领》草案起草过程的报告中，对于要不要把社会主义的前途明确规定出来的讨论，作了具体说明。他说：

> 筹备会讨论中，大家认为这个前途是肯定的，毫无疑问的，但应该经过解释、宣传，特别是实践来证明给全国人民看。只有全国人民在自己的实践中认识到这是唯一最好的前途，才会真正承认它，并愿意全心全意为它而奋斗。所以现在暂时不写出来，不是不肯定它，而是更加郑重地看待它。而且这个纲领中经济的部分里面，已经规定要在实际上保证向这个前途走去。[②]

中国共产党人以郑重负责的态度，再三强调新民主主义的总纲领，只能规定那些现在应该做、可以做的，而对将来应做、要做的，但目前还不能够做的，就保留不说、不做。这种实事求是的精神，具有很强的说服力，使政协会议各方面的代表基本达成共识，《共同纲领》草案也因此而没有明确规定出向社会主义发展的前途。

经过各方反复讨论和多次修改，9月17日，新政协筹备会第二次全体会议基本通过《中国人民政治协商会议共同纲领》草案，并授权常委会提交政协全体会议讨论。

---

①《刘少奇选集》上卷，人民出版社1985年版，第434—435页。

②《周恩来统一战线文选》，人民出版社1984年版，第140页。

集思广益定国名

关于新中国的国名，经过筹备会反复斟酌，从原称“中华人民民主共和国”，确定为“中华人民共和国”。因为共和国说明了我国的国体，“人民”二字在新民主主义的中国是指工、农、小资产阶级和民族资产阶级四个阶级及爱国民主分子，它有确定的解释，已经把人民民主专政的意思表达出来，不必再把“民主”二字重复一次了。

政协筹备会第四小组负责起草政府组织法草案，工作进展比较顺利。在6月18日小组第一次全体会议上，推举由法学家张志让等7人成立提纲起草委员会，先准备一个讨论提纲，以便小组全体会上讨论时，可获得若干基本的共同意见。

7月8日，小组举行第二次全体会议，根据提纲起草委员会所提“政府组织法中的基本问题”进行讨论。对于国家名称，国家属性，政府组织的基本原则民主集中制，目前国家最高政权机关产生的方法，人民政府委员会的组织、最高行政机构的名称，政务院下属各部、会机构的设置，人民革命军事委员会、人民监察委员会、人民法院和人民检察署的组织和隶属关系等问题，逐一讨论，基本意见趋于一致，有些意见仍留待起草委员会去斟酌。会议推定董必武、张奚若、阎宝航、王昆仑、张志让等五人负责起草政府组织法的初步草案。

这次会上的讨论意见中，争议比较大的，是关于国家名称的问题。

对于未来国家的名称，1940年毛泽东在提出新民主主义共和国理论的《新民主主义论》一文中，曾称之为“中华民主国”。

1948年中共中央发布“五一”口号时，没有提及新的国名。

同年8月1日，毛泽东在给响应中共“五一”口号的各民主党派的复电中，提到一切民主力量亟宜加强团结,共同奋斗,“建立独立、自由、富强和统一的中华人民民主共和国”。

10月10日,毛泽东在他起草的《中共中央关于九月会议的通知》中,继续采用这一名称,宣布:“准备在1949年召集中国一切民主党派、人民团体和无党派民主人士的代表们开会,成立中华人民民主共和国临时中央政府。”

此后,中共中央东北局与民主人士达成《关于召开新的政治协商会议诸问题》的协议,在有关条款中,用的也是“中华人民民主共和国临时中央政府”这个提法。

1949年6月15日,毛泽东在新政协筹备会第一次全体会议上的致词中说:“过去,中华民国是名不副实的。现在,我们要建立一个名副其实的中华人民民主共和国。”为此,筹备会各工作小组起草的三大文件的初稿中,都沿用了“中华人民民主共和国”这一名称。

7月8日,第四小组在讨论“政府组织法中的基本问题”时,代表们对这个国名提出不同意见。一些代表感觉名称太长,用起来累赘。雷洁琼发言说,如果国名太长,用时不用全称即得注明是简称。这个意见是指原拟国家名称可以不变,必要时可用简称。

黄炎培、张志让则提出不同意见,后被整理成书面报告,分发给新政协筹备会主任、副主任、委员和各组组长。报告提出:“我国国名似可将原拟中华人民民主共和国改为中华人民民主国,简称中华民国或中华民主国。将来进入社会主义阶段即可改称中华社会主义民主国。”这里节略了“共和”二字,“人民”和“民主”这两个概念予以保留。他们认为,民主与共和无并列之必要。汉语使用的“共和国”一词,纯系翻译西文“republic”,这个词与“共和”二字在我国经典上的原意并无关系,西文这个词当初并非不可译为民主国。因为西文的“democracy”与“republic”的字面含义原无根本区别,不过前者指民主的政治体制,而后者指民主的国家。为此,他们主张用中华人民民主国。

在这次会上,清华大学教授张奚若对原拟国名提出质疑,发表了第三种意见。张奚若说:“有几位老先生嫌中华人民民主共和国的名字太长,他们说应该去掉‘民主’二字,我看叫中华人民共和国好。有‘人民’,就可以不要‘民主'二字,焉有人民而不民主哉?且民主一词'democracy'来自希腊字,原意与人民相同。去掉'民主'二字,从下面的解释也是很容易明白的:是共和而非专制,是民主而非君主,是人民而非布尔乔亚的国家。"

第四小组把关于国名的意见归纳出三种名称,留待政府组织法起草委员会去斟酌。以董必武为首的起草委员会先后三次开会,并征求了钱端升、邓初民、王之相等专家的意见,写成了《中央人民政府组织法》的草案初稿。经8月17日小组第三次全体会议修正通过为组织法的初步草案。在这个初步草案里,新的国名去掉了"民主"二字。

9月7日,周恩来在《关于人民政协的几个问题》的报告中,介绍了起草政府组织法草案的情况。关于国名问题,周恩来解释说,在中央人民政府组织法的草案上,去掉了"民主"二字,原因是感觉到"民主"与"共和"有共同的意义,无须重复。而这两个都包含了民主的含义。在国体上是用共和,在性质上则用民主。在外国,"共和"和"民主"是一个字,而在中国,却将它定为两个字了。作为国家,还是用"共和"两字比较好,所以用中华人民共和国,就可以说是民主了。

周恩来进一步说明:辛亥革命以后,中国的国名是"中华民国",有共和的意思,但并不完全,可以作双关的解释,而且令人费解。因为在辛亥革命时期,俄国十月革命尚未成功,那时只能是旧民主主义的。在那以后,由不完备的旧民主主义进步到完备的新民主主义。今天,为了使国家的名称合乎国家的本质,所以我们的国名应该是中华人民共和国。中国的少数民族也应该包括在中华人民共和国之内,承认他们的自治权。因此,我们认为中华人民共和国这个国名是很适当的。①

经新政协筹备会常务委员会两次讨论和若干修改,9月17日,政府组织法草案在新政协筹备会第二次全体会议上作了原则的通过,准备提交中国人民政治协商会议大会去讨论。

9月22日,董必武在一届政协全体会议上,作《中华人民共和国中央人民

①《周恩来统一战线文选》,人民出版社1984年版,第138—139页。

政府组织法的草拟经过及其基本内容》的报告。报告对组织法草案的总纲作了几点说明，第一点就是关于国家名称的问题。董必武说："本来过去许多人写文章或作演讲都用中华人民民主共和国；黄炎培、张志让两先生写过一个节略，主张用中华人民民主国。在第四小组第二次全体会议讨论中，张奚若先生以为用中华人民民主共和国，不如用中华人民共和国。我们现在采用了最后这个名称，因为共和国说明了我们的国体，'人民'二字在今天新民主主义的中国是指工、农、小资产阶级和民族资产阶级四个阶级及爱国民主分子，它有确定的解释，已经把人民民主专政的意思表达出来，不必再把'民主'二字重复一次了。"①

这个报告中的说明，为一届政协全体会议所接受。向大会提交的几个文件中，原来的"中华人民民主共和国"，均改为"中华人民共和国"。中华人民共和国国名的确定，在国体和政权基础上体现得"鲜明、准确、完备"，这里凝聚了第一届中国人民政治协商会议各位代表对国家、对民族、对历史极其负责的精神和审慎的态度。

① 《董必武政治法律文集》，法律出版社1986年版，第72—73页。

第十三章

盛会空前创开国

中国人从此站立起来了

毛泽东致开幕词，几乎每句话都博得全场掌声：现在的中国人民政治协商会议是在完全新的基础之上召开的，它具有代表全中国人民的性质，它获得全国人民的信任和拥护，因此它宣布自己执行全国人民代表大会的职权。……我们的工作将写在人类的历史上，它将表明：占人类总数四分之一的中国人从此站立起来了。

从1948年发布“五一”口号，到1949年6月新政协筹备会成立，中国革命形势取得突飞猛进的发展，已经使原来沿用旧称的“政治协商会议”，愈来愈凸现出它所具有的完全新的性质、新的基础、新的阵容及其所要完成的新的历史使命。负责起草新政协组织法的第二工作小组，首先感到仅以一个“新”字来区别于1946年的旧政协，并不够确切。

自6月15日筹备会成立，历时3个月的紧张准备工作基本就绪。9月17日下午3时，新政协筹备会第二次全体会议在中南海勤政殿举行。周恩来主持会议，并代表常委会作了关于会议筹备工作的报告，宣布会议筹备工作已经胜利完成，正式大会即将召开。会上决定：将新的政治协商会议正式定名为“中国人民政治协商会议”。审议并基本通过了三个文件：《中国人民政治协商会议组织法草案》《中国人民政治协商会议共同纲领草案》《中华人民共和国中央人民政府组织法草案》。

农历八月将尽的北平，晴空碧澈，“序属三秋”；

“太液秋风”吹拂的中南海内，“胜友如云”。

百年奋斗谱写的伟大的交响乐章，在这一刻奏响……

1949年9月21日，中国人民政治协商会议第一届全体会议，在北平中南海怀仁堂隆重开幕。

这是中国近代历史上具有划时代意义的空前盛会。它在中国人民解放战争和中国人民革命取得全国胜利的基础上召开，就是要集中全国人民的意志，宣告中华人民共和国的成立，制定中国人民自己的宪章，组织中国人民自己的中央政府。这是中国光辉灿烂的人民新世纪的伟大开端。

会议开始前，首先由筹备委员会副主任周恩来报告会议各代表的名额和已经到达北平的代表人数。代表总数662人，内各单位代表510人，候补代表77人，特别邀请代表75人。代表包括五类：计党派代表14个单位，165人；区域代表9个单位，116人；军队代表6个单位，71人；团体代表16个单位，235人（以是四类均包括候补代表在内）；特别邀请代表75人。截至开幕日为止，已到北平者共638人，未到者24人。其中10人系经筹备会特许列名缺席，3人系缺额未补，11人可在会期中赶到。特许列名缺席代表的杨杰将军，已不幸于会前二日在香港被国民党特务暗杀逝世。

据新华社统计，人民政协代表包括各党派、各阶级及11个少数民族与华侨，仅从代表的年龄籍贯看，即可见其包括的广泛普遍。在662位代表中，已知年龄者，最高者萨镇冰为93岁，司徒美堂、张元济均83岁……最年轻的是台湾民主自治同盟高山族代表田富达21岁。陈嘉庚谓“四世同堂”。已知籍贯者，计有苏、湘、粤、浙、京、津、沪等35省市。

出席开幕式的有政协代表634人，来宾300人。

中国共产党作为发起政协会议的最大的党派单位，代表名额与民革、民盟同为正式代表16人，候补代表2人。出席会议的中共正式代表为毛泽东（首席代表）、刘少奇、周恩来、林伯渠、董必武、陈云、彭真、郑位三、王稼祥、陆定一、吴玉章、徐特立、刘澜涛、李维汉、李克农、安子文，候补代表为邢西萍（徐冰）、齐燕铭，共18人。新民主主义青年团也以党派单位出席会议，代表有冯文彬、蒋南翔、胡耀邦等。出席大会的共产党员还有朱德、聂荣臻、贺龙、徐向前、刘伯承、粟裕等中国人民解放军代表；薄一波、陈毅、高岗、黄克诚、乌兰夫等解放区代表；李立三、蔡畅、廖承志等工会、妇联、青联代表。他们是拥有450万党员的中国共产党的杰出代表。

为争取民主而奋斗并响应中国共产党的号召，积极参加筹备新政协的中国各民主党派，也派出各自的代表，分别以李济深、张澜、黄炎培、马叙伦、彭泽民、李章达、谭平山、蔡廷锴、陈其尤、许德珩、谢雪红为首席代表。无党派民主人士以郭沫若为首席代表。代表中的各界知名人士有：作家沈雁冰，画家徐悲鸿，京剧艺术家梅兰芳，科学家茅以升、侯德榜、竺可桢、梁思成，实业家陈叔通、李烛尘、胡子昂，华侨领袖陈嘉庚、司徒美堂等。特别邀请人士以宋庆龄为首席代表，包括前清翰林张元济，老同盟会员张难先，曾任北洋政府教育总长、司法总长的章士钊、江庸；前南京政府和谈代表团首席代表张治中，前国民党军起义将领程潜、傅作义、董其武等。这样的代表阵容，不仅表明帝国主义和国民党反动派已完全孤立，更展现了即将诞生的新国家社会基础的广大和全国爱国民主力量空前的大团结。

经周恩来代表新政协筹备会提议、全体一致通过，推出毛泽东等89人组成大会主席团。主席团包括中国共产党代表、中国国民党革命委员会代表、中国民主同盟代表各7人；民主建国会代表3人；无党派民主人士代表4人；中国民主促进会代表、中国致公党代表、九三学社代表、台湾民主自治同盟代表、中国新民主主义青年团代表各1人；各地区代表9人；中国人民解放军代表11人；中华全国总工会代表3人；解放区农民团体代表2人；中华全国民主妇女联合会代表2人；其他全国性人民团体代表8人；上海人民团体代表2人；产业界民主人士代表2人；国内少数民族代表2人；华侨民主人士代表2人；宗教界民主人士代表1人；特别邀请民主人士代表11人。会议秘书长是林伯渠。[①]

由毛泽东、朱德、李济深、沈钧儒、郭沫若任首次全会执行主席。当被通过的主席团登上主席台后，毛主席宣布开幕，在这个庄严的时刻，军乐队齐奏中国人民解放军进行曲，同时在会场外鸣放礼炮五十四响(象征参加政协会议的54个单位)。全场代表一致起立，热烈鼓掌达五分钟之久。毛泽东以筹备会常务委员会主任的身份致开幕词，充满说服力量和乐观情绪，掌声不断

① 李维汉秘书长因腿部跌伤养病。

掀起，历久不息。

毛泽东致词说：

全国人民所渴望的政治协商会议现在开幕了。

现在的中国人民政治协商会议是在完全新的基础之上召开的，它具有代表全国人民的性质，它获得全国人民的信任和拥护。因此，中国人民政治协商会议宣布自己执行全国人民代表大会的职权。中国人民政治协商会议在自己的议程中将要制定中国人民政治协商会议的组织法，制定中华人民共和国中央人民政府的组织法，制定中国人民政治协商会议的共同纲领，选举中国人民政治协商会议的全国委员会，选举中华人民共和国中央人民政府委员会，制定中华人民共和国的国旗和国徽，决定中华人民共和国国都的所在地以及采取和世界大多数国家一样的年号。

诸位代表先生们：我们有一个共同的感觉，这就是我们的工作将写在人类的历史上，它将表明：占人类总数四分之一的中国人从此站立起来了。①

据亲历现场的新闻界代表徐铸成日记载：

毛主席致开幕词，最令人感动的一段话是："我们的民族将从此列入爱好和平自由的世界各民族的大家庭，以勇敢而勤劳的姿态工作着，创造自己的文明和幸福，同时也促进世界的和平和自由。我们的民族将再也不是一个被人侮辱的民族了，我们已经站起来了！"几乎每句话都博得全场掌声。②

中国人民从此站立起来了！中华民族已经站起来了！

——毛泽东这句话，道出了全场1000多位代表和来宾此时此刻的共同心

① 《毛泽东文集》第5卷，人民出版社1996年版，第342、343页。

② 徐铸成著：《徐铸成回忆录》，生活·读书·新知三联书店1998年版，第197页。

声，也喊出了饱受屈辱、历尽苦难的中国各族人民的百年渴望。为了实现这个目标，中国人民曾经付出了多么巨大的代价，进行了多少可歌可泣的斗争，才换得这一天的到来。

毛泽东致开幕词后，中国共产党代表刘少奇、特别邀请代表宋庆龄、中国国民党革命委员会代表何香凝、中国民主同盟代表张澜、解放区代表高岗、中国人民解放军代表陈毅、民主建国会代表黄炎培、中华全国总工会代表李立三、特别邀请新疆代表赛福鼎、特别邀请代表张治中、特别邀请代表程潜、国外华侨民主人士代表司徒美堂等12人，依次在开幕式大会上祝词。

刘少奇在讲话中说：

中国共产党以一个政党的资格参加人民政治协商会议，和其他各民主党派、各人民团体、各少数民族、国外华侨及其他爱国民主分子一起，在新民主主义的共同纲领的基础上忠诚合作，来决定中国一切重要的问题。凡是中国共产党参加并一道通过的人民政治协商会议的决议，中国共产党将坚决地执行并为其彻底实现而奋斗。

宋庆龄在讲话中说：

今天，中国是一个巨大的动力，中国的人民在前进，在革命的动力中前进。这是一个历史的跃进，一个建设的巨力，一个新中国的诞生！我们达到今天的历史地位，是由于中国共产党的领导。这是唯一拥有人民大众力量的政党。孙中山的民族、民权、民生三大主义的胜利实现，因此得到了最可靠的保证。

何香凝在讲话中说：

人民政治协商会议既然代表了革命的三民主义，而且中国人民大革命的胜利，二十年来毛主席的坚强奋斗，刻苦耐劳，凡此一切都证明毛主席的新民主主义是比我们所信仰的革命的三民主义来得妥善些，要来得彻底些。我们信仰孙中山先生的革命的三民主义的信徒，今天，要来做一个模范的新民主主义工作者，就要做人民政治协商会议共同纲领的模范力行者。

黄炎培在讲话中把将要建立的中华人民共和国，形象地比作一所用钢骨水泥的许多柱子撑起来的新的大厦。他说：

这些柱子是什么呢？第一是中国共产党，还有各民主党派，各人民团体，各地区，人民解放军，各少数民族，国外华侨，和其他爱国分子，这些单位就是一根一根柱子，这钢骨水泥是什么呢？就是中国工人阶级，农民阶级，小资产阶级，民族资产阶级，和其他爱国分子的人民民主统一战线。这所新的大厦的基础，是什么？说理论基础罢，就是马克思列宁主义，毛泽东思想。这所新的大厦最高的顶尖上边，飘扬着一面大旗，大旗上写的是什么？是新民主主义。……这所新的大厦，有五个大门，每个门上两个大字，让我读起来：独立，民主，和平，统一，富强。

张治中在讲话中说：

美国国务院发表了所谓中美关系的白皮书，他们还幻想利用什么“民主个人主义者”来做美帝“反共”的工具，真是睁着眼睛做梦！……我们更要正告美国和各国人士：中国人民为了本身的自由独立，我们要“团结国内国际的一切力量，击破内外反动派，我们就有生意可做了，我们就有可能在平等互利和互相尊重领土主权的基础上和一切国家建立外交关系了”。这是中共毛主席所倡导的外交政策，是完全正确的，是全国人民所一致拥护的。

…………

12位代表的发言，都受到全会场热烈鼓掌。他们代表着新中国的各方面力量，表达了对新中国光明前途的共同信念。

大会开幕式在庄严、隆重而又高昂、热烈的气氛中，依序进行，历时4小时。徐铸成日记略载："今日大会开幕时，忽雷电交加，大雨如注。散会步出，已满天星斗矣。"

千载一时的建国机会

与会代表怀着躬逢开国盛世的使命感，共议建设大计，大家畅所欲言，集思广益，充分进行讨论和协商。山河百战归民主，代表们个个体念创业的艰辛，人人珍视这千载一时的建国机会，纷纷直抒己见，为建设新中国献计献策，竭尽绵薄之力，令人感到"民主、团结、严肃、负责"的新鲜气息扑面而来，大家都希望能够传之久远。

中国人民政治协商会议第一届全体会议，从9月21日开幕，到9月30日闭幕，除26日、28日两天休会外，共开了8天。

大会充分体现了"民主、团结、严肃、负责"的精神。与会代表怀着躬逢开国盛事的使命感，共议建设大计。大家畅所欲言，集思广益，充分进行协商讨论，在9月27日的全体大会上，一致通过了《中国人民政治协商会议组织法》和《中华人民共和国中央人民政府组织法》。

《中国人民政治协商会议组织法》共六章二十条。其中规定：

中国人民政治协商会议（以下简称中国人民政协）为全中国人民民主统一战线的组织，旨在经过各民主党派及人民团体的团结，去团结全中国各民主阶级、各民族，共同努力，实行新民主主义，反对帝国主义、封建主义及官僚资本主义,推翻国民党的反动统治,……以建立及巩固由工人阶级领导的以工农联盟为基础的人民民主专政的独立、民主、和平、统一及富强的中华人民共和国。[①]

中国人民政协全体会议,在普选的全国人民代表大会召开以前,执行全国人民代表大会的职权,即:制定或修改中华人民共和国中央人民政府组织法;选举中华人民共和国中央人民政府委员会,并付之以行使国家权力的职权;就有关全国人民民主革命事业或国家建设事业的根本大计或重要措施,向中华人民共和国中央人民政府提出决议案。在普选的全国人民代表大会召开以后,中国人民政协全体会议就有关国家建设事业的根本大计或重要措施,向全国人民代表大会或中央人民政府委员会提出建议案。

《中国人民政治协商会议组织法》的通过,使一向在中国共产党领导下的人民民主统一战线,有了长期存在的、固定的组织形式,从而为正式形成共产党领导的多党合作、政治协商制度,提供了组织上的实现形式。它标志着中国人民民主统一战线在组织上的完成。

《中华人民共和国中央人民政府组织法》共六章三十一条,第一章总纲中规定:

中华人民共和国政府是基于民主集中原则的人民代表大会制的政府。

中央人民政府委员会对外代表中华人民共和国,对内领导国家政权。

中央人民政府委员会组织政务院,以为国家政务的最高执行机关;组织人民革命军事委员会,以为国家军事的最高统辖机关;组织最高人

① 中共中央文献研究室、中央档案馆编:《建党以来重要文献选编(1921—1949)》第26册,中央文献出版社2011年版,第745页。

民法院及最高人民检察署，以为国家的最高审判机关及检察机关。[①]

《中华人民共和国中央人民政府组织法》就中央人民政府委员会的职权、领导人员的产生、工作制度等作了原则规定；并对政务院、人民革命军事委员会、最高人民法院及最高人民检察署的职权范围、领导人员任命、机构设置等作了原则规定。这部《组织法》，为中华人民共和国政府制度的建立提供了法律依据和基本条例方面的良好基础。

9月27日的全体会议，还通过以下四个决议案：

一、全体一致通过：中华人民共和国的国都定于北平，自即日起，改名北平为北京。

二、全体一致通过：中华人民共和国的纪年采用公元。今年为一九四九年。

三、全体一致通过：在中华人民共和国的国歌正式制定前，以《义勇军进行曲》为国歌。

四、全体一致通过：中华人民共和国的国旗为红地五星旗，象征中国人民革命大团结。[②]

中国人民政治协商会议在北平举行，在全国引起极大的反响。毛泽东主席在开幕词说："我们的工作将写在人类的历史上，它将表明，占人类总数四分之一的中国人从此站立起来了。"这句话更激起海内外同胞强烈的民族自信心和民族自豪感。从大会开幕的这一天起，来自海内外的贺电，像雪片般飞向中共中央机关报人民日报社。欣逢旷古盛事，全国人民欣喜若狂，亟欲了解大会的盛况。《人民日报》派出20多位记者和编辑人员，夜以继日地工作，全力以赴地进行大会报道，做到"及时，准确，集中，突出"。特别是发表了对

① 中共中央文献研究室、中央档案馆编：《建党以来重要文献选编（1921—1949）》第26册，中央文献出版社2011年版，第750页。

② 同上，第757页。

政协代表的一系列访问记，受到读者的热烈欢迎，适应了人们的需要。

由于长期战争，由于国民党反动派的封锁，有些为革命作出重大贡献的人士，长期不为全国人民所知。像“子弟兵的母亲”戎冠秀，舍生忘死，掩护、照料八路军、解放军伤病人员，在晋冀边区家喻户晓，其他根据地人民也相当熟悉，但新解放区、蒋管区人民就对她比较陌生。像华侨代表司徒美堂，旅居美洲69年，17岁参加“反清复明”运动，辛亥革命前后以大量经费支持孙中山，抗日战争期间又组织筹饷局，募集现金和军用物资支援抗战。不要说解放区群众，连蒋管区居民也不大了解这位年已82岁的华侨爱国人士。

也有一些为国人瞩目的知名人物，像傅作义将军，几个月前还是国民党政府反人民战争的一方统帅，被列为“头等战犯”，几个月后便成为人民政协特邀代表，他怎样看自己的过去，他的近况和政见如何，大家都是愿意知道的。由于访问对象选择得当，代表们也愿意谈，一篇篇访问记很快就与读者见面了。9月22日《人民日报》刊登会议开幕消息，同时即登出访问记。从9月下旬到10月上旬，陆续刊登54篇，在参加会议的600多位政协代表中，接受访问的比例是很高的。

从24日起，《人民日报》开始刊登代表在会上的发言，包括解放军各野战军、各大解放区、民主党派、人民团体、学术界、文化艺术界、宗教界著名人士代表，共95篇发言，加上54篇访问记，并附以访谈时代表们的照片。可以说，有1/5以上的政协代表，在《人民日报》上同全国人民见了面，谈了个人对国是的意见。

大会始终洋溢着“民主、团结、严肃、负责”的精神。山河百战归民主，代表们个个体念创业的艰辛，人人珍视这千载一时的建国机会。

新中国的成立给远在国外的华侨同胞带来了信心和希望。陈嘉庚代表发言说：华侨的居留地，不是资本主义国家，就是它们的殖民地。侨胞受到与日俱深的歧视、凌虐和迫害，渴望祖国的独立、强盛最为殷切。人民政协的《共同纲领》，特别是其中的民族政策与外交政策，可以保证把侨胞从现在的悲惨境遇中解放出来。他代表海外华侨民主人士以及爱国侨胞，表示对政协会议三个文件草案愿意无保留地接受。

文艺界、科学界、工商界、少数民族、学生、妇女、自由职业者、解放区、人民解放军等各方面的代表，都在发言中结合自己过去的经验、对当前的要求和未来的希望，来解释三个文件草案，表示一定要保证其彻底实现，把新中国建设得强盛和幸福美好。

工商业家陈叔通发言说，新民主主义是徐步走向社会主义的道路。但是今天的政策是发展生产，繁荣经济，公私兼顾，劳资两利，全国工商界不应该而且不会有什么怀疑和顾虑。

林学家梁希说，人民政协的召开，表示我们伟大的祖国永远脱离了半封建半殖民地的命运，因此也就为中国自然科学界奠定了新基础。从今天起，科学在中国不再是一种装饰品，不再是为少数人服务，而要为人民大众服务了。

大学教授马叙伦说，革命胜利以后重要的任务是生产建设，所以我们必须共同来鼓励私人资本，及海外华侨与国家资本有计划地合作，发展工业；我国的民族资本家的利益与国家民族的利益是分不开的，所以必能依据《共同纲领》的经济政策来合力建设工业化的新中国。

许德珩代表知识界，在谈到这次会议的精神时说，提交大会讨论的这三个草案，是经过了筹备会的多次周详讨论的，在大会开幕以前来到北平的600多位代表，也曾经分组多次研讨，600多位同仁之中，可以说是很少没有发言的，也更很少发言不被重视的；凡是在目前紧要的，能够办得到的建议，都是被采纳的。这种民主的，实事求是的精神，是值得我们佩慰的。

为完整接收国民党资源委员会所属工厂企业作出贡献的钱昌照，对中国重工业建设提出建议说：应从速举办大规模的资源调查；当务之急是把已有的重工业加以整理、配合和补充；重工业建设应由中央统筹，一部分工作可责成地方去做；最新技术应该用种种方法去取得，可使中国加速工业化，经济建设不走冤枉路。

陶孟和代表教育科学界人士发言说，我们今日建设上万端待举，科学与教育，必须按《共同纲领》提出的普及与提高的方向发展，一方面普及科学、普及教育，另一方面还要发展高深的科学，发展高深的教育。

…………

一篇篇讲话、发言，各有其角度，又各具鲜明特点，在这和衷共济的氛围中，各位代表纷纷直抒己见，为建设新中国献计献策，竭尽绵薄之力，令人感到“民主、团结、严肃、负责”的新鲜气息扑面而来，这在一届政协全体会议上体现得相当充分，大家都希望能够传之久远。

国名简称的民主讨论

关于中华人民共和国是否简称“中华民国”的问题，大会主席团郑重征求代表们，尤其是辛亥革命以来富有影响的代表人物的意见。经过民主讨论，大多数意见是去掉简称，但不等于把中华民国过去革命的历史意义一概抹煞。如辛亥革命、国共合作等都是有它的历史意义的。同时尊重民间的习惯，“中华民国”这名称目前也不会禁止使用。

在新政协筹备会阶段，中华人民共和国的国名问题已经获得了圆满的解决。但是，还有一个关于中华人民共和国国名的简称问题，需要仔细斟酌。原来，在起草《共同纲领》草案时，根据有的代表提议，考虑到应照顾人民的传统和习惯，在中华人民共和国的全称后面，加了一个“简称中华民国”的括号。最初的《中华人民民主共和国中央人民政府组织法草案》中，也有“中华人民民主共和国简称中华民国”这一条，后来改称中华人民共和国后，简称一说仍保留着。

对于为什么要用简称的问题，周恩来解释说，“中华民国”叫了38年，一下子换了，会使很多人不能接受。所以许可简称“中华民国”，但这个中华民国的性质与过去是有区别的，它不包括地主官僚资产阶级在内。

然而，“中华民国”这个简称，还是在政协代表中引起了很大争论。9月21

日政协第一届全体会议开幕后，马叙伦、陈叔通、郭沫若、沙千里、沈雁冰、谭平山、梁希、许德珩、吴耀宗等代表即递交了一份提案，提议统一国名为“中华人民共和国”，取消《共同纲领》和《组织法》中“简称中华民国”的字样，另由政府以法令规定之。

提案认为：这次新政协筹备会所通过的国名——中华人民共和国，的确能代表中国革命伟大胜利后实行新民主主义的国家及人民。这是中国历史上划时代的一个大变革，必须把旧民主时代遗留下来的、本质上不同的，并且为汉奸、卖国贼用过的在中国人民中间已没有一点好感的“中华民国”四个字，毫无留恋地予以取消。否则，在我们将要庆祝中华人民共和国成立的时候，难道还要对已经走上灭亡道路的旧中华民国再喊“万岁”吗？提案就此请大会公决。

围绕这个提案，各位代表在分组讨论中发表了各种看法。

有的代表主张，不仅在政府组织法中应注明“简称中华民国”，而且要把这一简称写入《共同纲领》，因为《共同纲领》要具有照顾统一战线中各个组织的意义，应该沿用习惯了的称呼。更多的代表认为，不应简称“中华民国”，因为“中华民国”并不是一个简称，而是代表旧中国统治的一切，反动派标榜“中华民国”，而人民对它已产生反感，人民的新中国是新民主主义的，不能与之混同，如果要用简称，就简称“中国”。还有的代表主张，既不应简称“中华民国”，也不必在纲领条文中注明简称“中国”，因“中国”是习惯用法，不是简称。

政协会议主席团对是否取消国名简称采取了慎重态度，特别注意听取当年追随孙中山先生为建立中华民国而奋斗的老前辈的意见。为此，9月26日，由周恩来和林伯渠联名邀请了二三十位年逾七旬的辛亥革命以来富有影响的代表人物，在东交民巷六国饭店举行午宴，并在请柬上注明商谈重要问题，务请出席。

周恩来开宗明义地说：今天请来赴宴的，大多是辛亥革命时期的长辈。我们国家有句古话，叫作“请教长者”，今天的会就是如此。各位在讨论三大文件时，都看见了《共同纲领》中的国号“中华人民共和国”之下有一个简称“中华民国”的括号。关于这个简称，有两种不同意见，有的说好，有的说不必要了。常委会特地叫我来请教老前辈，看看有什么高见。老前辈对“中华民国”这四个字，也许还有点旧感情。周恩来这一番开场白，体现了中国共产党对由旧民主革命到新民主主义革命的历史延续性的尊重。

周恩来讲完后，民主建国会的黄炎培第一个发言。他说，由于中国老百姓落后，感情上习惯用中华民国，一旦改掉，会引起不必要的反感。留个简称，是非常必要的。他后来又补充说，政协会议三年一届，三年之后，我们再来除掉，并无不可。

国民党革命委员会的何香凝接着发表意见说："中华民国是孙中山先生革命的一个结果，是用许多烈士的鲜血换来的。关于改国号问题，我个人认为，如果能照旧用它，也是好的，大家不赞成，我就不坚持自己的意见。"

前清进士周致祥表示不同意。他说反对简称什么中华民国，因为20多年来，这一名称已被蒋介石弄得不堪言状了，成为一个祸国殃民的、群众对它毫无好感的名称。他主张就用中华人民共和国，表示两次革命的性质各不相同。

年逾八旬的美洲爱国华侨司徒美堂也站起来说："我是参加辛亥革命的人，我尊重孙中山先生，但对于中华民国这四个字，则绝无好感。理由是中华民国，与'民'无涉，22年来更被蒋介石与CC派弄得天怒人怨，真是令人痛心疾首。我们试问，共产党领导的这次革命是不是跟辛亥革命不同？如果大家都认为不同，那么我们的国号应叫中华人民共和国，抛掉中华民国的招牌。国号是一个极其庄严的东西，一改就得改好，为什么要三年之后才改？古语云：'名不正则言不顺，言不顺则令不行。'仍然叫中华民国，何以昭告天下？我们好像偷偷摸摸似的。革命胜利了，连国号也不敢改。我坚决主张光明正大地用中华人民共和国的全称。"

司徒美堂的话刚说完，立即响起热烈的掌声。人口学家马寅初教授立即表示拥护司徒美堂的意见，他还加以补充说，中华民国这个简称实在不伦不类，不像话的。

…………

周恩来认真听取了大家的意见，最后说，他要把这些意见综合送主席团常委会参考，并由常委会作出最后决定。

9月27日，政协第一届全体会议第六天的记录，记下了改变国名简称的说明:简称“中华民国”一去掉,不等于把中华民国过去革命的历史意义一概抹煞。如辛亥革命、国共合作等都是有它的历史意义的。这一点在毛泽东开幕词中也讲过。同时,“中华民国”这一名称,因为在民间已很习惯,所以在目前,也不会禁止使用。要慢慢地引导人民在公文上用统一的国名、统一的公元的年号,最好在正式文件上不要有这样的一个法律规定。

由此,在政协全体会议陆续通过的大会文件中,就去掉了“中华民国”这个简称。

议定国旗国歌方案

中华人民共和国国旗、国歌方案的评选过程,始终处在平等、民主、协商的气氛中,生动体现了共和国缔造者们一丝不苟的负责精神。每当五星红旗在首都天安门广场,在工厂、机关、学校、军营升起的时候,人民不会忘记国旗的最初设计者——曾联松。每当威武雄壮的《义勇军进行曲》奏响的时候,人民永远铭记着共和国国歌的词曲作者——田汉、聂耳。

在筹备建国的各项准备工作中,代表国家尊严与象征的国旗、国徽、国歌的确定,是必不可少的重要内容。新政协筹备会决定由第六小组以马叙伦为组长,叶剑英、沈雁冰为副组长,成员有张澜、郭沫若、陈嘉庚、马寅初、蔡畅、李立三、张奚若、廖承志、田汉、郑振铎、欧阳予倩、翦伯赞、钱三强,共16人。

7月4日,因马叙伦组长生病,由叶剑英主持召开第六小组第一次会议。经大家讨论,会议决定:1. 以新政协筹备会名义向全国发表启事,公开征求国旗、国徽图案和国歌词谱;2. 设立以叶剑英为召集人的国旗、国徽图案评选委员会,以郭沫若为召集人的国歌词谱评选委员会。同时决定两个评选委员会，除本组成员参加外，聘请专家参加。8月5日，第六小组召开第二次会议，决定聘请徐悲鸿、梁思成、艾青参加国旗、国徽图案评选委员会，聘请马思聪、吕骥、贺绿汀、姚锦新参加国歌词谱评选委员会。

按照征求条例，国旗、国徽应征图案应注意以下几点：一要有中国特征（如地理、民族、历史、文化等）；二要有政权特征（工人阶级领导的以工农联盟为基础的人民民主专政）；三是国旗图案要以庄严整洁为主，国徽则须庄严而富丽。

7月14日，《人民日报》《北平解放日报》《新民报》《大众日报》《进步日报》《光明日报》《天津日报》等报纸，刊登了新政协筹备会常委会批准的这则征求启事，包括南洋的一些报纸也很快予以转载，在全国人民和海外华侨中反应非常热烈。在登报公开征求的一个月内，共收到国旗和图案稿件共2992件，平均每天收到100余件。应征者的地区分布遍及全国乃至海外，作者既有工人、农民、士兵，也有大学教授、中小学教师、作家、机关职员和其他自由职业者。其中，有刚会作画的小学生，也有用文言文写说明的老先生。朱德、郭沫若等政协代表尽管工作繁忙，也设计了自己喜爱的国旗图案。这一幅幅图案，反映了全国上下，包括海外侨胞都期望着祖国的独立、统一和富强，为新中国的诞生倾注了极大的热情。

为了便利本组成员及专家选阅大量的应征稿件，第六小组在北京饭店413号房间特设选阅室，将所有应征来稿集中陈列。在应征稿件中，设计构思大体符合国旗征求条例三项要求的，主要是由五角星、镰刀锤子、嘉禾齿轮或附加中间一条黄带等几种图案组成。经过反复比较筛选，国旗国徽评选委员会把其中38幅图案汇编成一本《国旗图案参考资料》，印发给出席一届政协全体会议的每一位代表。

9月17日，新政协筹备会第二次全体会议通过决议，将国旗、国徽、国歌工作移交人民政协第一届全体会议，并由原来负责的小组向全体会议主席团提出报告。

9月23日，一届政协全体会议代表分组讨论国旗国徽国歌方案，共有374位代表主张选用国旗第一、第二或第三案，人员超过代表半数。这三案，都是红底，一黄星，加一黄带——红底象征革命，黄星象征中国共产党领导，黄带象征中华民族发祥地黄河；区别在于黄星的大小、位置，黄带的长短、宽窄各有不同。

毛泽东十分关心国旗方案的评选情况。他仔细翻阅了《国旗图案参考资料》，比较属意三案中的一幅，看来是定准了。《人民日报》记者李庄在采访中得知后，马上抢在前头，把这一情况写进关于政协会议的第三篇特写里，想“得风气之先”。但这个消息却发早了，后来得知有些代表不同意这三案。

特邀代表张治中说，红色代表革命，黄星代表共产党领导，都好。中间加一条黄带，如果被理解为把国家、革命分裂为二，就很不好了，因此坚请另作考虑。许多代表转而同意他的意见。

新闻界代表徐铸成也发表意见，不赞成一般所称黄色代表黄种及黄河文化之说，认为我国有很多少数民族，有些并非黄种，更多的与黄河并无联系。故言国旗应有普遍代表性，不宜有大民族主义的表现。

9月25日，政协第一届全体会议已进行到第5天，按照大会议程，就要通过国旗方案了。当晚8时，在中南海丰泽园，毛泽东、周恩来约请各方人士郭沫若、沈雁冰、黄炎培、陈嘉庚、张奚若、马叙伦、田汉、徐悲鸿、李立三、洪深、艾青、马寅初、梁思成、马思聪、吕骥、贺绿汀等，召开国旗国徽国歌纪年国都协商座谈会。

在座谈会上，毛泽东介绍了张治中等对一星一河旗的意见，然后说，我看在座的不反对这面国旗的，恐怕有3/4，但这样总不够圆满，我们还是要选一幅让全体一致通过的才好，大家再想一想。

38幅国旗图案环列在会场，各位代表都在思量着挑出一个最理想的方案。剧作家田汉经过反复揣摩，提议采用第32号图案。这幅图案，在红色的旗面上，镌有一大四小五颗黄星，呈有序环绕排列，顶端还有斧头镰刀图案。田汉说，这是一幅很理想的画面，只是上面的斧头镰刀是否必要？

毛泽东接过图稿，也感到满意，并说斧头镰刀可以去掉。他接着说，大家过去脑子里老想在国旗上画上中国特点，因此画上一条，以代表黄河。其实许多国家国旗也不一定有什么该国特点。苏联之斧头镰刀也不一定代表苏联特征。英美之国旗也没有什么该国特点。他拿着五星红旗图案指着说，这个图案表现了中国人民革命大团结。现在要大团结，将来也要大团结，现在也好，将来也好，又是团结，又是革命。毛泽东讲完后，大家鼓掌表示完全赞同。与会者将该图案逐一传阅后，基本取得一致意见。至此，最后议定以五星红旗为中华人民共和国国旗。

9月27日，政协全体会议讨论了国旗的议案，代表们一致同意选定五星红旗图案。但在讨论这个图案的说明词时，出现了不同意见。原来的说明是：大星代表共产党，四颗小星代表工人、农民、小资产阶级、民族资产阶级。有代表说，照这样解释，将来进入社会主义，民族资产阶级不存在了，岂不要另换国旗？对此意见，毛泽东认为可以改换说明，他建议不说四小星代表四个阶级，而说一大星四小星象征中国人民革命大团结。代表们都称好，遂将方案定了。

在最后表决时，又有代表当场发言：国旗的释文称“上角一黄色大星，旁绕四小星”，很不妥当，应该另拟，因为“小星”有别解（古代“妾”亦称“小星”）。当日执行主席周恩来认为这个意见好，建议改释文为“上角有五黄色星”，全场热烈鼓掌，一致通过。

中华人民共和国国旗方案的评选过程，始终洋溢着平等、民主、协商的气氛，大会通过和表决时小小的“一波三折”，也颇具戏剧性，这生动地体现了共和国缔造者们一丝不苟的负责精神。

第32号五星红旗的设计者是上海国际经济通讯社的职员曾联松。不久后，他收到中央人民政府办公厅的来函：

> 曾联松先生：
>
> 你所设计的中华人民共和国国旗，业已采用，兹赠送人民政府纪念刊一册，人民币五百万元[①]，作为酬谢你对国家的贡献……

---

① 此处人民币为旧币，相当于1953年中国人民银行发行的新人民币500元。

当鲜艳的五星红旗在首都天安门广场，在工厂、机关、学校、乡村和军营升起的时候，人民不会忘记国旗的设计者——曾联松的名字。

关于代表国家尊严和象征的中华人民共和国国歌的确定，同样经历了反复评选和严肃讨论。新政协筹备会公开征求国歌词谱的启事一经发出，同样在人杰地灵的神州大地上引起热烈响应。评选委员会共收到国歌稿件632件，歌词694首。来自解放军部队、各机关的稿件有87件。全国各地、各行各业、各种经历的人们，都想为新中国的国歌略尽绵薄之力。

第六小组专门聘请马思聪、吕骥、贺绿汀、姚锦新等音乐家参加国歌词谱评选委员会。经过召开全体会议和若干座谈会，认真评选各种稿件之后，马叙伦、沈雁冰写报告给政协筹备会常务委员会说："经本组慎重研讨，认为国歌征集之稿，足以应选者尚少。必须再行有计划地征集一次，将选取者制曲试演。向群众中广求反应后再行提请决定，非最近时期内可以完成。"此外，国徽图案也没有满意之作，须留待由原小组继续设计。

人民政协第一届全体会议召开后，宣告中华人民共和国成立的日子一天天迫近。就在9月25日晚关于国旗国徽国歌纪年国都的协商座谈会上，国旗方案很快就确定下来。接下去讨论国歌问题。会议有些冷场。的确，国歌要求既有大众性，又要有庄严性，更何况必须代表一个国家的民族气质和精神面貌，一时到哪里去找适合这样多方面要求的歌曲呢？这时，第六小组组长马叙伦提议：我们政府就要成立，而国歌根据目前情况一下子还制作不出来，是否我们可暂时用《义勇军进行曲》暂代国歌。

《义勇军进行曲》是1935年由田汉作词、聂耳作曲，为电影《风云儿女》所作的主题歌。在抗日战争的烽火年代，这首战歌鼓舞了多少中华儿女用自己的血肉，筑成了万众一心、团结御侮的新的长城。马叙伦的提议，一下子开阔了大家的思路。的确，世界上不少国家，在没有正式国歌之前，往往把一首能够激励民族精神的歌曲定为代国歌。法国的《马赛曲》就是这样。俄国十月革命胜利之初，也曾以国际无产阶级的战歌《国际歌》代国歌。

在座的许多委员表示赞成马叙伦的提议。建筑学家梁思成说："记得我在美国时，听见有美国青年用口哨吹《义勇军进行曲》，这说明这支歌受到很多人的喜爱。我看就选这支歌吧！”郭沫若也赞成用它当国歌，因为它不仅中国人民会唱，而且外国人也会唱，但歌词修改一下好些。一部分委员提出，歌的曲子是很好，但歌词中有“中华民族到了最危险的时候”，不妥，最好把词修改一下。在场的歌词作者田汉说，该曲是好的，歌词在过去有它的历史意义，但现在应让位给新歌词。对于要不要修改歌词，张奚若、梁思成发表意见认为，该歌曲是历史性的产物，为保持它的完整性，主张曲词都不修改。周恩来表示赞同，他说，《义勇军进行曲》这支歌曲雄壮豪迈，有革命气概，而且节奏鲜明，适于演奏，作为代国歌是很合适的。大家纷纷表示同意周恩来的意见。

最后，毛泽东总结说：大家都认为《义勇军进行曲》作国歌最好，我看就这样定下来吧，歌词不要改。“中华民族到了最危险的时候”，这句歌词过时了吗？我看没有。我国人民经过艰苦斗争终于胜利了，但是还是受到帝国主义的包围，不能忘记帝国主义对我们的压迫。我们要争取中国完全独立解放，还要进行艰苦的斗争，所以还是原词好。据座谈会主要发言摘录记载，最后，大家一致赞成用《义勇军进行曲》暂代国歌。散会前，毛泽东、周恩来和大家合唱《义勇军进行曲》。

在9月27日的政协全体会议上，在通过关于国旗议案的同时，也通过了关于国歌的议案。全体代表一致同意在中华人民共和国的国歌未正式制定前，以《义勇军进行曲》为国歌。周恩来在大会上指出：“我们用《义勇军进行曲》代国歌，以此去鼓舞人民将革命进行到底，鼓舞我们全民族前进。”

这样，1935年由著名剧作家田汉在一张香烟锡箔衬纸上写下歌词，由我国新音乐运动的创始人聂耳饱蘸激情谱写的曲谱《义勇军进行曲》，经历战火纷飞的磨砺，走上了共和国最高的音乐圣殿。就像它所诞生的那个抗日救亡的年代那样，这首歌的每一个音符都鼓涨着强烈的战斗气氛，充满了中华民族同仇敌忾、团结御侮的豪迈气概。前奏曲铿锵有力，有如嘹亮的进军号；乐段中接连使用的三个顿挫音，把情绪不断推向高潮。全曲浑然一体，催人奋发，尤以“前进！前进！前进进”结尾，坚定果敢，铿锵有力，戛然而止又余音未尽，留给人们强烈的心灵震撼。

这首歌象征着在任何时候、任何地方，为捍卫国家和民族的尊严，中华民族的坚强斗志和不屈精神永远不会被磨灭。每当《义勇军进行曲》奏响的时候，人民永远铭记着共和国国歌的词曲作者的名字——田汉、聂耳。

关于国徽图案的征集，也收到了应征稿件112件，图案900幅。经向政协代表征求意见，普遍反映这些稿件体现中国特征、政权特点以及形式庄严等要求，还距离较远。因此，国徽方案没有提交政协全体会议讨论，留待将来由中央人民政府决定。

中央人民政府成立后，委托原国立北平艺专（1950年改为中央美术学院）成立了国徽设计小组，由张仃、张光宇、周令钊和钟灵4位美术家组成。后来，周恩来指示要多吸收一些专家共同设计国徽，又在清华大学营建系成立了以系主任梁思成为首的国徽设计小组。最后的定稿图，以清华大学设计组的方案为主，做了一个统一的方案。

1950年6月20日，全国政协国徽审查小组最后一次讨论、审定了国徽方案，由组长马叙伦、副组长沈雁冰向政协全体大会提出了审查报告。全国政协一届二次会议通过了国徽图案及对该图案的说明，经中央人民政府委员会第八次会议通过。1950年9月20日，中央人民政府主席毛泽东发布命令，公布关于中华人民共和国国徽图案及对图案的说明、使用办法等。

中华人民共和国国徽的内容为国旗、天安门、齿轮和麦穗，象征中国人民自五四运动以来无产阶级领导的新民主主义革命斗争和工人阶级领导的以工农联盟为基础的人民民主专政的新中国的诞生。

通过革命建国大宪章

由于《共同纲领》切合实际而又坚定明确，清楚地指出了哪些事是应该做而且必须做的，哪些事是不应该做而且不允许做的，所以对刚刚诞生的中华人民共和国的各项工作，都起了规范和指导作用。《共同纲领》既已为中国人民政治协商会议所接受，便成为全国各族人民共同遵守的大宪章，在整个新民主主义时期具有临时宪法的性质。

中国人民政治协商会议第一届全体会议的一项重要议程，是通过人民政协共同纲领。为此，周恩来在9月22日的大会上，代表第三小组作了《关于中国人民政治协商会议共同纲领草案的起草经过和特点》的报告。他这样说明：

> 新民主主义的政权制度问题。新民主主义的政权制度是民主集中制的人民代表大会的制度，它完全不同于旧民主的议会制度，而是属于以社会主义苏联为代表的代表大会制度的范畴之内的。但是也不完全同于苏联制度，苏联已经消灭了阶级，而我们则是各革命阶级的联盟。
>
> 新民主主义的经济政策问题。基本精神是照顾四面八方，就是实行公私兼顾、劳资两利、城乡互助、内外交流的政策，以达到发展生产繁荣经济的目的。新民主主义五种经济的构成中，国营经济是领导的成分。在逐步地实现计划经济的要求下，使全社会都能各得其所，以收分工合作之效，这是一个艰巨而必须实现的任务。①

在新政协筹备阶段，政协代表们围绕三大文件，特别是《共同纲领》进行了讨论，其中涉及许多问题。

关于“爱国民主分子”问题。有的代表提出，序言里“中国人民民主专政是中国工人阶级、农民阶级、小资产阶级、民族资产阶级及其他爱国民主分子的人民民主统一战线的政权”一句中，“爱国民主分子”应删去，因为这里讲的是阶级，爱国民主分子也属于4个阶级之内。刘少奇在参加小组讨论时对此作解释：有些爱国民主分子不属于4个阶级，例如地主、官僚资产阶级中之开明分子，单独提出“爱国民主分子”，是给他们开门、让他们进来。

---

①《周恩来选集》上卷，人民出版社1980年版，第369、370页。

关于“人身自由”问题。纲领初稿规定:“中华人民共和国人民有思想、言论、出版、集会、结社、通信、居住、迁徙、宗教信仰及示威游行的自由权。”其中未提“人身自由”。许多代表对此提出意见,认为人身自由是最根本的自由,如无人身自由,其他自由都将谈不上。这一意见在下一个印稿中即被采纳。

代表们提出的修改意见还有许多。如:在第二章“政权机构”开头一条,应加上“中华人民共和国主权属于全国人民”;政协组织成分中的“知识界”,应改为“知识分子”;“反对贪污、浪费”的做法太轻,应改为肃清(或严惩、根绝)贪污、严禁浪费;调剂5种经济成分的关系,应加上金融政策、技术政策两个方面,等等。这些意见基本被后来的修改稿所采纳。另有一些建议,如文字改革、对日和约等,均属不是现在所能做到和不必即行准备去做的事项,故没有列入条文。

经各方反复讨论和多次修改,《共同纲领》草案提交政协全体会议讨论。大会又组成包括《共同纲领》草案整理委员会在内的6个分组委员会,以最后完成各项文件的起草工作。《共同纲领》草案整理委员会由出席政协的45个单位和特邀代表中派人组成。9月28日,政协各单位及纲领草案整理委员会分别举行会议,对纲领草案作最后一次讨论,至此日,整理委员会又收到代表意见21件,经讨论,除对9月20日印稿中的不正规字体加以规整和增添一处标点外,全体一致通过保持原文送交大会主席团。

9月29日,政协全体会议一致通过《中国人民政治协商会议共同纲领》,作为中国人民革命建国的基本纲领。

《中国人民政治协商会议共同纲领》分序言和总纲、政权机构、军事制度、经济政策、文化教育政策、民族政策、外交政策7章,总计60条,7000余字。这个纲领是全国人民意志和利益的集中表现,是100年来,特别是最近20多年以来中国人民革命斗争经验的总结,也是中华人民共和国在相当长的时期内的施政准则。它规定:

> 中华人民共和国为新民主主义即人民民主主义的国家,实行工人阶级领导的,以工农联盟为基础的、团结各民主阶级和国内各民族的人民

民主专政，反对帝国主义、封建主义和官僚资本主义，为中国的独立、民主、和平、统一和富强而奋斗。

…………

中华人民共和国的国家政权属于人民。……国家最高政权机关为全国人民代表大会。

中华人民共和国人民依法有选举权和被选举权；中华人民共和国人民有思想、言论、出版、集会、结社、通讯、人身、居住、迁徙、宗教信仰及示威游行的自由权。

…………

中华人民共和国国民均有保卫祖国、遵守法律、遵守劳动纪律、爱护公共财产、应征公役兵役和缴纳赋税的义务。

…………

中华人民共和国经济建设的根本方针，是以公私兼顾、劳资两利、城乡互助、内外交流的政策，达到发展生产、繁荣经济之目的。国家应在经营范围、原料供给、销售市场、劳动条件、技术设备、财政政策、金融政策等方面，调剂国营经济、合作社经济、农民和手工业者的个体经济、私人资本主义经济和国家资本主义经济，使各种社会经济成分在国营经济领导下，分工合作，各得其所，以促进整个社会经济的发展。[①]

《共同纲领》的制定和通过表明，中国共产党的最低纲领即新民主主义纲领，已被集中代表各民主党派、各人民团体、各民主阶级、各少数民族、海外华侨及其他爱国民主分子意志的中国人民政治协商会议所一致接受，成为新中国的建设蓝图。由于它切合实际而又坚定明确，清楚地指出了哪些事是应该做而且必须做的，哪些事是不应该做而且不允许做的，所以对刚刚诞生的人民共和国的各项工作，都起了规范和指导作用。它凝结了以毛泽东为代表的中国共产党人、以及各民主党派和无党派民主人士的心血，又经过反复讨论、

① 中共中央文献研究室编：《建国以来重要文献选编》第1册，中央文献出版社1992年版，第2、4、7页。

修改，所以得到了全国各方面人士的一致拥护。

在拟定建国纲领的过程中，毛泽东、周恩来等领导人既能从基本国情出发，提出完整、稳健、可行的立国方案，又虚怀若谷，认真听取其他党派和无党派民主人士的意见，平等协商国家大计。其他党派和无党派人士亦能本着共同负责的精神，竭智尽虑，谋国为公，积极贡献意见，使纲领臻于完备。这突出体现了共产党领导下的党派协商精神，成为新中国政治生活的良好开端。

《共同纲领》既已为中国人民政治协商会议所接受，便成为全国各族人民共同遵守的大宪章，实际上具有临时宪法的性质。在整个新民主主义建设时期，它是规范和衡量全国一切党派、团体、个人的行为活动的共同准则。

宣告中华人民共和国诞生

在中国人民历尽艰难困苦，终于迎来人民革命的伟大胜利的日子里，中国共产党和全国人民一道，深切缅怀为国捐躯的革命英烈，永远铭记他们为中华民族独立和人民解放事业前仆后继、英勇斗争的英雄业绩。毛泽东撰写人民英雄纪念碑碑文，着意表明中国人民、中国共产党对由旧民主主义革命到新民主主义革命的历史延续性的特别尊重。

9月30日，一届政协全体会议举行第八次大会，主席团由刘少奇、李立三、沙千里、梁希、盛丕华担任执行主席。下午3时，大会进行第一项程序：选举人民政协全国委员会，选举中央人民政府主席、副主席及中央人民政府委员会委员。

根据29日通过的《选举办法》，作为中国人民统一战线最高组织的全国委员会，是用协议选举的方式，即将整个名单付诸表决，而不用票选的方法选举的。候选名单包括180人，此外留出18个空额，以便容纳新解放区适当的代表人物。经周恩来说明后，执行主席刘少奇反复征询大会对候选名单有无意见，大家鼓掌表示无异议，然后付诸表决，全体举手一致通过。主席再问有无反对者，无人举手；再问有无弃权者，无人举手。于是，宣布一致通过毛泽东、周恩来、李济深、沈钧儒、郭沫若、陈叔通等180人的一届政协全国委员会委员名单，全场掌声大作。

中央人民政府委员会的选举，是根据29日全体会议决定，用无记名联记的方式，进行投票选举的。由主席团经连日慎重协商后提出候选名单，选举的手续极为郑重。是日，大会5位执行主席担任选举总监督，另由主席团指定60人监票。

整个选举过程，从代表们投票、监票人监督，到执行主席开箱核对票数，交监票人分20组同时开票登记票数，履行了一套严格的程序，进行得十分庄重、神圣。

在等待检票的时间里，全体代表一致通过《中国人民政治协商会议第一届全体会议宣言》和大会致中国人民解放军慰问电。接着，又为纪念在人民解放战争和人民革命中牺牲的人民英雄，一致决定在首都天安门外建立一个为国牺牲的人民英雄纪念碑，并通过了纪念碑的碑文。在通过这项决定时，周恩来提议，将纪念碑建在天安门广场，他解释说，之所以在天安门广场建纪念碑，是因为天安门广场有五四运动以来的革命传统，同时这里也是全国和世界人民敬仰的地方。周恩来的提议获得了代表们的一致同意和通过。

通过这项决议后，全体代表随即乘车来到天安门广场举行人民英雄纪念碑奠基典礼。下午6时，各位代表就位后，周恩来代表大会主席团在严肃的气氛下致词。在周恩来致词后，全体代表脱帽静默致哀。默哀毕，毛泽东宣读由他亲自撰写的纪念碑的碑文：

三年以来，在人民解放战争和人民革命中牺牲的人民英雄们永垂不朽！

三十年以来，在人民解放战争和人民革命中牺牲的人民英雄们永垂不朽！

由此上溯到一千八百四十年，从那时起，为了反对内外敌人，争取民族独立和人民自由幸福，在历次斗争中牺牲的人民英雄们永垂不朽！

一九四九年九月三十日中国人民
政治协商会议第一届全体会议建立

随后，举行奠基仪式。中国共产党首席代表毛泽东和政协各单位的首席代表，一一执锨铲土，表示他们对先烈的崇敬。

在中国人民历尽艰难困苦，终于迎来人民革命的伟大胜利的日子里，中国共产党和全国人民一道，深切缅怀为国捐躯的革命英烈，永远铭记他们为中华民族独立和中国人民解放事业前仆后继、英勇斗争的英雄业绩。毛泽东撰写人民英雄纪念碑碑文，着意表明了中国人民、中国共产党对由旧民主主义革命到新民主主义革命的历史延续性的特别尊重。

礼毕，代表们回到中南海怀仁堂会场。执行主席刘少奇宣布继续开会，并大声宣布中央人民政府委员会的选举结果：毛泽东当选为中央人民政府委员会主席。全场人员不由自主地一致起立，在一片暴风雨般的掌声中，大家热烈欢呼："毛主席万岁！""毛主席万岁！"……掌声和呼喊声交织在一起，长达数分钟之久。

接着，大会执行主席宣布了当选为中央人民政府委员会副主席的名单。他们是：朱德、刘少奇、宋庆龄、李济深、张澜、高岗。又宣布了当选为中央人民政府委员会委员的56人名单。他们是：陈毅、贺龙、李立三、林伯渠、叶剑英、何香凝、林彪、彭德怀、刘伯承、吴玉章、徐向前、彭真、薄一波、聂荣臻、周恩来、董必武、赛福鼎、饶漱石、陈嘉庚、罗荣桓、邓子恢、乌兰夫、徐特立、蔡畅、刘格平、马寅初、陈云、康生、林枫、马叙伦、郭沫若、张云逸、邓小平、高崇民、沈钧儒、沈雁冰、陈叔通、司徒美堂、李锡九、黄炎培、蔡廷锴、习仲勋、彭泽民、张治中、傅作义、李烛尘、李章达、章伯钧、程潜、张奚若、陈铭枢、谭平山、张难先、柳亚子、张东荪、龙云。

台下响起了一阵又一阵热烈的掌声。

最后，毛泽东主席和六位副主席登上主席台，主持政协第一届全体会议的闭幕式。军乐队奏响新的国歌——《义勇军进行曲》。那庄严激昂而又熟悉的乐曲,震撼着共和国缔造者们的心灵。大会工作人员在主席台上挂起刚刚缝制好的第一面五星红旗。那红地黄星的伟大象征意义,使兴奋的泪水沾湿了开国元勋们的眼睛。

朱德副主席致闭幕词。他说:

> 中国人民政治协商会议第一届全体会议的工作,已经胜利地完成了。我们全体一致宣告了中华人民共和国的成立。我们通过了人民政治协商会议组织法、中央人民政府组织法和共同纲领,选举了中央人民政府主席、副主席、委员和人民政治协商会议的全国委员会,制定了国旗,决定了国都、国歌和纪年。我们所做的一切工作,都符合人民的意志。
>
> 在整个会议期间,我们全体代表始终团结一致,和衷共济。这是我们国家兴旺发达的气象。我们既然能够团结一致开创了中华人民共和国,我们就一定能够团结一致把我们的国家建设好,把我们的国家引导到繁荣昌盛的境地。[①]

9月30日,大会通过的《中国人民政治协商会议第一届全体会议宣言》,向全国同胞、也向全世界庄严宣布:

> 中华人民共和国现已宣告成立,中国人民业已有了自己的中央政府。中国的历史,从此开辟了一个新的时代。[②]

中国人民政治协商会议第一届全体会议,宣告了旧中国的永远灭亡和新中国的伟大诞生。这在全世界进步人类为世界和平民主事业与人类美好的未来而进行的伟大斗争中,是一个具有重大意义的永远不可磨灭的贡献。

---

① 《朱德选集》,人民出版社1983年版,第267页。

② 中国人民政治协商会议全国委员会文史资料研究委员会编:《五星红旗从这里升起——中国人民政治协商会议诞生纪事暨资料选编》,文史资料出版社1984年版,第663页。

第十四章

新的纪元

历史凯旋门与人民万岁

革命是人民的盛大节日——马克思如此欢呼欧洲无产阶级革命。二十世纪是人民的世纪——董必武这样评判时代的特点。同志们万岁！人民万岁！——毛泽东在天安门城楼上由衷地呼喊。中国人民解放军这支正义之师迈着坚定的步伐，通过历史的凯旋门。群众游行队伍几十万人的脚步，踏响建设新中国的进行曲。饱经百年沧桑的中国各族人民，终于迎来自己盛大的节日。

1949年10月1日这一天，是中华人民共和国中央人民政府成立的日子。当天在新的首都北京举行的盛大庆典，被通称为“开国大典”。10月1日这个令一代中国人终生难忘，并传之后世代代铭记的伟大日子，被确定为中华人民共和国国庆日。

——参加庆典的队伍，早上六七点钟就从四面八方进入天安门广场。这里有各厂矿企业的工人、职员；有天不亮就从近郊赶来的农民队伍；有大中学校的师生、机关人员和普通市民的队伍，总数在30万人左右。

——在22年革命战争中百炼成钢的中国人民解放军，有16400名指战员庄严肃立在天安门广场东侧的长安街上。他们组成一个个威武雄壮的步兵方队、炮兵方队、骑兵方队、装甲兵方队，准备接受共和国军队最高统帅的检阅。受阅部队携带的6000余件新式武器和现代装备，全部来自战场上的缴获，包括日、美、德等国制造的各种大炮、坦克和牵引车，种类之繁多，犹如举办了一个各国武器展示会。在南苑机场，刚刚组建的新中国第一支具有升空作战能力的空军战斗机组，业已准备就绪，引擎待发。

下午2时，由中国人民政治协商会议第一届全体会议新选出的中央人民政府委员会，在中南海勤政殿举行第一次会议。主席毛泽东，副主席朱德、刘少奇、宋庆龄、李济深、张澜、高岗，委员陈毅等56人，宣布就职，宣布中华人民共和国中央人民政府成立。会议一致决议接受《共同纲领》为本政府的施政方针；推选林伯渠为中央人民政府委员会秘书长，任命周恩来为中央人民政府政务院总理兼外交部部长、毛泽东为中央人民政府人民革命军事委员会主席、朱德为人民解放军总司令、沈钧儒为中央人民政府最高人民法院院长、罗荣桓为中央人民政府最高人民检察署检察长，并责成他们从速组成各政府机关，推行各项政府工作。

会议结束后，各位委员即分乘汽车出中南海东门，前往天安门城楼。大家在午门前下车，毛泽东主席在前，刘少奇、宋庆龄等副主席随后，在荟萃国内政治、经济、文化、教育、军事等各方面精英的中央人民政府委员，各民主党派、各人民团体负责人的簇拥下，从西侧登上天安门城楼。

昔日残旧的天安门城楼，早已装点一新。城楼顶上金碧辉煌，新粉刷过的红色外墙格外醒目。栋梁中间分悬着八盏大红宫灯，东西两侧红旗迎风招展。天安门城楼下，金水桥两边搭起了两座台，一座是阅兵指挥台，一座是昨天刚到北京的苏联代表团的观礼台。天安门正中央挂着毛泽东主席的彩色画像，两侧红墙上写着两条横幅大标语：

——中华人民共和国万岁！

——中央人民政府万岁！

天安门城楼重檐中间，挂着一条红布横幅，上书："中华人民共和国中央人民政府成立典礼"。

毛泽东身着黄色呢制中山装，左胸前佩着红色锦缎标识，中央印着"主席"两个烫金字。其他领导人也都在胸前佩着红锦带，印着不同的职务。他们个个神采奕奕，精神焕发，出现在天安门城楼上。这时，整个广场顿时响起雷鸣般的鼓掌声和欢呼声，"毛主席万岁""中华人民共和国万岁"的口号声响彻入云。

下午3时整，中央人民政府委员会秘书长、大会主持人林伯渠宣布中华人民共和国中央人民政府成立典礼开始。在《东方红》乐曲声中，中央人民政府主席、副主席和委员们就位。毛泽东主席站在城楼正中间，朝广场深深地望了一眼，用那带着湖南口音的洪亮声音向全世界宣布："中华人民共和国中央人民政府今天成立了。"刹那间，广场上欢声雷动，犹如山呼海啸。接着，林伯渠大声宣布："请毛主席升国旗！"

广场中央组成方阵的200名军乐队员立即奏响了庄严激越、威武雄壮的国歌《义勇军进行曲》。乐曲声中，毛泽东按动电钮，中华人民共和国的国旗——五星红旗，在首都北京的中心广场冉冉升起。全场肃立。所有的人都庄严地向新的国旗行注目礼。全体军人齐刷刷地挥臂行军礼。一曲终了，鲜艳的国旗定格在22米高的白色旗杆上。同一时刻，新华广播电台播音员丁一岚那充满喜悦和激动的声音随着无线电波传遍各地："国旗已经上升到旗杆的顶尖，开始在人民首都的晴空迎风招展。她象征着中国的历史已经走入一个新的时代，我们的国旗——五星红旗将永远飘扬在人民祖国的大地上。"

接着，礼炮惊天动地震响起来，共有54尊礼炮同时发射，连续28响。这地动山摇的巨响，象征着全中国人民坚强而雄厚的团结力量。礼炮响过，毛泽东主席在天安门城楼上宣读中央人民政府第一号公告：

> 中华人民共和国中央人民政府委员会于本日在首都就职，一致决议：宣告中华人民共和国中央人民政府的成立，接受中国人民政治协商会议共同纲领为本政府的施政方针。……同时决议：向各国政府宣布，本政府为代表中华人民共和国全国人民的唯一合法政府。凡愿遵守平等、互利及互相尊重领土主权等项原则的任何外国政府，本政府均愿与之建立外交关系。①

公告宣读完毕，林伯渠宣布阅兵式开始。阅兵式由人民解放军朱德总司令担任阅兵司令员，华北军区司令员兼京津卫戍区司令员聂荣臻担任阅兵总

---

①《人民日报》1949年10月2日。

指挥。朱总司令走下天安门城楼，乘敞篷汽车通过金水桥，迎候在桥南的阅兵总指挥聂荣臻致军礼并报告：受检阅的陆海空军代表部队均已准备完毕，请总司令检阅！

在《三大注意八项纪律》《军队和老百姓》《保卫胜利果实》等军乐乐曲的连续鸣奏中，朱德总司令由聂荣臻总指挥同车陪同，检阅陆海空三军部队。朱德总司令不停地向指战员致敬"同志们好""同志们辛苦了""祝同志们身体健康"！指战员齐声响亮地回答："首长好！""为人民服务！""祝总司令身体健康！"

检阅各兵种部队后，朱总司令回到天安门城楼上，在他的左侧站着人民解放军四个野战军的首长——贺龙、刘伯承、陈毅、罗荣桓。朱德宣布《中国人民解放军总部命令》：

> 我命令中国人民解放军全体指战员、工作员，坚决执行中央人民政府和伟大领袖毛主席的一切命令，迅速肃清国民党发动军队的残余，解放一切尚未解放的国土，同时肃清土匪和其他一切反革命匪徒，镇压他们的一切反抗和捣乱行为。①

检阅式完毕，朱德下达阅兵令，开始分列式。由聂荣臻站在指挥车上率领受阅部队4个师的部队以连为单位列成方阵，从东向西入场。在《义勇军进行曲》的军乐声中，步兵、骑兵、坦克、大炮、汽车，一队接一队地由主席台前的金水桥边走过，接受党和国家领导人的检阅。

走在最前面的是代表人民海军的水兵分队，他们身着崭新的水兵服，以"八一"军旗为先导阔步行进。这支年轻的、英姿勃勃的队伍通过主席台前时，人们为人民军队有了自己的海军而热烈欢呼。

接着是多兵种的陆军部队。步兵师的战士们经过了千锤百炼，踏着《八路军进行曲》的节奏，雄赳赳地走过来了。在《军队进行曲》和《坦克进行曲》的伴奏声中，炮兵师、战车师部队隆隆地开过来了。战车师包括摩托化步兵团，轻、

---

①《朱德选集》，人民出版社1983年版，第269页。

中型坦克团。这支钢铁的队伍是在人民解放军“大反攻”中建立起来的。

这时，人民空军的17架飞机以三机和双机编队，飞经天安门广场上空。银色的战鹰与行进在长安街上的战车师浑然一体，形成雄伟的立体武装阵容。万众仰望，毛泽东、朱德、刘少奇、周恩来等中央领导人也兴奋地昂首注视祖国领空的保卫者。

飞机刚刚掠过，激越的《骑兵进行曲》又引出威武壮观的骑兵师队伍。三个骑兵团，一个拖拽野炮的炮兵营，共有1900多匹战马，以6路纵队前进。各梯队装备整齐划一，军马的毛色或全红，或全白，或全黑；骑手们身着草绿军服，握枪挎刀，威风凛凛。

阅兵式前后历时2个半小时，这是中国人民武装力量的一次大检阅，经过22年战火的洗礼，中国人民解放军已经成长、成熟起来。从“星星之火”的井冈山，到革命圣地延安，这支正义之师走过了雪山草地、跨过了黄河长江，终于来到了天安门广场。他们迈着自信、坚定的步伐，通过历史的凯旋门，奏响了建设新中国的序曲。

阅兵式快结束时，已近黄昏，天安门广场灯火齐明。在热烈的气氛中，群众队伍开始游行。当游行群众走过主席台前时，欢呼的口号声一浪高过一浪，“庆祝中华人民共和国成立！”“拥护中央人民政府！”“毛主席万岁！”这发自肺腑的声音，使每一位在场的人无不为之动容。

面对着城楼下万众欢腾的热烈景象，听着群众海潮般的欢呼声，毛泽东无法抑制内心的激动，他情不自禁地在扩音机前高呼：“同志们万岁！”“人民万岁！”他探身栏杆外，不停地向群众招手，台下的群众手舞足蹈，激动万分。

这城楼上下的一呼一应，将人民群众对人民领袖的崇敬，人民领袖对人民群众的尊重表现得淋漓尽致。这里蕴含着领袖与人民水乳交融的深刻历史内涵。

一颗绿色的信号弹腾空而起，刹那间，6颗五彩斑斓的礼花在天空中竞相开放，紧接着无数颗彩色的礼花撒满天安门广场的高空。晚上9点20分，庆典在火树银花中宣布结束。举着红灯游行的群众像火龙似的穿过全城，使新的首都沉浸在狂欢里直到深夜。

10月1日这一天，全国已解放的城市大都举行了热烈的庆典活动。

——上海，从早晨开始，中华人民共和国的五星红旗就在全市招展。90%的店家，都等不到正式升旗的时刻，就预先把国旗挂起来了。各界代表3万多人在绵绵秋雨中举行了热烈的庆祝大会。

——南京，沉浸在狂欢之中，腰鼓队、秧歌队、宣传车、音乐队同时出现在街头，鞭炮声不绝于耳，彩色飘带迎风招展，巨型标语、画像在市内主要街道张贴，人们高举火炬，列队游行，通宵欢庆。

——蒙蒙细雨的武汉，巍峨的江汉关大楼上，“贺民主新中国诞生”的斗大金字闪烁发光，成千上万的市民涌上街头，会合成20里的长龙，到处飘扬着五星红旗，军乐、锣鼓、口号响遍全市。

——东北最大的工业城市沈阳，西北政治经济文化中心西安，都沸腾了。在山东青岛，因为争做国旗，布店的红布被抢购一空。

——中华人民共和国诞生的消息，也传到尚未解放的西南腹地。在重庆，被关押在渣滓洞集中营的共产党人和进步人士欣喜若狂，他们在监狱里面极端困难的条件下，亲手缝制了一面五星红旗来庆祝祖国的新生，表达了对新中国的无限热爱。

——广东、广西、海南岛，在祖国的最南方，尽管有国民党残余势力盘踞，人民群众还是开展了各种形式的庆祝活动。

在海外世界各地的华侨们也欢欣鼓舞，奔走相告，心情格外激动。新中国的诞生，终于使他们可以为自己的祖国从此走向繁荣昌盛而骄傲和自豪。世界许多国家的城市都有华侨、华裔以各种形式庆祝中华人民共和国的成立。

诚请民主人士组阁

中央人民政府的组成，充分体现了共产党领导的多党合作、团结建国的精神。鉴于各民主党派在争取中国人民解放事业胜利的斗争中作出了贡献，中共中央非常重视政府机构中对民主人士的安排。毛泽东、周恩来为此做了许多平衡和协调工作，使各民主党派主要领导人和无党派人士代表人物，基本上都被安排进了政务院及其所属机构。

开国大典过后，中央人民政府各机构立即开始组建。

中华人民共和国中央人民政府，是在全中国境内统一行使国家权力的中央政权，是代表全中国人民的唯一合法政府。同时，中央人民政府的组成，又充分体现了共产党领导的多党合作、团结建国的精神。

鉴于各民主党派在为争取中国人民解放事业胜利的斗争中作出了贡献，中共中央非常重视政府机构中对民主人士的安排。周恩来在国统区工作时间较长，对各民主人士的情况比较熟悉，并同他们有较密切的交往，因此，民主人士的任职名单，大多是由他提出报党中央决定，再同各民主党派反复协商后正式提名。在酝酿中央人民政府各机构领导人员名单的过程中，周恩来深谋远虑，反复斟酌，使各民主党派主要领导人和无党派民主人士代表人物，基本上都被安排进了政务院及其所属机构。

在平衡和协调民主人士的安排上，毛泽东、周恩来还做了许多细致的工作。首先是对傅作义的安排问题。傅作义将军起义以后，曾对自己的去处和前途疑虑重重。趁着颜惠庆等"上海人民和平代表团"来西柏坡会谈，毛泽东特邀傅作义、邓宝珊同来一谈。在谈话中，毛泽东对傅作义明确表示："谢谢你，你做了一件大好事。人民是永远也不会忘掉你的！"几句话，使傅作义几个月来郁积在心头的块垒顿时冰消雪化。

毛泽东征询傅愿意做什么工作，傅作义回答说："我想，我不能在军队里工作了，最好让我回到黄河河套一带做点水利建设方面的工作。"毛泽东说："黄河河套水利工作面太小，将来你可以当水利部长么！那不是更能发挥作用吗？"周恩来也说，从现在起都是一家人了，不必客气，有什么事情、意见，随时提出来商量，不要有疑虑。傅作义连连点头表示："我的后半生一定要在共产党领导下为建设祖国贡献力量。"后来，傅作义和邓宝珊同赴绥远，顺利解决了绥远的和平解放问题。

傅作义返回北平参加政治协商会议，毛主席特地要薄一波和聂荣臻去车站迎接。在与薄一波谈到个人去处时，傅作义再次表示，怕学识不够，愿意多学习，并说河套地区有16万公顷地，可耕地为10万公顷，而现耕种面积只有4万公顷，如果政策允许的话，他愿意在此修水利、搞合作农场。薄一波把他的意见报告了中央。毛泽东、周恩来遂尊重傅作义的意愿，提名他为水利部部长。

民主建国会主任委员黄炎培，一向淡泊功名，曾多次拒绝做官。北洋政府请他担任教育总长，他拒绝了；内战爆发前后，国民党几次请他参加“国大”，并任政府高官，他“笑而谢之”；这次到北平来参加政协会议，他也无意参政。

10月11日晚，周恩来亲自到黄炎培家中拜访，诚恳地请他出任政务院副总理兼轻工业部部长。黄炎培仍抱定初衷说：“1946年我才68岁，已觉得年老了，做不动官了。如今71岁了，还能做官吗？”周恩来说：“在新政府任职，不同于在旧社会做官。现在是人民的政府，不是做官，是做事，是为人民服务。在政治协商会议上，由各党派斟酌制定了《共同纲领》，就是为人民服务的‘剧本’。我们自己有了‘剧本’，自己怎能不上台唱呢？”经过两个多小时的恳谈，黄炎培被说动了，但他表示还需要考虑考虑。

次日，黄炎培找来好友江问渔、孙起孟等人，征求他们的意见。大家一致认为中共求贤若渴，黄炎培应该接受政务院的职位。当晚，周恩来再次登门时，黄炎培终于答应担任公职，任政务院副总理兼轻工业部部长。

周恩来还请在旧社会拒绝高官厚禄的耿介之士、著名林业学家梁希出任林垦部部长。开始，梁希给周恩来写了一个条子：“年近七十，才力不堪胜任，仍以回南京教书为宜。”周恩来当即回复一个条子：“为人民服务，当仁不让。”梁希很感动，表示：“为人民服务，万死不辞。”对于周恩来所做的这些细致工作，许多民主人士感动地说：“周总理真不愧为‘周’总理啊！”后面这个“周”字是周到的意思。

有些著名人士，在国内外影响很大，他们的进退荣辱，世人甚为关注。对这些人的安排，毛泽东、周恩来都反复斟酌，认真权衡。如对原国民党高级将领程潜，从敦促起义，到安排其职务，毛泽东先后拟写20多封电报，先是担任中南军政委员会副主席，后又说服他就任中央人民政府人民革命军事委员会副主席。对程潜的工作安排，对于团结党外人士，特别是推动新疆和西南地区为数众多的国民党将领起义，起到了很好的促进作用。

此外，老同盟会会员、孙中山革命的忠实追随者何香凝，冯玉祥夫人李德全，著名教育家马叙伦，抗战时期著名"七君子"中的章伯钧、史良等，也在毛泽东、周恩来的精心安排下，担任政府部长级职务。

中国共产党广纳群贤参政的做法，受到了各民主党派的衷心拥护和高度赞扬。这生动反映了共产党人立党为公、执政为民、不谋党派和一己私利的坦荡胸怀，以及同民主党派、无党派民主人士合作共事的真诚态度，极大地调动了他们建设新中国的积极性。

根据《中华人民共和国中央人民政府组织法》，由中央人民政府委员会组织政务院，以为国家政务的最高执行机关。政务院设政治法律委员会、财政经济委员会、文化教育委员会、人民监察委员会和下列各部、会、院、署、行，共有内务部、外交部、情报总署、公安部、财政部、人民银行、贸易部、海关总署、重工业部、燃料工业部、纺织工业部、食品工业部、轻工业部、铁道部、邮电部、交通部、农业部、林垦部、水利部、劳动部、文化部、教育部、科学院、新闻总署、出版总署、卫生部、司法部、法制委员会、民族事务委员会、华侨事务委员会等30个工作部门，其中有关财政经济的部门有16个。这表明经济建设在新的政府工作中占有重要地位。

10月19日，中央人民政府委员会举行第三次会议，通过任命中央人民政府各机构负责人。其中担任政务院各部门正职的爱国民主人士有：文化教育委员会主任兼科学院院长郭沫若；监察委员会主任谭平山；轻工业部部长黄炎培；邮电部部长朱学范；交通部部长章伯钧；农业部部长李书城；林垦部部长梁希；水利部部长傅作义；文化部部长沈雁冰；教育部部长马叙伦；卫生部部长李德全；司法部部长史良；华侨事务委员会主任何香凝；出版总署署长胡愈之。另有一批民主人士在各部、会、院、署、行中担任副职。

从中央人民政府领导成员的构成来看：中央人民政府副主席6人，其中共产党员3人，民主党派和无党派民主人士3人；中央人民政府委员56人，其中共产党员29人，民主人士27人。政务院副总理4人，其中共产党员2人，民主人士2人；政务委员15人，其中共产党员6人，民主人士9人；在政务院所属4个委员会和30个工作部门中，担任正职的共产党员29人，民主人士14人。出任中央人民政府各委、部正职的民主人士，有权独立负责地领导各自部门的工作。这样的成员结构，一方面可以弥补共产党管理这样大的国家在许多方面经验的不足，另一方面又有利于团结和带动社会各阶级、各阶层的人民为建设新中国共同奋斗。

10月25日，政务院召开第二次政务会议。会议决定：1. 接收前国民党政府中央各机关人员、档案、物资。决议由政务院副总理陈云、董必武等组织指导接收工作委员会。2. 呈请中央人民政府主席发布命令，宣布华北人民政府于月底结束工作，其所辖五省二市归中央直属，中央人民政府各部、会、院、署、行以华北人民政府为基础建立工作机构。

11月1日，中央人民政府各机构正式开始办公。

外国的许多观察家十分重视新中国中央政府组成的这一特点。美国学者莫里斯·梅斯纳在《毛泽东的中国及其发展——中华人民共和国史》一书中评价说："当中国共产党人1949年建立国家政权的时候……中国革命的长期性已经让中国共产党人发展了他们自己的组织形式和管理机构……中共在中华人民共和国正式成立以前很久，曾经作为一个准政府行使职能，这就为新政府的形成提供了群众组织的主要组织基础、领导人员和方法。"[①]

新的人民政府，将共产党卓有成效的民主集中制和密切联系群众的优良传统，贯彻到对国家事务的管理中。共产党的干部和人民解放军在新区工作中表现的全心全意为人民服务的作风、艰苦奋斗的精神和严明的纪律，令人们耳目一新。执政的共产党以强有力的领导和党的统一严密的组织，保证了

① [美]莫里斯·梅斯纳著，张瑛等译：《毛泽东的中国及其发展——中华人民共和国史》，社会科学文献出版社1992年版，第76、82页。

中央政令在全国贯彻执行。这些情况表明，中华人民共和国中央人民政府是中国历史上不曾有过的、真正在全国范围内从中央至基层有效行使权力的政府。

蒋家王朝在大陆的终结

尽管蒋介石整日穿梭于台北、广州、重庆、成都之间疲于挽救残局，仍阻挡不住国民党军队如潮水般的溃退及蒋家王朝彻底覆亡的命运。阵阵寒风掠过枯草，苍凉的气氛笼罩荒野。身着戎装的蒋介石神情孤寂地登上“美龄”号专机。从这一刻起，蒋介石永远告别了他统治22年的中国大陆，向着自己一生中最后的归宿——台湾飞去。

随着1949年4月北平和谈的破裂，声称“引退”的蒋介石很快从幕后走到台前，企图实现其东山再起的迷梦。他在下野期间始终控制着党政军权及财权，此时更不想让李宗仁、白崇禧密商退守两广和西南的计划实现，而是千方百计把他所能控制的军队调集到东南沿海，最后集中到台湾，以求维持偏安的局面。

对于国民党的退路，蒋介石曾有多种打算。一是将国民党军队转到西康，建立以西昌为中心、以西南广大地区为依托的“根据地”，继续同中共顽抗到底；二是将国民党撤到海南岛并以此为中心，以东南沿海地区为依托，作为国民党最后的阵地；三是将国民党撤退到台湾，以台湾作为存身之地，进而经营“反攻大陆、复兴党国”的基地。经再三斟酌、反复比较以及后来战局的发展，蒋介石最后采取了第三方案——把国民党的落脚点定在台湾。

蒋介石首先对退守台湾做了周密的军事部署。他把国民党海、空军实力逐渐南移，以台湾为中心，将经营重点放在上海、福建沿海及西南地区。蒋介石在上海集中了40多万大军，由心腹爱将汤恩伯率领，作最后顽抗。蒋介石十分重视福建及东南沿海的防务，他在福建视察时强调："台湾是党国复兴基地，台湾是头颅，福建就是手足，无福建即无以确保台湾。"后来他将主持福建防务不力的朱绍良撤职，让从上海逃出来的汤恩伯任福建省主席，并把在广东的嫡系胡琏部调往金门、马祖和潮汕一带，加强对福建及沿海岛屿的防守。

人民解放军突破长江防线后，4月22日，蒋介石电约李宗仁、何应钦、白崇禧、顾祝同、张群、汤恩伯等人在杭州笕桥航校举行会议，针对战局发展，在军、政方面作重新部署，以决定"最后一战的全面计划"。

蒋介石在会上提出成立国民党中央非常委员会，作为最高决策机构，自兼主席，李宗仁副之，今后一切施政方针，须先由非常委员会讨论决定，再交政府执行，此提案获大家同意。但时局已经不再以蒋介石的意志为转移了。就在国民党各位大员商讨"最后一战"之际，解放军第三野战军第七兵团由浙皖边境分兵入浙，5月3日杭州解放。16日，三野第七兵团在浙东纵队配合下，一路东进宁波，一路经嵊县至新昌。

4月25日上午，蒋介石带着蒋经国到蒋母墓前辞别之后，离开奉化，乘"泰康"号兵舰，驶往上海。26日进入吴淞口，抵达黄浦江边的复兴岛。随后，蒋介石在龙华机场主持召开军事会议，在会上，蒋介石称这是关系党国存亡的战役，要求坚决守住上海，并等待第三次世界大战爆发，以便在美国支援下，"光复"全国。

这时，汤恩伯经蒋介石一再严饬督令，历时4个月，已在上海市区与郊县之间构筑了3道纵深防御工事。钢筋水泥筑成的主碉堡阵地有3800个，碉堡间战壕相连，壕沟内还可行驶吉普车。半永久性的掩体碉堡达1万多座。电网、鹿砦层数无计。国民党中央社称此城防工事为"固若金汤"。新任"广州国民政府"行政院长的阎锡山到上海视察阵地之后，认为"至少可以守上一年"。蒋经国则将它比作"东方的斯大林格勒"，又称其可与"马奇诺防线"媲美。4月28日，蒋介石在汤恩伯的陪同下，亲自巡视了上海市街头，为守卫上海的陆海空三军官兵鼓气。他还授意任命陈良担任上海市市长，令其将上海的大批机器、原料、药品、棉纱等物资和一批技术专家送到台湾去。

5月1日上午，蒋介石在京沪杭警备总司令部，召集在上海的从各中央军事学校毕业的军官开座谈会，成立由各中央军校同学会组成的“非常委员会”，以期集结力量。下午，在京沪杭警备总司令部召集团长以上军官开会，发表训话，要求他们在上海坚持打6个月，并声言他要留在上海指挥作战，“要和上海共存亡”。然而，蒋介石刚刚乘军舰离开上海的时候，军事失利的消息便接二连三地传来。

5月12日，人民解放军向上海发起攻击，战斗激烈，攻势凌厉。

5月15日，白崇禧撤守武汉，退往湘赣布防。武汉三镇旋即为人民解放军占领。

5月20日，人民解放军攻占西安，胡宗南部损失4万余人，不得不撤至宝鸡、秦岭一带……

在“流年不利”的恶兆下，5月17日，蒋介石在“江静”舰上发出电令：“着令京沪杭警备总司令汤恩伯、上海市市长陈良，协助中央银行行长俞鸿钧将国库存放的黄金、银元、外汇及军备物资抢运至台湾，以免资敌。”就这样，汤恩伯在逃离上海之前，亲临中央银行运走最后19.8万两黄金。几天以后，被国民党大肆鼓吹的上海“马奇诺防线”便被解放军突破。5月25日，上海已完全在人民解放军的控制之下了。

蒋介石在舟山群岛及台湾海峡漂泊了整整一个星期，于6月1日抵达台湾高雄要塞。6月2日，蒋介石专门召集国民党在台高级官员，研究了在台湾整军、防备、军政等问题，主要把国民党海、空军实力逐渐南移，以台湾为中心，把防守的重心放在东南沿海一带，特别要重视距台湾最近的福建省防备。为此，蒋介石乘“美龄”号专机降落在福州南郊机场，在机场大楼召开临时军事会议，在听取朱绍良、汤恩伯及一些将领的汇报，色厉内荏地给下属打了一番气之后，又飞返台北。

7月14日，蒋介石又自台北飞抵广州。连续几日，频频召开会议，正式成立了国民党非常委员会，规定这一超宪法的机构为非常时期的最高权力机关，政府一切措施必须先经非常委员会决议通过方为有效。会议推举蒋介石为非常委员会主席，李宗仁为副主席。蒋介石以国民党总裁身份兼任非常委员会主席，再次集党政军大权于一身，正式从幕后走上台前，指挥国民党残余力量作最后的顽抗。会议还通过《扭转时局方案》，决定以海军封锁沿海，用空军轰炸被解放的城市，令陆军残余力量“保卫大西南”。

与非常委员会机构相适应，蒋介石决定在台北设立总裁办公室，其性质属于“总裁之私人秘书机构”。该机构于8月1日正式在台北办公。这是继非常委员会成立之后的又一太上机构，表明蒋介石的独裁统治又有所加强。

为了挽救军事上的失败，蒋介石于7月23日飞抵厦门召开军事会议，决定建立以台湾为中心的东南长官公署，以陈诚为长官。同时决定守住福州，巩固台湾，支持到明年春天。然而不到一个月，国民党军队便于8月17日从福州败退，此项决定遂成泡影。福州失守后，蒋介石又将希望寄托于西南。8月24日，蒋介石由台湾飞抵重庆。29日，蒋在西南行政长官公署召开军事会议，决定以陇南与陕南为决战地带，防止人民解放军入川，确保川、滇等地安全。然而，蒋介石准备将四川作为“复兴”根据地，企图创造“奇迹”的计划，却遭到一连串沉重打击：

——8月26日，人民解放军消灭了马步芳与马鸿逵的主力部队，占领了兰州。

——9月19日，绥远省主席董其武等39人宣布脱离国民党，绥远和平解放。

——9月25日至26日，新疆省警备司令陶峙岳与省主席包尔汉通电脱离国民党，新疆和平解放。

更使蒋介石震惊的是，10月1日毛泽东在北平天安门城楼向全世界宣告：中华人民共和国中央人民政府成立了。此刻，蒋介石正在广州的梅花村。他神情黯然地收听了广播，“至为痛心”。他的最大顾虑是，中共政权建立之后，必定在苏联帮助下，建立海、空军，到那时，国民党在台湾将“处境更艰”“为势更劣”。

10月10日，“代总统”李宗仁宣布：“国民政府”“迁都”重庆。一架又一架飞机从广州天河机场起飞，载着官员们逃往抗战时期的陪都——山城重庆办公。一艘艘轮船沿西江向柳州驶去，车上装满了这个流亡政府各机构凌乱无序的笨重物件。10月14日，人民解放军解放了曾为孙中山北伐革命发祥地的广东省省会广州。正当“国民政府”撤退至重庆，各机构尚待安顿，立足未稳之际，忽闻重庆郊外炮声隆隆，人民解放军已兵临山城之下的嘉陵江畔。“国民政府”只得再次打包装车，仓皇迁往成都。一个多月以来，“政府”办事机构及其办公人员一直处在惶惶不可终日的搬迁之中。

广州失守前后，蒋介石的亲信吴忠信等加紧策划由蒋介石“复行视事”，并希望李宗仁自行“隐退”，甚至参加他们对蒋介石的“劝进”。李宗仁勃然大怒，对吴忠信说：“当初蒋先生引退要我出来，我誓死不愿，你一再劝我勉为其难；后来蒋先生处处在幕后掣肘，把局面弄垮了，你们又要我来劝进。蒋先生如果要复辟，就自行复辟好了。我没有这个脸来劝进。”

蒋介石见制造舆论逼李宗仁请他复职不成，便策动桂系大将白崇禧劝李宗仁。吴忠信利用白崇禧对李宗仁的不满，同白崇禧拟定了一个蒋、李妥协方案，即：蒋介石宣布复职；李宗仁回任“副总统”，但李宗仁亟须赴美就医，并借以在美进行“外交”活动；白崇禧以“行政院长”兼任“国防部长”。然而，蒋介石只同意自己复职，李宗仁回任“副总统”可以，出国不成，因会给外界造成蒋、李“不能合作”之柄；白崇禧出任“行政院长”，也不能作为蒋、李妥协的条件。实际上否决了这个方案。

11月14日，蒋介石从台湾飞重庆亲自督战，还一厢情愿地让白崇禧促李宗仁返渝。李宗仁当然不肯就范，他仍挂着“国民政府”代总统之名，于11月20日突然由桂林飞到香港，宣布在港转机，赴美就医。嗣后于12月5日成行。对于此番舍乡去国，李宗仁自有一篇说辞：“窃思国事至此，我回天无力；我纵不顾个人的健康留于国内，亦属于事无补。一旦国亡身死，此种牺牲实轻于鸿毛，倒不如先行医治夙疾，如留得一命，则将来未始没有为国效死的机会。因此，我便决定赴美就医。”

李宗仁的不辞而别，表明蒋、李关系经多年争斗，终至彻底破裂。令蒋介石非常恼火的是，李宗仁走时并未声明辞职或引退，这就使蒋介石处在了十分尴尬的地位。这两位国民党内最大的宿敌，从此分道扬镳。这对蒋介石又是一个打击。

在中国革命势力与反动势力最后决战的时刻，李宗仁由于当时的立场及处境所限，未能在《国内和平协定》上签字，后来不得不远去异国，这实为历史的遗憾。但值得记载的是，时隔16年后，出于爱国热忱，并在中国共产党的统一战线政策的感召下，1965年7月，李宗仁毅然排除险阻，远渡重洋，回到祖国怀抱。其时，周恩来等党和国家领导人以及当年留在北平的南京政府和谈代表张治中等多人前往首都机场迎接。毛泽东在中南海接见了李宗仁，与他亲切握手，笑谈契阔。李宗仁在回国声明中说："1949年我未能接受和平协议，至今犹感愧疚。"爱国一家，爱国不分先后。李宗仁先生最后选择了叶落归根、回归祖国的光明道路，是令人敬佩的，也是人民所欢迎的。此为后话。

回到1949年冬天那段岁月——重庆既失，成都已无险可守。败退至此的蒋氏父子自12月1日起连续召见邓锡侯、刘文辉、熊克武、王方舟、胡宗南等人，研究西南作战计划。而此时刘文辉、邓锡侯、卢汉等正在秘密酝酿脱离国民党阵营，加之国民党军队溃不成军，党政军完全解体，西南防御计划始终未能出台。

12月7日，蒋介石再召西康省主席刘文辉与西南长官公署副长官邓锡侯，二人竟避不应召。蒋介石感到成都已危在旦夕，遂同张群、阎锡山商讨对策。对于国民党中央及"政府"驻地问题，起初拟迁西昌，固守西南，伺机反攻。后又感到国民党在大陆"大势已去，无法挽回"，决定将"中央机构"迁往台北，在西昌设大本营，成都设防卫总司令部。同时决定张群飞昆明探明云南绥靖公署主任兼云南省政府主席卢汉的动向。

翌日，张群由滇飞返成都，告诉蒋介石，卢汉有异动迹向。蒋介石让张群再次飞昆明，安抚卢汉，以防不测。同日，"行政院"召开紧急会议，正式决议迁台办公。在此人心思变、风声鹤唳之际，12月9日，云南省主席卢汉宣布起义，张群及高级军官李弥、沈醉等全部被扣。卢汉并电刘文辉，要其会同四川将领扣留蒋介石，成为"人民政府第一功臣"。12月10日，刘文辉、邓锡侯、潘文华即在西康雅安和四川彭县宣布起义。

风云突变，蒋介石感到成都已成将要爆炸的火药库，再也无力回天，只好决定飞台北。

1949年12月10日，下午2时整，蒋氏父子乘车来到成都凤凰山军用机场。阵阵寒风掠过枯草，苍凉的气氛笼罩荒野。身着戎装的蒋介石神情孤寂地登上"美龄"号专机，专机轰鸣着升上天空。从这一刻起，蒋介石永远告别了他统治了22年之久的中国大陆，向着他的一生的最后归宿——台湾飞去。

"俯视眼底大陆河山，心中怆然"。经过与共产党的生死相搏，蒋介石国民党统治集团落得一个分崩离析、众叛亲离的结局，彻底败下阵来，不得不偏安于台湾孤岛。后来，依靠美国的重新支持，大陆上国共对立的内战状态，在海峡两岸之间延续下来，使海峡两岸的统一问题长期悬而未决。悠悠26载，蒋介石无一日不致力于"反攻大陆""重振党国大业"。然而，这个希望随着时间的推移，愈来愈虚无飘渺。

1975年4月5日，蒋介石怀着终不能重返大陆的遗恨，在台北病逝。

世界瞩目新中国

中央人民政府一经成立，即向世界各国传递了睦邻友好的信息，昭示了"一个中国"的原则，迈出了打破美国遏制和孤立新中国的重要一步。毛泽东充满自信地说，我们的民族将从此列入爱好和平自由的世界大家庭，以勇敢而勤劳的姿态工作着，创造自己的文明和幸福，同时也促进世界的和平和自由。

中国革命的胜利，推翻了帝国主义的压迫，使中国这个占全世界1/4人口的大国，冲破帝国主义的东方战线，以独立自主的崭新面貌屹立于世界，这就为结束百余年来旧中国的屈辱外交，在平等、互利和互相尊重领土主权完整的基础上同各国建立新型的外交关系，创造了前提。

中华人民共和国的成立,立即获得友邦和世界上爱好和平的各国人民的热烈欢迎。10月1日下午,毛泽东在天安门城楼宣布新中国成立后仅仅两个多小时,接到了从莫斯科拍来的新中国的第一份外交贺电:苏维埃社会主义共和国联盟热烈祝贺中华人民共和国成立,并正式承认中华人民共和国中央人民政府。10月5日,苏联《真理报》发表题为《中国人民的伟大胜利》的社论,称:"中华人民共和国的宣告成立,是一件突出的有历史意义的事件。四亿七千五百万伟大人民的生活中业已打开了新的光辉的一页。……中国人民已无可改变地掌握了自己的命运。"

随后,朝鲜民主主义共和国首相金日成,古巴人民社会党主席马里奈罗、总书记布拉斯·罗加,美国共产党全国委员会主席威廉·福斯特、总书记尤金·丹尼斯等纷纷发来电报祝贺中华人民共和国的成立。美国民主远东政策委员会、英国下院工党独立集团以及法国共产党塞纳地方委员会(包括巴黎市)、法国抗德游击队同志会、法国人民互救会等人民团体分别发出电报,祝贺中华人民共和国政府成立,并一致要求法国政府迅速与中华人民共和国政府建立外交关系。此外,荷兰和瑞士两国共产党中央委员会也分别发来贺电,对中国人民的胜利表示祝贺。一份份贺电,带着各国人民的友谊和祝愿,带着各国人民对正义事业的认同,给中国新生的人民政府以极大的鼓舞和信心。

中华人民共和国中央人民政府成立的消息,也引起西方世界舆论的强烈反响。10月1日,英国《经济学家》杂志发表文章论美英法对中共政府态度说,中国目前在海外的正式代表资格之受审查,现在似乎已迫在眉睫。苏联的卫星国将承认中共政府,"西方国家那时必须决定,也这样做还是不这样做"。10月3日,英国《泰晤士报》发表社论《新的中国》,文章说:随着五星红旗的升起,国民党事业正在奇观似的每况愈下。问题是在国民党对于自己国家的控制权变得如此微小时,外面世界能够接受国民党继续中国唯一合法政府的权利多久。很快,英国政府就必须决定在何时及何种条件下承认新统治者。

如何迅速获得国际社会对新政权法律上的承认,并相互建立外交关系,是新中国更为迫切的课题。"另起炉灶""打扫干净屋子再请客",毛泽东概括的这两条外交原则,反映在《中国人民政治协商会议共同纲领》中,就是:

对于国民党政府与外国政府所订立的各项条约和协定，中华人民共和国中央人民政府应加以审查，按其内容，分别予以承认，或废除，或修改，或重订。

凡与国民党反动派断绝关系、并对中华人民共和国采取友好态度的外国政府，中华人民共和国中央人民政府可在平等、互利及互相尊重领土主权的基础上与之谈判，建立外交关系。[①]

根据《共同纲领》的规定，中华人民共和国中央人民政府一经宣告成立，即着手进行与各国建交的准备工作。

10月1日，毛泽东在开国大典上郑重宣告："本政府为代表中华人民共和国全国人民的唯一合法政府。凡愿遵守平等、互利及互相尊重领土主权等项原则的任何外国政府，本政府均愿与之建立外交关系。"

当天，政务院总理兼外交部部长周恩来即向原驻北京的各国领事馆（在北京无领事馆的国家，则寄送其原设在南京的大使馆或公使馆）发送了《中华人民共和国中央人民政府公告》，并请他们转交给各自的政府。周恩来转交的公函全文如下：

迳启者，中华人民共和国中央人民政府毛泽东主席已在本日发表了公告。我现在将这个公告随函送达阁下，希为转交贵国政府。我认为中华人民共和国与世界各国建立正常的外交关系是需要的。

中华人民共和国
中央人民政府　　周恩来
外交部部长

一九四九年十月一日，于北京[②]

① 中共中央文献研究室编：《建国以来重要文献选编》第1册，人民出版社1991年版，第13页。

② 《人民日报》1949年10月2日。

周恩来的公函发出后，得到了人民民主国家积极回应。10月2日，苏联外交部副部长葛罗米柯致电周恩来外长说："苏联政府决定建立苏联与中华人民共和国之间的外交关系，并互派大使。"同时，葛罗米柯副外长代表苏联政府向国民党广州政府驻莫斯科代办发表声明，宣布：苏联政府同前国民党政府的外交关系已经断绝，并决定自广州召回其外交代表。10月3日，周恩来外长照会葛罗米柯副外长，通知：中华人民共和国中央人民政府热忱欢迎立即建立中华人民共和国与苏联之间的外交关系，并互派大使。5日，苏联政府任命罗申为驻华第一任大使。我国中央人民政府任命王稼祥为驻苏第一任大使。

从1949年10月至1950年1月，新中国先后与保加利亚、罗马尼亚、匈牙利、朝鲜、捷克、波兰、蒙古、德意志民主共和国、阿尔巴尼亚和越南等10个人民民主国家建立了外交关系。这一成果，对于刚诞生的新中国步入国际社会具有重大意义。

在建国之初，表示愿与新中国建交的，还有中国周边的一些民族独立国家和欧洲的一些资本主义国家。鉴于当时有些国家虽表示承认新中国，但仍支持国民党集团，同它保持所谓的"外交"关系，中国政府坚持在建交前由双方派出代表进行谈判。只有在对方明确表示承认一个中国即中华人民共和国，并同国民党集团断绝"外交"关系，承诺支持恢复中华人民共和国在联合国的合法席位，将该国境内属于中国的财产交还给中华人民共和国之后，双方才能就建交日期和互换使节等问题进行磋商。

按照上述原则的精神，从1950年至1951年，新中国不仅同印度、印度尼西亚、缅甸和巴基斯坦4个亚洲民族独立国家建立了外交关系，而且同瑞典、丹麦、瑞士和芬兰4个欧洲资本主义国家建立了外交关系。通过与这些国家建交，新中国向周边国家传达了睦邻友好的信息，向世界昭示了"一个中国"的原则，迈出了打破美国遏制和孤立新中国的重要一步。

中华人民共和国成立时，西方主要国家对新中国仍抱有观望态度，尽管他们已经注意到周恩来在致各国领事公函中，省略了毛泽东公告中所提出的一些建交条件。美国政府的立场很明确，就是反对给予新中国以"无论事实上还是法律上的承认”。在收到周恩来的公函后，10月3日，美国总统杜鲁门指示国务院：“我们不要那么匆匆忙忙承认这个政权，我们在承认苏联的共产党政权之前曾等待了12年。”随后，美国政府宣称：台湾政权是“中国合法政府”，拒绝承认中华人民共和国，并施加影响于联合国成员国，阻挠恢复中华人民共和国在联合国的合法席位。

10月4日这一天，英国政府讨论了承认新中国政府的可能性问题。出于对英国在华利益，尤其是对香港未来地位的关注，有官员称：目前英国是否将承认新中国政权一事已无问题，问题只在此种承认将于何时给予。正在加拿大做非正式访问的英国外交部部长贝文在记者招待会上宣称：英国对承认中国共产党政府的政策，“将视中国共产党对英国侨民的待遇及共产党政府的一般态度而定”。经过一段时间的沟通，1950年1月，英国在西方国家中第一个承认了新中国，虽然未能正式建交，但是双方首先建立和保持了相当长时间的领事关系。

英国、荷兰和挪威3个欧洲国家较早承认了新中国，但在同中国进行建交谈判时，或拒绝接受中国提出的条件，或未能履行承诺。中国当时未同这三国达成建交协议。亚洲的锡兰（今斯里兰卡）、阿富汗、尼泊尔和以色列四国也较早承认了新中国，但由于各种原因，这些国家当时未能与中国举行建交谈判。

结　语

中华人民共和国的缔造，是近代以来中国各族人民不懈奋斗的结果。它经历了千辛万苦、艰难曲折、百折不挠、英勇斗争的历史长过程，经历了从孙中山领导的资产阶级革命向中国共产党领导的新民主主义革命的历史演变，并在创建农村革命根据地、抗日民主根据地、解放区的长期斗争中，积累了建设工农民主政权、抗日民主政权、人民民主政权的丰富实践和历史经验。按照中国共产党的新民主主义建国理论，经过长期的武装斗争，在局部地区建立民主政权，逐渐在规模上扩大、区域上扩展，这就是缔造中华人民共和国的政治基础和制度基础。直至取得中央政权，将日益成熟的新民主主义制度和民主政权模型推广到全国，就成为中华人民共和国。所以，要把中华人民共和国的缔造，放在近代以来国家重建的主题，国家命运的激荡，以及中国人民反对帝国主义、封建主义、官僚资本主义的百年奋斗的历史大视野里来观察和解读。

中华人民共和国的缔造，从根本上结束了近代中国战乱频仍、国家四分五裂的历史，过去由于帝国主义在华利益纷争导致一些地方割据的局面一去不复返。虽然因为国民党集团在美国的庇护下退踞台湾而未完成祖国完全统一的任务，但随着中华人民共和国的建立，开始形成一个多世纪以来中国广大疆域前所未有的高度统一和各民族的空前团结，从而为中华民族的复兴创造了基本条件。中央人民政府迅速实行了全国财经制度的统一、行政法令系统的统一、军事制度的统一，令全中国绝大多数人民组织在政治、经济、文化、军事及其他各种组织里，克服了旧中国散漫无组织的状态，用伟大的人民群众的集体力量，建设新国家和新社会。在各少数民族聚居的地区，实行在统一的中央人民政府领导下的民族区域自治制度，消除了民族间的历史隔阂,形成了境内各民族一律平等的空前的民族大团结。

中华人民共和国的缔造,从根本上结束了中国各族人民深受地主阶级、官僚资产阶级黑暗统治和战争苦难的悲惨命运,开辟了一个人民当家作主,真正成为国家、社会和自己命运的主人的新时代。这是中国人民社会政治地位的根本变化,中国由此开始了从封建专制政治向人民民主政治的历史性转变。国家政权属于人民,人民行使国家权力的机关为各级人民代表大会,这项根本政治制度保障了人民享有思想、言论、出版、集会、结社、通讯、人身、居住、迁徙、宗教信仰的自由权,以及选举权和被选举权等广泛民主权利,并承担相应的公民义务。在召开普选的人民代表大会的条件尚未成熟时,各地区、各城市加紧召集各界人民代表会议,听取人民政府的工作报告,提出意见和建议,并讨论决定有关各项重大问题。这是人民当家做主的一个明显标志。从中央到地方的各级政府机关中,吸收民主人士担任领导职务,体现了共产党领导下多党合作、政治协商制度的初步形成。

中华人民共和国的缔造具有世界意义,它在约占世界1/4人口的大国,冲破帝国主义的东方战线,建立起人民民主制度,并将逐步建立社会主义制度,这就使中国屹立在世界的东方,大大加强了世界和平民主和社会主义阵营的力量,改变了第二次世界大战后国际冷战格局中的力量对比,从而对世界产生了广泛而深远的影响。

关于1949年新中国诞生产生的历史巨变,国外学者以他们独特的视角和研究方法,作过诸多方面的评述。美国著名汉学家费正清,是从近代以来中国先进分子对国家重建的探索和实现统一理想的角度,来考察新中国是怎样诞生的。在《剑桥中华人民共和国史(1949—1965)》这部书中,费正清分析说:

> 到1949年中国共产党取得全国政权时,中国的爱国者们已经花了整整两代人的时间借鉴西方的政府模式和社会秩序理论。
>
> 1949年,毛泽东与他的中国共产党同事,作为获得成功的革命者,意识到了自己的创造力以及新时代的新需要。他们在更新历史的进程中

的根本任务就是如何挣脱中国以往的政治定势。

> 年轻的中国共产党在直到1949年以后的很长时间内，都保留着显著的领导集团的内聚力。……证明它完全有能力在20世纪建立一个适应中国当代环境的统治系统。庞大的中国仍然是一个统一的国家就是一个证明。①

另一位美国的汉学家莫里斯·梅斯纳，将中国的1949年同俄国的十月革命相比较，特别是将理想主义和现实精神相对照，揭示了新中国诞生时在纲领、政策上的稳健和务实性。他在《毛泽东的中国及其发展》一书中写道：

> 中国共产党在1949年并没有像俄国布尔什维克领导人1919年那样，怀着热烈的、救世主的革命憧憬去执掌政权……没有像他们的俄国先行者那样被一种向往千年盛世的革命理想所束缚……在革命后的最初几年间，中国共产党领导人注意的是他们的国家在政治和经济上的迫切问题，而不是关于世界革命的空想。②

当年曾经穿越火线进入晋冀鲁豫解放区纵深采访的美国记者杰克·贝尔登，也看到了这一点。他以新闻记者特有的敏锐，抓住了中共之所以能够取得成功，并能巩固政权的诀窍所在。他在《中国震撼世界》一书中写道：

> 虽然中国共产党在很大程度上依靠人民对平等的向往，但他们从未像法国大革命那样，向人民许诺彻底平等。他们没有像俄国革命那样，许诺消灭阶级。他们从未用美好的乌托邦远景去引诱中国人民。列宁在夺取了彼得堡后说："我们现在将开始建设社会主义。"而中国共产党

---

① [美]费正清、罗德里克·麦克法夸尔主编，王建朗等译，陶文钊等校：《剑桥中华人民共和国史(1949—1965)》，上海人民出版社1990年版，第9、36、41、42页。

② [美]莫里斯·梅斯纳著，张瑛等译：《毛泽东的中国及其发展——中华人民共和国史》，社会科学文献出版社1992年版，第73、74页。

人在占领了中国古都北平以后却谦虚地说："我们必须学习。"

共产党没有随便许下宏愿，因此，他们可以比较从容不迫地巩固自己的政权。①

美国学者胡素珊分析了中国自由派知识分子之所以接受共产党在新民主主义政策中提出的许多目标，根源在于共产党成功地解决了国民党未能解决的问题。她在《中国的内战：1945—1949年的政治斗争》一书中写道：

首先，共产党能够取信于民。1949年时，这一优点使共产党获益匪浅。……共产党人宣布他们的最高理想是在中国实现共产主义……但共产党还宣布这个理想尚需许多年才能实现，因此他们计划建立一个新民主主义的社会，在这个社会中，任何人都有一席之地，都被社会所需要，无论他是资产阶级知识分子、民族资本家，还是工人农民。既然共产党这么说了，知识分子和资本家就都乐于相信。

其次，就管理的完善性、政治能力和解决战争带来的经济问题的能力而言，到1949年底，共产党人所取得的成就都是令人瞩目的。中国共产党虽然缺乏管理城市和工业的经验，但它已开始向着克服中国最基本的城市问题的方向胜利前进了。……在此期间，中国共产党在考虑城市问题时多次克服了理想主义的冲动，这种冲动是许多新执政的左派政党的特点。②

上述西方学者的论述，从另外一个视角有助于今天的人们加深对缔造中华人民共和国历史进程的认识和理解，从而进一步去探究旧中国灭亡、新中国诞生的深层历史原因，进一步去领悟中华人民共和国的缔造是怎样改变中国的历史命运，使它由以往的贫穷衰落重新走向中华民族的振兴，又是怎样

---

① ［美］杰克·贝尔登著，邱应觉等译：《中国震撼世界》，北京出版社1980年版，第585页。

② ［美］胡素珊著，王海良等译：《中国的内战：1945—1949年的政治斗争》，中国青年出版社1997年版，第508页。

改变中国在世界格局中的地位，使美英苏等世界大国在有关国际事务中不能不重新估计中国的作用和分量的。

中国共产党正是运用无产阶级的宇宙观观察国家的命运，领导中国各民族、各阶层人民克服一切艰难险阻，战胜一切阻碍中国走向进步、走向现代化的内外反动势力，为国家重建，为新中国奠基，在不断探索的基础上形成一整套新民主主义建国理论，获得政权建设的丰富实践，用历史和逻辑相统一的客观力量，最终使工人阶级领导的人民民主共和国，代替了一些人心存向往但在近代中国屡试屡败的资产阶级共和国。这就是1949年缔造的民族独立、国家统一、人民当家作主的崭新的中华人民共和国。

资产阶级的民主主义让位于工人阶级领导的人民民主主义，资产阶级共和国让位给人民共和国，这是历史的选择，人民的选择，也是近代以来中国社会发展规律所决定的历史必然。

主要参考书目

1.《毛泽东选集》第1—4卷,人民出版社1991年版。

2.《毛泽东文集》第3—5卷,人民出版社1996年版。

3.《毛泽东书信选集》,人民出版社1983年版。

4.《建国以来毛泽东文稿》第1册,中央文献出版社1987年版。

5.《周恩来选集》上卷,人民出版社1980年版。

6.《周恩来统一战线文选》,人民出版社1984年版。

7.《刘少奇选集》上卷,人民出版社1981年版。

8. 中共中央文献研究室编:《刘少奇论新中国经济建设》,中央文献出版社1993年版。

9.《朱德选集》,人民出版社1983年版。

10.《任弼时选集》,人民出版社1987年版。

11.《陈云文选》第1卷,人民出版社1995年版。

12.《邓小平文选》第1卷,人民出版社1994年版。

13.《董必武政治法律文集》,法律出版社1986年版。

14. 中共中央党校教务部组织专家选编:《中共中央文件选编》第13—18册,中共中央党校出版社1987年版。

15. 中共中央文献研究室编:《建国以来重要文献选编》第1册,中央文献出版社1992年版。

16. 中共中央文献研究室、中央档案馆、《党的文献》编辑部:《共和国走过的路——建国以来重要文献选编(1949—1952)》,中央文献出版社1991年版。

17. 中共中央党史研究室第一研究部、中共河北省委党史研究室编著:《苍茫大地主沉浮——中共中央在西柏坡》,人民出版社2003年版。

18. 中共中央统战部编:《民族问题文献汇编》,中共中央党校出版社1991年版。

19. 中共中央党史研究室编:《中国共产党历史》上卷,人民出版社1991年版。

20. 军事科学院编:《中国人民解放军战史》第3卷,军事科学出版社1987年版。

21. 中央编译局列宁斯大林著作编译室:《斯大林研究》第4辑,中央编译出版社,1995年版。

22. 中共中央文献研究室编:《毛泽东传(1893—1949)》,中央文献出版社2004年版。

23. 中共中央文献研究室编:《毛泽东年谱(1893—1949)》上、中、下卷,中央文献出版社2013年版。

24. 中共中央文献研究室编:《周恩来传(1898—1976)》上、下,中央文献出版社2008年版。

25. 中共中央文献研究室编:《周恩来年谱(1898—1949)》(修订本),中央文献出版社1998年版。

26. 薄一波:《若干重大决策与事件的回顾》,中共中央党校出版社2008年版。

27. 薄一波:《七十年奋斗与思考》,中共党史出版社1996年版。

28. 胡乔木:《胡乔木回忆毛泽东》,人民出版社1994年版。

29. 师哲:《在历史巨人身边——师哲回忆录》,中央文献出版社1991年版。

30. 薛暮桥:《薛暮桥回忆录》,天津人民出版社1996年版。

31. 张治中:《张治中回忆录》,文史资料出版社1985年版。

32. 黄炎培:《八十年来——黄炎培自述》,文汇出版社2000年版。

33. 徐盈:《北平围城两月记》,北京出版社1993年版。

34. 李庄:《人民日报风雨四十年》,人民日报出版社1993年版。

35. 徐铸成:《徐铸成回忆录》,生活·读书·新知三联出版社1998年版。

36. 汪朝光:《中国近代通史》第10卷,《中国命运的决战(1945—1949)》,江苏人民出版社2006年版。

37. 中共中央党校中共党史教研部编:《中国中产党执政历程》第1卷,人民出版社2011年版。

38. 肖甡、周炳钦:《20世纪的中国》第5卷,河南人民出版社2004年版。

39. 缪楚黄、赵春旸、庞松:《毛泽东思想的历史发展》上卷,红旗出版社1987年版。

40. 彦奇等主编:《中国国民党史纲》,黑龙江人民出版社1991年版。

41. 吴汉全著:《中国现代政治史》下卷,人民出版社2015年版。

42. 张军民:《中国民主党派史(新民主主义时期)》,华夏出版社1989年版。

43. 资中筠:《美国对华政策的缘起和发展(1945—1950)》,重庆出版社1987年版。

44. 外交部外交史编辑室编:《新中国外交风云》,世界知识出版社1990年版。

45. 中央档案馆编:《中华人民共和国国旗国徽国歌档案》,中国文史出版社2014年版。

46. 王俊彦:《开国外交》,时事出版社1999年版。

47. 李松林:《晚年蒋介石》,安徽人民出版社1993年版。

48. 庞松、林蕴晖:《立国兴邦:1945—1956年的毛泽东》,中国青年出版社1993年版。

49. 宫力:《毛泽东与美国》,世界知识出版社1999年版。

50. 柯灵主编:《辉煌与苦涩》,文汇出版社1997年版。

51. 启跃:《国民党怎样丢掉了大陆?》,新疆人民出版社1997年版。

52. 王华斌等:《黄炎培》,花山文艺出版社1997年版。

53. 孙业礼等:《共和国经济风云中的陈云》,中央文献出版社1996年版。

54. 中国人民政治协商会议全国委员会文史资料研究委员会编:《五星红旗从这里升起——中国人民政治协商会议诞生纪事暨资料选编》,文史资料出版社1984年版。

55. 王福昆、邓群主编:《中共中央南方局的统一战线工作》,中共党史出版社2009年版。

56. 郭文韬等:《开国沧桑》,解放军出版社1993年版。

57 凌志:《1949:大开国》,广西人民出版社1996年版。

58. 中共北京市委党史研究室、北京市档案馆编:《北平的和平接管》,北京出版社1993年版。

59. 黄小同、李文芳:《刘少奇与天津讲话》,河南大学出版社1998年版。

60. [美]杰克·贝尔登著,邱应觉等译:《中国震撼世界》,北京出版社1980年版。

61. [美]费正清、罗德里克·麦克法夸尔主编,王建朗等译,陶文钊等校:《剑桥中华人民共和国史(1949—1965)》,上海人民出版社1990年版。

62. [美]爱德温·马丁著,姜中才、于占杰译:《抉择与分歧——英美对共产党在中国胜利的反应》,中共党史资料出版社1990年版。

63. [美]胡素珊著,王海良等译:《中国的内战》,中国青年出版社1997年版。

64. [美]莫里斯·梅斯纳著,张瑛等译:《毛泽东的中国及其发展——中华人民共和国史》,社会科学文献出版社1992年版。